LEDERKUNST

Traditionelle Lederbearbeitung - Fachwissen und Projekte

LEDERKUNST

Traditionelle Lederbearbeitung - Fachwissen und Projekte

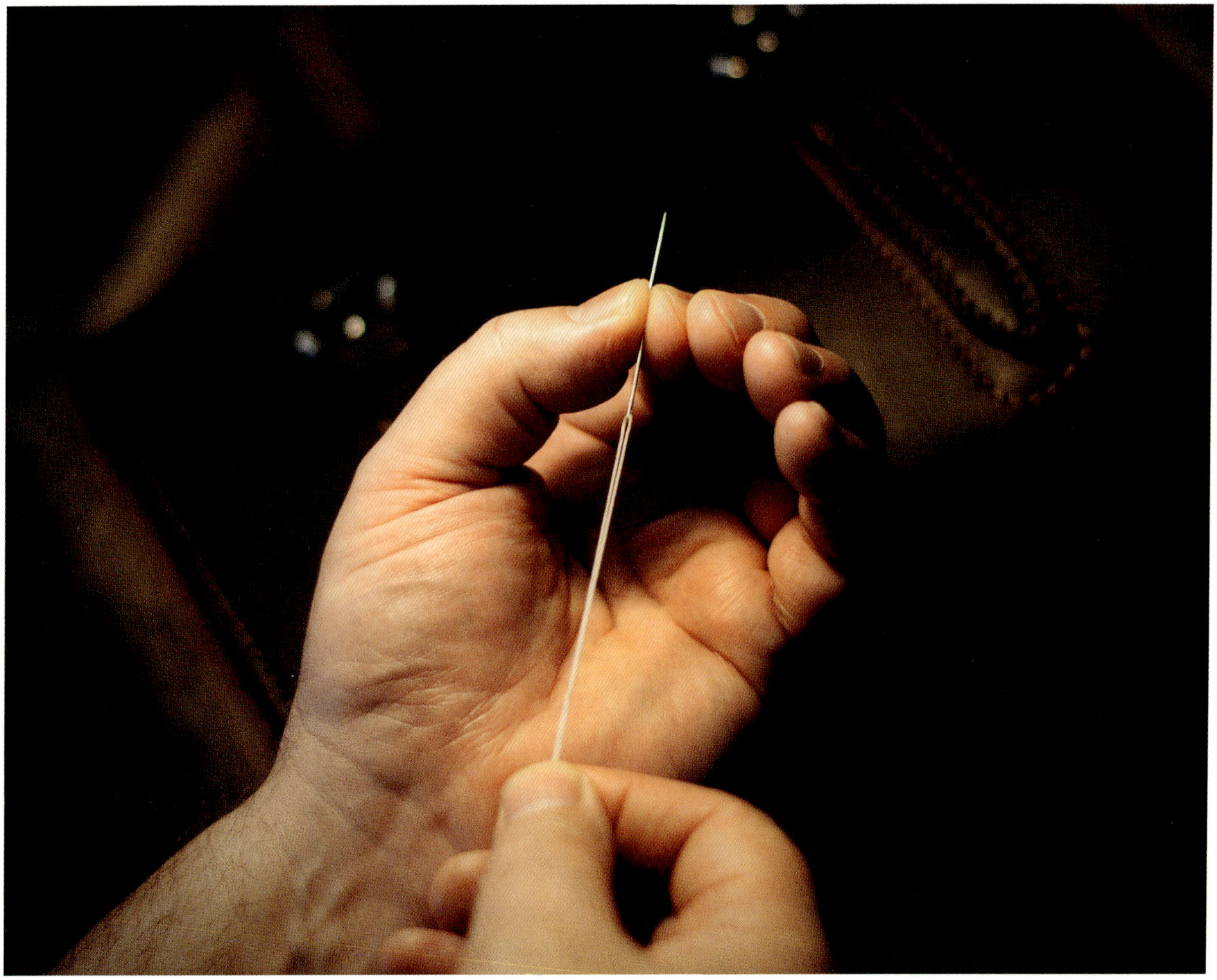

NIGEL ARMITAGE

Für die deutsche Ausgabe: Übersetzung aus dem Englischen: Manuela Feilzer
Produktmanagement und Lektorat: Eva Schrecklinger
Layout: Insight Design Concepts Ltd.
Covergestaltung: Tatjana Weiß
Herstellung: Heike Köhl

Die englische Originalausgabe erschien 2020 unter dem Titel „Leathercraft“ bei Schiffer Publishing Ltd., 4880 Lower Valley Road, Atglen, PA 19310, USA, www.schifferbooks.com

1.Auflage 2023
ISBN 978-3-7358-5113-0 • Best.-Nr. 25113
Printed in India

MIX
Paper | Supporting responsible forestry
FSC® C016779
FSC www.fsc.org

Penguin Random House Verlagsgruppe FSC® N001967

INHALT

EINFÜHRUNG

Willkommen zur Lederbearbeitung. Mein Ansatz richtet sich an diejenigen, die Wert auf einen traditionellen Schwerpunkt und auf Qualität legen und die traditionellen Techniken lernen möchten, um diese dann auf moderne Art zu verwenden. Ich hoffe, dieses Buch bereitet Ihnen viele glückliche Stunden und wird ein guter Begleiter auf Ihrem Weg der Lederbearbeitung.

Das Buch ist so aufgebaut, wie ich mir in den späten 1980er Jahren meine Ausbildung gewünscht hätte. Ich habe jedes Projekt in einfache Schritt-für Schritt-Anleitungen unterteilt. Die Komplexität der Projekte steigt im Laufe des Buchs. Wenn Sie die Projekte nacheinander bearbeiten, werden Sie die Techniken immer besser beherrschen und Ihr Selbstvertrauen wird wachsen.

Die Techniken, die ich hier vorstelle, sind nur eine Möglichkeit, nach der Sie vorgehen können – sie sind aber alle altbewährt. Bevor Sie sich in die Projekte stürzen, sollten Sie sich näher mit den Kapiteln des ersten Abschnitts zu Werkzeug, Fertigkeiten und Techniken befassen. Üben Sie diese, bis Sie ein Verständnis erlangt haben, was wie funktioniert.

Die Projekte sind spannend, dienen aber hauptsächlich dem Erlernen neuer Fertigkeiten. Ja, es macht auch Spaß, die Anweisungen der einzelnen Projekte zu befolgen und die Arbeiten herzustellen. Wenn ich Sie aber dazu anregen kann, sich die Techniken wirklich zu eigen zu machen, dann können Sie Ihre eigenen Designs entwickeln und in der Lederbearbeitung auf eigenen Füßen stehen.

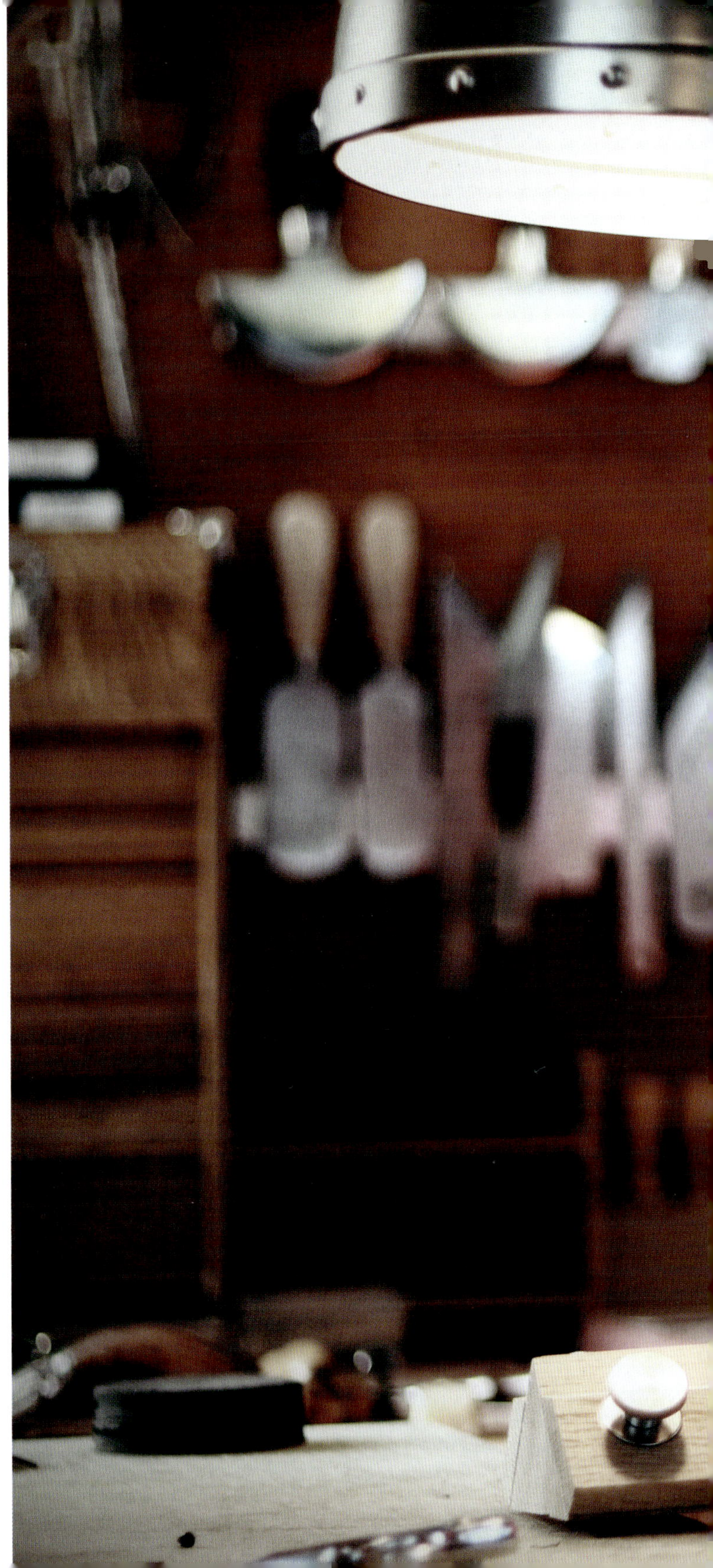

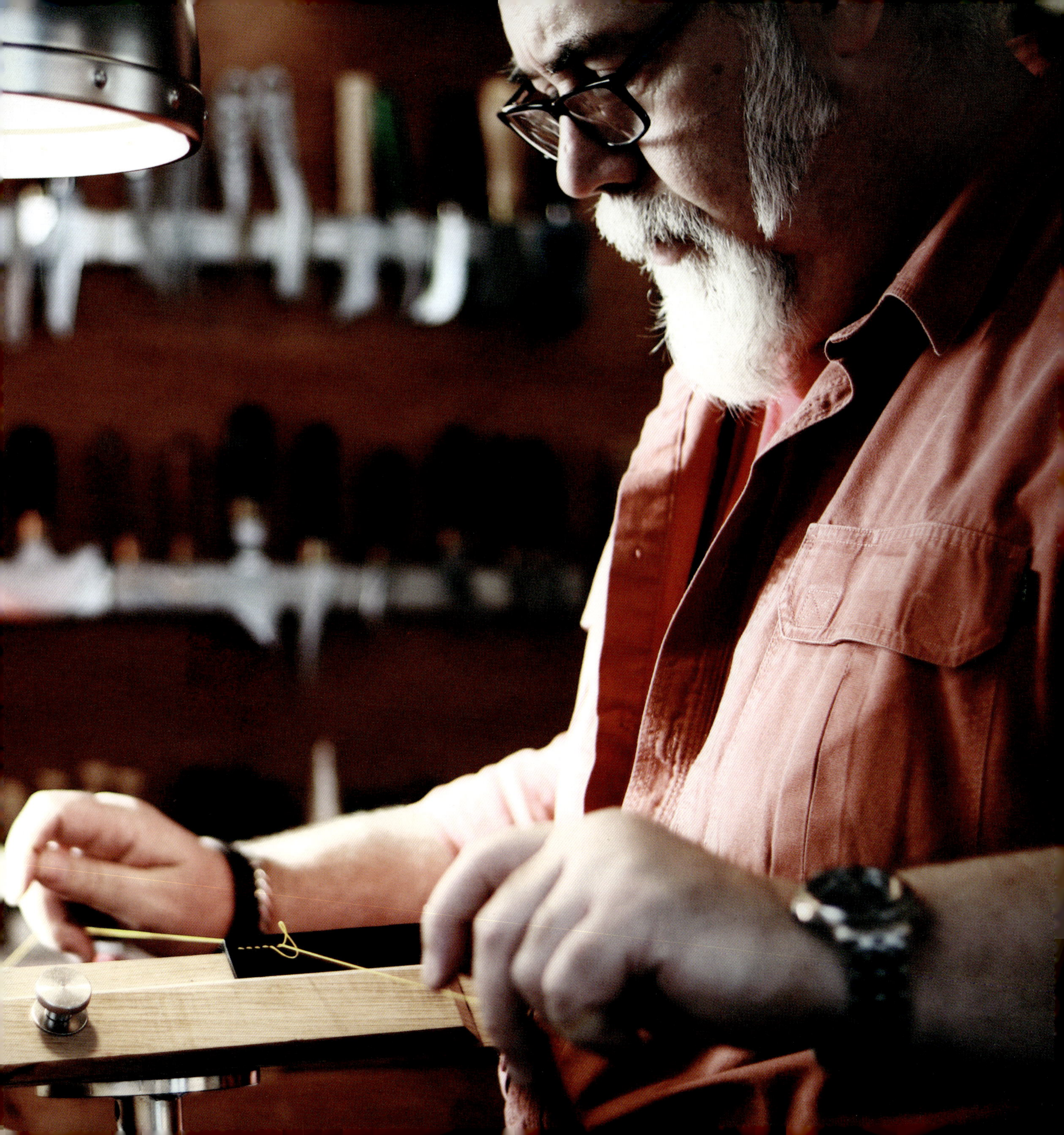

Die ausgewählten Projekte sind nicht zwingend die spannendsten – wurden von mir aber sorgfältig nach dem jeweiligen Lerneffekt ausgewählt. Das Wissen und Können, das diese Projekte erfordern, gehören zum Wesen der Lederbearbeitung. Wenn Sie sich dieses angeeignet haben, können Sie auch spannende Projekte angehen.

Allerdings ist es nicht immer leicht, aus einem Buch zu lernen. Auch wenn ich die erforderlichen Techniken anspreche und kurz erkläre, lässt sich einfach nicht jedes Detail jeder Technik in einem Buch dieses Formats unterbringen.

Wenn Sie also Schwierigkeiten mit einer bestimmten Technik haben, schauen Sie doch mal in die Online-Tutorials im „Armitage Leather"-Kanal auf Vimeo. Dort finden Sie Video-Anleitungen zu einer großen Zahl an Techniken, die Ihnen helfen können und die in diesem Buch angewendet werden. Möglicherweise sind diese einfacher nachzuvollziehen.

In meiner Werkstatt in Staffordshire (England) biete ich auch Einzel- oder Gruppenkurse auf Englisch an.

Unter *www.armitageleather.com* finden Sie weitere Informationen.

Die Abmessungen in diesem Buch sind im metrischen System angegeben, ein eindeutiges und präzises Maßsystem. Wenn Sie mit dem metrischen System vertraut sind, macht es das natürlich einfacher. Aber, wenn Sie an das imperiale System gewöhnt sind, werden Ihnen diese beiden Tabellen von Nutzen sein.

mm	Inches
1	0.039
2	0.079
3	0.118
4	0.158
5	0.197
6	0.236
7	0.276
8	0.315
9	0.354
10	0.394
11	0.433
12	0.472
13	0.512
14	0.551
15	0.591
16	0.630
17	0.669
18	0.709
19	0.748
20	0.787
30	1.181
40	1.575
50	1.969
60	2.362
70	2.756
80	3.150
90	3.543
100	3.937

mm	Oz.
0.4	1
0.8	2
1.2	3
1.6	4
2	5
2.4	6
2.8	7
3.2	8
3.6	9
4	10
4.4	11
4.8	12

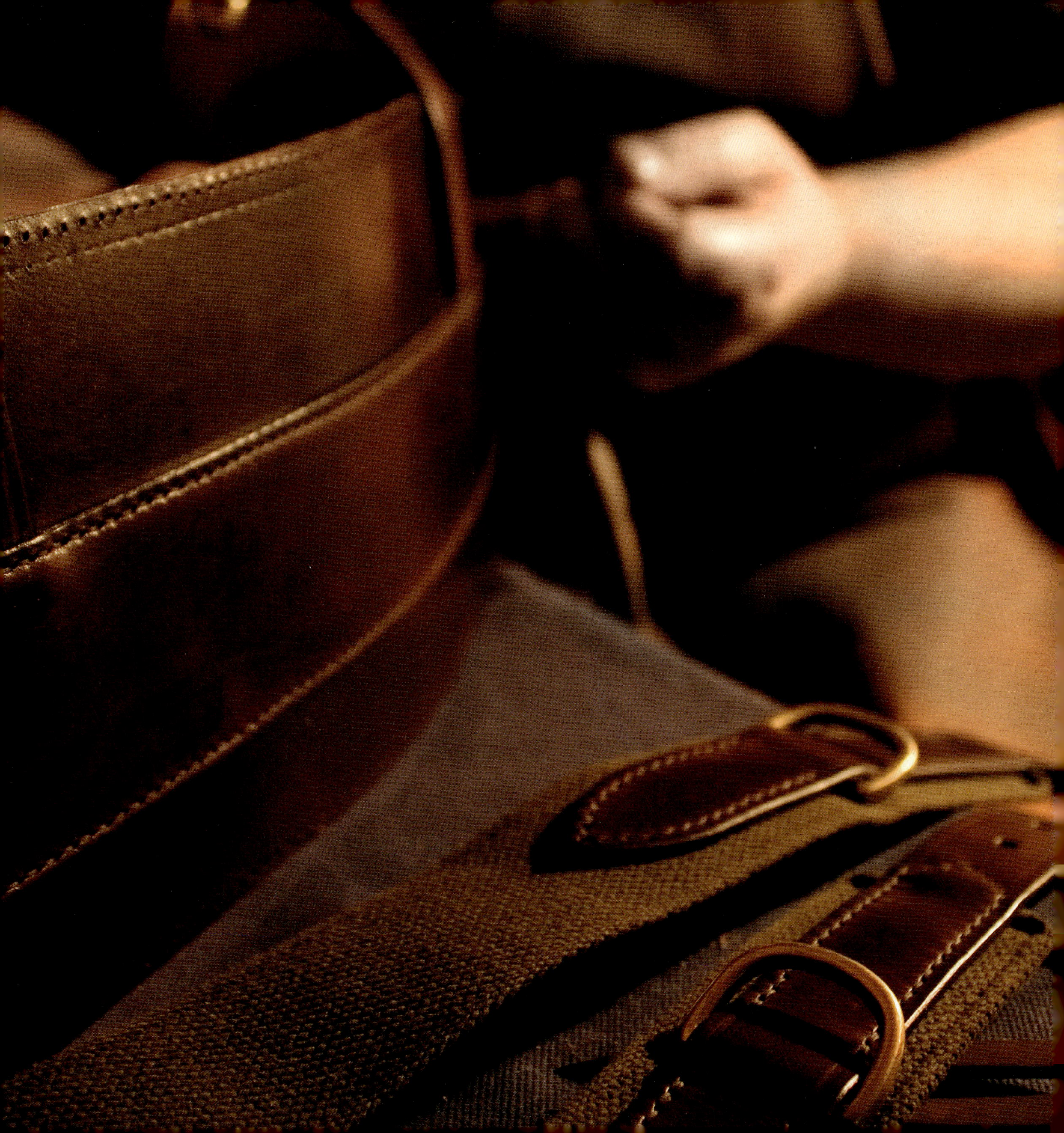

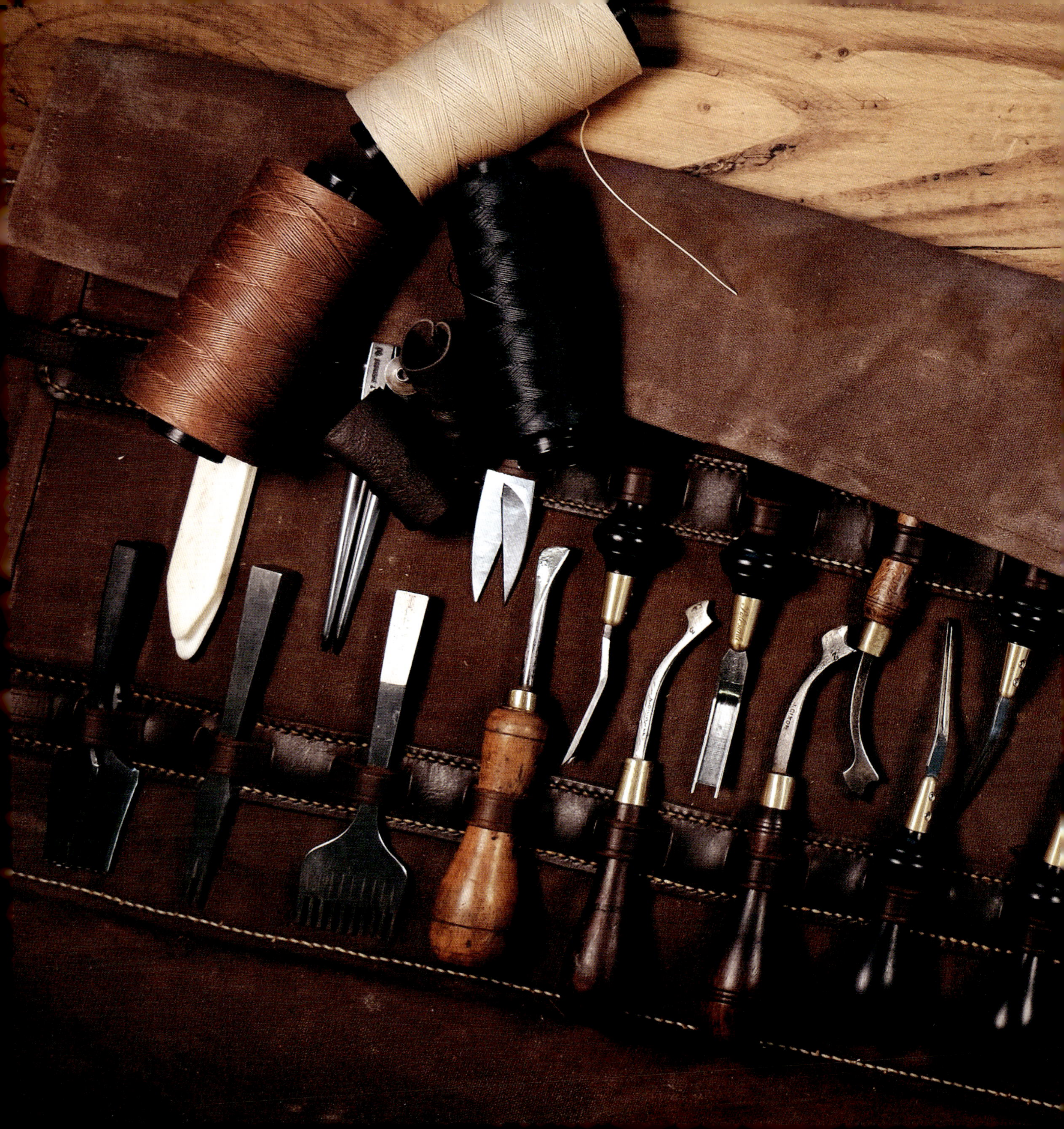

WERKZEUGE UND TECHNIKEN

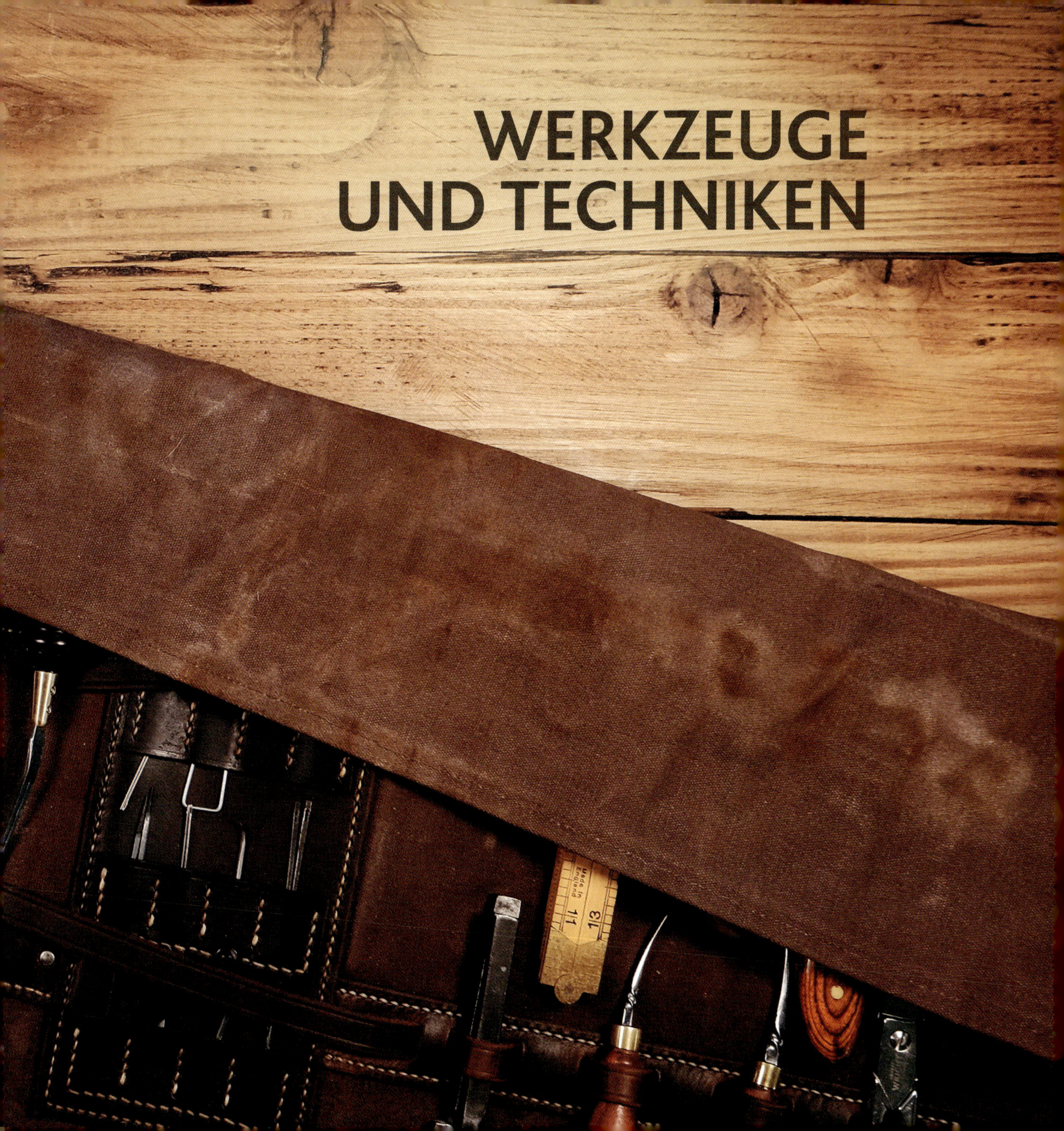

WERKZEUGAUSWAHL

Für jede Aufgabe das richtige Werkzeug auszuwählen und anzuwenden ist ein wichtiger Aspekt der Lederbearbeitung und kann von entscheidender Bedeutung für Erfolg oder Scheitern sein. Die Versuchung ist groß, so viele Werkzeuge so billig wie möglich zu kaufen. Doch tatsächlich ist hier weniger mehr – es ist besser, mit weniger, aber qualitativ hochwertigeren Werkzeugen und dafür umso effektiver zu arbeiten.

Zu Anfang können einzelne Techniken schwerfallen, und dabei ist nicht immer klar, ob das nur an der mangelnden Übung liegt oder ob das Werkzeug gegen Sie arbeitet. Ein guter Ansatz ist, sich von vornherein klarzumachen, dass einen viel eher die eigenen Grenzen einschränken als das verwendete Werkzeug. Wenn Sie versuchen, herauszufinden, warum etwas nicht so funktioniert wie gedacht, und Ihr Werkzeug in Verdacht haben, kämpfen Sie an zwei Fronten.

Kaufen Sie immer das Beste, das Sie für Ihr Geld bekommen können. Auch wenn gute Qualität teuer ist, werden Sie es nicht bereuen.

Hier folgt eine Liste einiger empfohlener Werkzeuge. Sie ist keineswegs vollständig, aber für den Anfang ausreichend. Die Reihenfolge entspricht in etwa der, in der Sie die Werkzeuge auch anwenden werden.

Mit der Komplexität der Projekte steigt auch die Menge des benötigten Werkzeugs. Sie müssen aber nicht alles auf einmal angehen. Lassen Sie sich Zeit und bauen Sie Ihr Wissen, Ihr Können und Ihre Werkzeugkiste nach und nach aus, so ergibt sich eine natürliche Weiterentwicklung.

1. Nähkloben: Hierbei handelt es sich um ein wichtiges Werkzeug, in das Werkstücke zum Nähen eingespannt werden.

2. Eisen: Dieses Werkzeug dient dazu, Nahtlöcher vorzustechen. Traditionell verwendete man hierfür Nahtmarkierer und bildete dann die einzelnen Löcher für jeden Stich mit einer Ahle. Dies erfordert viel Zeit, Übung und Können. Daher empfehle ich Anfängern immer die neuen Vorstecheisen, die das Loch ganz durchstechen. So können Sie nähen, ohne sich lange mit der Handhabung der Ahle auseinandersetzen zu müssen. Später kommen Ahlen ins Spiel, aber für den Anfang verzichten wir noch darauf.

1

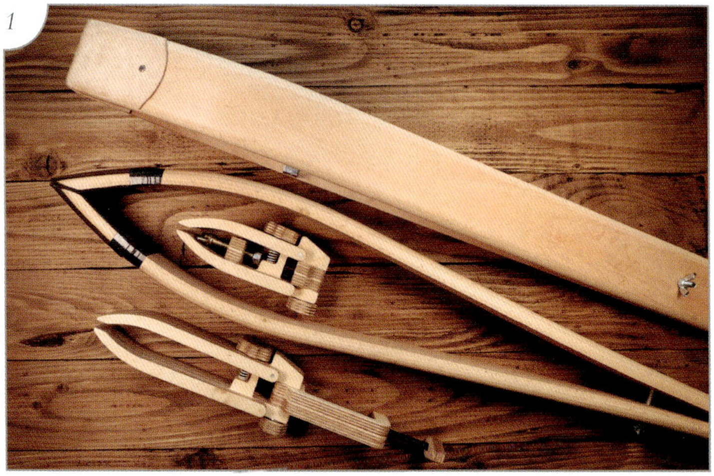

2

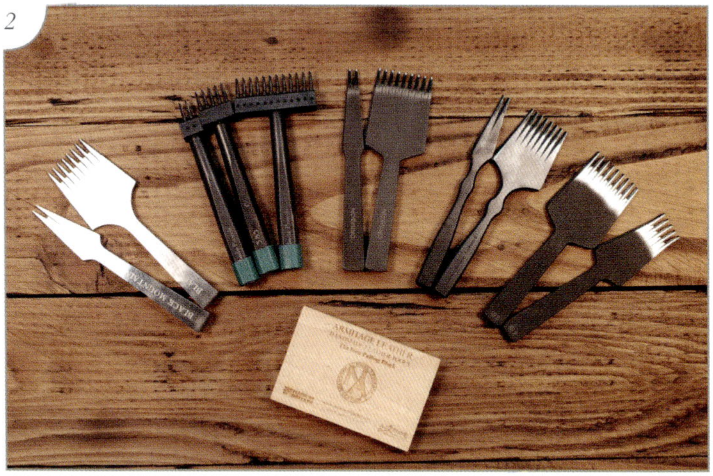

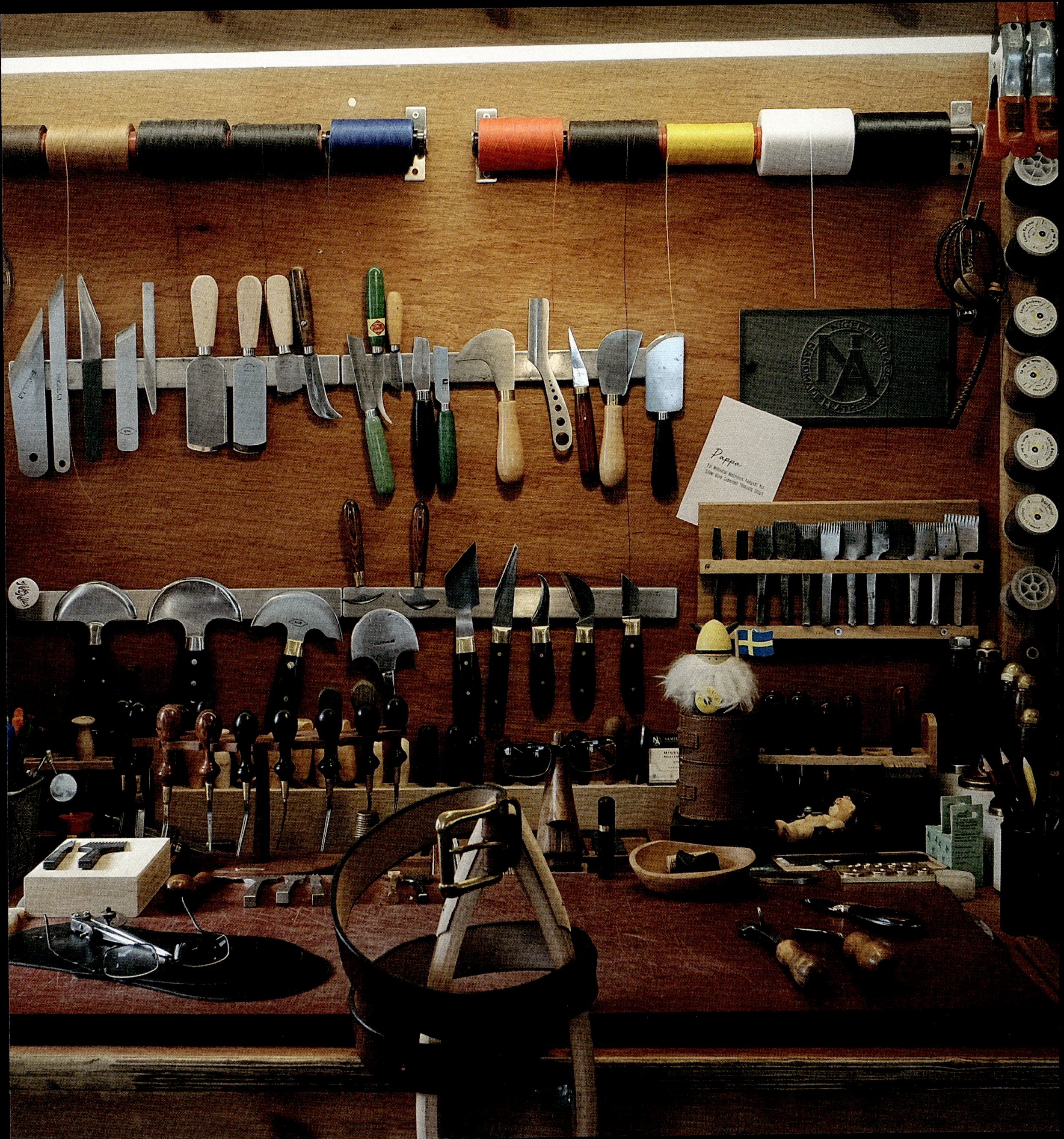

3. Holzblock: Da die neuen Stecheisen wie eine Reihe Ahlen angelegt sind, ist es wichtig, sie exakt gerade wieder herauszuziehen. Damit das Leder beim Herausziehen flach liegen bleibt, können Sie einen kleinen Holzklotz zur Hilfe nehmen.

4. Messer: Die Auswahl ist einfach zu groß, als dass ich eines besonders empfehlen könnte, daher liste ich hier auf, worauf Sie bei einem Messer achten sollten:
- Guter Stahl — bleibt länger scharf.
- Dünn aber nicht biegsam — die Klinge sollte sich unter Druck nicht bewegen.
- Komfort — ein Griff, der gut in der Hand liegt, ist wesentlich.

5. Schonhammer: Wird hauptsächlich mit Schlag- und Locheisen verwendet, die aus Stahl bestehen. Ein Hammer aus dem gleichen Material würde die Werkzeuge beschädigen. Ich empfehle Nylon oder Polymer; Holz ist zu glatt und kann beschädigt werden, während Gummi abprallen würde. Der Schonhammer soll stumpf zuschlagen, ohne durch Abprallen einen zweiten Schlag zu verursachen – denn es frustriert, wenn das Werkzeug sich zwischen einzelnen Schlägen bewegt und das Leder beschädigt.

6. Lochzange: Einzeln sowie als Revolverlochzange mit mehreren Pfeifen erhältlich, ist dies das ideale Werkzeug zum Anbringen runder Löcher für Gürtel, Niete, Doppelniete und Ähnliches.

7. Lineal: Ein stabiles Lineal ist unverzichtbar für Abmessungen und zum Gegenhalten beim Schneiden. Präzision ist wichtig, achten Sie auf die Qualität. Lineale unterschiedlicher Länge sind nützlich.

8. Massives Stahllineal: Dies ist deutlich massiver als ein einfaches Lineal. Selten mit Maßen versehen, dient es ausschließlich zum Anlegen beim Schneiden. Es sollte massiv und schwer und etwa 50 mm dick sein.

9. Allzweckahle: Auch Vorstecher oder Pfriem genannt. Dieses unscheinbare Werkzeug ist im Prinzip einfach ein Dorn mit Griff und perfekt geeignet, um Leder zu markieren und anzuzeichnen.

10. Zirkel: Auch Stechzirkel genannt, ist er das perfekte Werkzeug, um mit einer feinen Linie entlang der Lederkante anzuzeichnen, in welchem Abstand zur Kante die Naht liegen soll.

3

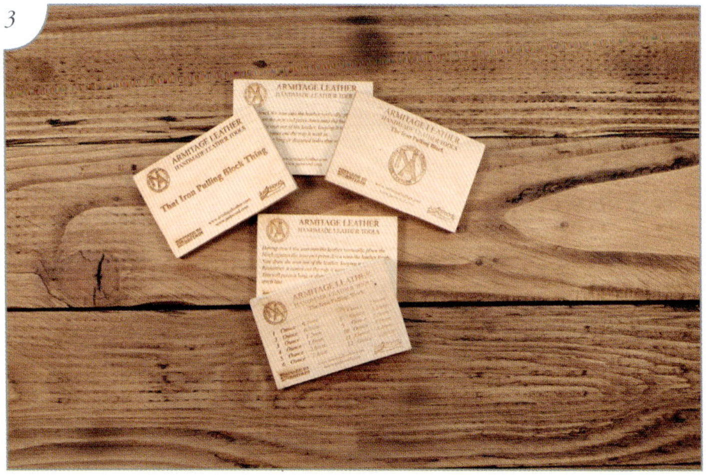

4

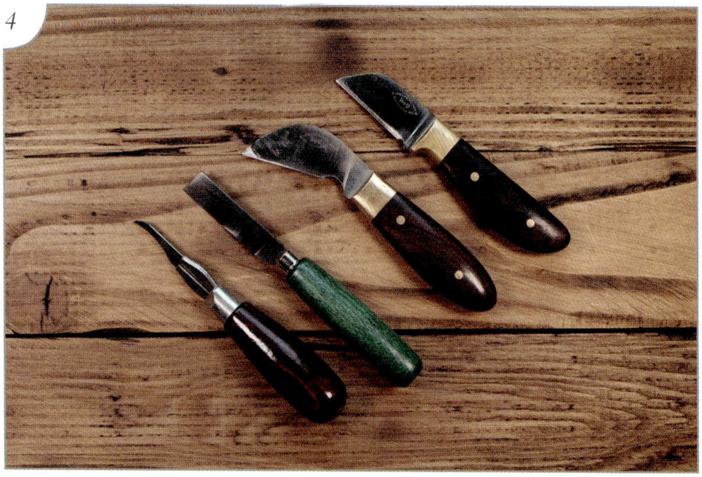

5

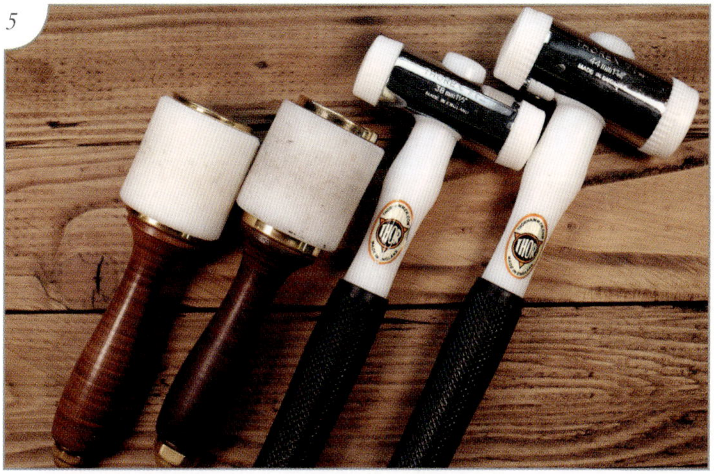

6

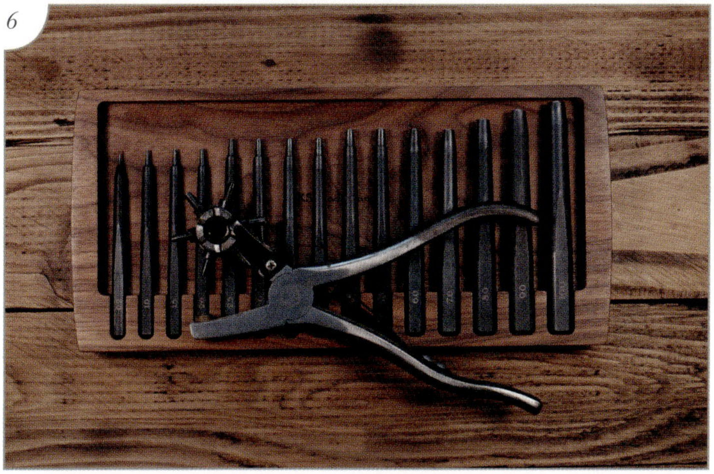

7

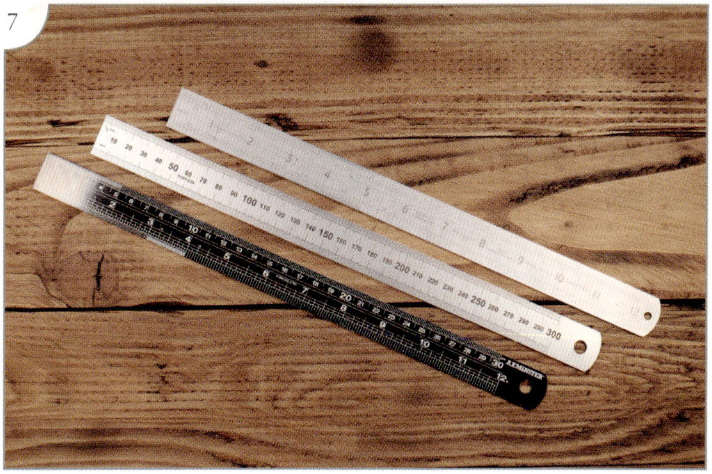

8

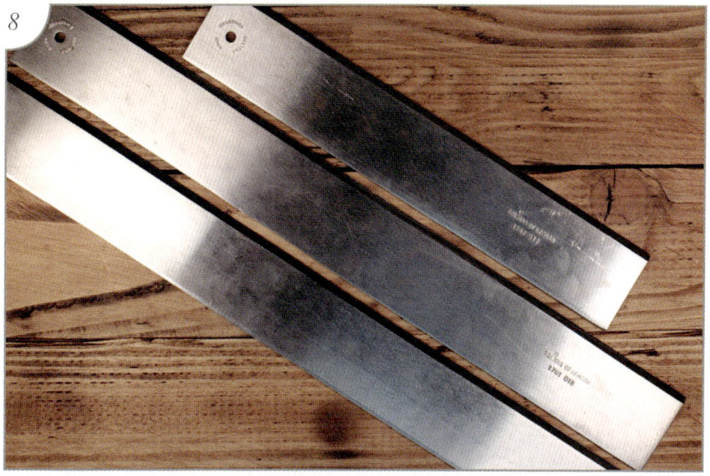

9

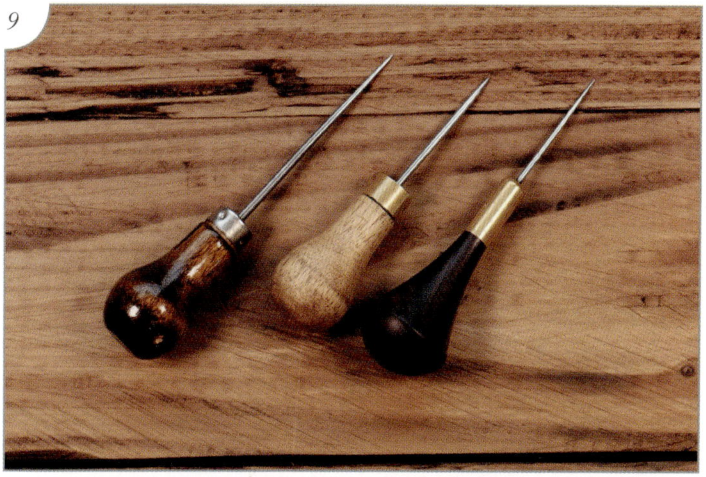

10

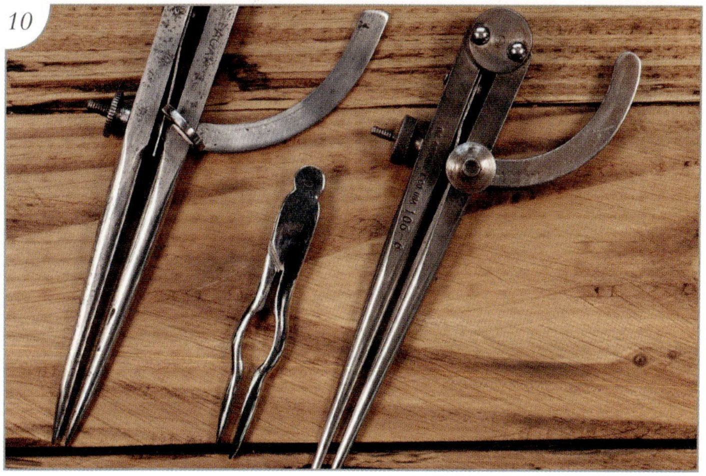

11

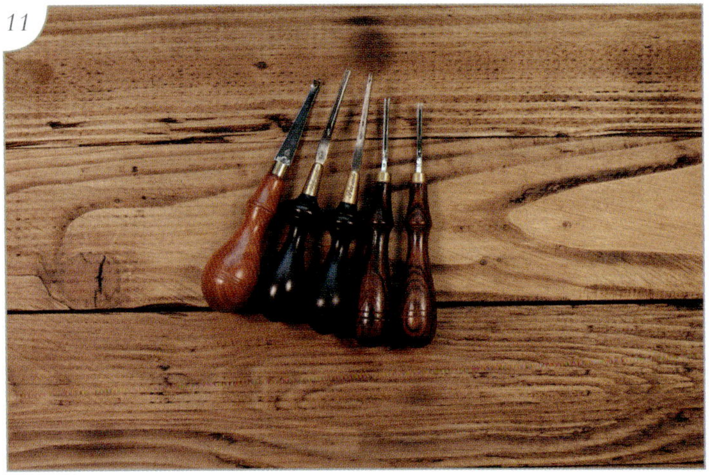

12

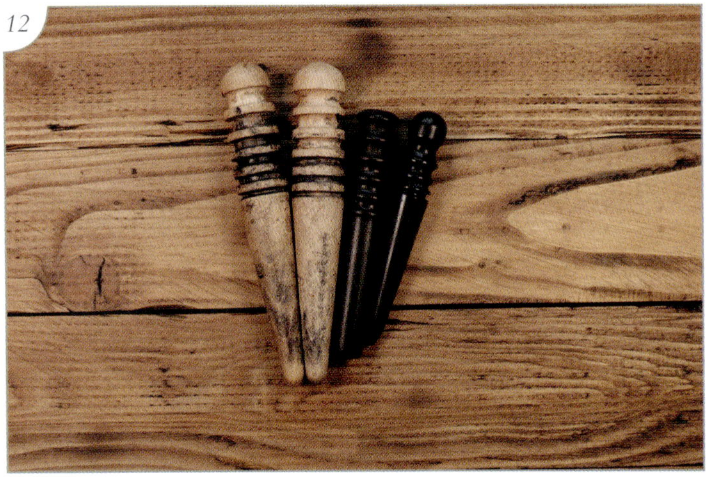

13

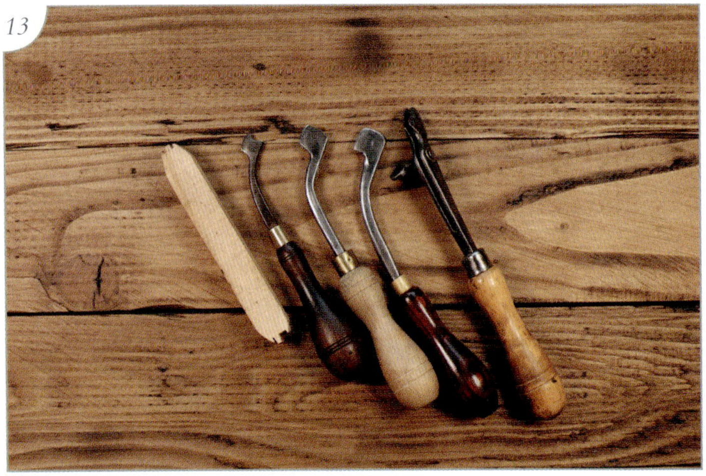

14

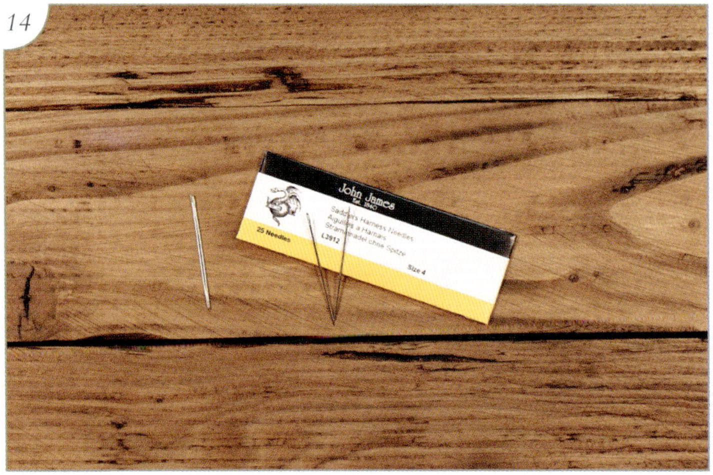

15

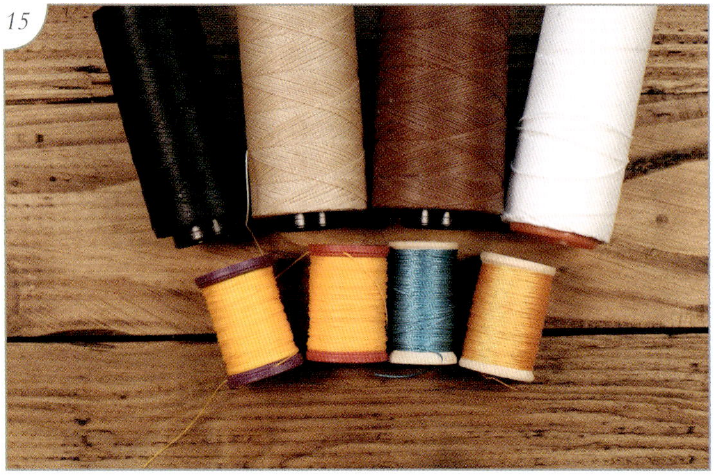

16

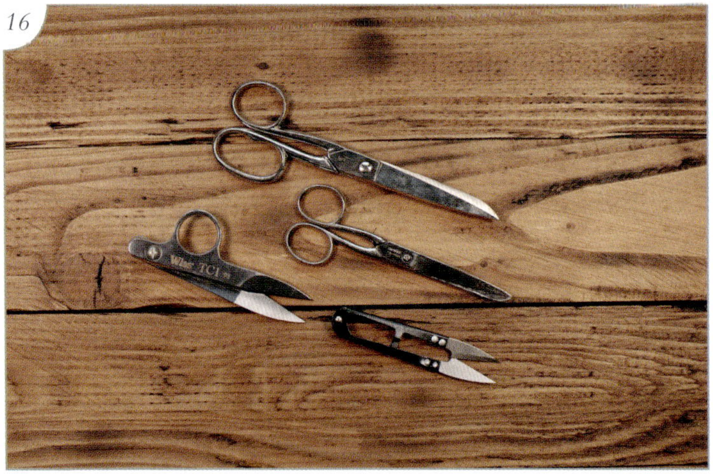

17

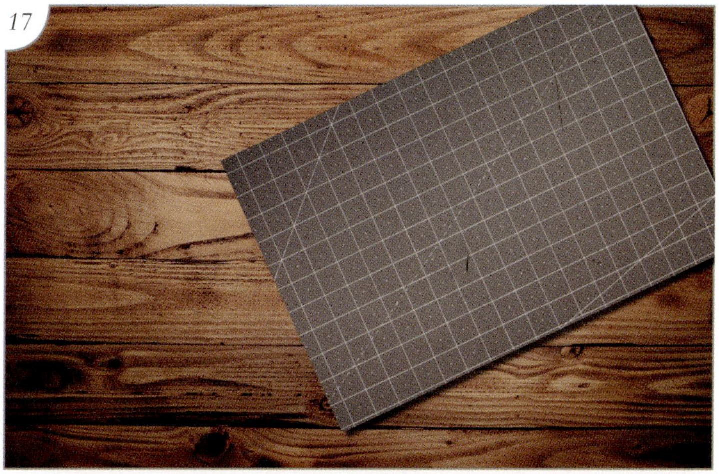

18

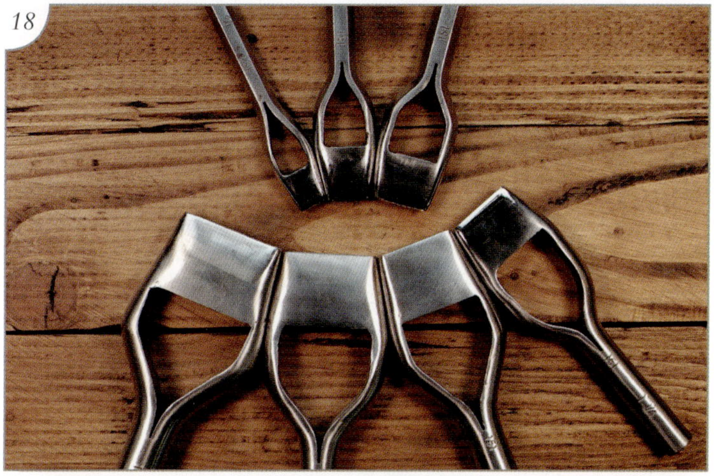

19

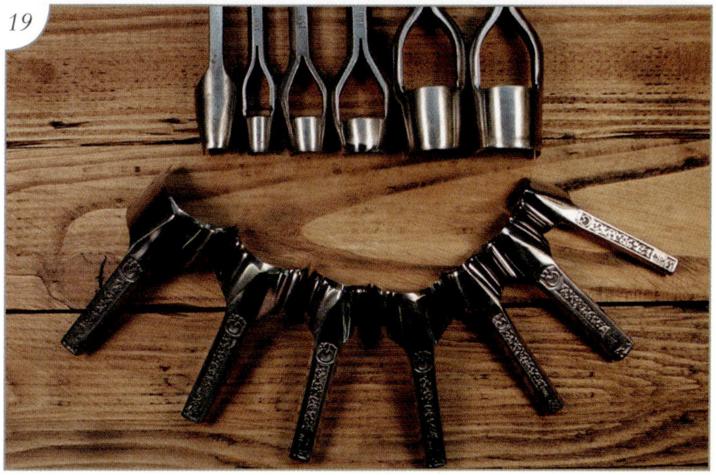

11. Kantenzieher: Auch Zieheisen genannt. Dieses kleine Werkzeug dient dem Abschrägen der Lederkanten und ist perfekt dazu geeignet, Kanten nachzuarbeiten und vor Schäden zu schützen.

12. Kantenpolierer: Ein wunderbares Werkzeug, das in Kombination mit Feuchtigkeit oder einer Polierflüssigkeit Lederkanten zu feinem Glanz verhelfen kann.

13. Reifeleisen: Dieses Werkzeug erfüllt zwei Aufgaben: es verleiht glatten Lederkanten etwas Struktur und verhindert, dass Feuchtigkeit von der Kante aus ins Leder eindringt und Wasserflecken verursacht.

14. Nadeln: Für das Nähen von Leder gibt es Sattlernadeln ohne Spitze in unterschiedlichen Größen je nach Verwendung.

15. Faden: Viele Fadenarten sind für das Nähen von Leder geeignet, darunter Leinen-, Nylon- und Polyesterfäden.

16. Schere/Fadenschere: Scheren sind unerlässlich für das Fadentrimmen, da dazu eine gewisse Präzision nötig ist.

17. Schneidunterlage: Schneidunterlagen gibt es viele, doch eine „selbstheilende“ Schneidmatte ist gut geeignet, günstig und leicht zu finden.

18. Locheisen: Gibt es als Rund- oder Langlocheisen. Wird dafür verwendet, an der Stelle, an der eine Schnalle sitzen soll, einen Schlitz anzubringen, durch den der Dorn verläuft.

19. Riemenendeisen: Das perfekte Werkzeug, um damit einen v-förmigen oder runden Abschluss an Riemen für Gürtel, Taschen und Uhrarmbändern anzubringen.

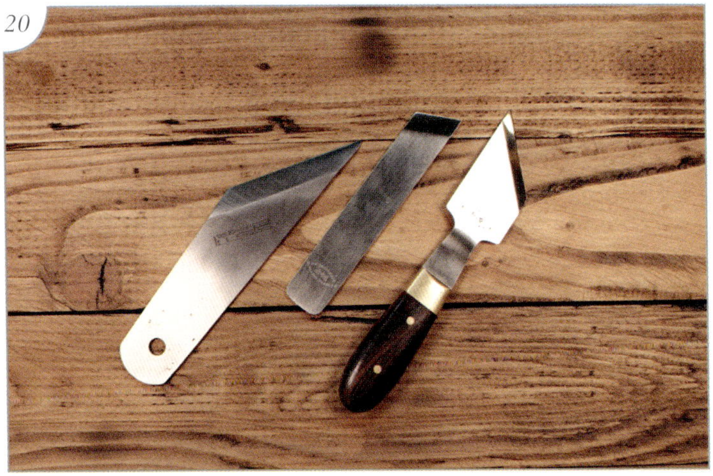
20

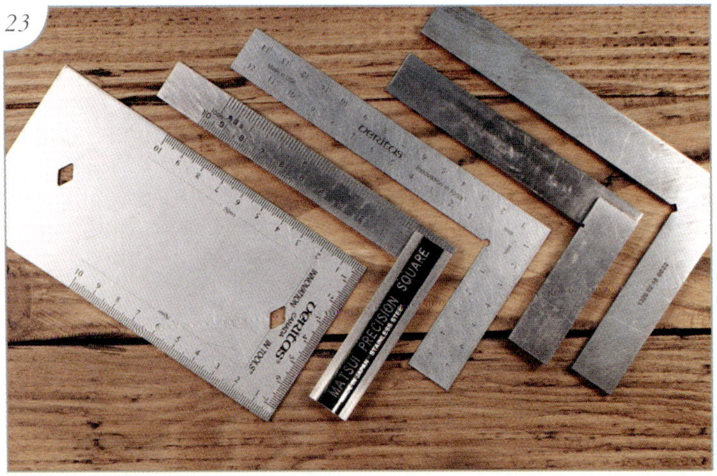

23

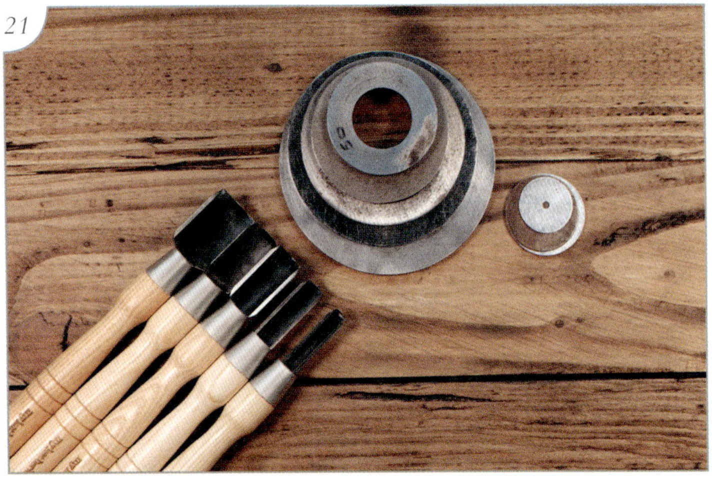
21

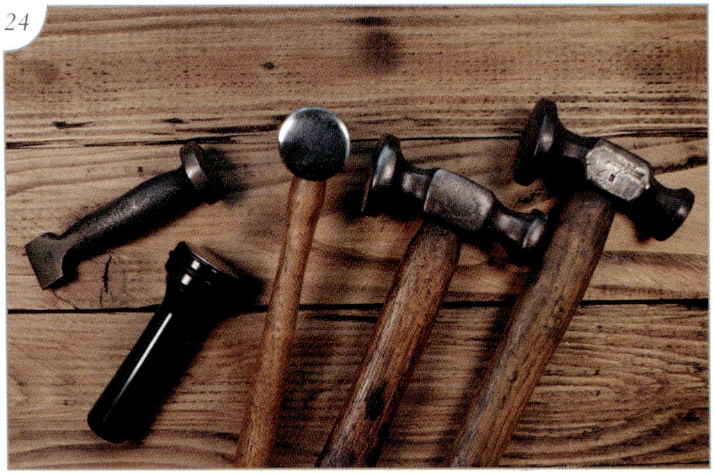
24

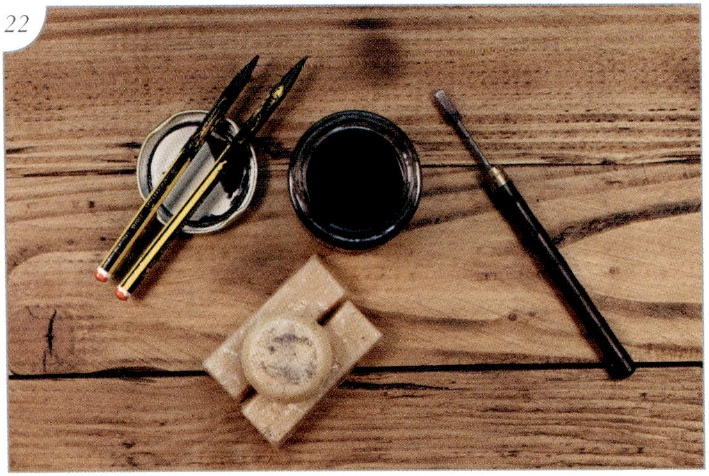
22

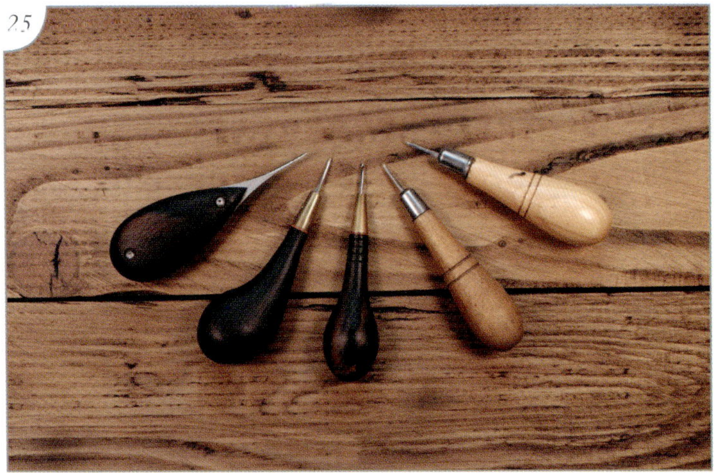
25

26

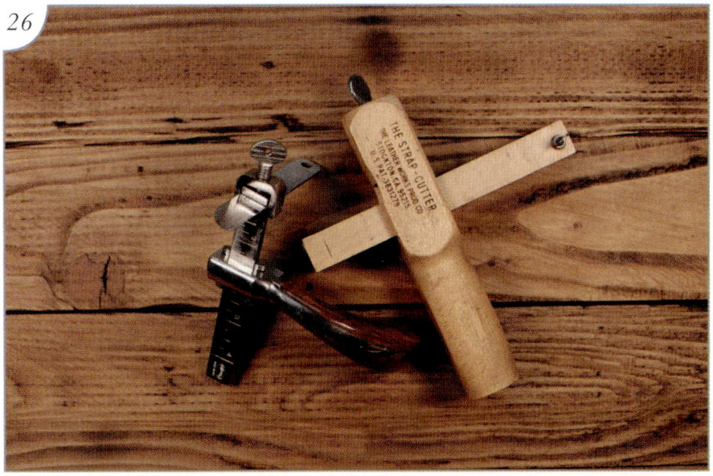

27

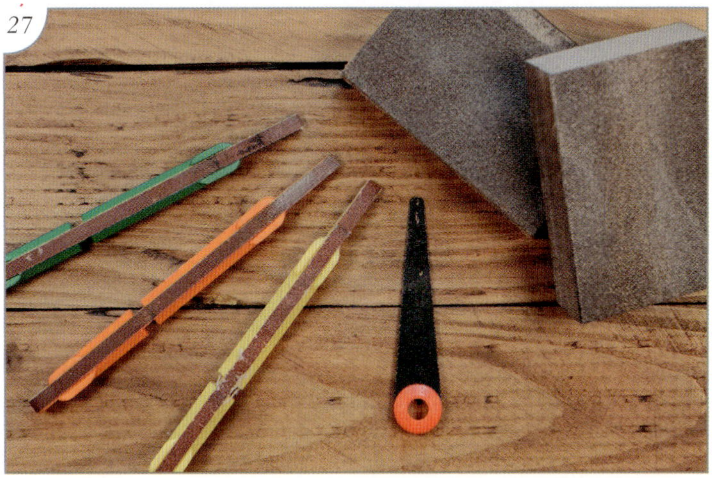

28

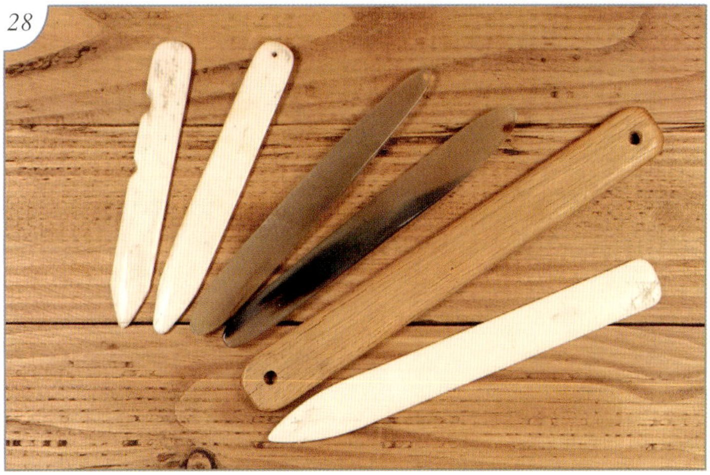

20. Schärfmesser: Ein sehr dünnes, angeschrägtes Messer, mit dem dünne Lagen vom Leder abgenommen werden können, um Riemenenden oder Kanten zu verdünnen oder anzuschärfen.

21. Rundiereisen: Mit Rundiereisen in Ihrer Werkzeugsammlung wird das Zuschneiden der Ecken gleich viel einfacher. Aber es geht auch ohne, mit unterschiedlichen Kreisscheiben als Schablone und etwas Geduld.

22. Kanten bearbeiten: Im Handel gibt es viele Produkte zu kaufen. Edge Kote und Bienenwachs sind ein guter Anfang, bis Sie die Möglichkeit bekommen, auch einmal die anderen Produkte auszuprobieren.

23. Anschlagwinkel: Jeder gute Anschlagwinkel liefert Ihnen präzise Winkel für Ihre Arbeit.

24. Hammer: Ein guter Hammer mit runder Finne hilft dabei, die Naht flachzuklopfen oder unterstützt bei der Verbindung geklebter Kanten.

25. Ahlen: Für die Einsteigerprojekte benötigen Sie zum Nähen noch keine Ahle. Trotzdem handelt es sich um ein nützliches Werkzeug, insbesondere für das Nähen mehrerer Lagen.

26. Riemenschneider: Ein unverzichtbares Werkzeug für das Schneiden von Lederriemen und -streifen.

27. Schleifausrüstung: Schleifpapier reicht völlig, um Kanten anzurauen oder zu schmirgeln, aber auch Schmirgelblöcke und -streifen sind günstig zu haben und können die Arbeit vereinfachen. Sie sind in den meisten Baumärkten erhältlich.

28. Falzbein: Es dient dem Falten von Leder und wird hauptsächlich von Buchbindern eingesetzt. Es ist ideal geeignet, wenn ein Grat oder ein Falz gebildet werden sollen, oder um Leder in die Ecken einer Form zu drücken, sodass ein erhabener Bereich entsteht. Es kann aus Knochen, Horn, Holz oder Plastik bestehen.

MATERIAL UND ZUBEHÖR

Wenn Sie sich nicht gerade in Großbritannien befinden und Zugang zu den gleichen Lieferanten wie ich haben, wird es schwierig, das gleiche Material und Zubehör einzusetzen, das ich für die Projekte verwendet habe. Am Ende des Buches gibt es zwar eine Liste des gewählten Materials und Zubehörs, doch ist es besser, die Lederart zu beschreiben, als bestimmte Produkte zu empfehlen.

Der größte Teil der hier genannten Gegenstände wurde aus Vollleder gefertigt, d.h. aus pflanzlich gegerbtem, durchgefärbtem Halsleder. Es hat eine gewisse Festigkeit, ist aber geschmeidig genug, dass es sich gut verarbeiten lässt. Dieses Leder lässt sich einfach zuschneiden und markieren und gut falten. Außerdem lassen sich die Kanten einfach bearbeiten und zum Glänzen bringen. Für den Rest habe ich Crouponleder genutzt.

Ich habe auch nur wenig Zubehör verwendet, wodurch die Kosten und die Komplexität der Produkte auf einem überschaubaren Niveau bleiben.

Ich habe das benötigte Leder und Zubehör für jedes Projekt aufgeführt, aber das soll nur als Anhaltspunkt dienen, Sie können auch gerne andere Stärken verwenden. Starten Sie nicht zu früh mit dünnem Leder – es kann schwer zu handhaben sein, wenn Sie die Techniken gerade erst kennenlernen.

Wenn Sie pflanzlich gegerbtes Leder verwenden wollen, finden Sie weitere Informationen zum Färben auf Seite 54. Die benötigte Stärke und das Gewicht bleiben gleich.

Bei den Beschlägen kommt es auf Ihre persönlichen Vorlieben an. Ich habe für die Projekte meistens Messing verwendet, da es langlebig und sehr zuverlässig ist. Die Nieten sind aber aus Kupfer.

Projekt 1	Fingerschützer	Schweinsleder, 1 mm
Projekt 2	Notizbuchhülle	Taschenleder, 1,5 mm
Projekt 3	Taschenschutz	Taschenleder, 1,5 mm, 14 g Sattelniete
Projekt 4	Kartenetui	Taschenleder, 1,5 mm
Projekt 5	Stiftrolle	Taschenleder, 1,5 mm
Projekt 6	Tasche für Vorstecheisen	Taschenleder, 2,5 mm
Projekt 7	Reisepasshülle	Taschenleder, 1,5 mm
Projekt 8	Gürtel	Crouponleder, 3,5 mm, Messingschnalle, 40 mm
Projekt 9	Tasche ohne Seiteneinsatz	Taschenleder, 3 mm, Sam-Browne-Niete
Projekt 10	Messerscheide	Crouponleder, 3 mm
Projekt 11	Würfelbecher	Taschenleder, 3,5 mm
Projekt 12	Tasche mit rundem Boden	Taschenleder, 2,5 mm

Hinten im Buch finden Sie eine Liste mit Händlern für Leder, Zubehör und Werkzeuge, die ich verwende, und eine kurze Erklärung zu deren Sortiment.

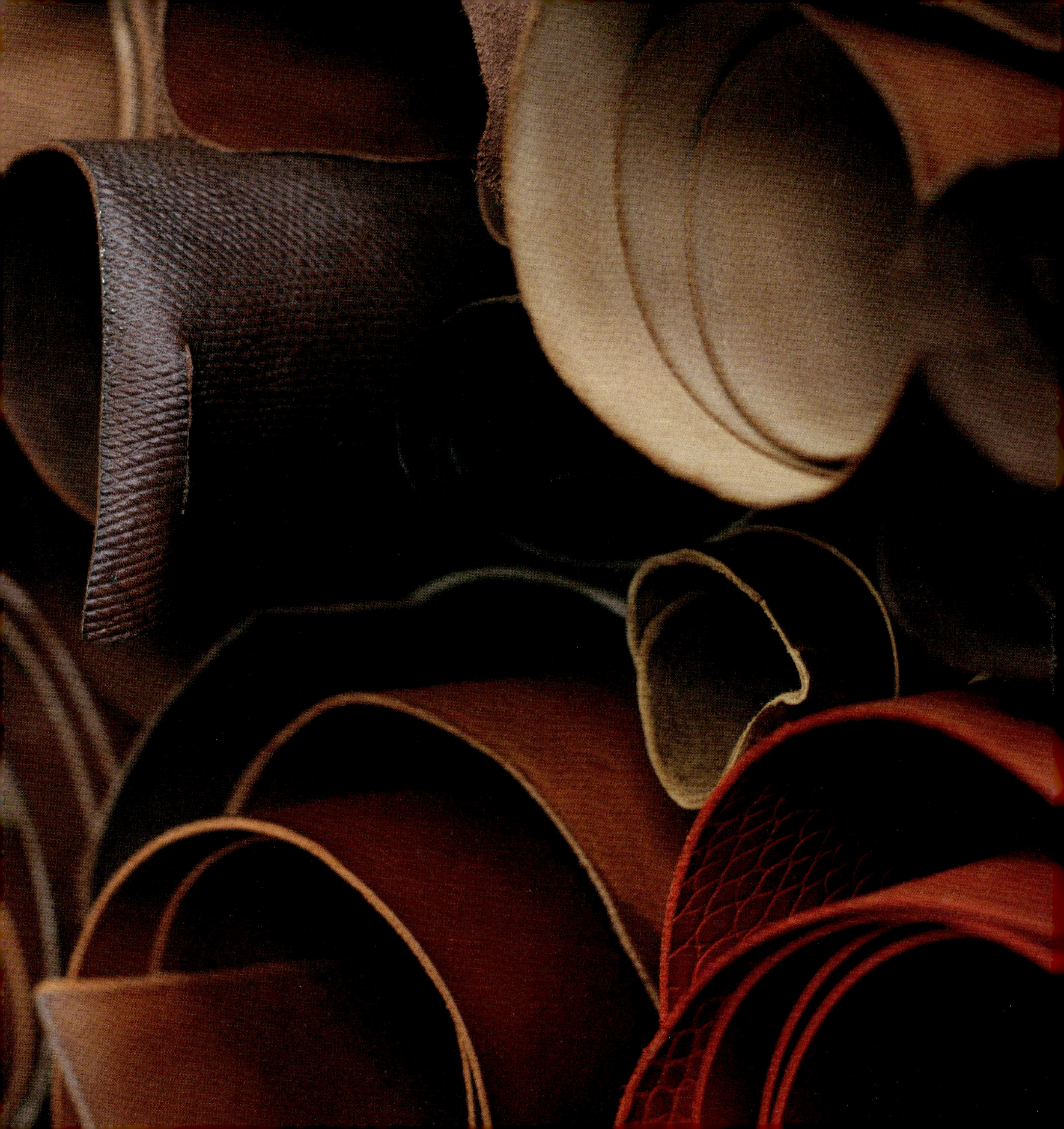

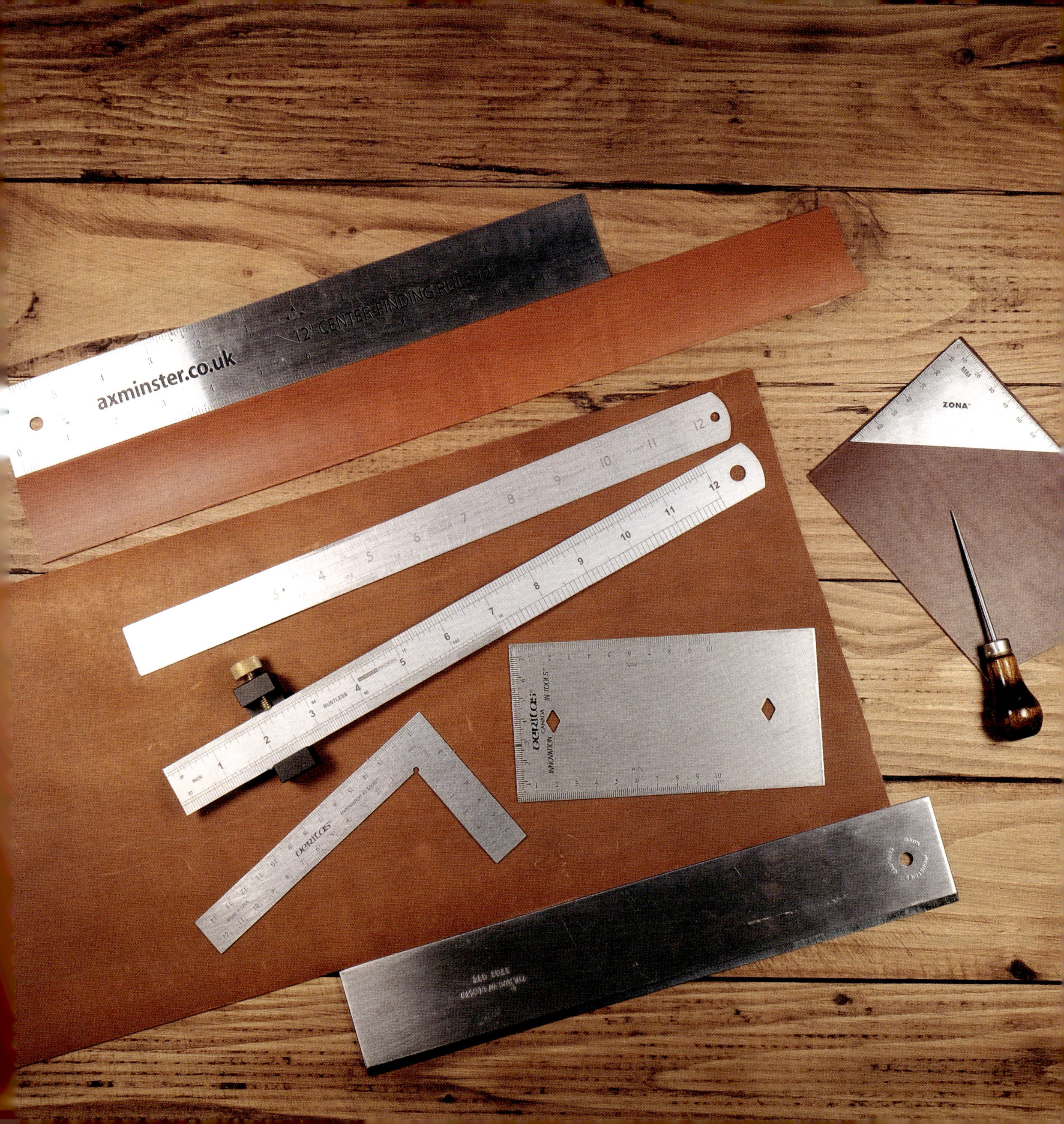

axminster.co.uk
12" CENTER-FINDING RULE 12"
ZONA
veritas
INNOVATION IN TOOLS
RUSTLESS

ABMESSEN

Dies ist wahrscheinlich eine der wichtigeren Fertigkeiten bei der Lederbearbeitung. Schließlich geht es darum, mehrere Lederstücke so zuzuschneiden, dass sie exakt passen und vernäht werden können. Je besser die Maße, desto besser der Zuschnitt; je besser der Zuschnitt, desto besser die Passung - und desto besser das Ergebnis.

Es handelt sich um eine grundlegende Fertigkeit, deren Bedeutung oft nicht ausreichend gewürdigt wird. Vorbereitung und das richtige Werkzeug sind Grundvoraussetzungen. Ein Metalllineal ist besser als ein Maßband oder ein Rollmeter. Lineale verschiedener Längen sind nützlich.

Abmessungen zu wiederholen ist eine gute Möglichkeit, ungewollte Abweichungen zu vermeiden. Wenn Sie von einer Kante aus messen, nehmen Sie diese als Endpunkt der Messung. Eine Möglichkeit, wie Sie das machen können, die außerdem Fehlerquellen ausräumt, ist ein Streichmaß auf die entsprechende Abmessung einzustellen.

Ein häufiger Fehler ist die Annahme, dass Leder ein gutmütiges Material ist und es „schon passen“ wird. Möglicherweise wird es das sogar, aber je mehr Sie darauf achten, präzise zu messen, desto weniger müssen Sie am Ende passend machen.

Schneiden Sie das Leder nicht zu früh. Sie sollten abmessen, nachmessen, nachprüfen und dann schneiden.

Notieren Sie sich die Maße deutlich lesbar und einheitlich. Im Allgemeinen sollte erst die Breite gemessen werden. Damit ist das auch das erste Maß, das notiert wird. Wenn also die Breite 140 mm und die Höhe 220 mm beträgt, dann sollten die Maßangaben als 140 x 220 mm notiert werden, das wäre Hochformat. Wenn Sie die Maße als 200 x 140 mm notiert hätten, dann wäre es im Querformat.

Solange es sich nur um ein Rechteck handelt, ist das unkritisch. Wenn aber einzelne Teile zusammenpassen sollen, dann kann ein solcher Fehler beim Notieren der Maße einen verheerenden Unterschied machen.

Eine gute Eselsbrücke ist, „den Flur entlang und dann die Treppe hinauf“. Sie können die Treppen nicht steigen, bevor Sie den Flur entlang gegangen sind. Demnach ist die erste Abmessung immer die Breite und danach kommt die Höhe. Einheitlichkeit ist hier von großem Nutzen.

Verwenden Sie für rechte Winkel einen Anschlagwinkel und lassen Sie das Lineal immer flach aufliegen.

Je sorgfältiger Sie abmessen, desto präziser können Sie arbeiten und desto besser wird das Ergebnis.

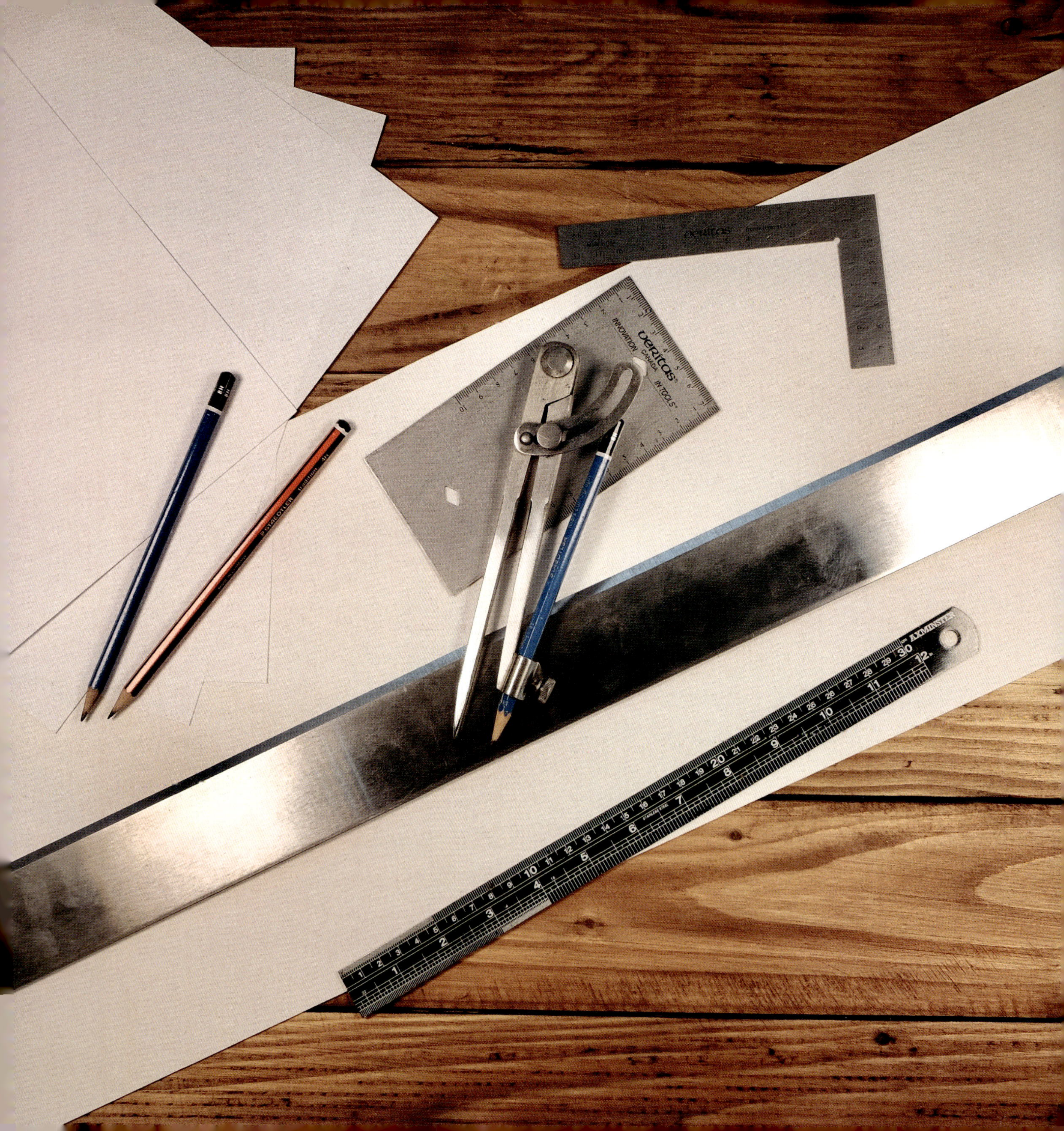
veritas
INNOVATION CANADA
IN TOOLS
AXMINSTER

SCHABLONEN ERSTELLEN

Dieser Prozess ist besonders wichtig und kann 60 Prozent der Zeit eines Projekts von Entwurf bis Ergebnis in Anspruch nehmen.

Sie können Leder nicht einfach zuschneiden oder anzeichnen, wenn Sie nicht wissen, wo Sie schneiden oder anzeichnen sollen.

Beim Erstellen einer Schablone können Sie Ihre Maße überprüfen und Sie bekommen eine bildliche Vorstellung Ihrer Arbeit. Ich kann den Wert einer Schablone gar nicht genug betonen.

Die Projekte in diesem Buch sind recht einfach, aber für jedes brauchen Sie eine Schablone und bei Bedarf ist diese auch im Projekt beschrieben. Dennoch will ich im Folgenden ein paar einfache Aspekte erklären, nämlich wie man eine Mittellinie anbringt und rechteckige Ausschnitte anfertigt.

1. Als Beispiel nehme ich das Etui-Projekt auf Seite 64. Dabei wird aus festem Karton eine Schablone von 111 x 156 mm angefertigt.
Um Ihnen zu zeigen, wie Sie bei komplexeren Entwürfen am besten vorgehen, reicht in diesem Fall Papier.

2. Nutzen Sie festes Papier für die Schablone. Verwenden Sie ein Blatt, das etwas größer ist als die benötigten 111 x 156 mm.

1

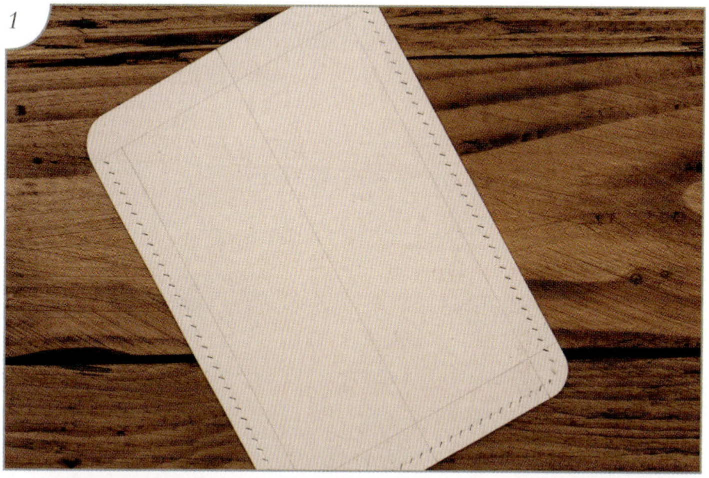

2

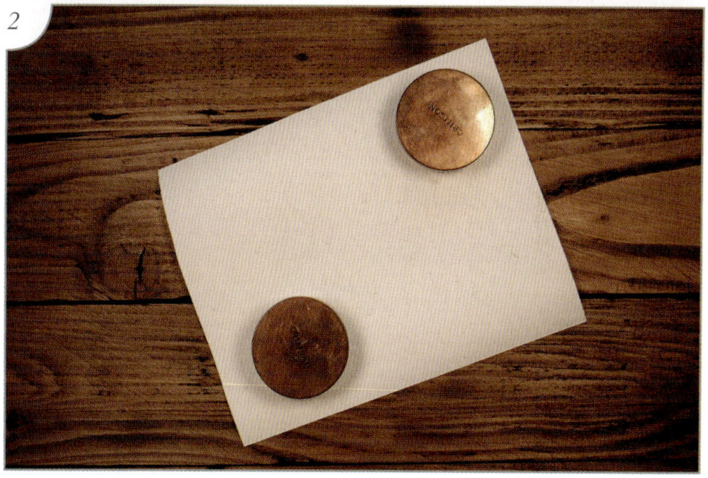

3

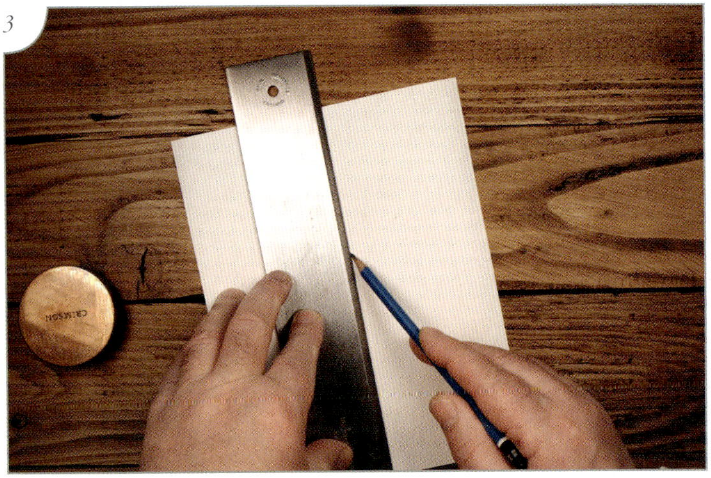

4

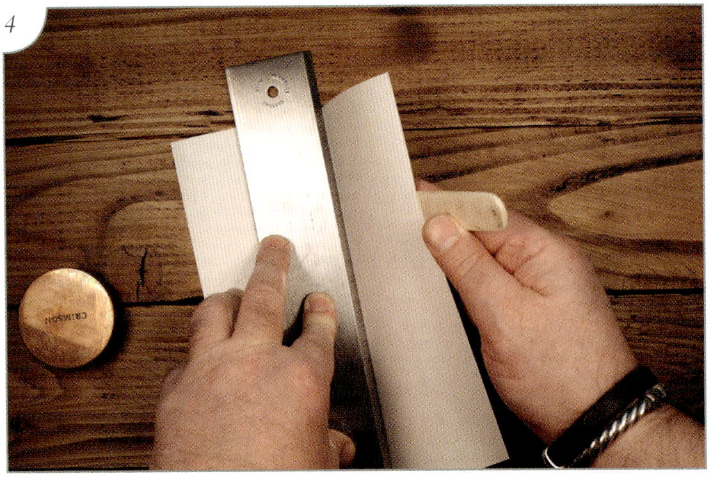

5

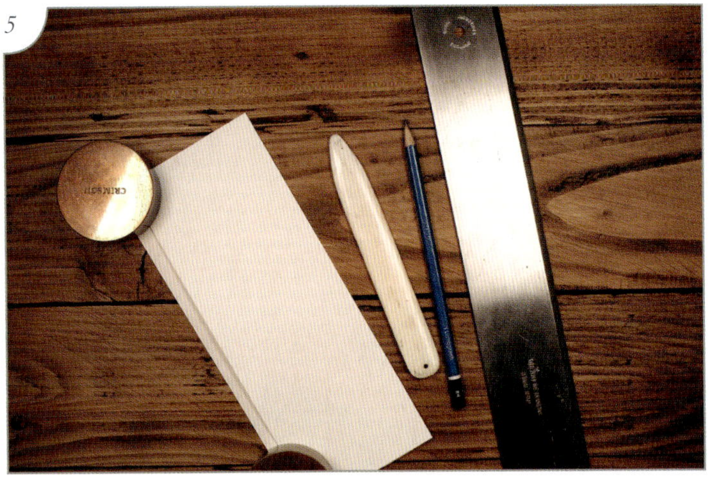

6

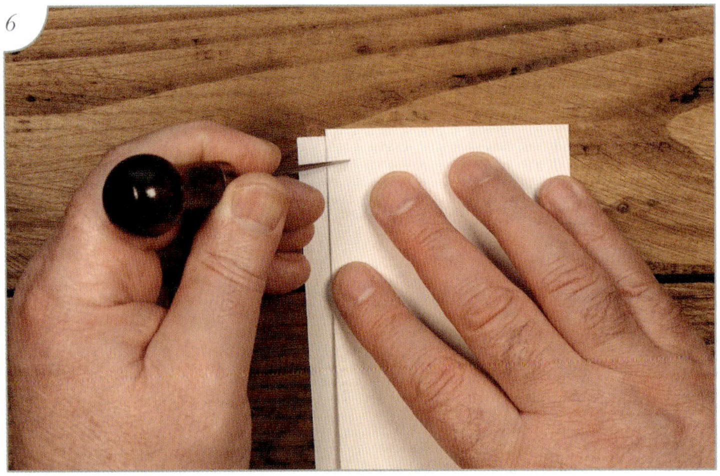

7

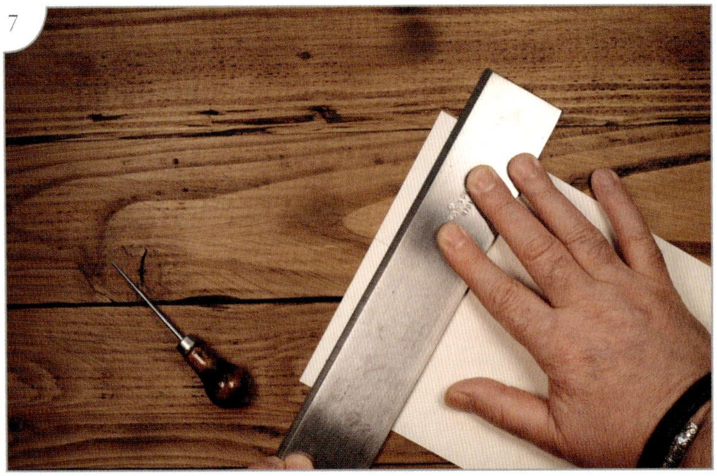

8

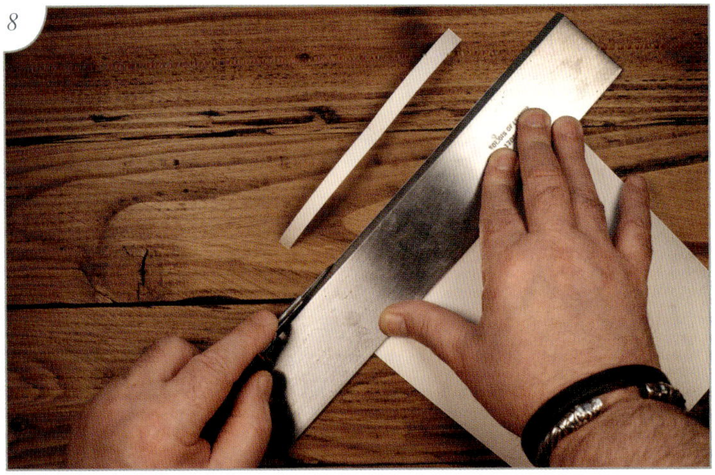

3. Als Erstes erstellen wir die Mittellinie. Markieren Sie dazu die Mitte des Blattes an mehreren Stellen.

4. Legen Sie das Lineal an den Markierungen an und führen Sie daran die folgenden Schritte aus: Ziehen Sie eine Linie entlang des Lineals. Nehmen Sie als Nächstes ein Falzbein oder einen anderen festen und schmalen Gegenstand, der keine scharfe Kante hat. Legen Sie das Falzbein unter dem Blatt Papier am Lineal an, sodass sich entlang des Lineals ein sauberer Falz bildet.

5. Damit falten Sie das Blatt in einer perfekt geraden Linie entlang der Mitte.

6. Als Nächstes bringen Sie einen rechten Winkel an einem Ende an, von dem aus gemessen wird. Stechen Sie an einem Ende der offenen Seite des gefalteten Blattes ein kleines Loch durch beide Hälften. Nach dem Auffalten ergibt dies zwei Löcher an den entgegengesetzten Seiten des Blattes.

7. Die Linie, mit der Sie die Löcher verbinden, bildet einen perfekten rechten Winkel zur Mittellinie.

8. Wenn Sie das Blatt an dieser Linie abschneiden, ist das entstandene Ende rechtwinklig.

9. Wenn nicht klar ist, welches Ende der rechte Winkel ist, markieren Sie das andere Ende mit einem X. So messen Sie nicht vom falschen Ende aus. Falten Sie nun das Blatt. Jetzt messen Sie vom Falz aus die Hälfte der benötigten Breite ab: Bei 111 mm stellen Sie das Streichmaß also auf 55 mm, legen es am Falz an und bringen drei Bleistiftmarkierungen an.

10. Sie können jetzt das gefaltete Papier entlang dieser Linie abschneiden. Wenn Sie die Abmessungen mit dem Bleistift, Lineal oder Messer geändert haben, zeigt sich diese Änderung auf beiden Seiten. Damit ist sichergestellt, dass die Mittellinie weiterhin in der Mitte ist.
Nach dem Auffalten sollte das Blatt 111 mm breit sein.

9

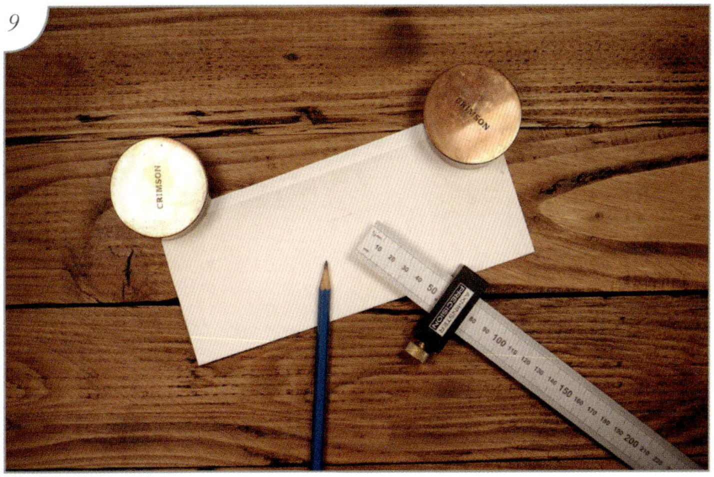

10

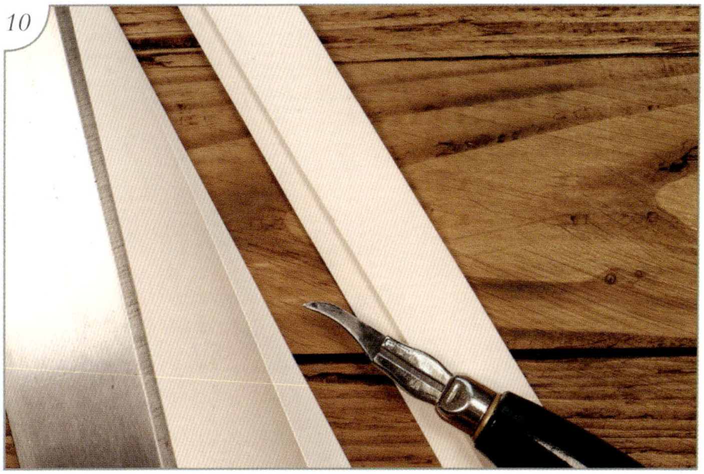

11

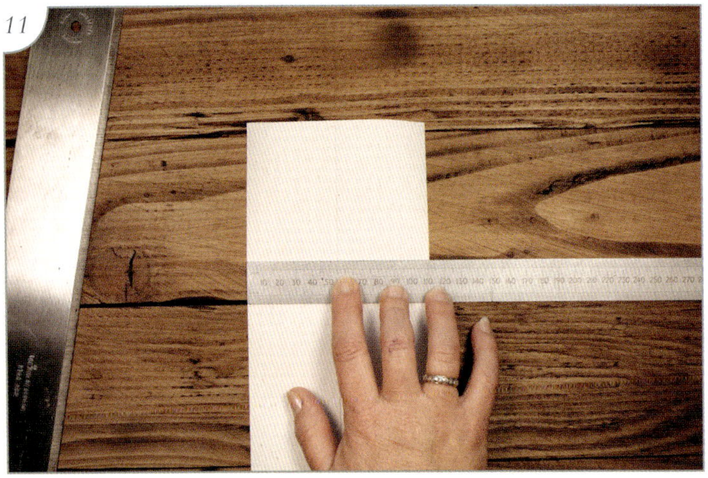

12

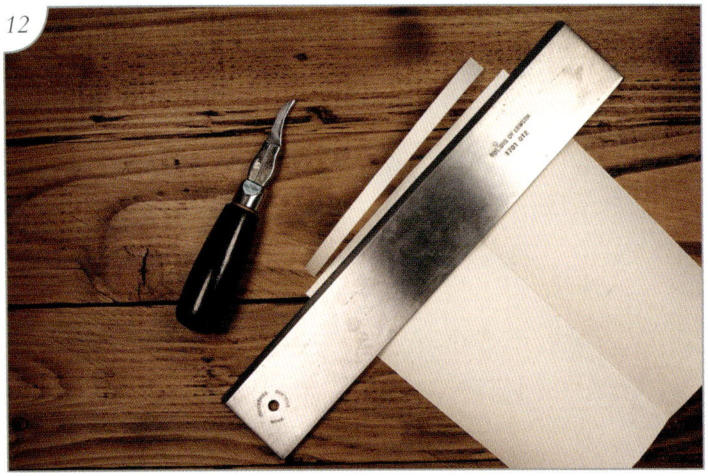

13

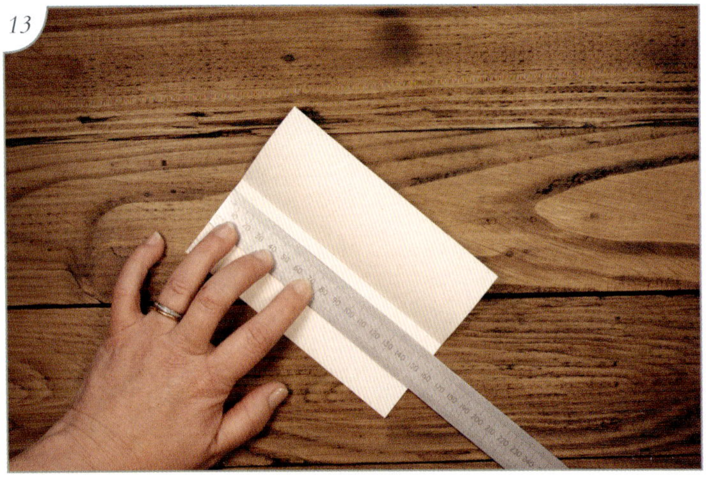

11. Falten Sie es erneut und stechen Sie dann 156 mm vom rechten Winkel aus gemessen an der offenen Seite des gefalteten Blattes ein kleines Loch durch beide Papierseiten. Auffalten und in einer geraden Linie an diesen beiden Löchern entlangschneiden.

12. Damit haben Sie das Blatt auf eine Höhe von 156 mm gebracht. Auch diese Kante bildet einen perfekten rechten Winkel.

13. Diese Technik ist ideal, um anzuzeichnen, wo etwa Niete, Taschen oder Löcher angebracht werden sollen, und um eine symmetrische Anordnung zu gewährleisten.

Dies ist nur ein erster Schritt beim Erstellen von Schablonen. Im Laufe der Arbeit an den Projekten und den entsprechenden Schablonen erweitern Sie Ihre Fähigkeiten, und Schablonen herzustellen wird Ihnen ganz selbstverständlich von der Hand gehen.

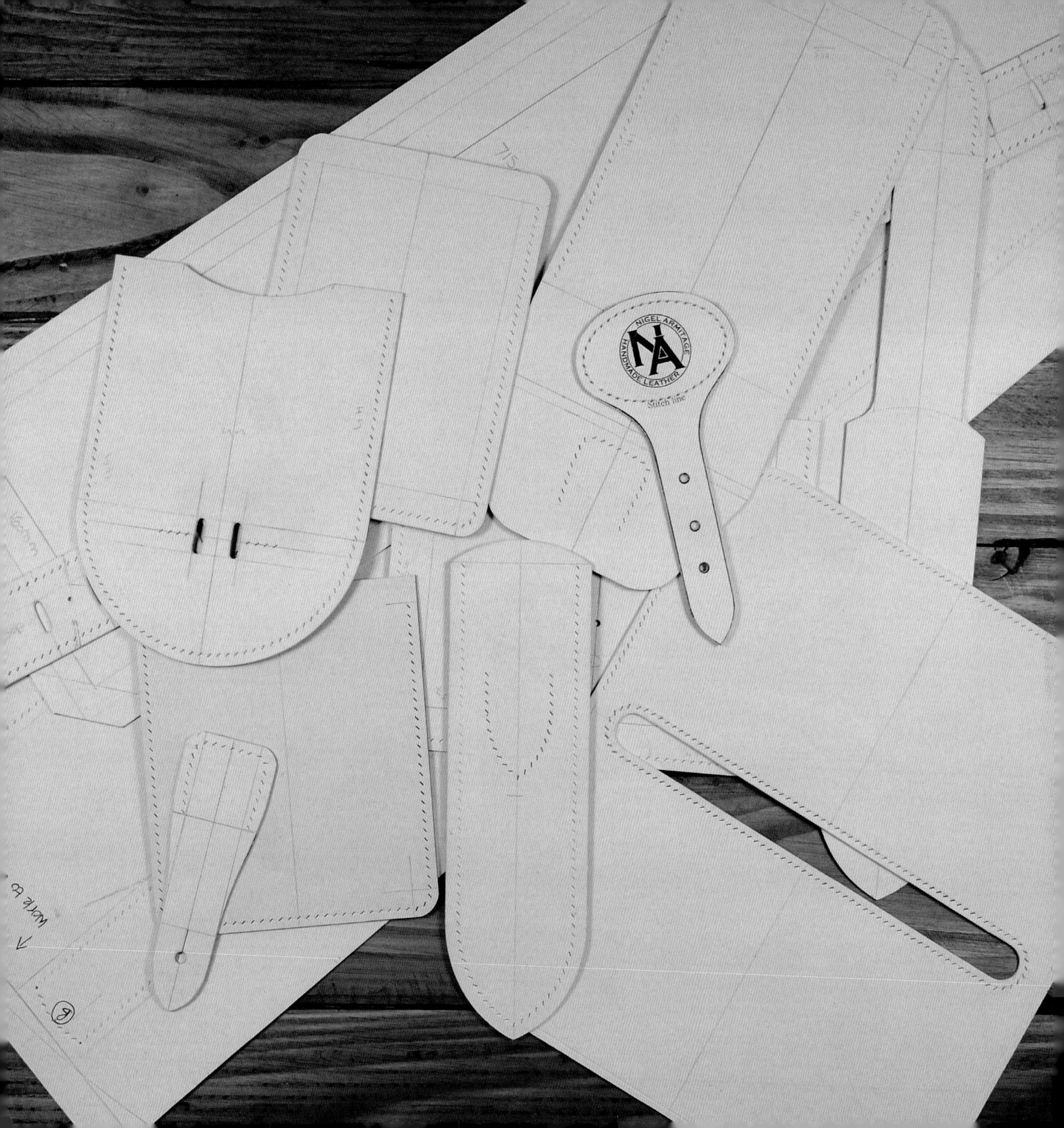
NIGEL ARMITAGE
HANDMADE LEATHER
Stitch line

LEDER ZUSCHNEIDEN

Die meisten von uns können schneiden, seit uns unsere Eltern ein Messer halten ließen. Aber wann haben Sie zum letzten Mal genauer darüber nachgedacht, wie Sie beim Schneiden vorgehen und warum das so ist?

Leder verhält sich beim Schneiden besonders — sowohl verschiedene Stärken als auch verschiedene Lederarten reagieren unterschiedlich. Es ist schwierig, hier alle Punkte abzudecken.

Einige Probleme können aber unabhängig von der Lederart oder -stärke auftreten: rutschende Lineale, faserige Schnitte, unsaubere Schnittkanten mit vorstehenden Streifen und verrutschendes Material.

Ob Sie es glauben oder nicht, für die meisten Probleme sind wir selbst verantwortlich.

Betrachten wir nun ein paar Bereiche, mit denen wir diesen Problemen vorbeugen können — **Vorbereitung, Winkel, Kraft** und **Präzision**.

1. Vorbereitung. Auf einem unaufgeräumten Arbeitsplatz können Sie Techniken nicht richtig ausführen, weil Sie gezwungen sind, Wege zu finden, in der Unordnung um Dinge herumzuarbeiten. Nehmen Sie sich die Zeit, aufzuräumen und ordentliche Vorbereitungen zu treffen.

2. Bei guter Vorbereitung haben Sie anhand der Schablonen eine Stückliste erstellt. Das heißt, Sie schneiden als Erstes alle benötigten Teile zu. Wie bei jeder Technik sind auch hier die richtige Vorbereitung und Herangehensweise entscheidend.

Winkel. Beim Schnittwinkel tendieren die meisten Menschen dazu, in einer geraden Linie entweder horizontal oder vertikal schneiden zu wollen. Also entweder auf die eigene Person zu oder quer zu ihr. Das hat mit der Sichtlinie zu tun.

Auf den ersten Blick sieht das nach einem guten Ansatz aus.

1

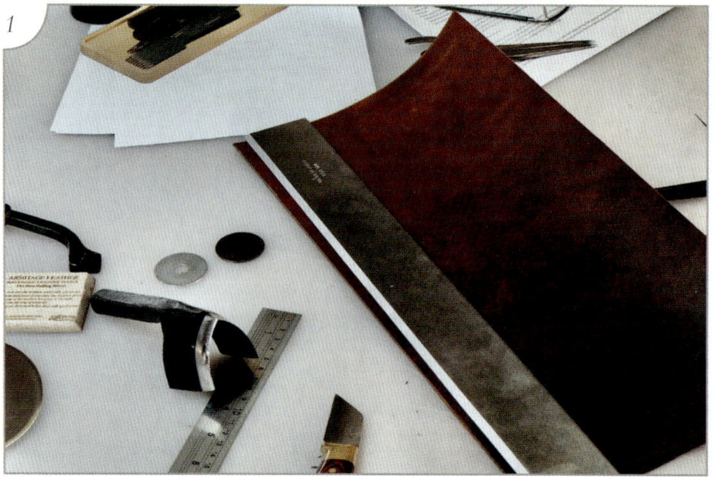

2

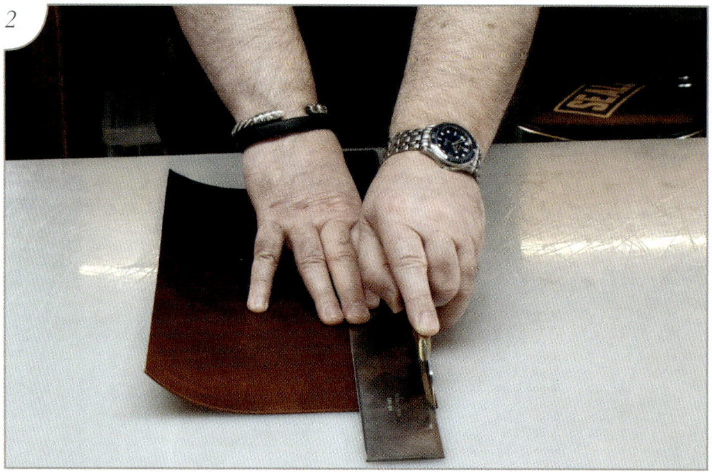

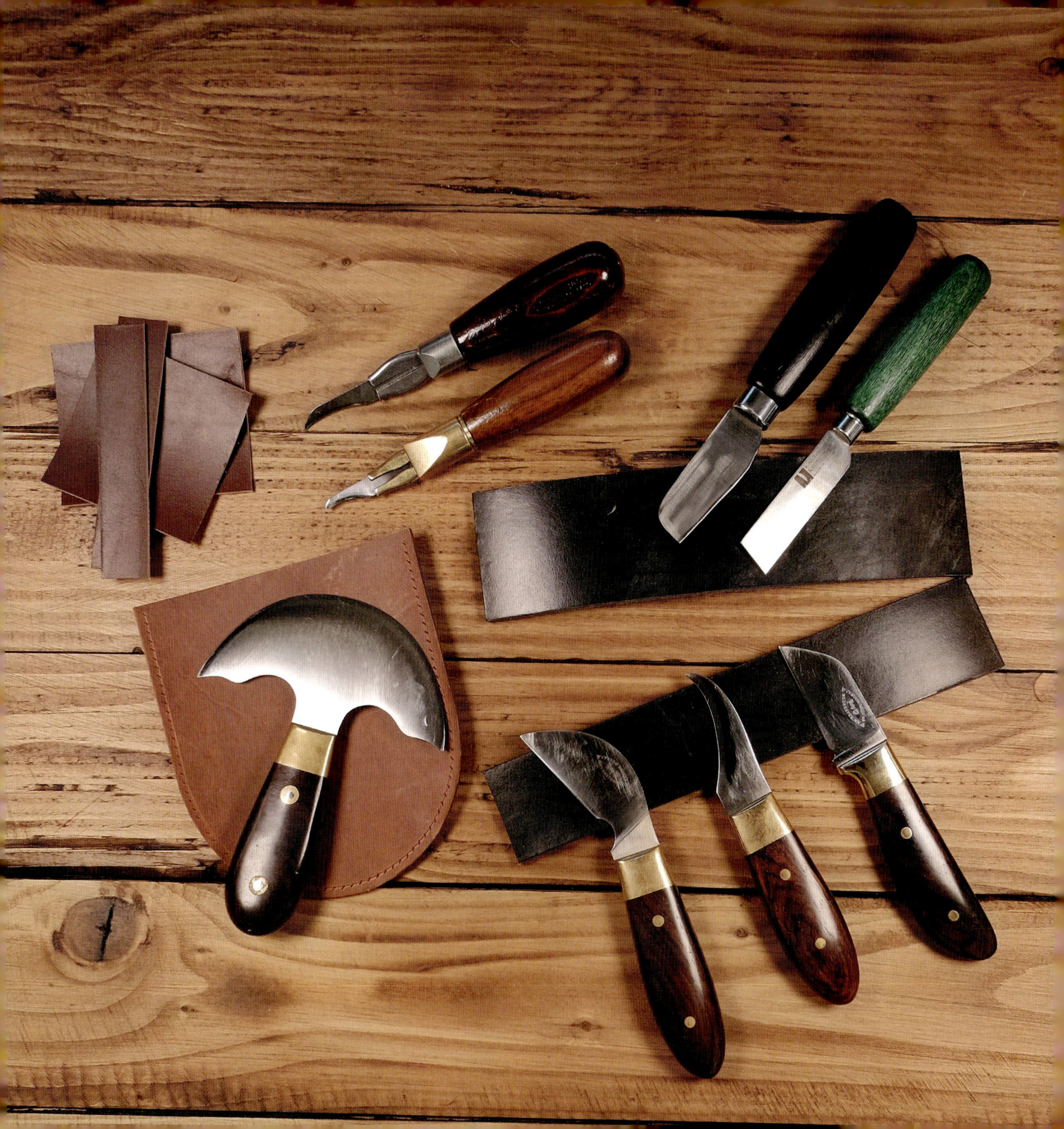

3

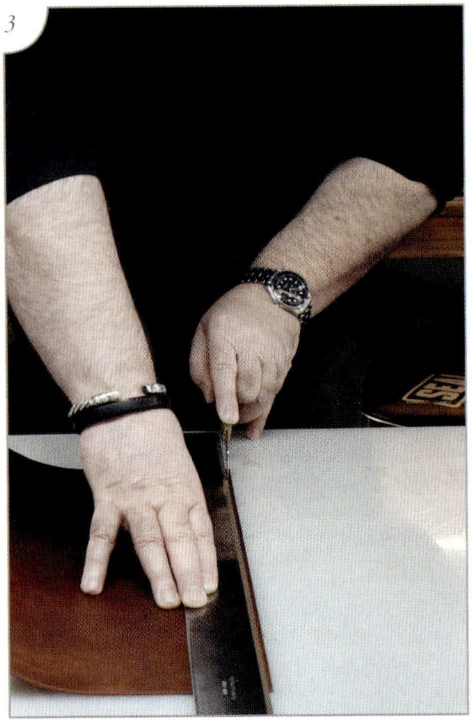

5

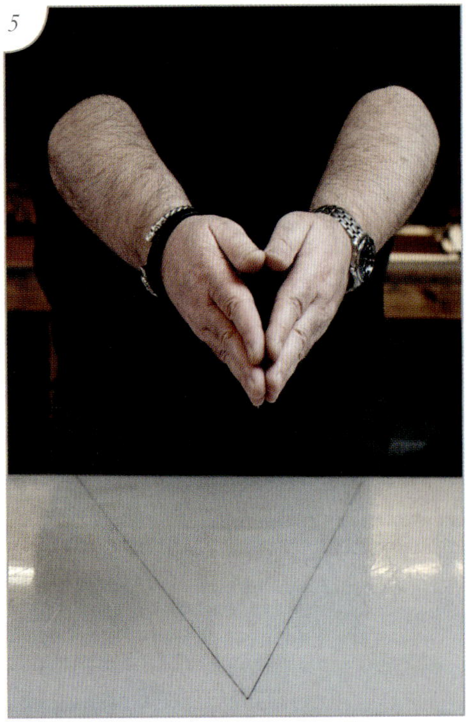

7

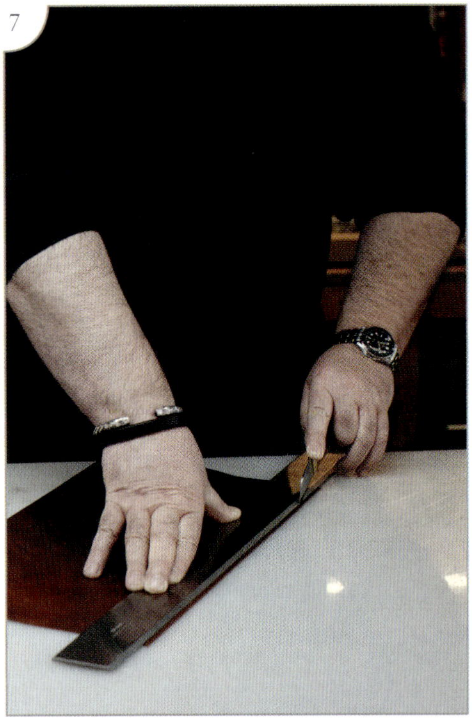

4

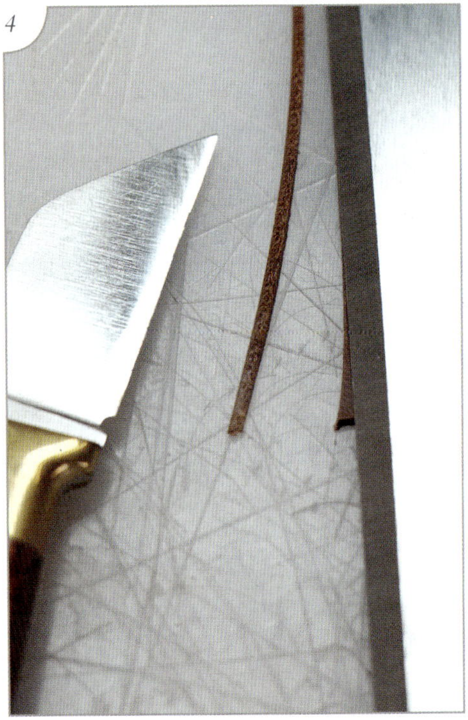

6

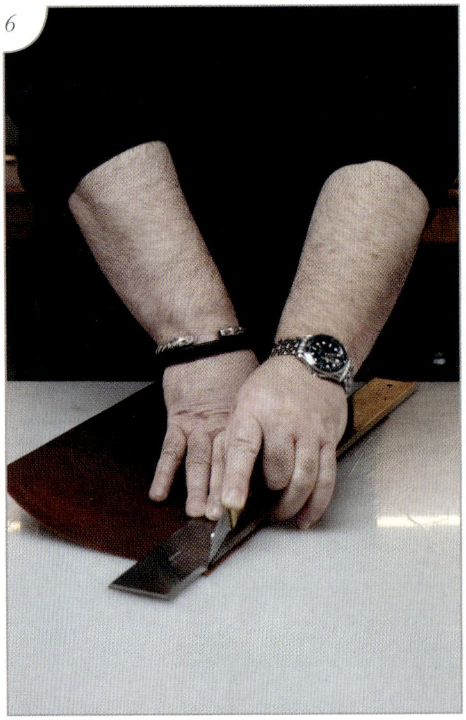

8a

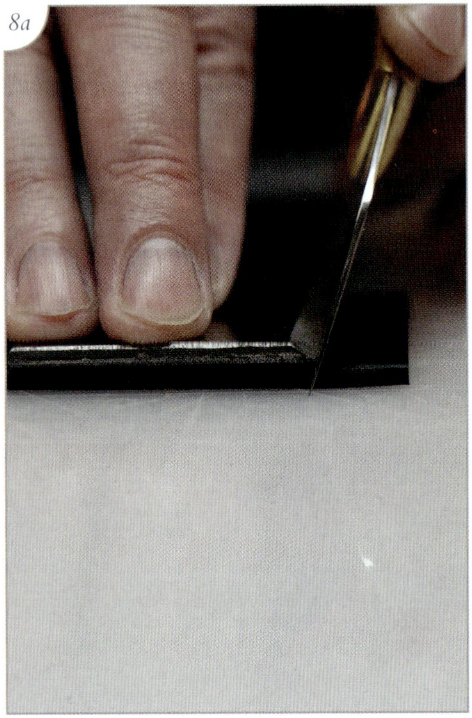

3. Aber hier sehen Sie, wie sehr der Ellenbogen sich nach außen drehen muss, je näher der Arm sich dem Körper nähert, und wie sich dabei der Winkel des Handgelenks und des Messers ändern.

4. Dadurch bildet sich am Ende eines Schnittes oft ein kleiner Zipfel.

5. Es ist wichtig, dass die Klinge den gesamten Schnittweg über gerade bleibt. Am besten erreichen Sie das, indem Sie Messer, Hand und Unterarm so gerade wie möglich halten. Das bedeutet, Sie müssen im richtigen Winkel schneiden. Stellen Sie sich mit ausgestreckten Armen und aneinandergelegten Handflächen vor Ihren Schneidetisch. Stellen Sie sich einen Punkt dort vor, wo sich Ihre Finger treffen und jeweils einen an jeder Schulter.

Bilden Sie ein Dreieck, indem sie diese Punkte verbinden. Innerhalb des Dreiecks zu schneiden ist nicht ideal — Ihr Schnitt wird deutlich besser, wenn Sie außen daran entlang arbeiten, denn dann hat der Ellenbogen ausreichend Platz vor Ihrem Körper und Messer, Hand und Arm bleiben gerade. Damit erhalten Sie sehr viel präzisere und einheitliche Schnitte.

6. Sie arbeiten so in einem viel besseren Schnittwinkel. Sie sehen hier einen deutlichen Abstand zwischen dem Körper und dem Schnittarm.

8b

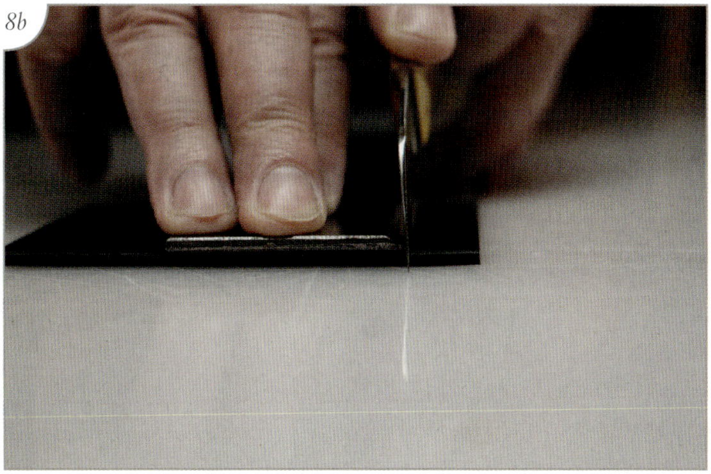

7. Auch zum Ende des Schnittes hin besteht immer noch ein sichtbarer Abstand zwischen Arm und Körper und Unterarm, Hand und Messer sind weiterhin in einer geraden Linie.

8. Kraft und Präzision.

Kraft. Zu viel ist nicht gut. Häufig ist der Ansatz beim Schneiden, das Leder mit einem Mal vollständig durchschneiden zu wollen. Dazu wird oft zu viel Kraft auf die Schnitthand gegeben. Was dabei oft übersehen wird ist, je mehr Kraft Sie auf die Schnitthand geben, desto mehr Kraft wirkt auch auf die Hand, die das Lineal hält. Die Hand, die das Lineal hält, muss das ausbalancieren. Also während wir glauben, dass wir das Lineal davon abhalten wegzurutschen, schieben wir es selbst weg.

Präzision. Versuchen Sie nicht, Leder mit einem Mal durchzuschneiden. Setzen Sie das Messer sanft ein. Halten Sie es locker am Griffende und ziehen es mit großer Präzision über das Leder. Es mag sich nicht so anfühlen, als hätten Sie das Leder damit geschnitten, aber das haben Sie. Sie haben eine sehr feine Führungslinie geschnitten, entlang der Sie das Messer im zweiten Durchgang führen können.

Es ist viel besser, Material mit drei oder vier Schnitten präzise zuzuschneiden, als sich in einem Durchgang zu verschneiden. Eine unebene Kante lässt sich eher beheben als verschnittenes Material.

Zum Schluss gilt es noch, ein Unterschneiden zu vermeiden. Dies tritt ein, wenn Sie das Messer leicht schräg halten und die Messerspitze nicht in einer Linie mit dem Lineal führen. In diesem Fall führen Sie sie unter dem Lineal entlang. Dadurch schneiden Sie das Leder schräg zu *(siehe Bild 8a)*. Bei einem einzelnen Stück lässt sich das durch Kantenziehen und -polieren beheben. Bei mehreren jedoch kann radikales Schleifen notwendig sein, was die Form Ihres Endergebnisses völlig verändern kann.

Die einfache Lösung ist, die Klinge beim Schneiden immer senkrecht zu halten *(siehe Bild 8b)*.

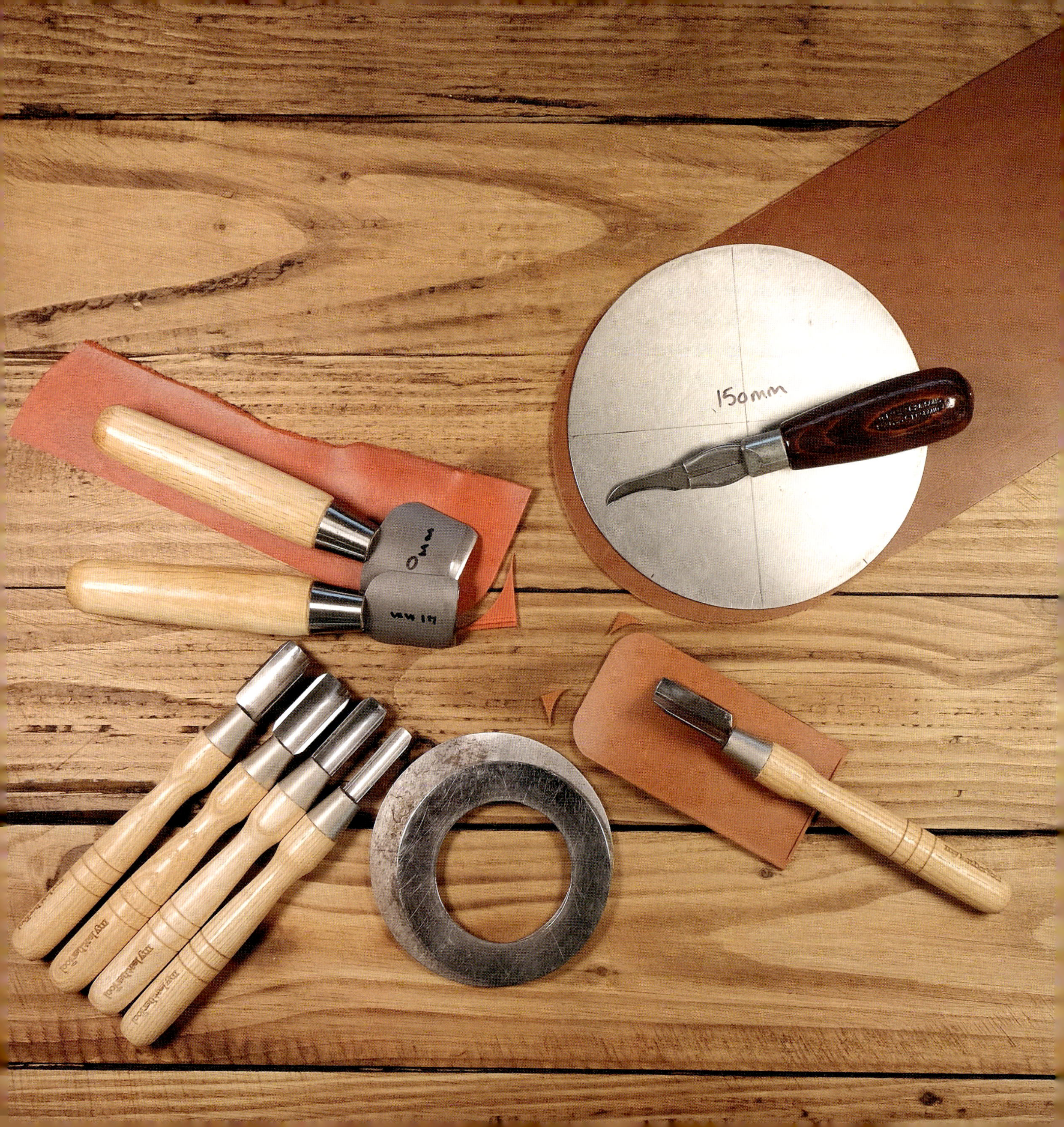
150mm

ECKEN RUNDIEREN

1. Zweifellos lassen sich Ecken am besten mit einem entsprechenden Werkzeug rundieren. Doch besitzen Sie vielleicht keines oder aber nicht in der richtigen Größe. Also brauchen Sie eine Alternative, zum Beispiel eine Auswahl an Scheiben und Münzen unterschiedlicher Größen, an denen Sie entlang schneiden können.

Nach der Wahl der richtigen Größe folgt die der richtigen Schnitttechnik. Die Versuchung ist groß, einfach in einem Durchgang entlang des Bogens zu schneiden. Das mag bei größeren Bögen auch funktionieren, aber bei kleineren, engeren nicht.

Dieses Diagramm eines rechten Winkels ist mit Markierungen im Abstand von 5 mm versehen, die einmal von oben nach unten und von links nach rechts von 1 bis 15 durchnummeriert sind.

Sie sehen, dass die übereinstimmenden Ziffern mit einer Linie verbunden wurden. 1–1, 2–2, usw. Durch die leichte Veränderung des Winkels der einzelnen Linien an den Stellen, an denen sie aufeinandertreffen, entsteht eine Kurve.

Stellen Sie sich nun jede Linie als Schnitt vor. Anstatt in einem Bogen um die Scheibe zu schneiden, bringen Sie 15 gerade Schnitte entlang der Scheibe an.

1

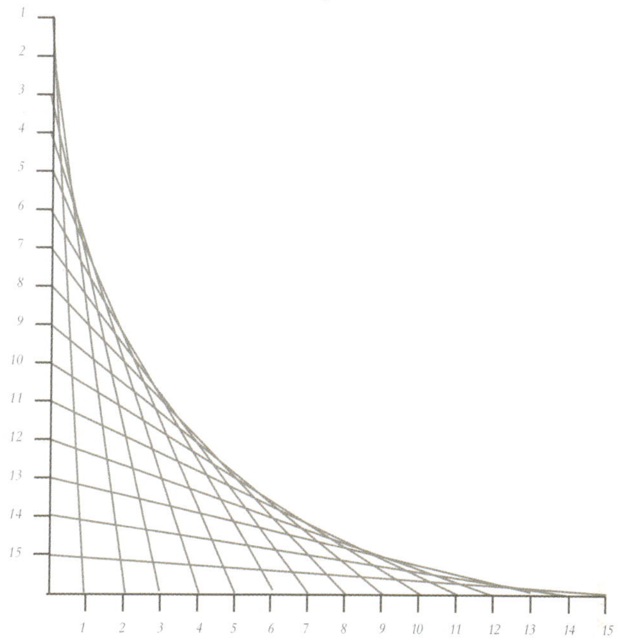

2. Das dauert zwar länger und braucht ein bisschen Übung, aber das Ergebnis sind viel präzisere und reproduzierbare Ecken. Aber natürlich wird Ihnen das entsprechende Werkzeug das Leben noch einfacher machen, insbesondere bei engeren Bögen.

2

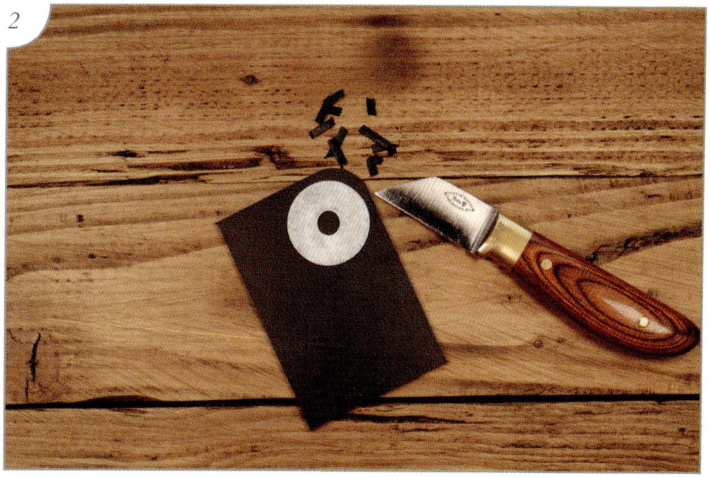

NÄHEN

1. Es gibt viele verschiedene Möglichkeiten, Leder zu nähen, oder genauer gesagt, die Löcher anzubringen, durch die genäht wird.

Die Naht, auf die wir uns konzentrieren, ist als Sattlernaht bekannt. Dabei arbeiten Sie mit einem in der Mitte halbierten Faden, der zugleich an zwei Nadeln befestigt ist (eine in jeder Hand), eine Naht mit je zwei Heftstichen gleichzeitig. Dabei werden die Stiche in einem leichten, immer gleichen Winkel gesetzt. Das ergibt eine hübsche Naht und verleiht ihr Struktur.

2. Üblicherweise werden die Nahtlöcher mit einem Prickrad oder einem Nahtmarkierer markiert und dann mit einer Ahle vorgestochen, bevor die Naht mit dem Faden genäht werden kann.

Der Nahtmarkierer dringt nur soweit in die Lederoberfläche ein, dass die Position der Löcher deutlich sichtbar wird.

Bei dieser Art zu nähen sind Nahtmarkierer oder Prickrad einfach zu bedienen. Das eigentliche Können liegt in der Verwendung der Ahle.

Der erste wichtige Punkt hierbei ist die einheitliche Positionierung der Ahle im Leder. Die Ahle muss so in das Loch gestochen werden, dass der Winkel der Klinge dem Winkel des Lochs entspricht. Dabei muss die Klinge im rechten Winkel sowohl zur senkrechten als auch der waagerechten Ebene stehen.

1

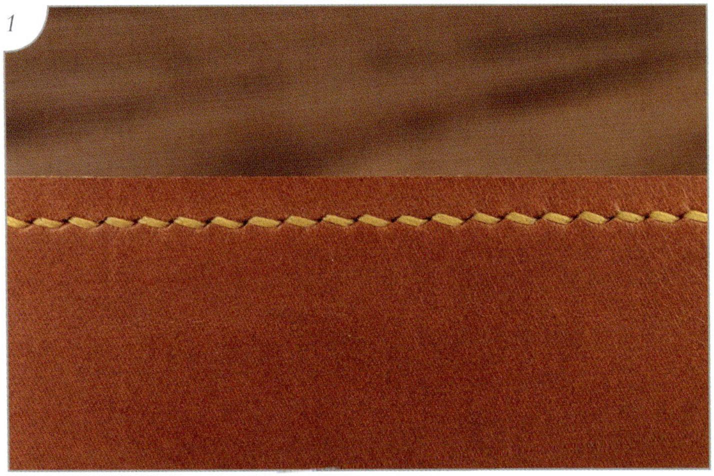

2

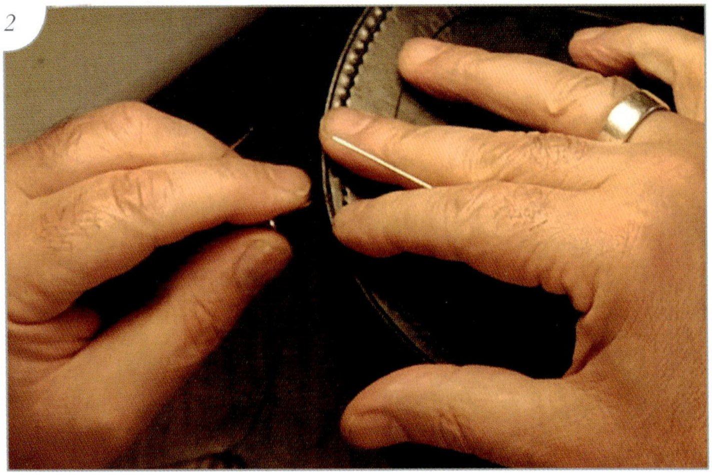

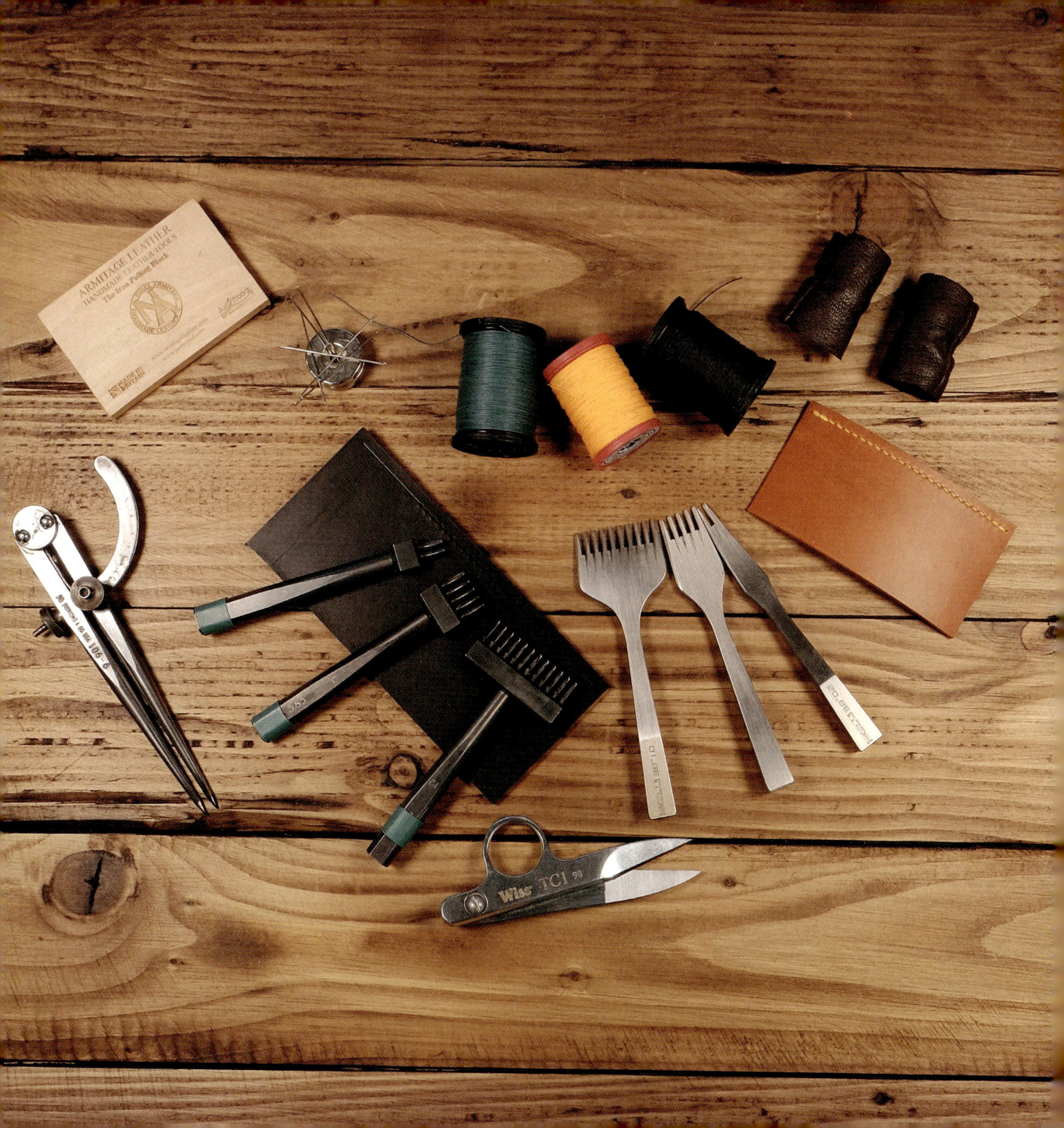
ARMITAGE LEATHER
HANDMADE LEATHER TOOLS
Wiss TC1

3

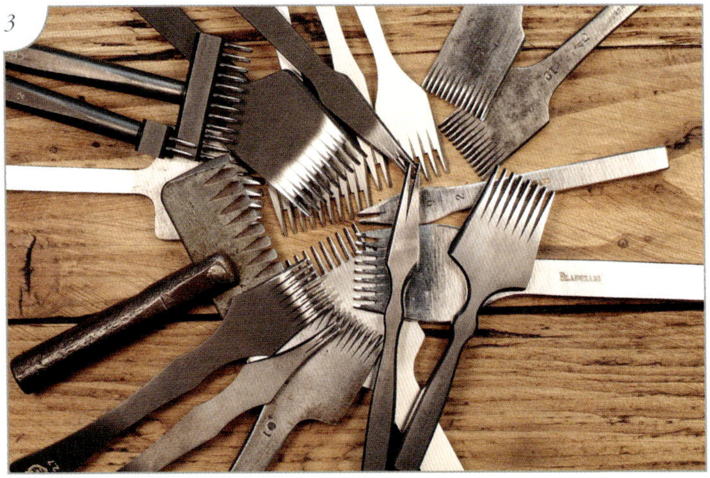

4

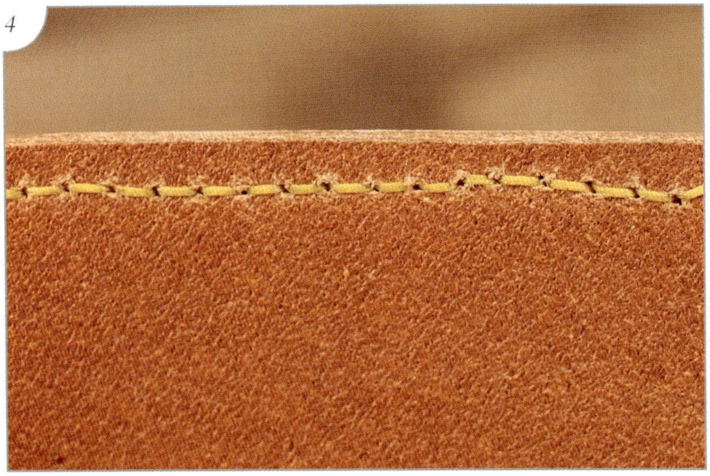

5

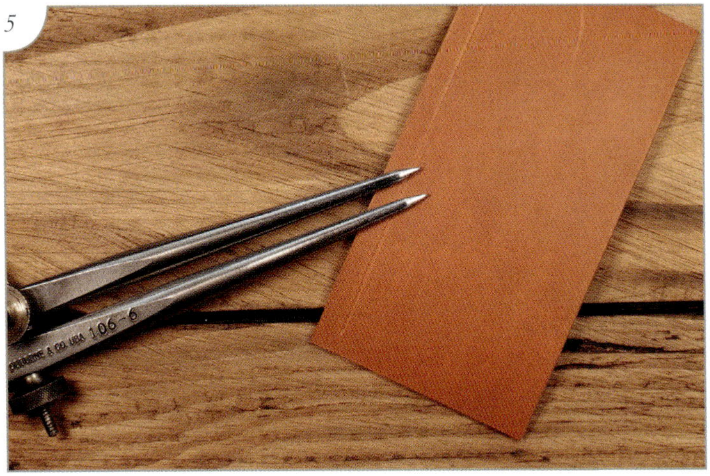

6

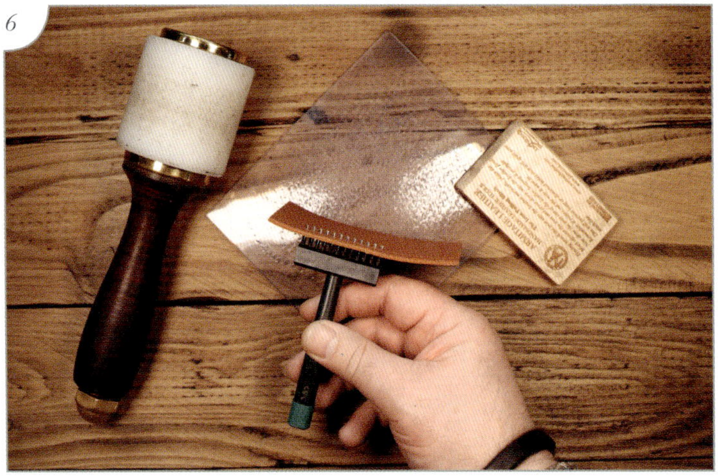

7

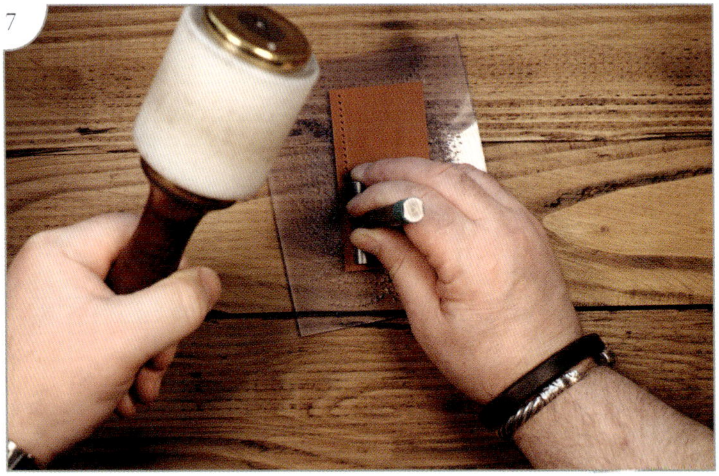

8

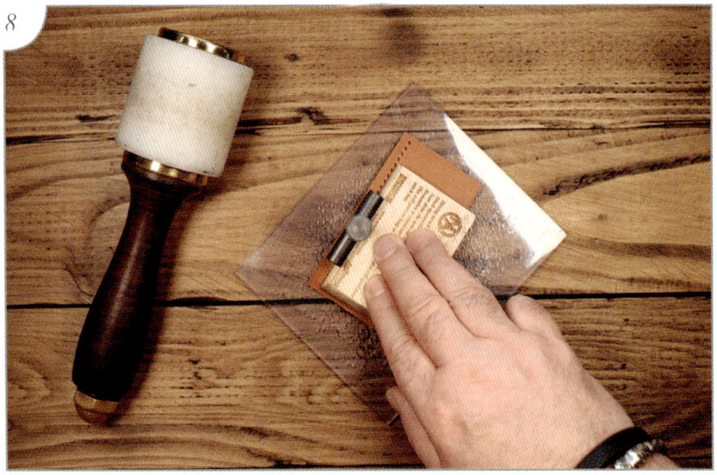

3. Sie müssen auch darauf achten, die Ahle immer gleich weit in das Leder zu stechen. Abweichungen hierbei verändern die Lochgröße und damit die Stichlänge.

Es braucht Zeit, sich diese traditionelle und optisch ansprechende Technik anzueignen. Ausreichende Übungen, anhand derer Sie die Fertigkeit beherrschen lernen, würden den größten Teil des Buchs in Anspruch nehmen. Angesichts dessen kommt ein modernes Werkzeug ins Spiel, das Vorstecheisen.

Für den ungeübten Betrachter scheinbar identisch, hat ein Vorstecheisen längere und schmalere Zinken und kann das Leder mit einem Schlag voll durchstechen. Diese moderneren Werkzeuge bestehen aus Metall einer deutlich höheren Güte.

4. Mit einem Vorstecheisen mit einem Schlag ganz durch Leder durchstechen zu können ist, als würde man mit zwölf Ahlen in einer Reihe gleichzeitig arbeiten. Das erhöht die Einheitlichkeit der Stiche bei Neulingen in der Lederbearbeitung deutlich.

Noch wichtiger ist, dass auch die Naht auf der Rückseite damit sauberer gearbeitet werden kann. Das ist deswegen von Bedeutung, weil kleine Gegenstände aus Leder meistens von allen Seiten verwendet werden können.

Mit einer Ahle eine gleichmäßige Naht auf der Rückseite eines Werkstückes zu bilden ist einer der schwierigeren Aspekte der traditionellen Sattlernaht.

5. Für eine gleichmäßige Naht muss als Erstes eine gleichmäßige Linie vorgezeichnet werden. Auf dieser Linie wird dann das Vorstecheisen angesetzt. Sie entsteht mithilfe eines Zirkels, der auf beiden Seiten mit polierten Zinken versehen ist.

6. Nach dem Vorzeichnen der Linie wird das Vorstecheisen auf dieser angesetzt und mit einem Schonhammer so tief wie gewünscht durch das Leder getrieben. Dabei das Leder am besten auf einen kleinen Block oder ein Stück dicken Leders ablegen, das die Schläge abfängt. So kann das Eisen etwas tiefer durchgetrieben werden und die Zinken kommen auf der Rückseite auch durch.

7. Durch die so entstandene Reihe an Löchern kann sofort ohne Ahle genäht werden. Zumindest gilt das für einfache Nähte. Bei komplexeren Nähten kommt die Ahle möglicherweise doch wieder ins Spiel. Ähnlich wie die Ahle muss auch das Eisen gerade eindringen. Wird es schräg eingeschlagen, verfälscht das die Nahtlinie auf der Rückseite.

8. Das Eisen muss auch genauso herausgezogen werden, wie es eingetrieben wurde — gerade. Dafür verwende ich einen kleinen Holzklotz, um damit das Leder beim Herausziehen des Eisens festzuhalten. Wird das Eisen schräg herausgezogen, kann das die Löcher und mit der Zeit sogar die Zinken des Werkzeugs beschädigen.

9a
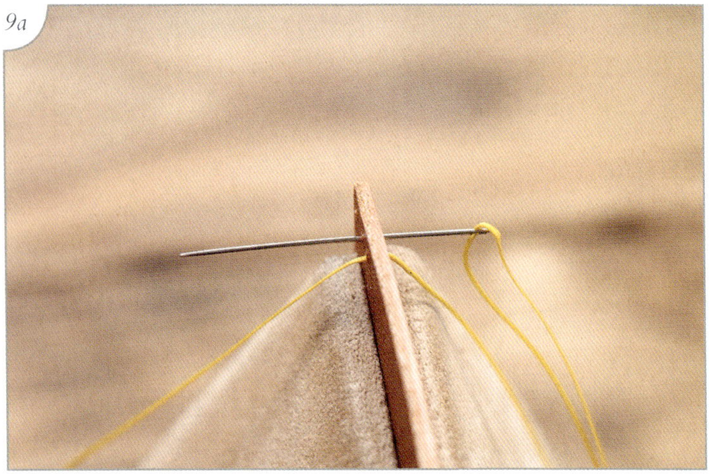

9b
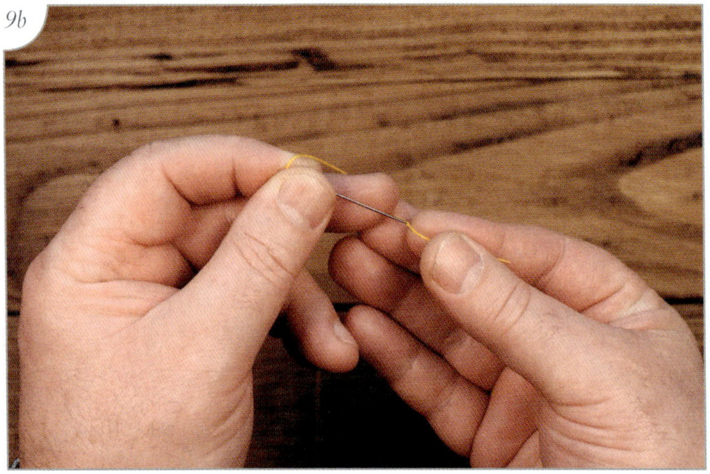

9c
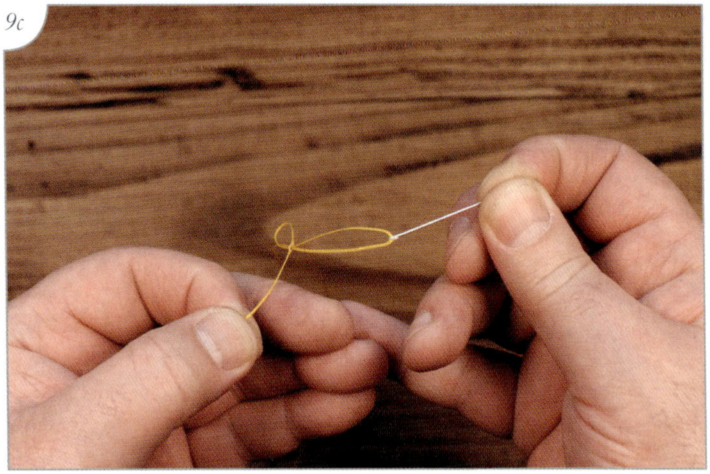

9d
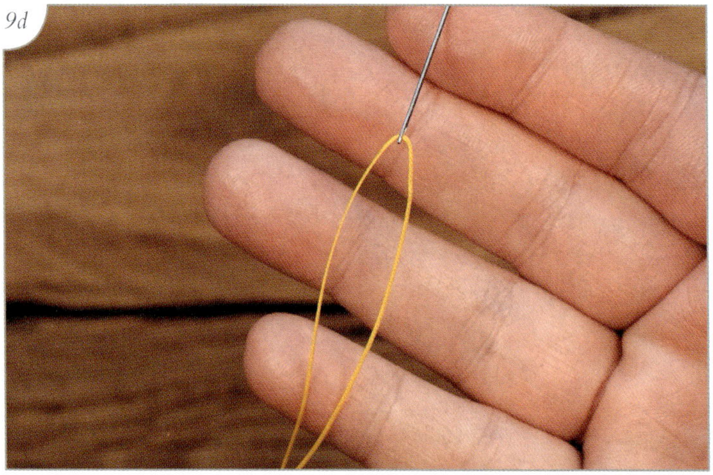

10
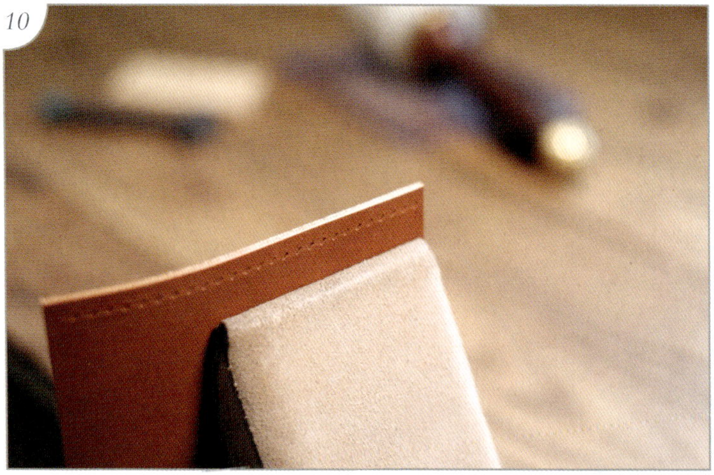

11
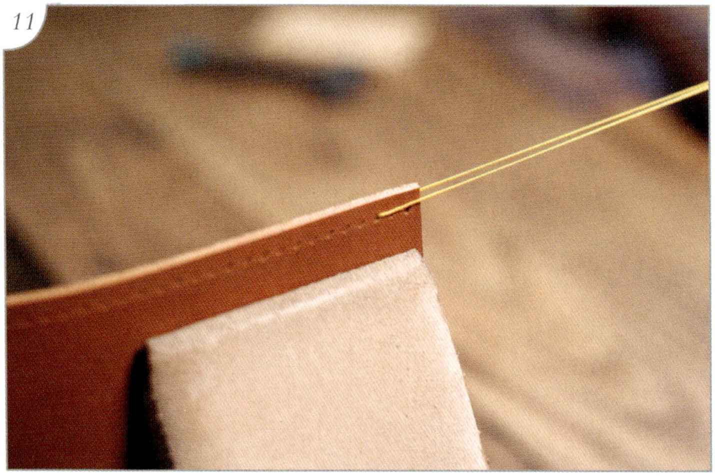

9. Sobald die Löcher drin sind, kann mit dem Nähen begonnen werden. Sie brauchen ausreichend Faden — das Achtfache der Nahtlänge sollte aber mehr als genug sein. Es ist besser, wenn der Faden zu lang als zu kurz ist, Sie sollten also nicht damit geizen.

Fädeln Sie an jedes Ende des Fadens eine Nadel und bilden Sie jeweils eine kleine Schlaufe, indem Sie mit der Nadel durch das Fadenende stechen.

10. Jetzt können Sie mit dem Nähen beginnen. Hierbei gibt es verschiedene Möglichkeiten. Sollten Sie Schwierigkeiten haben, gehen Sie auf meinen Vimeo-Kanal, dort erkläre ich das Ganze ausführlich.

Jetzt fehlt noch ein guter Nähkloben, und schon kann es losgehen. Ich beschreibe den Vorgang hier für Rechtshänder. Linkshänder können aber einfach *„rechts"* durch *„links"* ersetzen, das funktioniert genauso.

Fixieren Sie das Leder im Nähkloben, die Vorderseite zeigt nach rechts. Da Sie auf sich zu nähen, muss das Leder so im Nähkloben eingespannt werden, dass sich das entfernteste Loch am anderen Ende des Klobens befindet.

Beginnen Sie mit zwei Rückstichen. Ich verwende geflochtenen Polyesterfaden. Dieser kann beim Abschneiden erhitzt werden, um zu verhindern, dass er zurück durch das Loch rutscht. Der Abschluss erfolgt auch mit zwei Rückstichen.

11. Im Bild steht das Leder etwas weiter aus dem Nähkloben hervor als üblich, damit Sie der Erklärung leichter folgen können. Die Löcher sollen so nah am Nähkloben sitzen wie möglich, ohne aber das Nähen zu erschweren.

Stechen Sie die erste Nadel (die in der rechten Hand) durch das dritte Loch von hinten und ziehen Sie den Faden so durch, dass er mittig in der Naht sitzt.

1

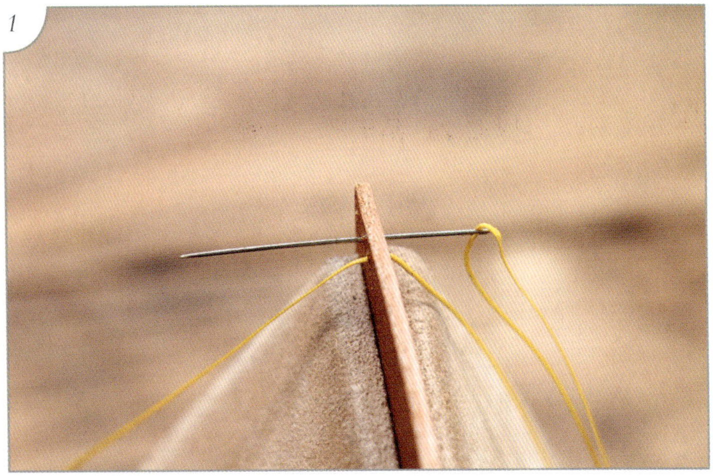

4

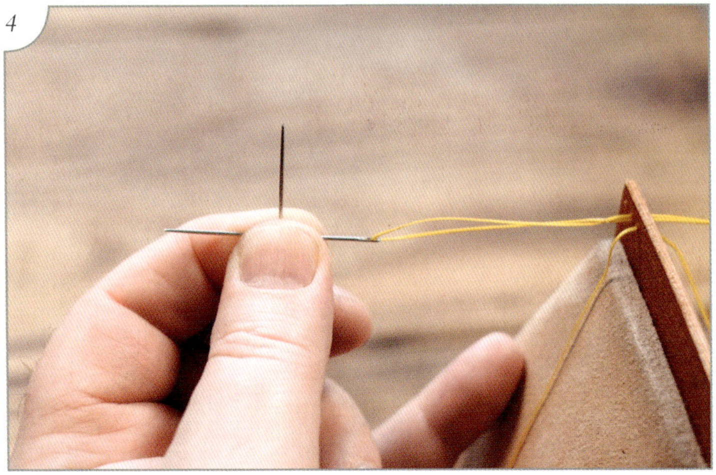

2

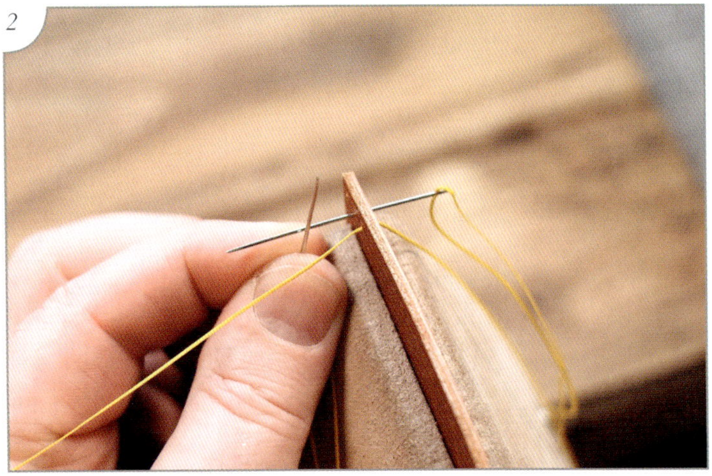

5

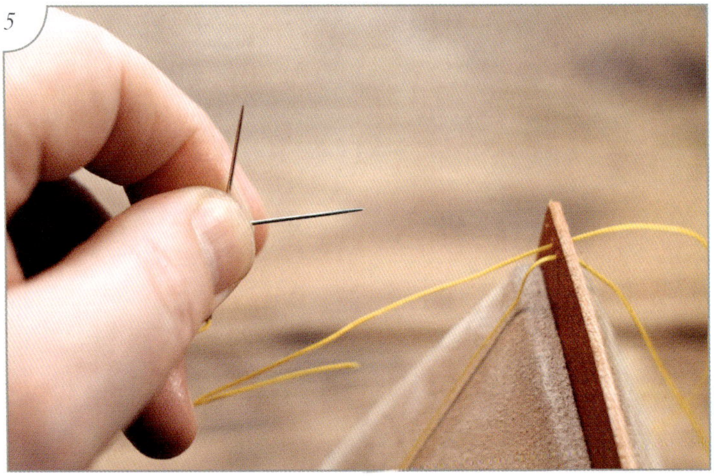

3

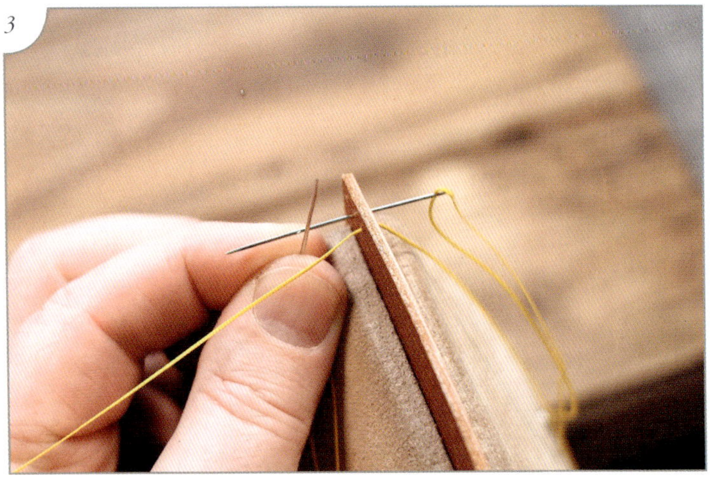

6

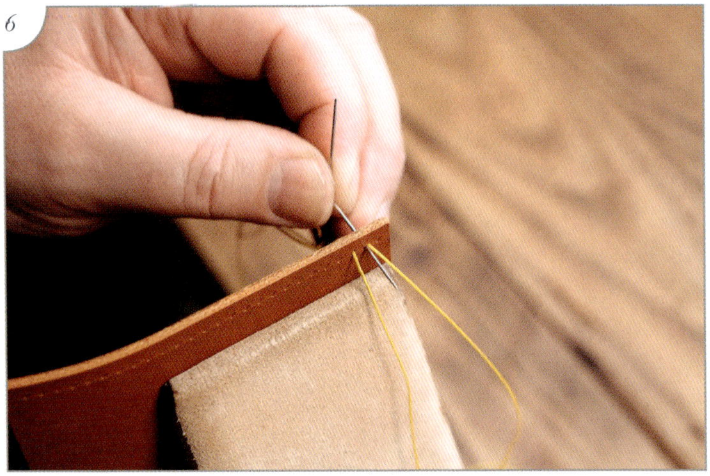

Rückstiche nähen

1. Die ersten beiden Stiche führen weg vom Körper. Stechen Sie die rechte Nadel halb durch das zweitletzte Loch.

Auf der Rückseite des Leders sehen Sie Faden und Nadel herausragen.

2. Platzieren Sie die zweite Nadel (links) in der Lücke zwischen dem Faden und der Nadel.

3. Egal welche Hand Sie verwenden und ob Sie auf sich zu oder von sich weg nähen, wenn Sie diese Vorgehensweise einhalten, dann ist der Faden immer an der richtigen Stelle und die Naht wird immer gut aussehen.

Bilden Sie mit Daumen und Zeigefinger ein Kreuz aus den beiden Nadeln, die linke Nadel zeigt dabei nach oben.

4. Lassen Sie die Nadeln nicht los, bis die zweite Nadel wieder im Loch steckt. Ziehen Sie den Faden mit dem Kreuz zwischen den Fingern durch das Loch nach links. Drehen Sie das Kreuz jetzt so, dass die linke Nadel zur Lederrückseite zeigt.

5. Stecken Sie diese Nadel in das Loch, durch das Sie gerade genäht haben. Achten Sie darauf, die Nadel an der Rückseite des Fadens einzustechen, damit die Nadel sich weiter in der Lücke zwischen den beiden Fäden befindet.

Wenn Sie es von oben betrachten, sehen Sie Faden, Nadel, Faden.

6. Ziehen Sie auf der rechten Seite sanft an dem Faden, der sich in dem Loch mit der Nadel befindet. So finden Sie heraus, ob Sie mit der Nadel durch den Faden gestochen haben. Wenn ja, ziehen Sie den Faden an der Nadel entlang, bis er am Ende hinunterrutscht, und beenden Sie den Stich.

Ziehen Sie den Faden dazu vollständig durch das Loch, bis die Schlaufe verschwunden ist. Ziehen Sie aber noch nicht fest.

7. Jetzt müssen Sie entscheiden, wie viel Spannung Sie aufbringen wollen. Jedes Leder reagiert anders und daher muss der Faden unterschiedlich fest angezogen werden. Orientieren Sie sich also am Augenschein: Wenn Sie von oben auf das Werkstück schauen, sehen Sie beide Seiten der Naht.

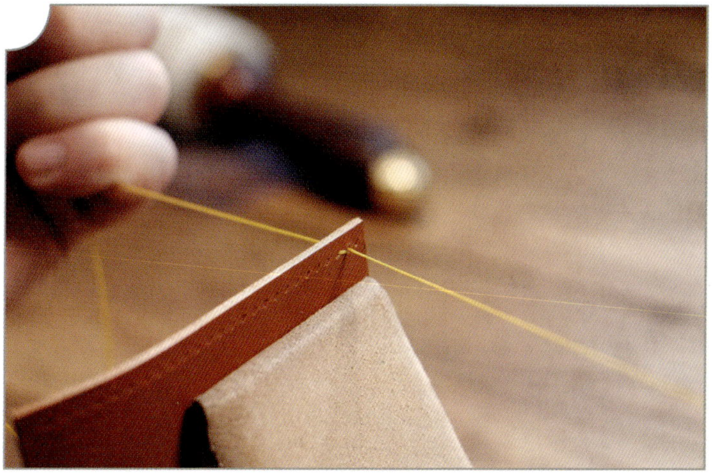

7

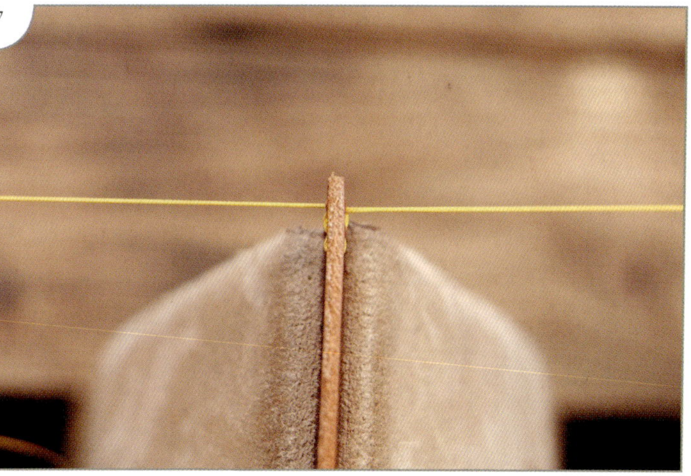

8. Halten Sie den Faden gut fest, sodass er Ihnen nicht aus den Fingern rutschen kann, und ziehen Sie sanft aber fest daran, bis beide Seiten gut im Leder sitzen.

Hören Sie sofort auf zu ziehen, sobald die Naht nicht mehr zu sehen ist. Wenn Sie loslassen, wird die Naht wieder sichtbar, das ist auch okay so.

Die größere Gefahr besteht darin, so stark zu ziehen, dass das Leder zwischen den Löchern einreißt. Lassen Sie also los, sobald der Faden in der Naht sitzt.

Damit ist der erste Rückstich erledigt und Sie wiederholen das Gleiche für den zweiten Rückstich. Folgen Sie dafür den Anweisungen dieses Abschnitts erneut.

8

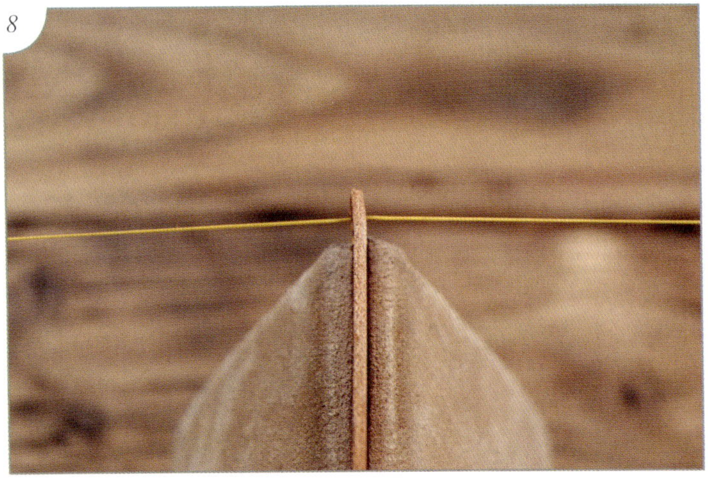

Auf sich zu nähen

Nachdem Sie die beiden Rückstiche angebracht haben, nähen Sie nun auf sich zu. Dabei gehen Sie sehr ähnlich vor, Sie müssen nur immer auf die gleiche Reihenfolge und den richtigen Sitz des Fadens achten.

1. Setzen Sie die rechte Nadel halb in das nächste Loch. Sie sehen auf der linken Seite nun wieder eine Nadel und einen Faden. Platzieren Sie die zweite Nadel in der Lücke zwischen der Nadel und dem Faden und beenden Sie den Stich wie oben.

Sie nähen jetzt durch Löcher, durch die bereits ein Faden läuft, das kann es ein bisschen schwieriger machen.

Es kann helfen, die Nadeln leicht mit Bienenwachs einzureiben.

Die Fäden sollen so gelegt werden, dass die Naht am Ende optisch ansprechend ist. Da hier bereits ein Faden liegt, muss besonders darauf geachtet werden, dass das Ganze nicht unförmig oder unordentlich wirkt. Das können Sie vermeiden, indem Sie die einzelnen Stiche nebeneinander legen.

Nehmen Sie vor dem Abschluss des Stichs eine der Nadeln und setzen Sie diese über den Faden, der schon liegt. Achten Sie darauf, dass die Schlaufe des zweiten Fadens über der Nadel ist.

2. Halten Sie die Nadel in dieser Position und ziehen Sie an dem linken Faden. Dadurch läuft dieser wie an einer Rampe an der Nadel hoch und sitzt dann oberhalb des anderen Fadens.

3. Entfernen Sie nun die Nadel und schauen Sie genau hin: Sie werden sehen, dass beide Fäden ordentlich nebeneinander sitzen. So verhindern Sie, dass einer der Fäden über den anderen hinausragt und dadurch stärkerem Verschleiß ausgesetzt wird.

1

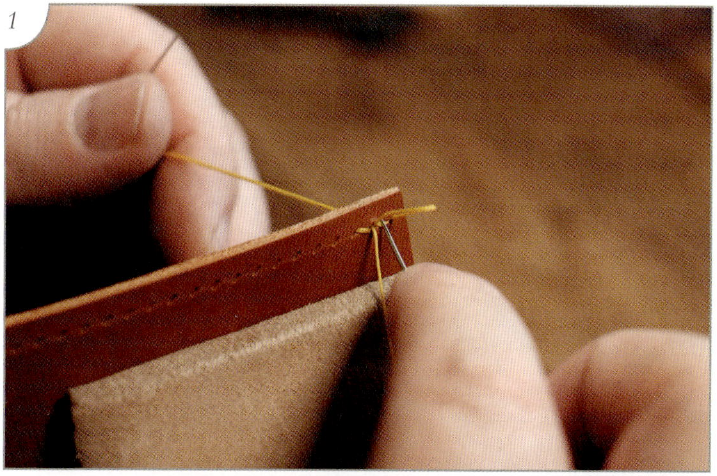

2

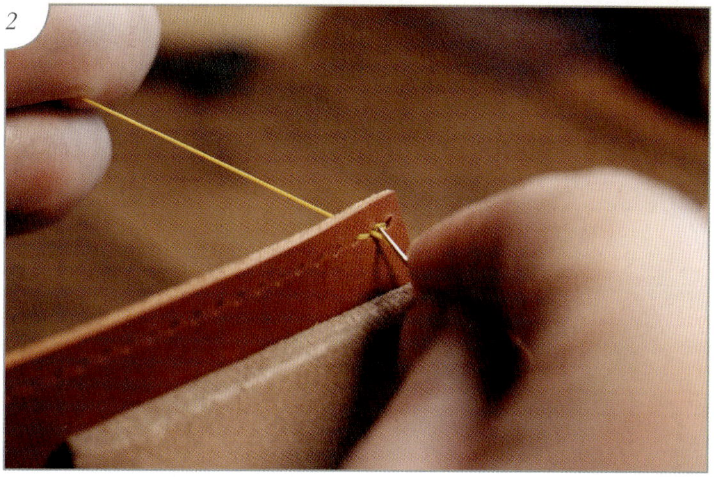

3

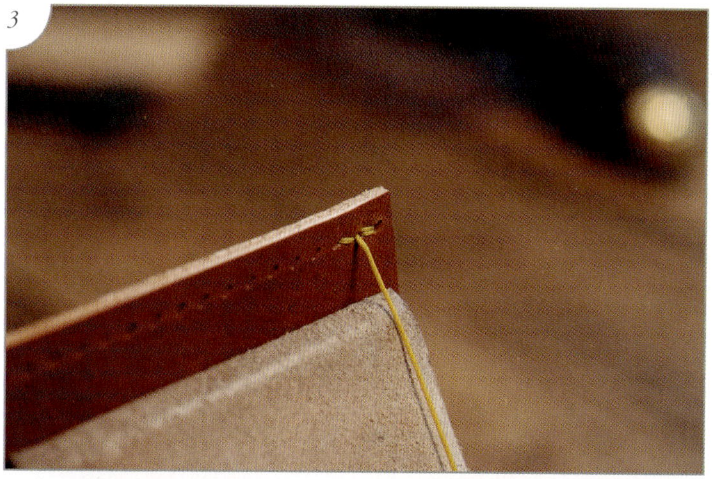

4

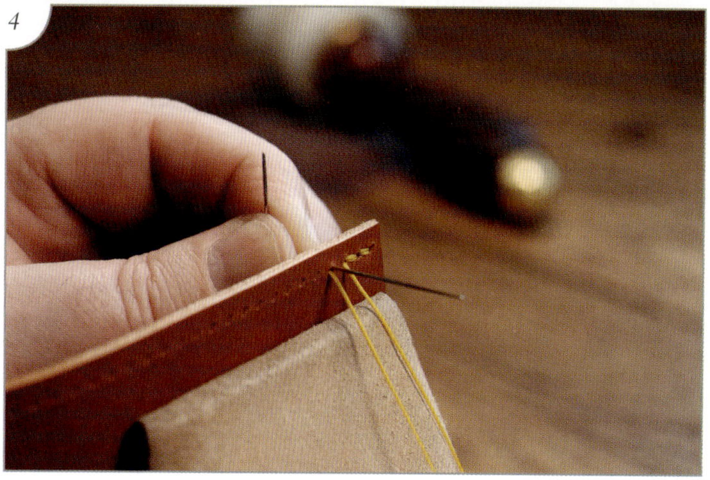

4. Jetzt gilt es, sorgfältig zu arbeiten und die Reihenfolge und den Sitz des Fadens zu achten — das ist insbesondere für Rechtshänder wichtig, die mit einem Standardvorstecheisen arbeiten. Wenn Sie mit links oder Rückstiche nähen, dann ist das vernachlässigbar.

Durch diese Technik sieht die Naht besser aus. Dadurch wird der Faden so gedreht, dass der Winkel des Stichs ein wenig stärker ausfällt. Der Gedanke dahinter ist, dass Fäden so durch ein Loch gezogen werden, dass sie sich verdrehen.

Wenn Sie die zweite Nadel in das Loch gesteckt haben, durch das gerade genäht wird, sehen Sie das Folgende: Faden, Nadel, Faden. Dabei befinden sich in einem Loch sowohl eine Nadel als auch ein Faden.

5. Diesen Faden in dem Loch mit der Nadel nehmen Sie nun und heben ihn über die Nadel und von sich weg. Das ist schon die ganze Technik, mit der Sie die Fäden so führen, dass die Naht schräg sitzt.

6. Wenn Sie hier nicht sorgfältig arbeiten, liegt der Faden nicht richtig und die Naht sieht flach aus — Sie können es in Abbildung 6 sehen. Sollte es Ihnen nicht auf Anhieb auffallen, der fünfte und sechste Stich sitzen nicht richtig.

Wenn Sie damit fertig sind, ziehen Sie den Faden ganz durch und so fest, dass die Naht sitzt.

Wiederholen Sie dies für jeden Stich. Lassen Sie sich hierbei immer Zeit. Mit ausreichend Übung wird das Nähen effizienter. Versuchen Sie nicht, schnell zu nähen — lassen Sie sich Zeit.

Das alte Sprichwort „Eile mit Weile" trifft hier auf jeden Fall zu.

Ein wichtiger Aspekt beim Nähen ist, dass es die Innenmaße eines Gegenstands beeinflussen kann. Oft ist das unerheblich, wenn Sie aber eine kleine Hülle herstellen, die auf einen bestimmten Inhalt ausgerichtet ist, wie z. B. Kartenhalter, Notizbuchhüllen, Brieftaschen und dergleichen, wird es ziemlich wichtig.

Die Nahtlinie dient dazu, daran die Vorstecheisen anzulegen. Die Naht selbst liegt nicht innerhalb dieser Linie. Sie ist deutlich breiter. Je nach Vorstecheisen ist jedes Loch mindestens 2 mm lang und sitzt schräg.

Das bedeutet, die eigentliche Naht kann bis zu 2 mm breiter sein als die vorgezeichnete Linie. Angesichts dessen füge ich immer +1 mm zur Nahtlinie hinzu, wenn innere Abmessungen eines Gegenstandes davon abhängen.

5

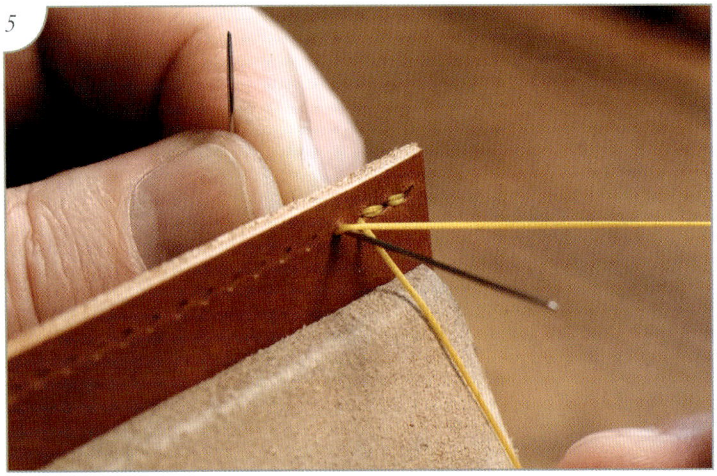

6

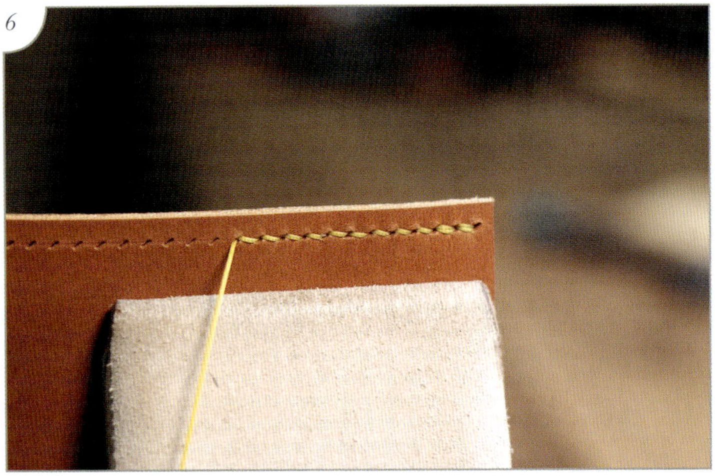

7

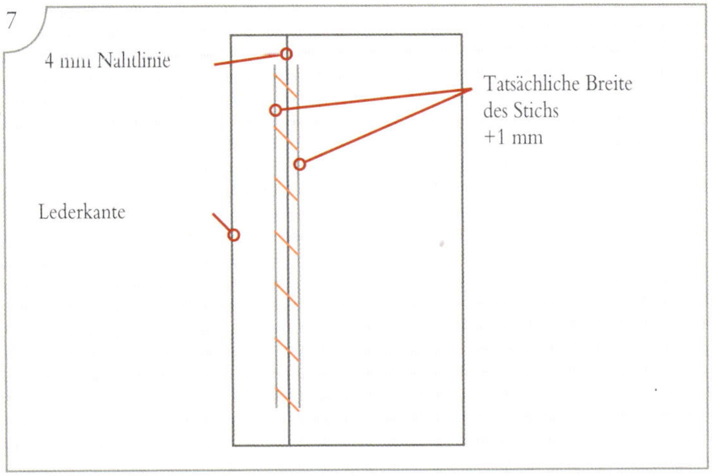

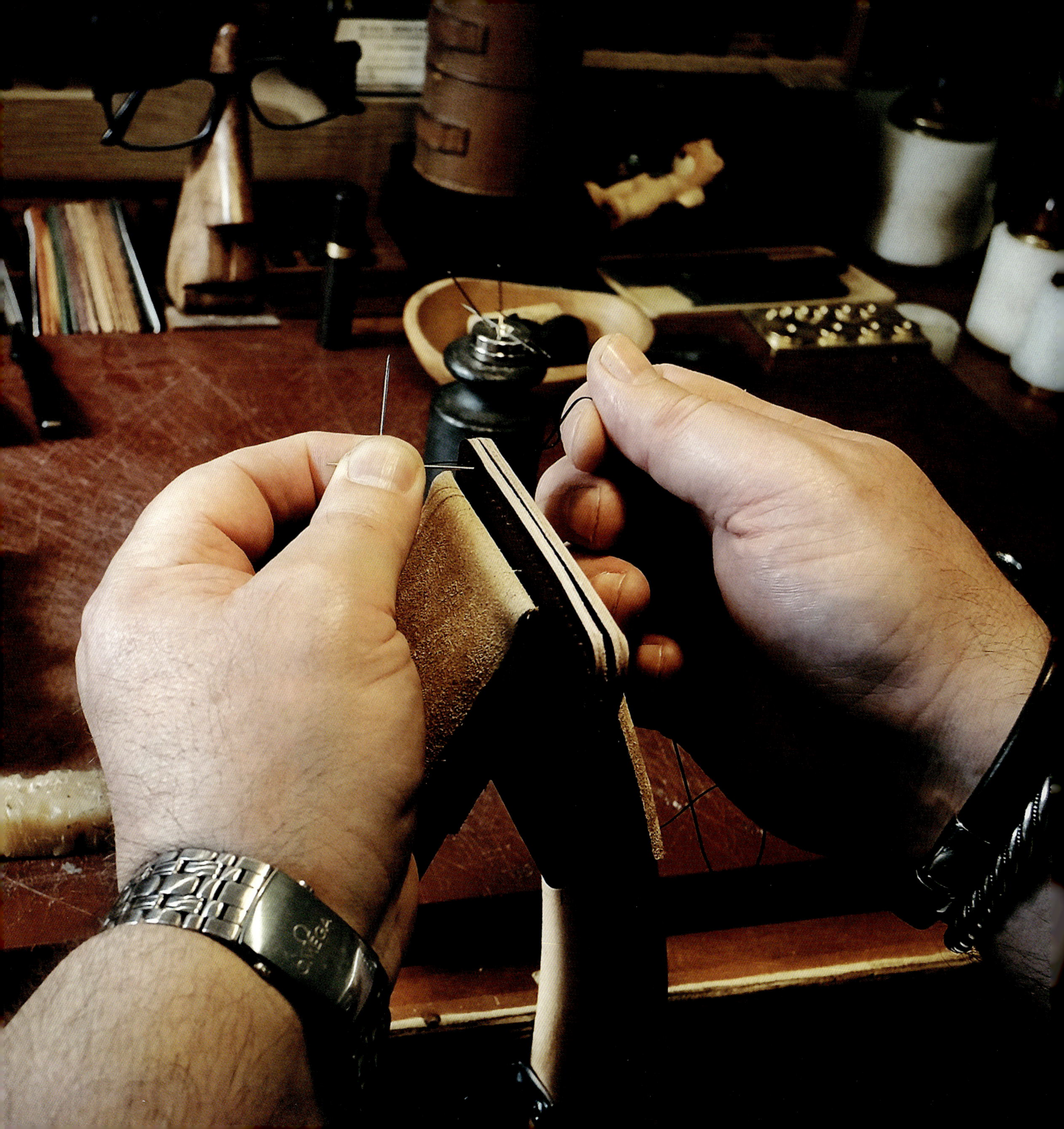
OMEGA

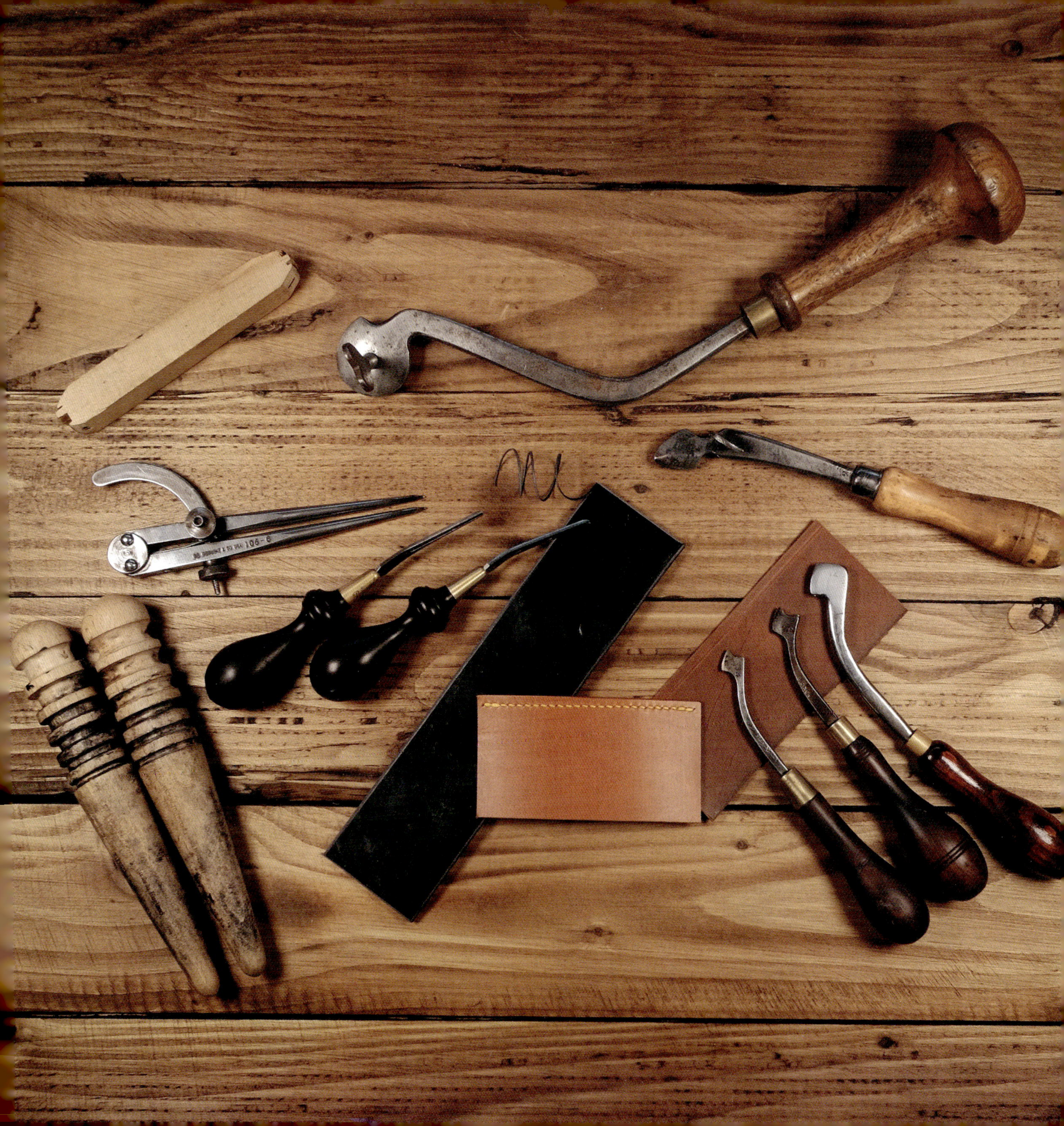

KANTEN BEARBEITEN

Mithilfe der Kantenbearbeitung können Sie Lederkanten professionell den letzten Schliff verleihen.

Ich verwende in diesen Projekten pflanzlich gegerbtes Leder. Daher betrachten wir die Kantenbearbeitung für diese Lederart. Dazu gehört, die Lederkante zu reifeln, Kanten abzuschrägen und zu polieren und Kantenfarbe aufzubringen (wie etwa Edge Kote).

Reifeln

1. Reifeln hat zwei Aspekte. Zum einen verleiht es einem einfachen Ledergegenstand ohne Verzierung eine ansprechende Struktur.

Wichtiger ist aber, dass es die Lederfasern an der Kante zusammendrückt und so verhindert, dass Wasser ins Leder eindringt und Wasserflecken verursacht.

2. Je nach Leder kann heiß oder kalt gereifelt werden.

Pflanzlich gegerbtes Leder kann kalt mit Holz oder Metall gereifelt werden.

Holz prägt eine Kerbe in das Leder und ergibt eine hübsche dunkle Linie.

1

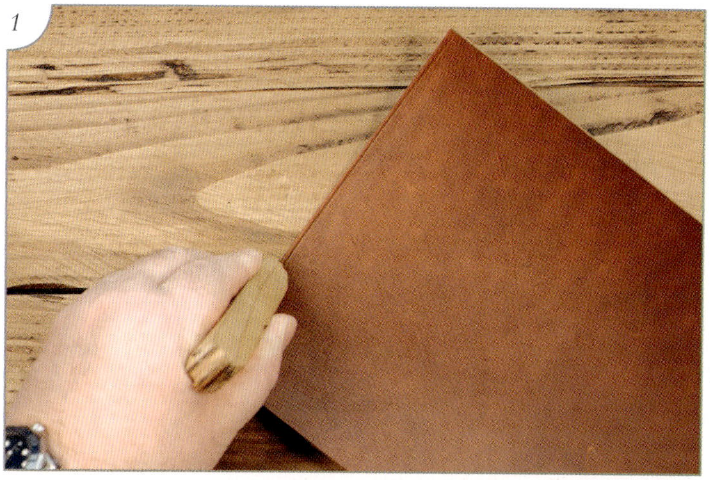

2

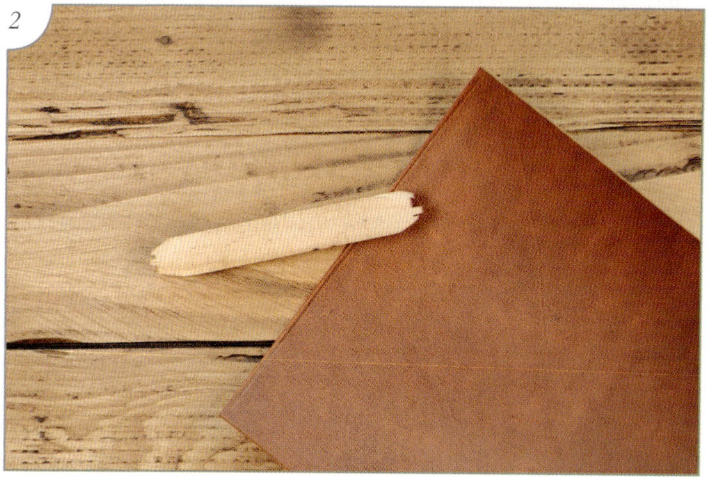

3. Mit einem kalten Reifeleisen können Sie der Kante eine ansprechende Struktur verleihen, die Rille ist dann aber nicht geprägt und kann sich mit der Zeit zurückbilden. Hier wurde ein einfaches Reifeleisen verwendet.

4. Diese Variante ist ein Reifeleisen mit Stellschraube. Beide können auch erhitzt werden, wodurch eine scharfe Kerbe im Leder angebracht wird, die beständiger ist.

Andere Lederarten wie Crouponleder und chromgegerbtes Leder lassen sich nur mit einem heißen Reifeleisen reifeln.

Ein Vorteil des Heiß-Reifelns ist, dass Sie weniger Druck ausüben müssen und präziser arbeiten können. Dafür benötigen Sie aber viel Übung, insbesondere bei Bögen und Ecken.

3

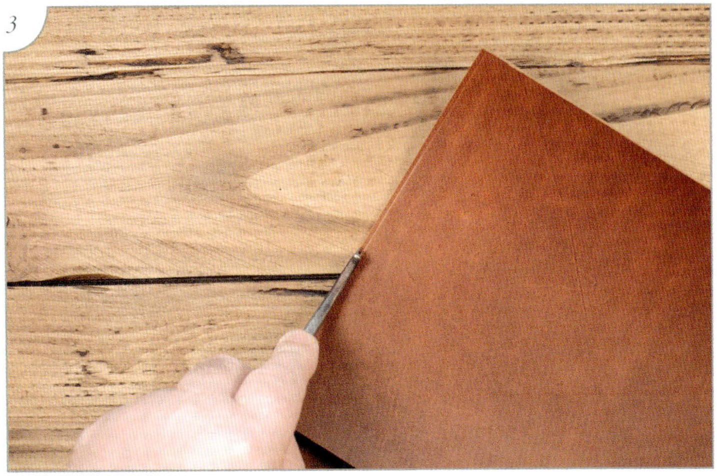

4

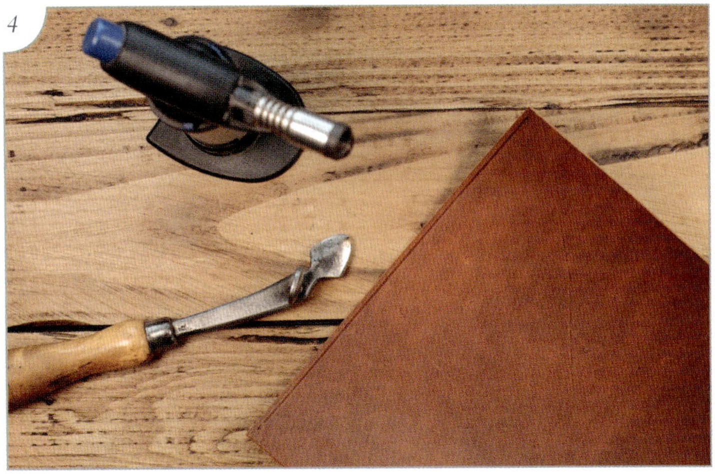

Kanten ziehen/abschrägen

Dabei werden scharfe Kanten entfernt, an denen das Werkstück hängenbleiben und dadurch beschädigt werden könnte. Lederkanten ziehen/abschrägen erfolgt nach ähnlichen Prinzipien wie bei Holz.

Mit diesem Werkzeug wird an der oberen und der unteren Kante des Leders ein schmaler Lederstreifen abgeschnitten, sodass eine sanft geneigte Kante entsteht. Dadurch fühlt sich das Leder weicher an und ist besser vor Schäden geschützt. Es wird Kantenzieher oder auch Zieheisen genannt.

1. Mit einem feinen Kantenzieher entsteht auch eine feine Kante. Er ist besonders gut für dünnes Leder geeignet oder wenn bei dickem Leder eine flache Kante gewünscht ist.

2. Ein größerer Kantenzieher nimmt mehr Material vom Leder ab und hinterlässt deutlich abgerundetere Kanten. Eine solche abgerundete Kante ist bei Gegenständen wie Griffen, Zügeln, Taschenriemen und Gürteln wünschenswert, die viel angefasst werden.

3. In diesem Bild sehen Sie die abgenommenen Lederstreifen nebeneinander und können erkennen, wie viel oder wenig Material die unterschiedlichen Werkzeuge entfernen.

1

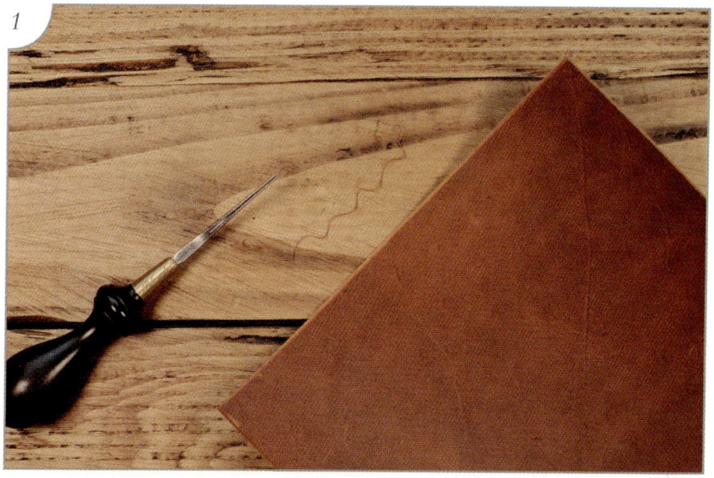

2

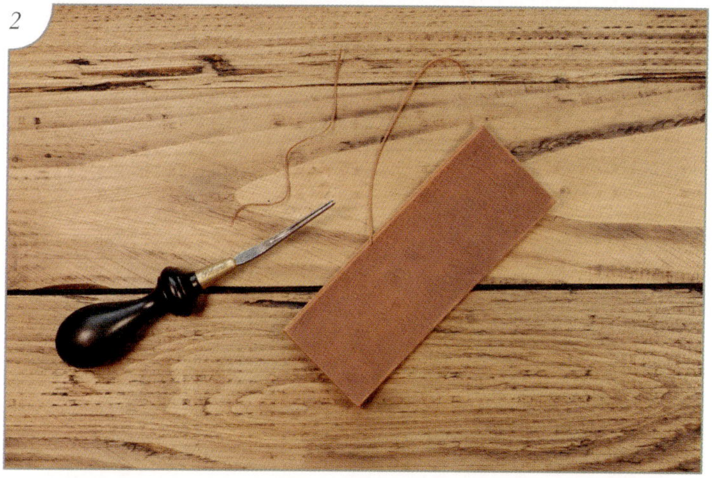

3

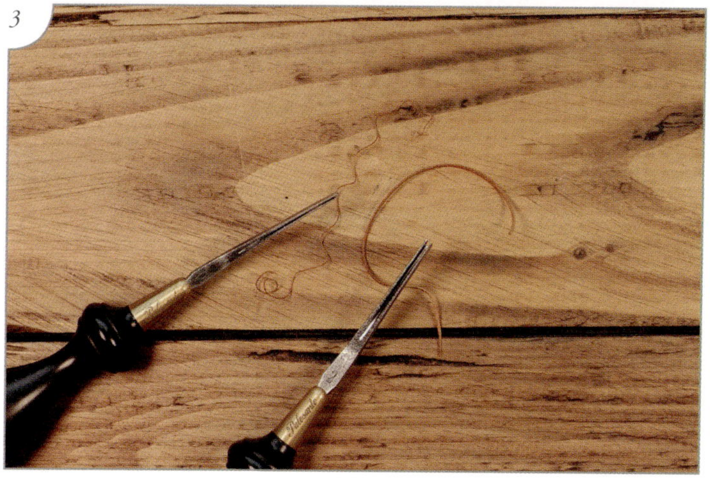

4

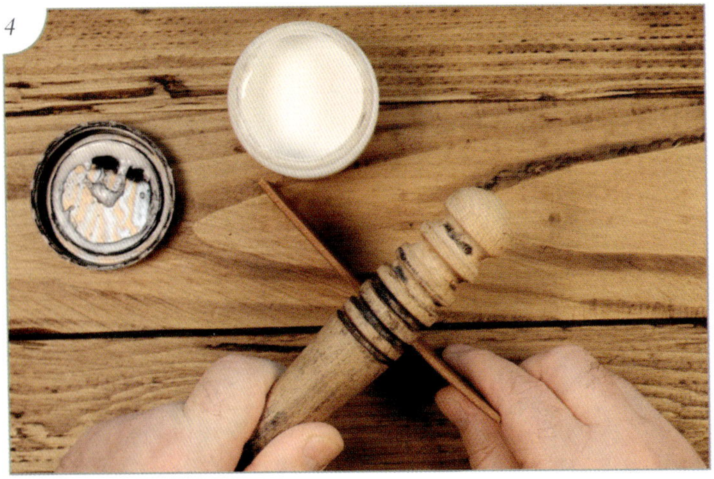

7

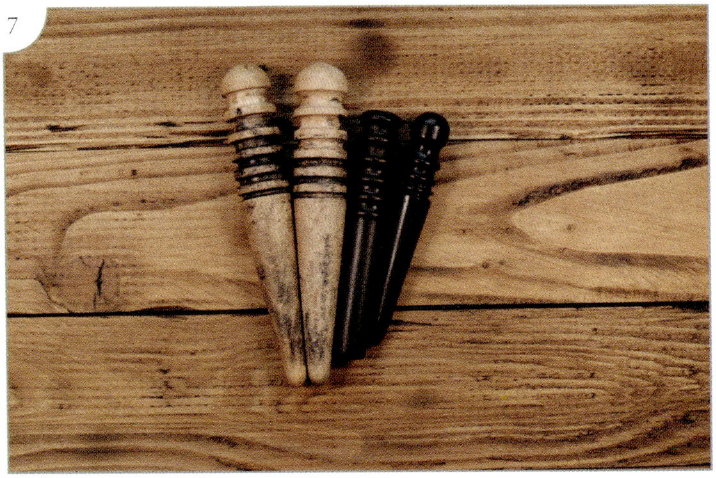

5

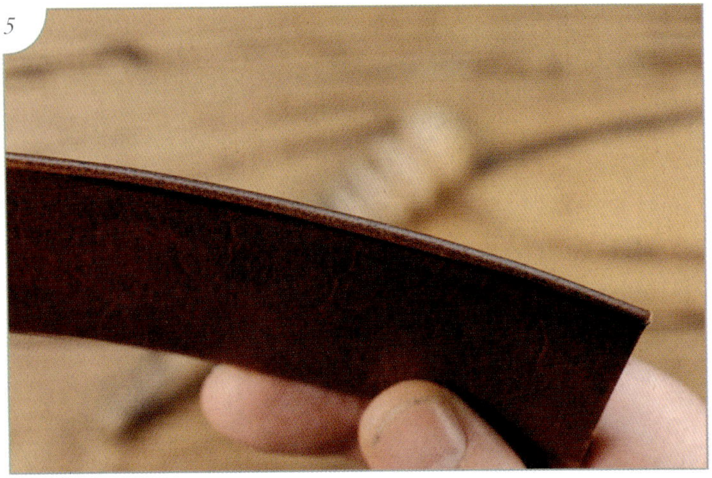

8

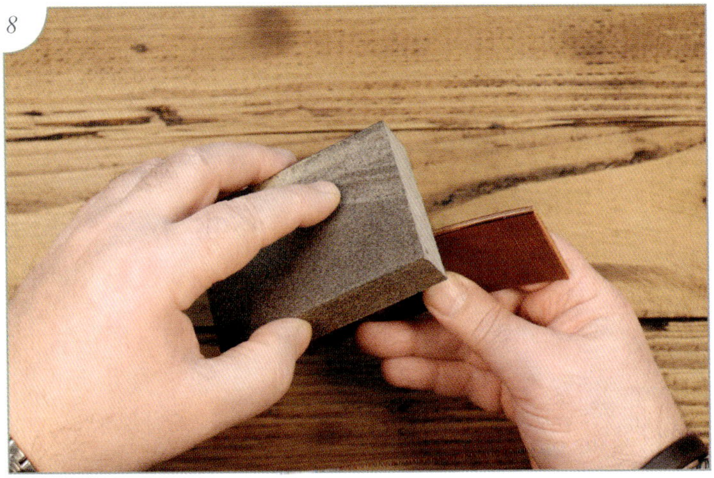

6

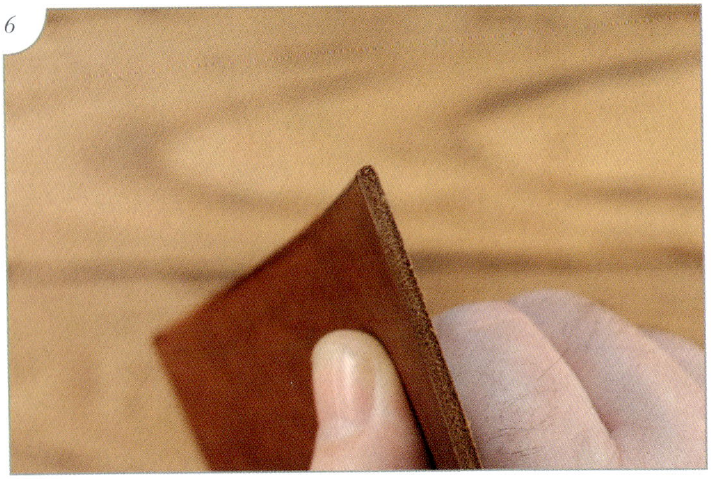

Polieren

4. Nach dem Kantenziehen fühlen sich die Lederfasern an der Kante rau an und müssen eingeschliffen werden. Dazu dienen hölzerne Kantenpolierer wie die hier abgebildeten.

5. Eine passend zum Material gewählte Polierflüssigkeit macht die Fasern weich und geschmeidig genug für das Polieren. Dazu geeignet ist Wasser, Tragantgummi oder auch *Tokonole* (ein natürliches Wachs aus Japan).

Nachdem Sie ein wenig Flüssigkeit aufgebracht haben, können Sie mit gleichmäßigem Druck entlang der Kante polieren.

6. Bei zu viel Druck bricht das Leder und bei zu viel Reibung kann die Kante austrocknen und wieder rau werden.

Hier sehen Sie die Lederkante. Wie Sie sehen, war der Kantenzieher groß genug, die Kante abzurunden. Die abschließende Bearbeitung mit dem Kantenpolierer hat dem Leder dann eine ansprechende runde Kante verliehen.

7. Ein guter Kantenpolierer hat eine Kerbe, die der gewünschten Kantenform entspricht. Reiben Sie damit entlang der Kante, um diese abzurunden. Polieren Sie aber nur solange, bis sich die Kante weich anfühlt. Wenn Sie die Kante zu lange polieren, wird das Leder zu weich. Dann haften Kantenfarben wie Edge Kote entweder gar nicht oder blättern später ab.

8. Sobald die Kante sauber und weich ist, schleifen Sie sie leicht ab, damit eine Kantenfarbe (etwa Edge Kote) daran haften bleibt. Es kommt Ihnen vielleicht kontraproduktiv vor, eine Kante zu glätten, nur um sie danach wieder anzuschleifen. Dabei geht es aber darum, eine gleichmäßige Kante zu schaffen, die dann aufgeraut werden muss, damit ein Kantenprodukt daran haften kann.

Färben

Die Lederkante mit Farbe zu versehen dient nicht nur der Ästhetik, sondern schützt das Leder auch vor den Einflüssen der Elemente. Probieren Sie das gewählte Produkt unbedingt an einem kleinen Lederstück aus. Manche Farben, die nicht speziell für Lederkanten gedacht sind, können in das Leder eindringen, und wenn Sie eine Kontrastfarbe gewählt haben, kann dies das gewünschte Ergebnis ruinieren. Ich benutze in diesem Beispiel Edge Kote, da es eine höhere Viskosität hat als Farbe und daher nicht so tief eindringt, als dass es auch das Leder an der Oberfläche färbt.

1. Nachdem Sie das Leder abgeschrägt, ein wenig poliert und abgeschliffen haben, ist es bereit für die Oberflächenbehandlung. Diese wird in drei Stufen aufgetragen. Zuerst der Mittelteil der Kante. Da dies der größte Teil ist, wird hier auch mehr Farbe benötigt. Für das Auftragen auf diesem vergleichsweise schwierigeren Abschnitt habe ich einen Bleistift als ideales Hilfsmittel entdeckt.

2. Während Sie damit die Farbschicht aufbringen, können Sie ihn gleichzeitig als Polierer verwenden und die Lösung in die Fasern einreiben.

Sobald die Mitte überzogen ist, geben Sie etwas weniger Flüssigkeit auf den Bleistift und folgen Sie den schrägen Linien der Kante.

3. Je sauberer Sie die Schräge arbeiten, desto sauberer sieht die Kante insgesamt aus. Beginnen Sie auf der Innenseite des Werkstücks und wenn Sie ein Gefühl für den Winkel und die benötigte Menge bekommen haben und Ihnen das Ergebnis gefällt, bestreichen Sie auch die Außenseite. Lassen Sie das Ganze gut trocken — lassen Sie sich Zeit. Wenn die Kante uneben und rau ist (das kann passieren), schleifen Sie leicht nach und bringen die Kantenfarbe erneut auf.

Dieser Vorgang ist dem Abschleifen von Holz zwischen mehreren Lackiervorgängen sehr ähnlich. Durch das Aufbringen von Flüssigkeit richten sich die Fasern auf und müssen zurückgeschliffen werden. Wenn Ihnen die Oberfläche gefällt, reiben Sie die Kante mit Bienenwachs ein und polieren Sie sie ein letztes Mal.

4. Dadurch wird das Bienenwachs erwärmt, wodurch es sich gut mit der gewählten Oberflächenbehandlung verbindet.

5. Nun noch einmal mit einem Tuch gut abreiben und schon sind Sie fertig.

1

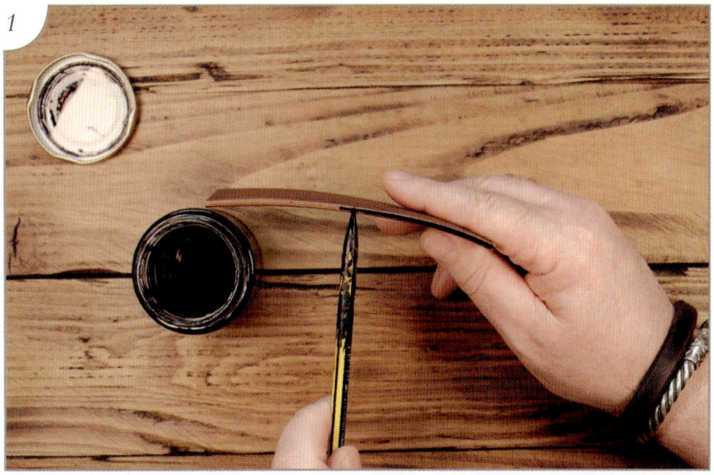

2

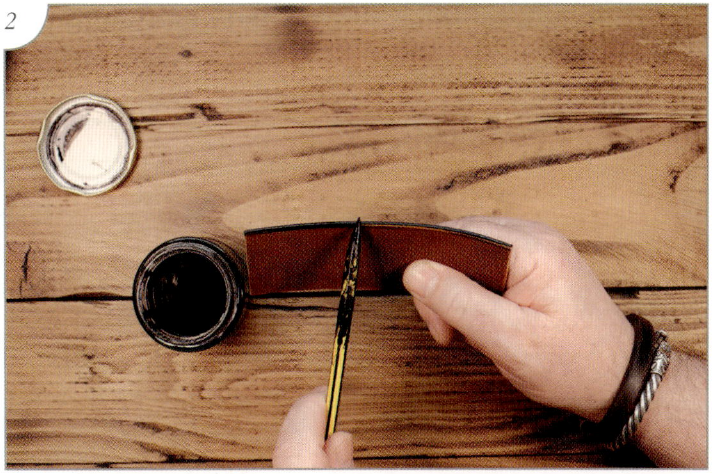

3a

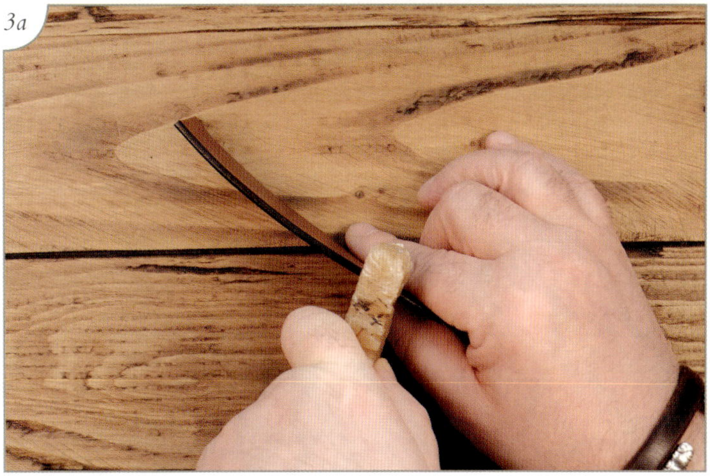

3b

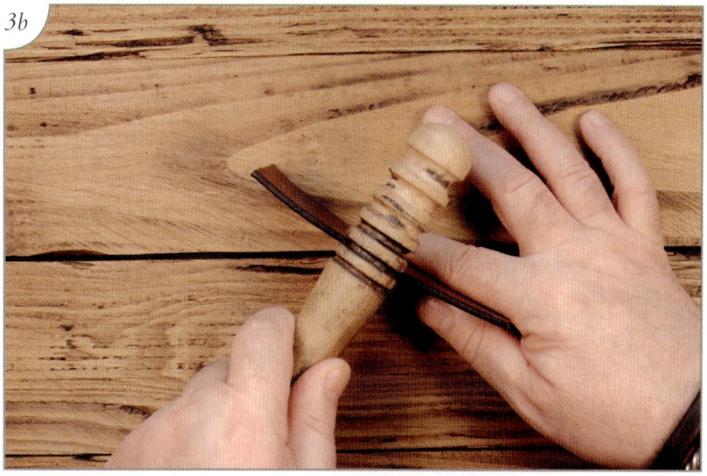

4

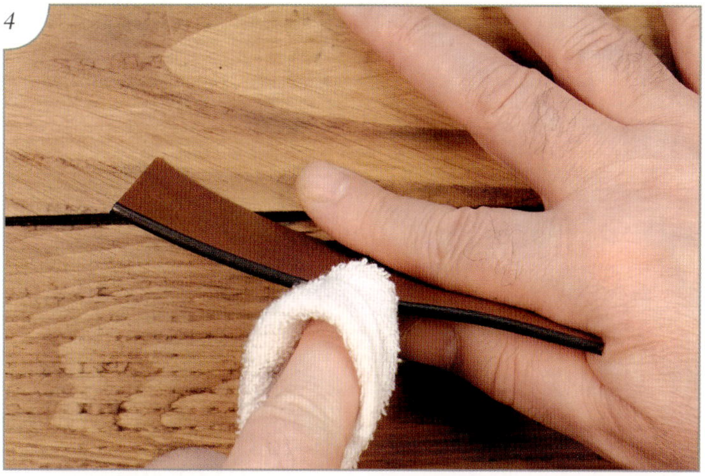

5

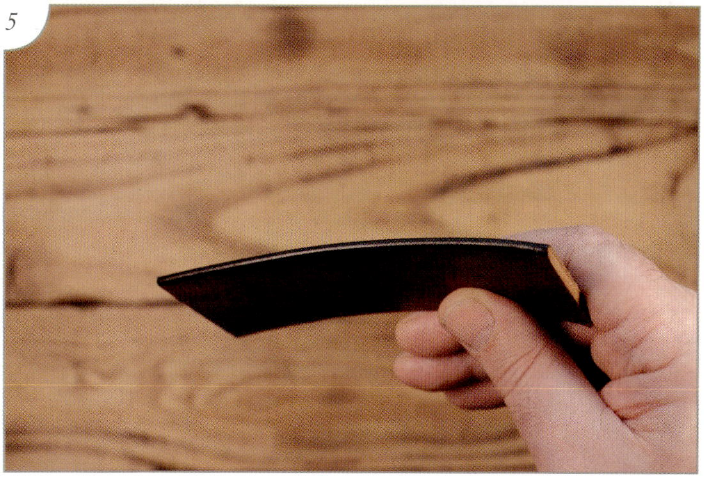

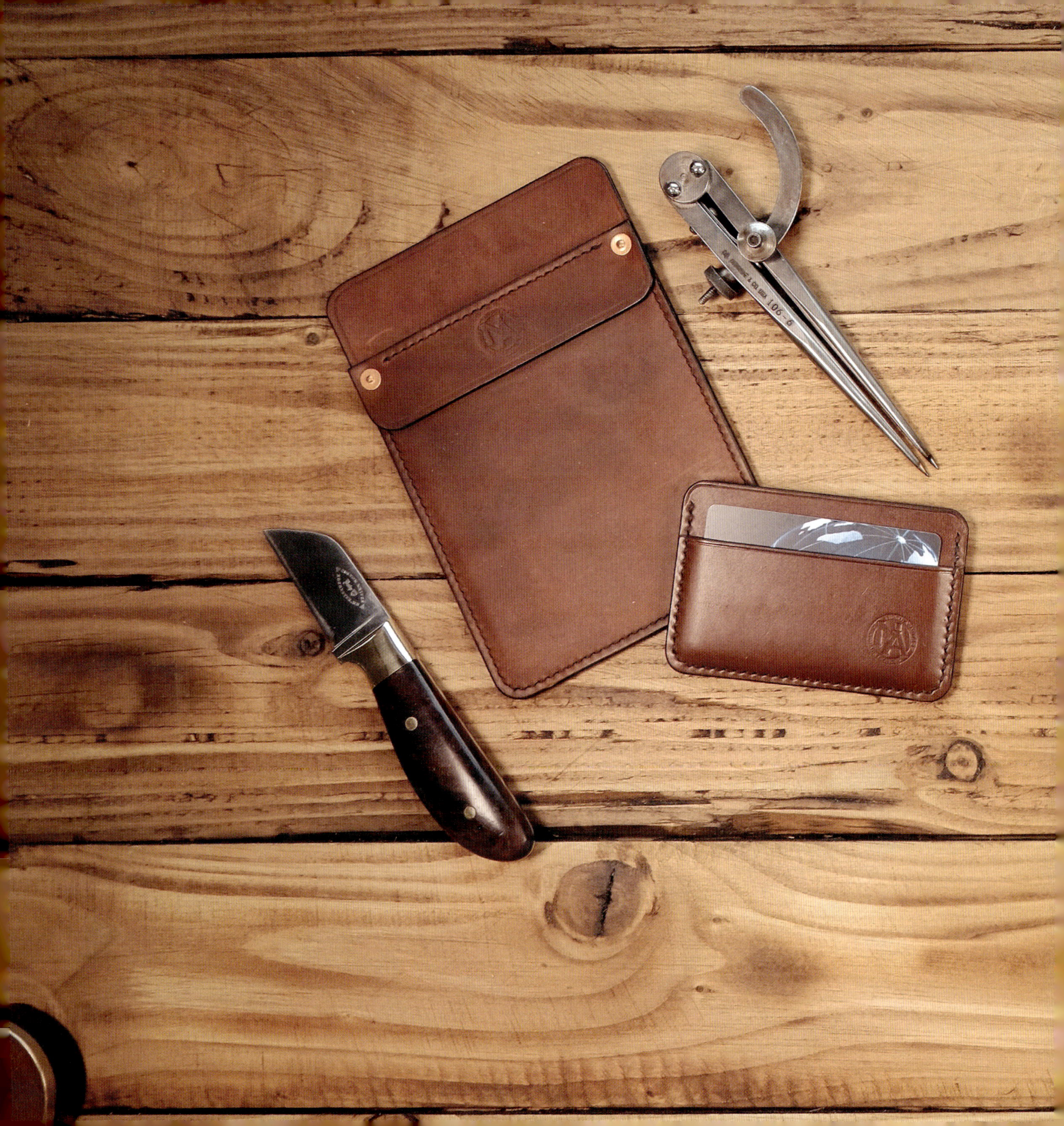

PROJEKTE FÜR ANFÄNGER

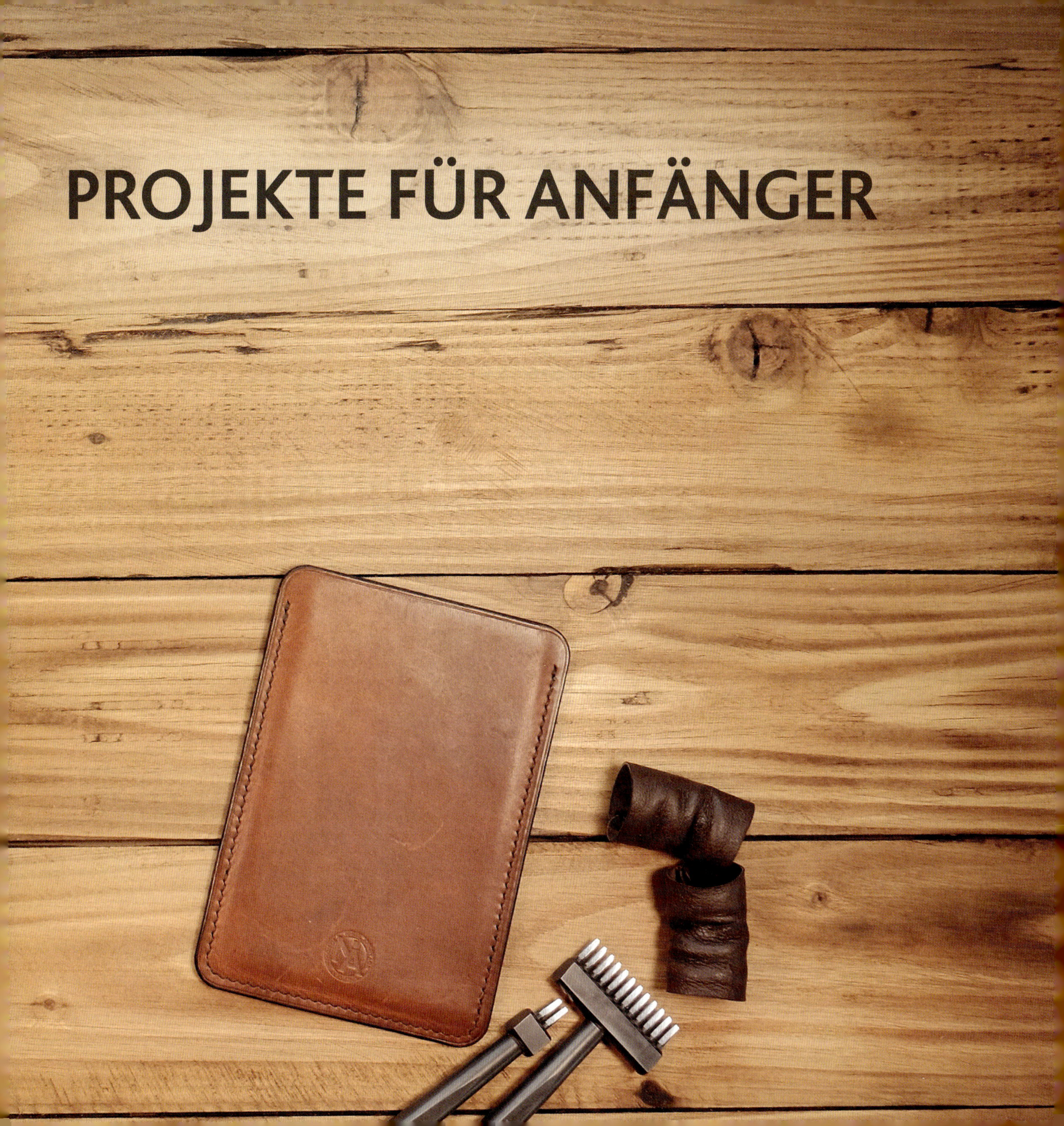

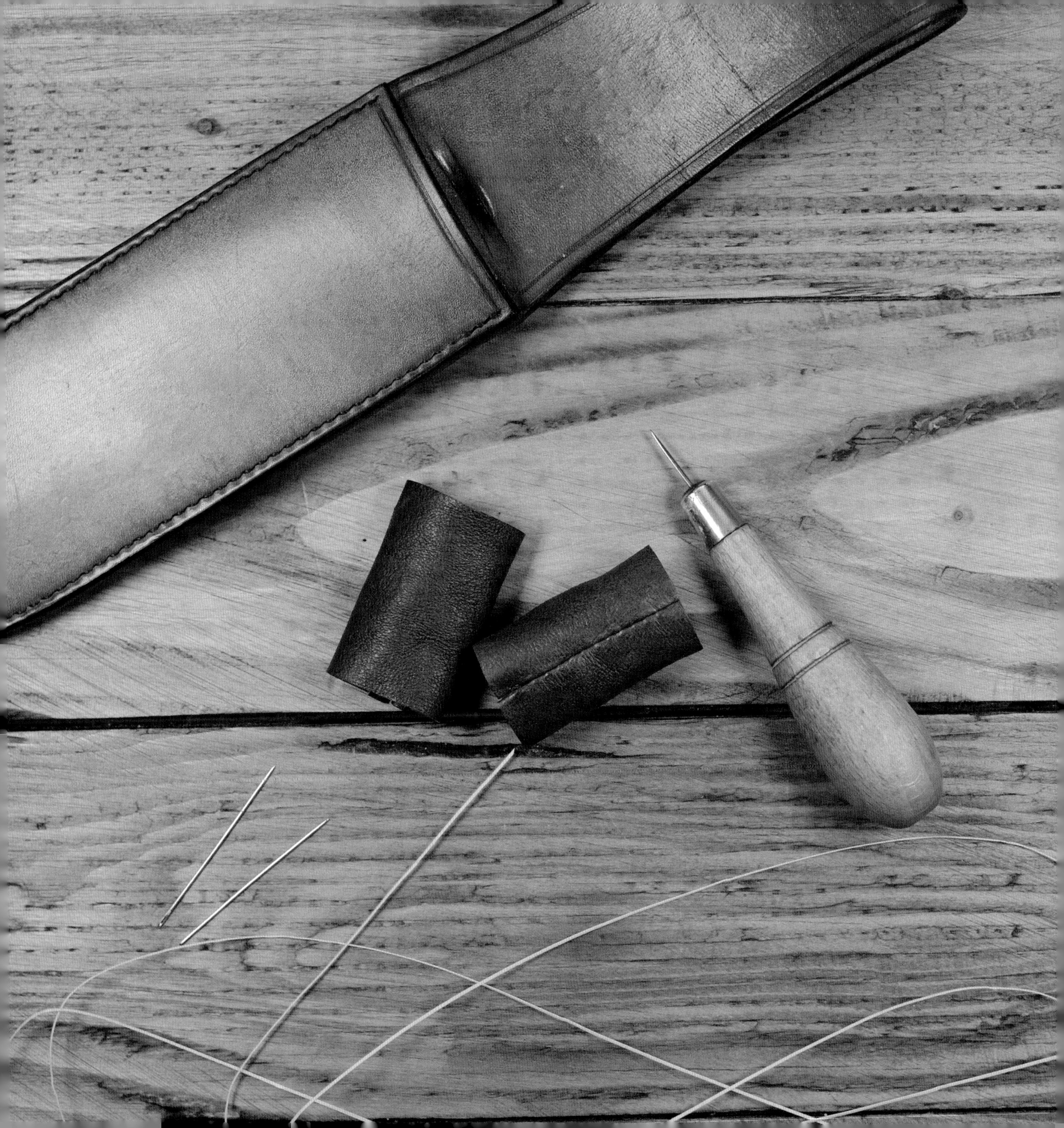

FINGERSCHUTZ

Vielleicht ist Ihnen beim Betrachten der Projekte in diesem Buch bereits aufgefallen, dass ich robuste Gegenstände aus massivem Leder ausschließlich in Handarbeit herstelle. Bei einigen der Projekte, wie dem Gürtel, der Messerscheide und den Hüllen, muss der Faden beim Nähen ordentlich gespannt werden. Je nach verwendetem Garn kann das unangenehm sein — schlimmstenfalls kann der Faden abrutschen und in Ihre Finger schneiden, wenn Sie nicht fest genug zupacken. Mit der Zeit bildet sich eine schützende Hornhaut, doch bis dahin besteht für jeden Lederhandwerker die Gefahr wunder Finger. Wenn Sie also mit der Hand nähen wollen, ist es sinnvoll, wenn Sie Fingerschütze aus Leder zu Ihrem Werkzeug hinzufügen.

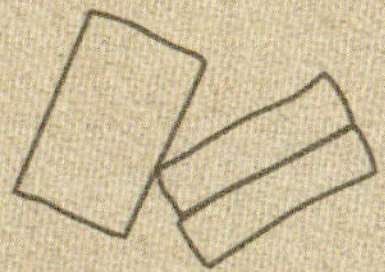

WERKZEUG UND MATERIAL

Maßband	*Holzblock*
Lineal	*Schonhammer*
Zirkel	*Nadeln, Nr. 4*
Messer	*Faden, 0,6 mm*
Vorstecheisen oder Nahtmarkierer, 7 spi (3,85 mm)	*Nähkloben*
	Schere oder Fadenschere

Schweinsleder, 1 mm stark

Bei der Menge an Näharbeiten in Kombination mit dem Gewicht des verwendeten Leders in diesem Buch sind Fingerschützer ein gutes erstes Projekt — damit sind Sie für die Folgeprojekte gewappnet. Passen Sie auf Ihre Finger auf — sie werden es Ihnen danken!

Auch wenn ich inzwischen eine Hornhaut an den kleinen Fingern entwickelt habe, nutze auch ich Fingerschützer, wenn ich mit dickem Crouponleder arbeite.

1 Das Design ist ganz einfach: Ein Stück dünnes Leder, das zu einem Schlauch zusammengenäht, umgedreht und dann auf dem Finger getragen wird, mit dem beim Nähen der Faden gespannt wird.

Ich nehme dazu die kleinen Finger, andere bevorzugen den Zeigefinger. Das hängt davon ab, wie Sie den Faden halten. Ich klemme den Faden zwischen Daumen und Zeigefinger, greife ihn mit den drei anderen Fingern und lasse ihn beim Anziehen an der Außenseite des kleinen Fingers entlang laufen.

2 Da jede Hand anders ist, ergeben Maßangaben hier wenig Sinn. Wichtiger ist zu wissen, wie Sie die Maße Ihrer Finger nehmen, damit die Fingerschützer auch die richtige Größe haben.

Meine kleinen Finger haben einen Umfang von etwa 70 mm. Die nehme ich als Ausgangspunkt. Die Naht auf der Innenseite und die Lederkanten sollen flach liegen, ich wähle also eine 5-mm-Nahtlinie. So steht nach dem Nähen genug Leder über, das flach geklopft werden kann. Achten Sie darauf, die 5 mm auf beiden Seiten des Leders hinzuzufügen. Geben Sie außerdem 5 mm zu den Maßen dazu, damit Sie die Fingerschützer leicht über die Finger ziehen und auch wieder abziehen können.

Damit erhalte ich eine Breite von 85 mm. Wenn Sie auch mit 5 mm Nahtlinie (mal 2) und 5 mm Spiel als Zugabe rechnen, ist die Gleichung einfach: der Umfang Ihres Fingers plus 15 mm.

Mein Zeigefinger hat einen Umfang von 80 mm, dafür brauche ich also ein 95 mm breites Stück Leder usw.

3 Die Höhe des Leders entspricht den Maßen zwischen der Stelle der Hand, an der der Finger beginnt, und dem zweiten Fingerknöchel — in meinem Fall 50 mm.

Beim Nähen hält man die Finger nur selten gerade, daher ist ein Verrutschen der Fingerschützer kein Problem, es sind also keine weiteren Zugaben nötig.

1

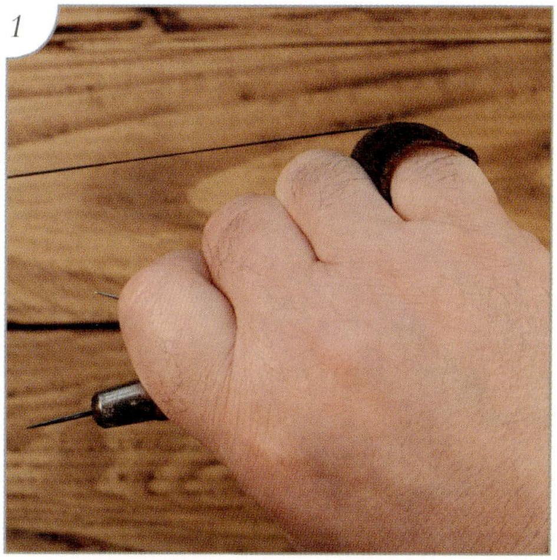

2

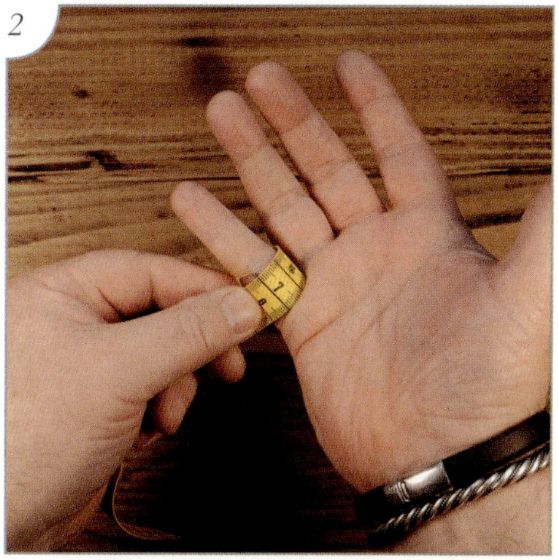

3

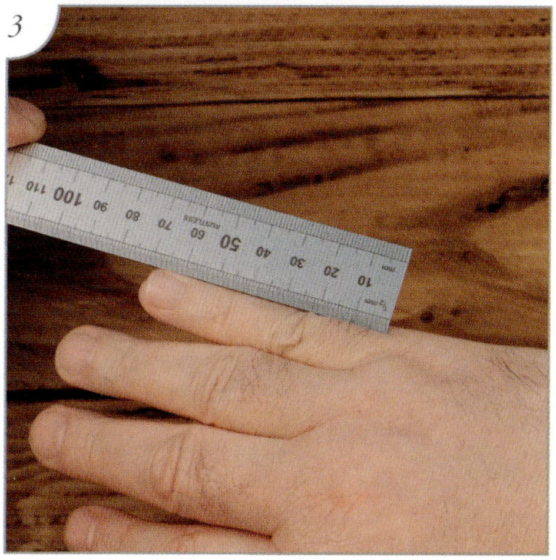

4

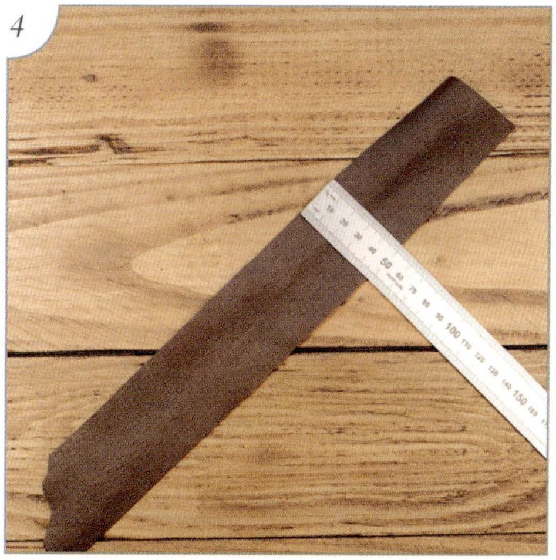

5

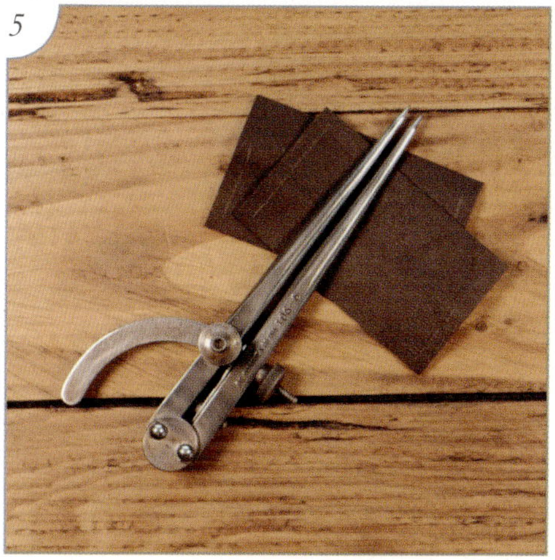

6

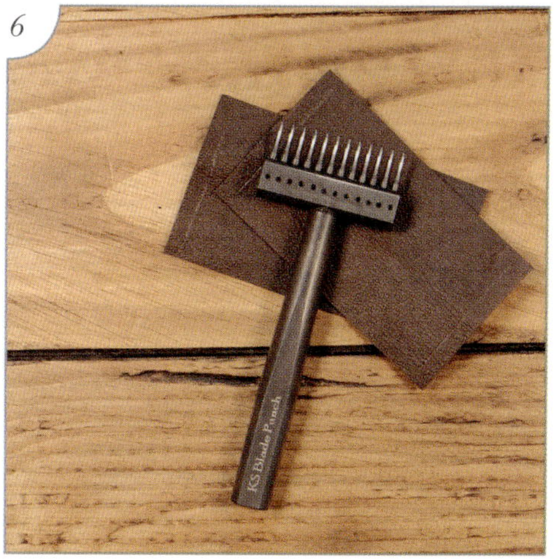

4 Es ist wichtig, welches Leder Sie verwenden. Es muss stabil sein, aber so flexibel, dass Sie die Finger beugen können.

Ich verwende 1 mm dickes Schweinsleder, dünnes Velours- oder Hirschleder ist hier auch gut eignet.

Messen Sie also Ihre Finger ab und erstellen Sie eine Stückliste. In meinem Fall stehen darauf zwei 85 x 50 mm große Stücke Schweinsleder.

Dies ist eins der wenigen Stücke, für die Sie weder Muster noch Schablone brauchen. Schneiden Sie einen 50 mm breiten Lederstreifen und aus diesem zwei 85 mm lange Stücke.

5 Zeichnen Sie nach dem Zuschnitt die 5 mm breite Nahtlinie an beiden Seiten an.

6 Fügen Sie nun die Löcher hinzu. Da der Fingerschutz auf links genäht wird, wird die Naht beim Umdrehen auseinandergezogen. Normale Vorstecheisen bilden Schlitze, sodass die Fäden durch das Auseinanderziehen der Naht auf einer Seite zu liegen kommt und die andere Seite freigelegt wird. Damit das nicht passiert, verwenden Sie ein Rundlocheisen, um runde Löcher zu erhalten.

7 Sie können auch ein normales Vorstecheisen einsetzen, wenn Sie nur das eine haben. Sollten Sie aber häufiger Stücke herstellen, die auf links genäht werden, lohnt es sich, in ein Rundlocheisen zu investieren.

8 Sobald Sie alle Löcher vorgestochen haben, nähen Sie die Lederenden zusammen, sodass ein Schlauch entsteht. Da die Narbenseite des Leders außen liegen soll, muss sie beim Nähen innen liegen.

9 Nach dem Vernähen ziehen Sie den Fingerschutz über einen Holzdübel, breiten die Saumränder aus und klopfen die Naht flach. Mit ein bisschen Weißleim (Holzleim) bleiben sie an Ort und Stelle.

10 Danach drehen Sie den Schlauch um, sodass die Narbenseite außen liegt, und schon sind die Fingerschützer gebrauchsfertig. Probieren Sie sie an, um zu sehen, wie sie sitzen.

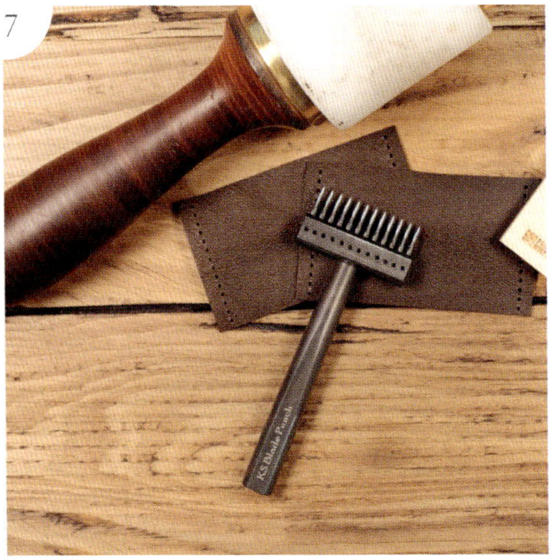
7

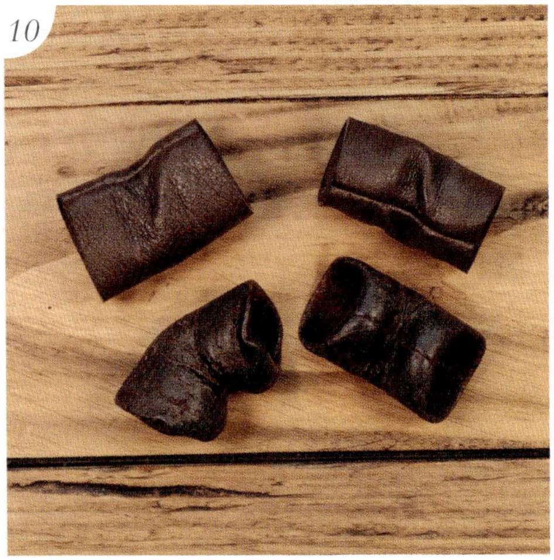
10

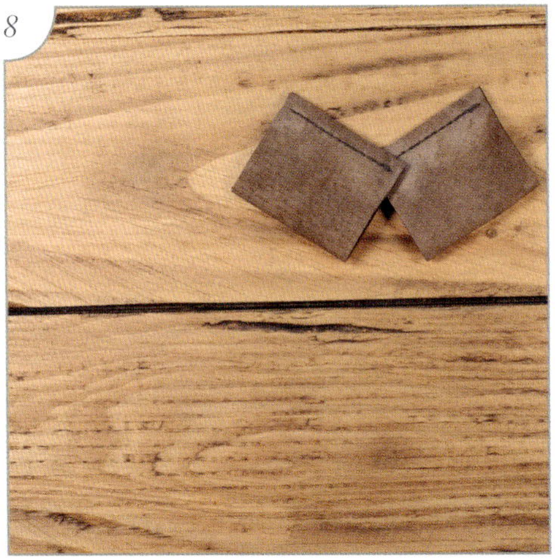
8

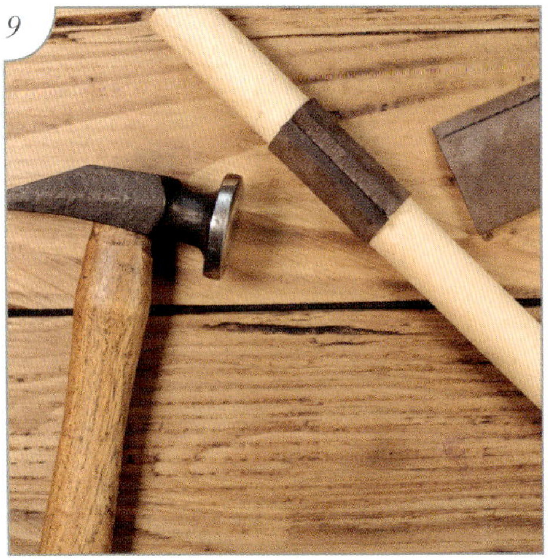
9

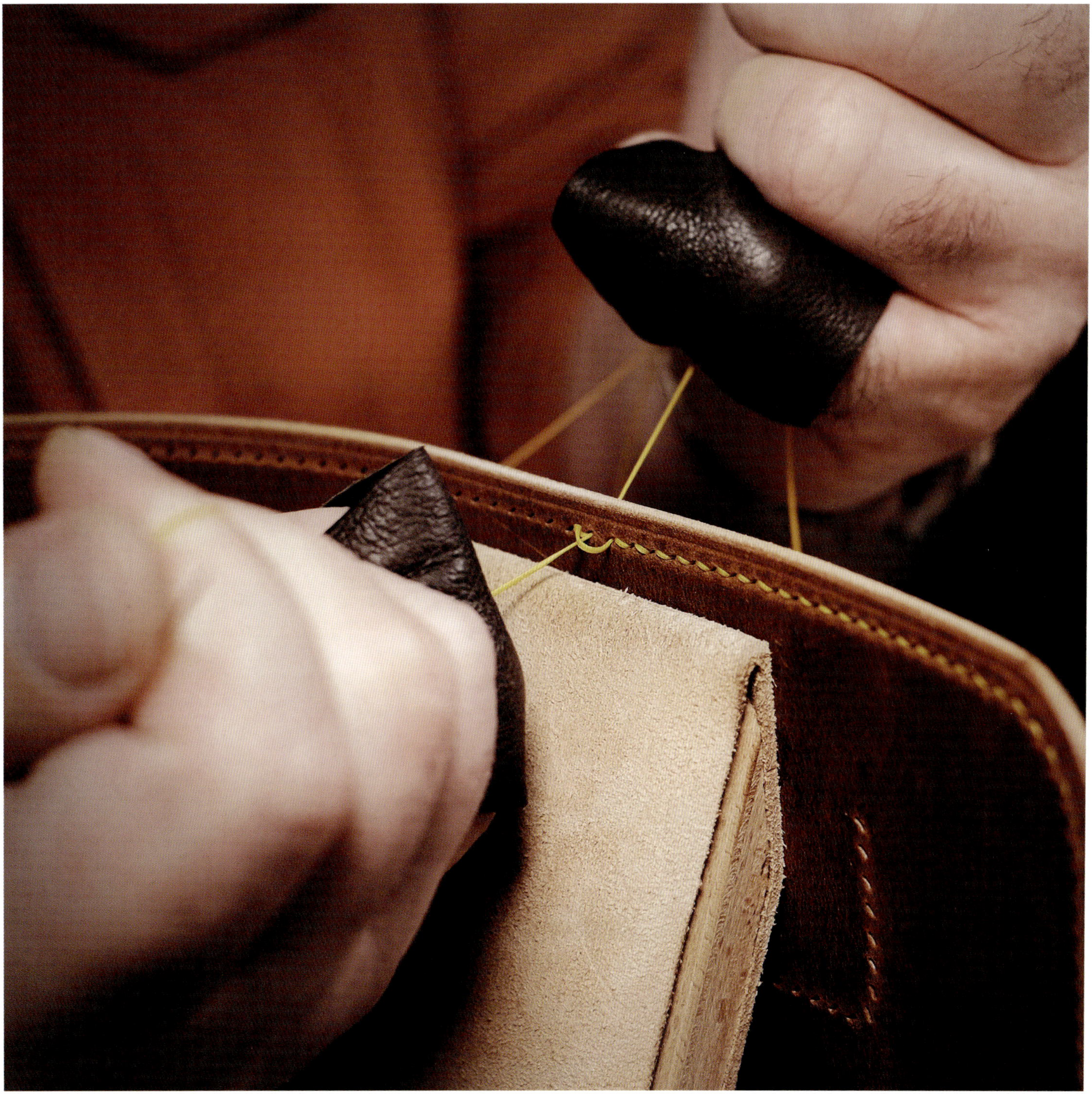

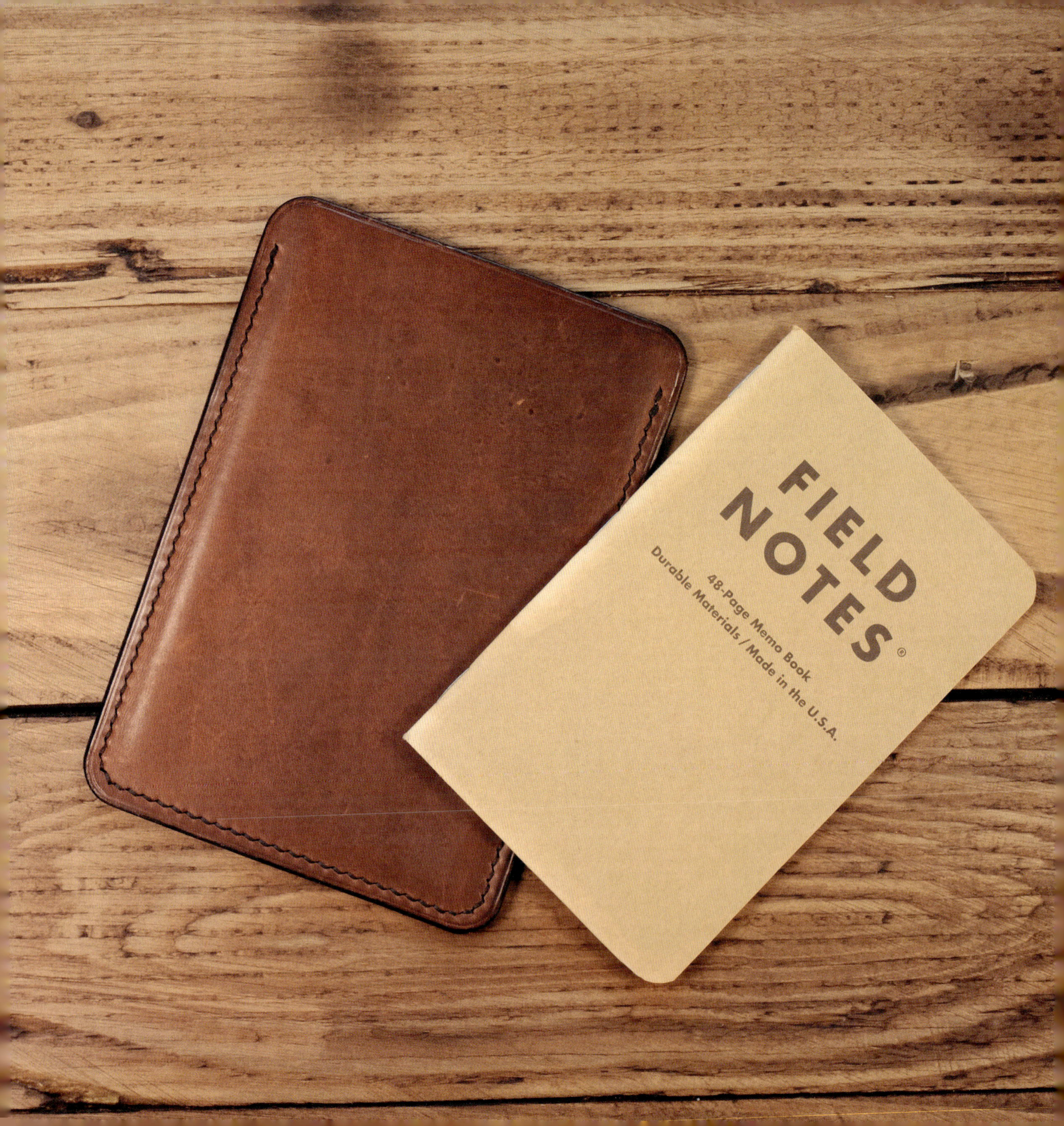
FIELD NOTES®
48-Page Memo Book
Durable Materials / Made in the U.S.A.

ETUI

Dies ist ein tolles Projekt für den Start in die Welt der Lederbearbeitung. Es ist einfach und kostengünstig, und Sie brauchen dafür nur wenig Werkzeug und nur ein paar Stunden Arbeit. Dieses Projekt verleiht Ihnen ein Grundwissen über das Erstellen von Schablonen, Zuschneiden, Nähen und die abschließende Bearbeitung. Die Größe ist variabel, aber ich habe das Etui für ein Notizbuch mit folgenden Maßen vorgesehen: 89 mm breit, 140 mm hoch, und 4 mm dick.

WERKZEUG UND MATERIAL

- *Karton für die Schablone*
- *Lineal*
- *Anschlagwinkel*
- *Zirkel*
- *Vorstecheisen oder Nahtmarkierer, 7 spi (3,85 mm)*
- *Holzblock*
- *Rundiereisen, Scheibe oder Münze*
- *Schonhammer*
- *Nadeln Nr. 4*
- *Faden, 0,6 mm*
- *Nähkloben*
- *Schere/Fadenschere*
- *Kantenzieher (Zieheisen)*
- *Kantenpolierer*
- *Reifeleisen*
- *Edge Kote*
- *Bienenwachs*

Taschenleder, 1,5 mm

1 Als Erstes geht es um die richtige Passform des Etuis, damit der Gegenstand, für den es gedacht ist, auch hineinpasst. Beschäftigen Sie sich dafür mit dem Abschnitt Abmessen (siehe Seiten 22-23), da Sie hier zusätzliche Maße benötigen.

Betrachten wir erst die Breite des Etuis, da wir von der Mitte nach außen arbeiten. Das Notizbuch ist 89 mm breit. Dazu geben wir eine Nahtlinie von 4 mm — außerdem 1 mm für die tatsächliche Breite der Naht plus ein wenig Spiel, um das Notizbuch auch in das Etui hinein- und wieder herauszubekommen. Wenn Sie dies vergessen, wird das Etui zu eng. 4 mm pro Seite sollten ausreichen.

2 Die Dicke des Gegenstands ist auch von Bedeutung. In diesem Fall sind es 4 mm, von denen wir jeweils die Hälfte auf beiden Seiten dazugeben.

Das Ergebnis ist eine Formel, mit der wir Etuis für Gegenstände unterschiedlicher Größen herstellen können.

Da dieses Etui senkrecht (Hochformat) verwendet wird, sehen unsere Zahlen so aus:

1

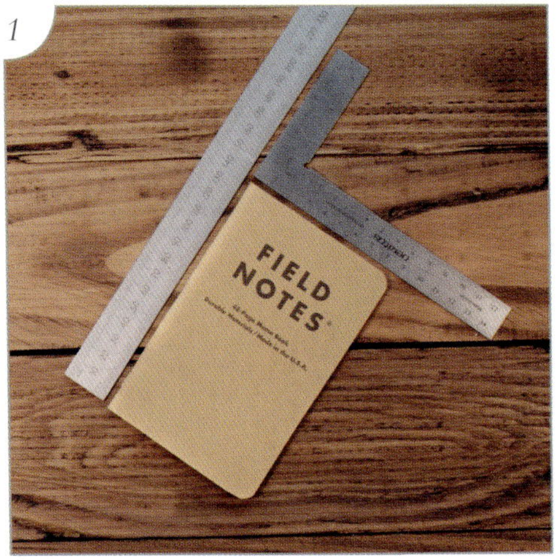

Nahtlinie	4 mm	Konstante
Nahtbreite	1 mm	Konstante
Spielraum	4 mm	Konstante
Hälfte der Dicke	*2 mm*	*Variable*
Breite	*89 mm*	*Variable*
Hälfte der Dicke	*2 mm*	*Variable*
Spielraum	4 mm	Konstante
Nahtbreite	1 mm	Konstante
Nahtlinie	4 mm	Konstante

Daraus ergeben sich **111 mm** als Gesamtbreite. Passen Sie Breite und Dicke an, behalten den Rest aber bei, funktioniert das auch mit anderen Gegenständen.

3 Kommen wir zur Höhe. Das Notizbuch ist 140 mm hoch. Für diese Formel arbeiten wir von oben nach unten. Das Notizbuch soll zum Schutz ein wenig im Etui versinken — 5 mm reichen dafür aus. Das ist also unser erstes Maß. Ich nenne es Abdeckung. Das zweite Maß ist das Notizbuch selbst. Dazu geben wir die Hälfte der Dicke des Notizbuchs, die Nahtbreite und die Nahtlinie, wodurch die Schablone so aussieht.

Abdeckung	*5 mm*	*Variable*
Höhe	*140 mm*	*Variable*
Hälfte der Dicke	*2 mm*	*Variable*
Spielraum	4 mm	Konstante
Nahtbreite	1 mm	Konstante
Nahtlinie	4 mm	Konstante

Wie Sie sehen, ergibt sich daraus eine Gesamthöhe von **156 mm**.

2 Das ist die Formel für die Breite. Variieren Sie die mittleren drei Angaben (kursiv) für andere Gegenstände.

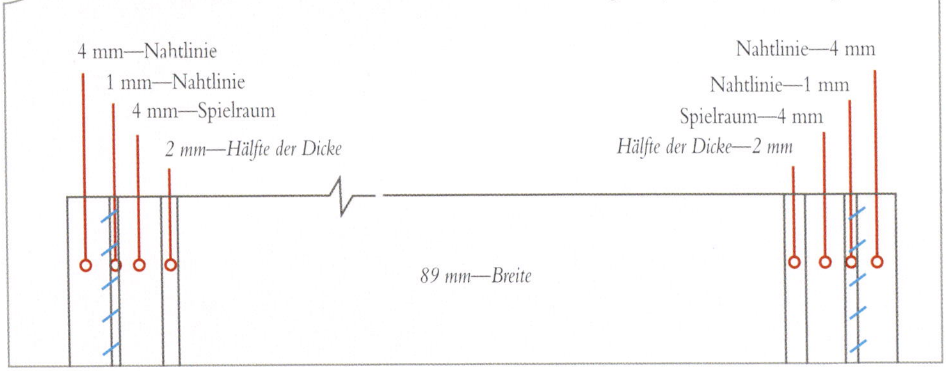

3 Das ist die Formel für die Höhe. Auch hier sind die variablen Werte kursiv gesetzt, die an den jeweiligen Gegenstand angepasst werden können.

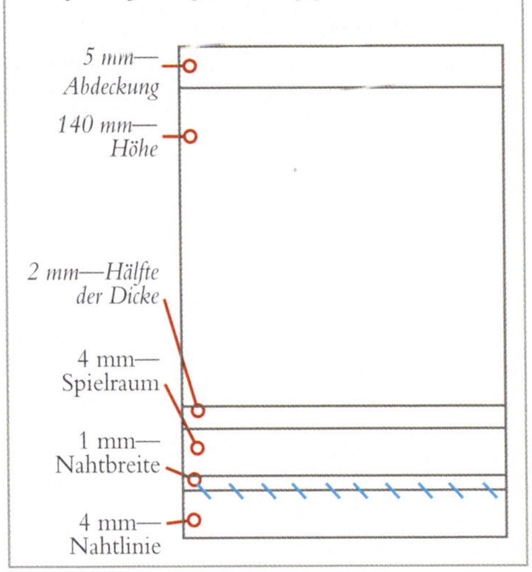

4 Bei einem solchen Etui ist zu beachten, dass es eine maximale Dicke gibt — etwa 10 mm — , bis zu der die Kanten unbeschädigt bleiben. Bei mehr als 10 mm sollten Sie darüber nachdenken, einen Seiteneinsatz anzubringen.

Mit allen Informationen zu den Maßen des benötigten Leders versorgt, geht es jetzt an die Schablone. Vielleicht denken Sie, dass eine Schablone kaum nötig ist, wenn es nur darum geht, zwei einfache Rechtecke zusammenzunähen, aber dem ist nicht so.

Dieses Etui wird mit einer einfachen Naht zusammengenäht, die aus nur einer Reihe von Stichen besteht. Daher muss sichergestellt werden, dass Anfang und Ende der Naht an der Oberseite des Etuis auf der gleichen Höhe sind. Dazu benötigen wir eine Schablone.

Wir brauchen aber nur eine Schablone, da sie für beide Lederstücke gleich ist.

Schneiden Sie die Schablone aus festem Karton 111 mm breit x 156 hoch aus.

Runden Sie die Ecken ab, ich verwende dazu ein 21-mm-Rundiereisen. Weitere Informationen dazu finden Sie im Kapitel Ecken zuschneiden (siehe Seiten 34-35).

5 Zeichnen Sie nun auf dem Karton bei 55,5 mm — der Hälfte der Breite — eine Mittellinie von oben nach unten. Markieren Sie mit einem Zirkel 4 mm vom Rand aus gemessen eine Linie entlang des Kartonrands. Fangen Sie auf einer Seit an, gehen Sie dann abwärts in Richtung der ersten Ecke, die Unterkante entlang, um die nächste Ecke und wieder nach oben. Dies ist die Nahtlinie — der Sie für die Markierung der Nahtlöcher folgen.

Beim Markieren der Nahtlöcher auf der Schablone kann es schnell passieren, dass die Löcher auf beiden Seiten voneinander abweichen, besonders an den Ecken. Zeichnen Sie daher an jeder Seite der Ecken zusätzliche Linien ein. Dadurch können Sie leichter dafür sorgen, dass die Löcher symmetrisch sind.

Zeichnen Sie oben eine Hilfslinie an, die anzeigt, wo die Naht beginnt und endet.

Zeichnen Sie außerdem eine weitere Linie 10 mm vom Rand aus gemessen auf allen vier Seiten an. Verwenden Sie dazu das auf 10 mm eingestellte Streichmaß.

6 Nachdem die Schablone nun mit allen Linien versehen ist, wird es Zeit für die Löcher.

Bringen Sie das erste Loch mittig unten an der Stelle auf dem Karton an, an der die Mittellinie auf die Nahtlinie trifft.

Das Stecheisen hat mehr als einen Zinken, aber es ist unwichtig, welchen davon Sie auf den Kreuzungspunkt setzen. Solange einer der Zinken darauf zu liegen kommt, ist das das mittlere Loch.

4

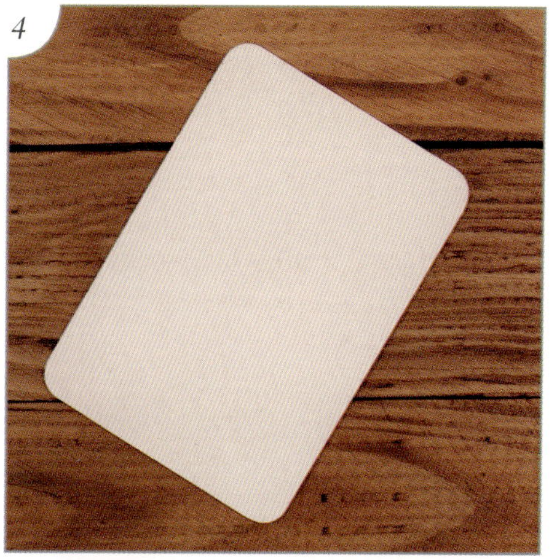

5

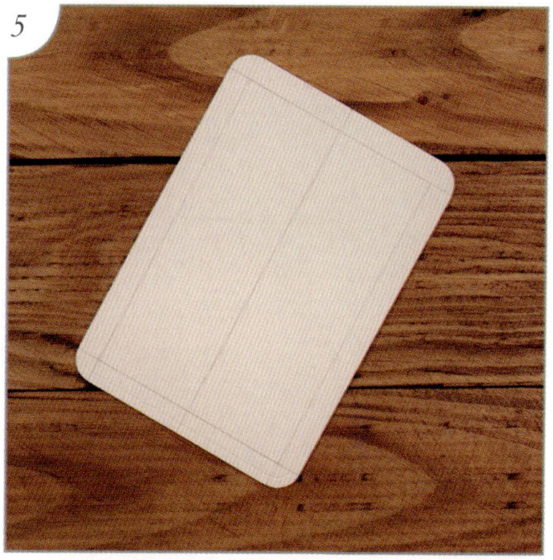

6

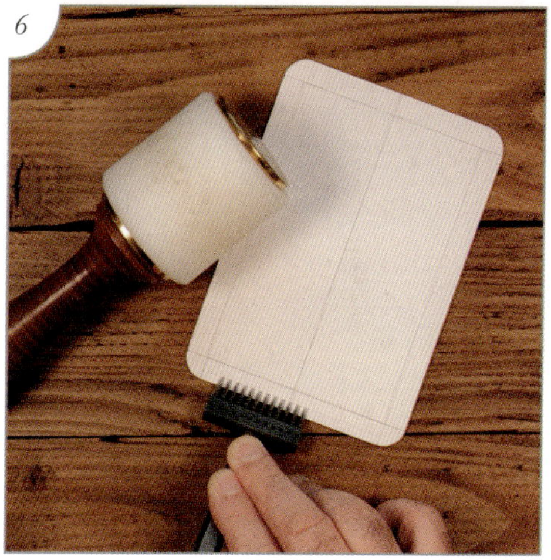

7 Bringen Sie von diesem mittleren Loch aus nach links bis zur ersten Hilfslinie Löcher auf der Nahtlinie an.

Wiederholen Sie das auf der rechten Seite. Die beiden letzten Löcher an den Seiten sollten jeweils im gleichen Abstand zu den Hilfslinien sitzen.

Setzen Sie nun die Löcher entlang der linken Ecke bis zur zweiten Hilfslinie.

Wiederholen Sie das Ganze an der rech ten Ecke. Nun sollte die gleiche Anzahl an Löchern zwischen den Hilfslinien auf beiden Seiten erscheinen, mit den letzten beiden Löchern in der gleichen Position. Wenn dem so ist, bringen Sie auf beiden Seiten der Schablone bis kurz vor der oberen Hilfslinie weitere Löcher an.

Das letzte Loch darf auf dieser Hilfslinie liegen, aber nicht darüber. Es ist besser, kurz davor aufzuhören.

Zählen Sie kurz nach, ob Sie auf beiden Seiten die gleiche Anzahl Löcher haben, sodass die gewünschte Symmetrie besteht.

Mit ein wenig Übung sitzen alle Löcher auf einer Höhe, die oberen beiden sind parallel und alle Stiche haben die gleiche Länge.

Diese Technik des Vorstechens wird in diesem Buch häufig eingesetzt, daher lohnt es sich, sie zu üben. Damit erreichen Sie mit Sicherheit qualitativ hochwertige Nähte sowohl auf der Vorder- als auch auf der Rückseite und vermeiden Ungenauigkeiten entlang der Ecken.

8 Nun ist es Zeit, das Leder zuzuschneiden. Ich verwende 1,5 mm dickes gefärbtes Halsleder. Verwenden Sie ein ähnliches Leder, um ein ähnliches Ergebnis zu erhalten.

Schneiden Sie zwei Lederstücke auf die Größe der Schablone 111 x 156 mm zu und schneiden Sie die Ecken sorgfältig zu. Sollten die Ecken scharfkantig oder rau sein, bearbeiten Sie sie mit einem Schleifblock.

9 Legen Sie die Schablone auf das Leder und markieren Sie die jeweils letzten Löcher der Seiten und alle Löcher in den Ecken vorsichtig durch die Schablone hindurch. Achten Sie darauf, das Vorstecheisen dabei genau senkrecht anzusetzen. Ansonsten sitzen die Löcher auf dem Leder nicht an der gleichen Stelle.

10 Nachdem die beiden oberen Löcher markiert sind, führen Sie den Zirkel an der Stelle entlang, an der die Löcher entstehen sollen — 4 mm vom Rand des Leders entfernt.

Markieren Sie alle Löcher auf beiden Lederteilen entlang der Markierungen und der Nahtlinie und treiben Sie dann durch das Leder.

Sollten einige der Lochmarkierungen nicht auf der Linie sitzen, halten Sie sich eher an die Linie als an die Markierungen. Mit dem Durchstechen der Löcher sollten die Markierungen nicht mehr zu sehen sein.

7

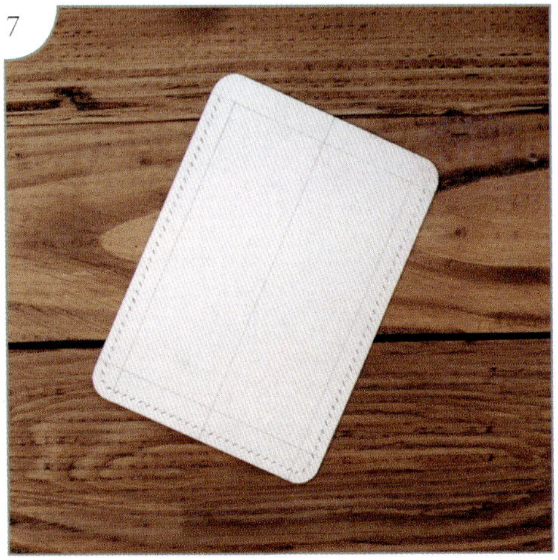

8

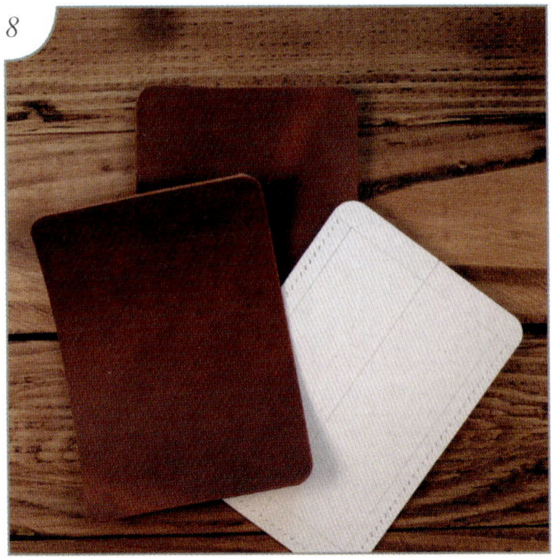

9

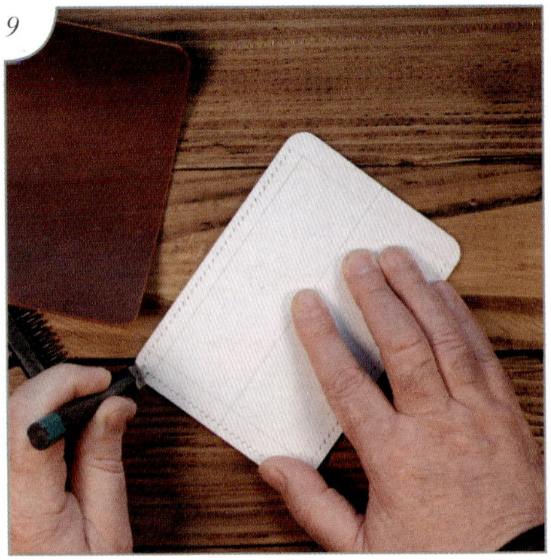

11 Wenn die Löcher fertig sind, können Sie jetzt die Kanten bearbeiten, die nicht vernäht werden — bei diesem Projekt ist das die Oberkante, an der es keine Nahtlöcher gibt.

Fügen Sie dem Leder je nach verfügbarem Werkzeug eine Kerbe hinzu. Wenn Sie kein Reifeleisen haben, bringen Sie mithilfe des Zirkels eine feine Linie an.

Schrägen Sie die Kante nun an, polieren Sie sie, bringen Sie Farbe oder Kantensiegel auf und polieren Sie sie abschließend mit Bienenwachs.

Die Kanten entlang der Naht werden nach dem Zusammennähen bearbeitet. Wie Sie dabei vorgehen, wird im Abschnitt Kanten bearbeiten (siehe Seite 48-55) behandelt.

12 Sie sind fast fertig. Vernähen Sie nun die beiden Lederstücke mithilfe eines stabilen Nähklobens und der im Abschnitt Nähen (siehe Seite 36-45) beschriebenen Techniken.

Nun müssen nur noch die übrigen Kanten bearbeitet werden. Wenn Sie dies nach dem Nähen machen, erhalten Sie eine deutlich gleichmäßigere Oberfläche. Gehen Sie genauso vor wie in Schritt 11, bis auf das Reifeln, da die Naht ja schon da ist.

Nach dem Nähen und der abschließenden Kantenbearbeitung ist das Etui fertig. Weiten Sie die Nähte an der Innenseite des Etuis mit einem Falzbein und stecken Sie das Notizbuch hinein.

10

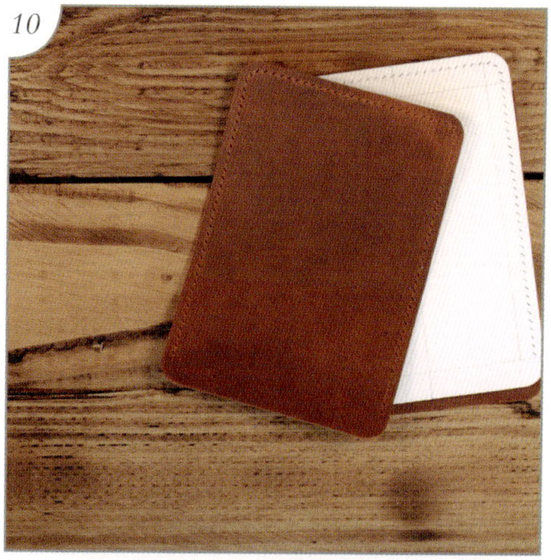

11

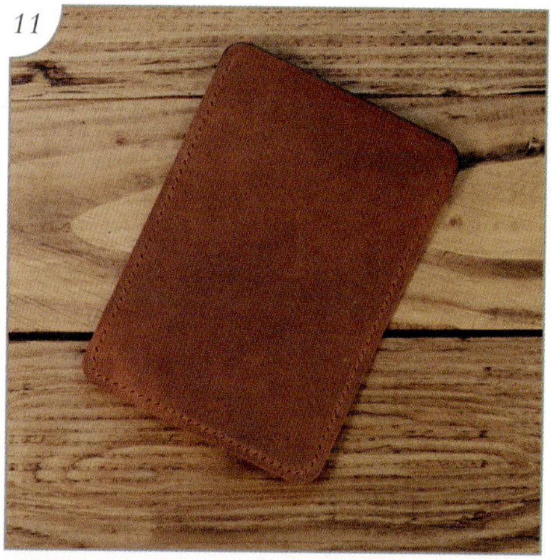

12

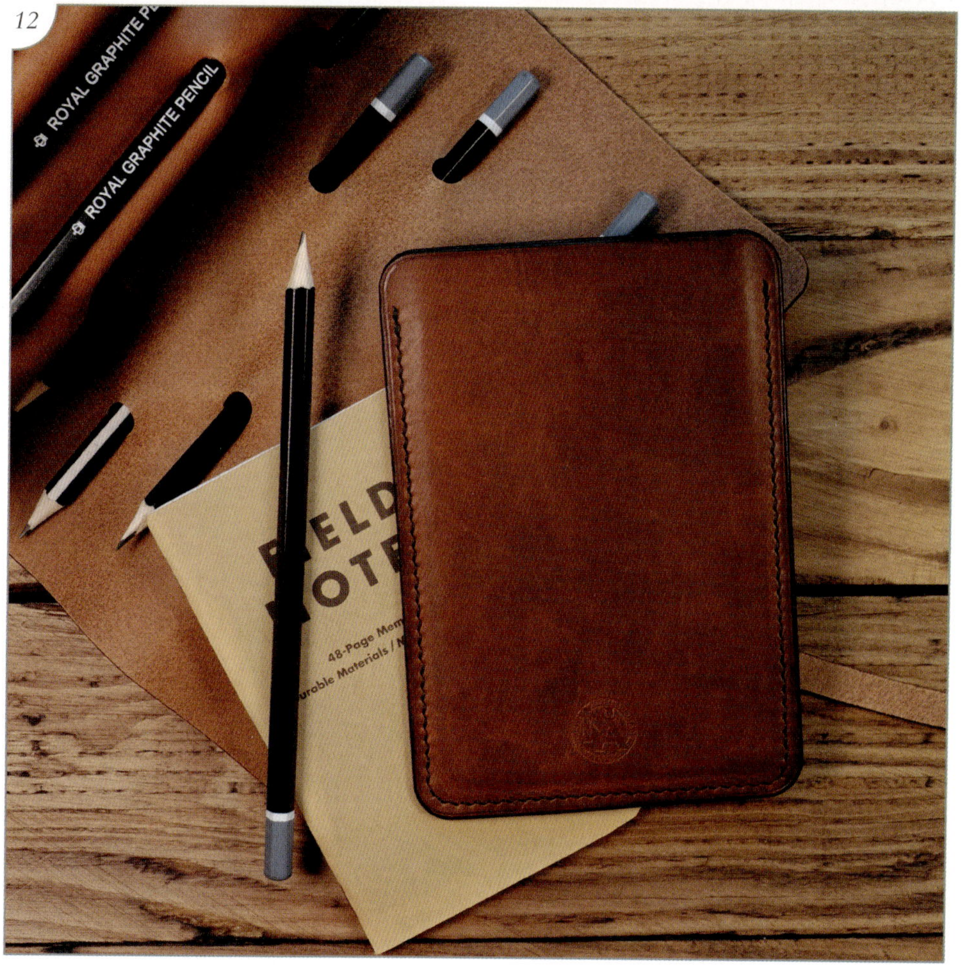

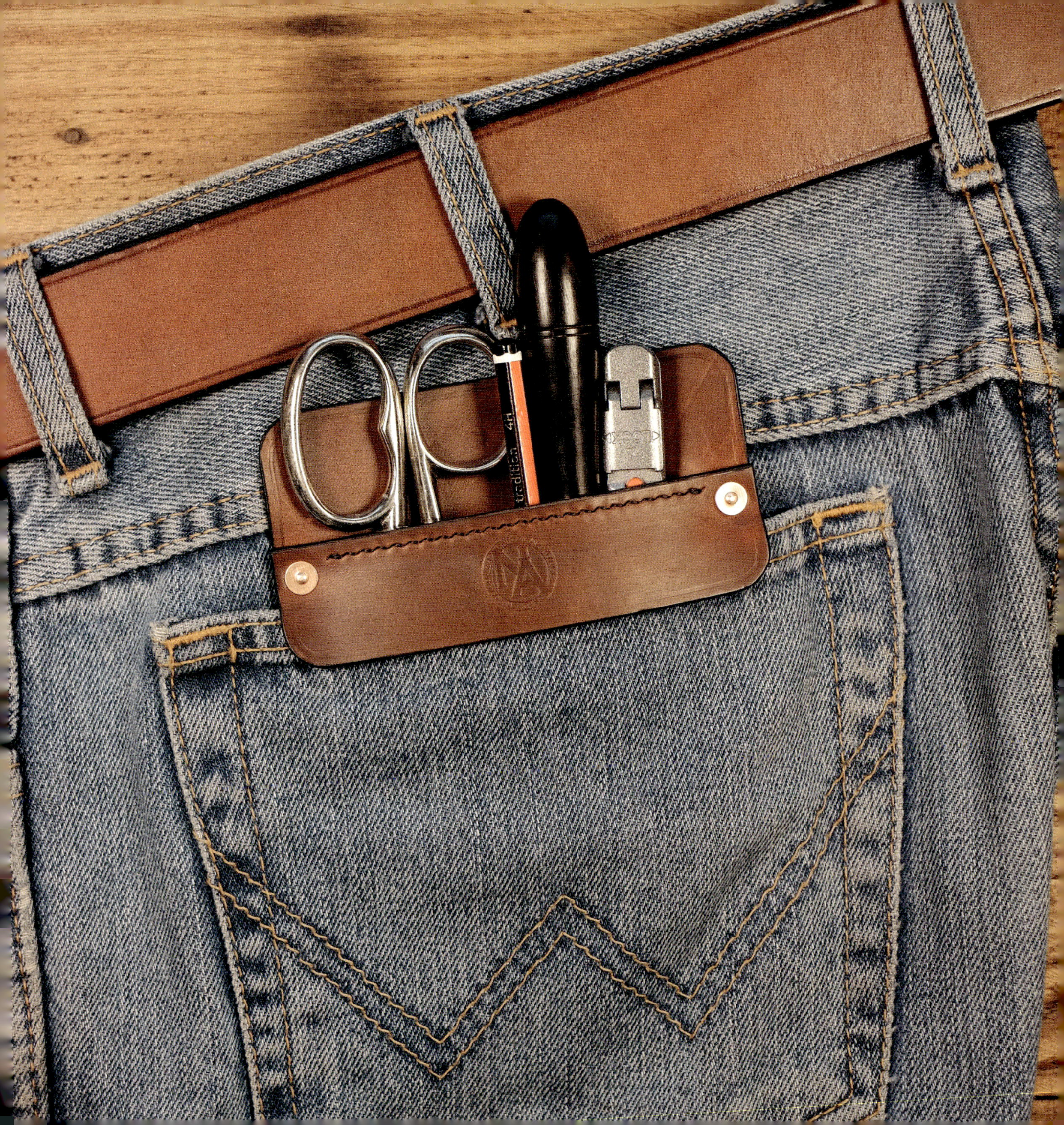
tradition 4H

TASCHENSCHUTZ

Wie viele Löcher sind über Jahre in den Taschen Ihrer Hosen und Jeans entstanden, weil Sie scharfe Werkzeuge hineingesteckt haben? Ich zumindest habe die schreckliche Angewohnheit, Schraubendreher und Scheren beim Arbeiten in meine hintere Hosentasche zu stecken und auch schon einige Werkzeuge durch die so entstandenen Löcher verloren.
Ein Taschenschutz ist eines dieser Dinge, von dem Sie nicht wussten, dass Sie es brauchen, bis Sie einen gesehen haben. Sie sind damit auch nicht auf Hosentaschen beschränkt, denn er eignet sich auch als Ergänzung für einen Latz oder eine Schürze, oder einfach nur als Möglichkeit, Ihre Schraubendreher und Scheren zusammenzuhalten.

WERKZEUG UND MATERIAL

Karton für die Schablone
Lineal
Anschlagwinkel
Zirkel
Vorstecheisen oder Nahtmarkierer, 7 spi (3,85 mm)
Ziehblock
Schonhammer
Rundiereisen, Scheibe oder Münze
2,5 mm Lochzange
Niete, 14 g
Nietsetzer, 14 g
Kneifzange
Nadeln Nr. 4
Faden, 0,6 mm
Nähkloben
Schere oder Fadenschere
Kantenzieher (Zieheisen)
Kantenpolierer
Reifeleisen
Edge Kote
Bienenwachs

Taschenleder, 1,5 mm

Die Erstellung der Schablone für dieses Projekt ist ein wenig komplexer. Es gibt mehr Nähte und Kanten, die bearbeitet werden, und außerdem werden zwei Nieten eingesetzt. Ich bin kein großer Fan von Nieten, aber zu diesem Design passen sie gut. Denn da, wo zwei Nähte aufeinander treffen sollten, es aber wegen des Designs nicht können, gibt es ein Problem, das sich aber durch einen gut gesetzten Niet lösen lässt. So bietet sich Ihnen auch die Möglichkeit zu lernen, wie Nieten eingesetzt werden.

1 Als Erstes brauchen wir die Abmessungen — hier arbeiten wir mit den Innenmaßen der hinteren Taschen einer Jeans. Im Tascheninneren gemessen ergeben sie für das abgebildete Beispiel eine Breite von 140 mm oben und 130 mm unten und eine Tiefe von 140 mm. Fürs Erste halten wir uns an die schmalsten Maße und gestalten den Taschenschutz rechteckig.

Für den Anfang hat die Funktion Vorrang vor der Form. Wenn Sie einmal wissen, wie es geht, können Sie auch mit den Entwürfen spielen. So könnten Sie den Taschenschutz etwa mit einer Verjüngung versehen, doch vorerst geht es um ein funktionierendes Produkt.

2 Sie benötigen noch zwei weitere Maße: wie weit die Lasche, die außen auf der Tasche sitzt, reichen soll, und bis wohin die Rückseite oberhalb der Taschenöffnung reichen soll.

Sie können diese Maße nach Bedarf anpassen, fürs Erste nehme ich für beides 30 mm.

Sich wie hier mit dem Design an den Maßen zu orientieren ist der einfachste Weg, eine Vorstellung zu bekommen, wie der gewünschte Gegenstand am Ende aussieht. In dieser Zeichnung sind die inneren und äußeren Maße der Tasche mit gepunkteten Linien und die des Taschenschutzes mit einer durchgehenden Linie markiert. Die Breite des Taschenschutzes beträgt 10 mm weniger als die innere Taschenbreite. So lässt er sich leicht einstecken und rausziehen und sitzt unten gut.

Die Länge ist unverändert, denn durch das Anbringen der Niete, die auf der Tasche aufsitzen, sitzt der Taschenschutz etwas weiter oben in der Hosentasche.

Weitere Maße sind die 30 mm der Lasche und des Stücks, das aus der Tasche hinausragt. Die Ecken werden mit einem Radius von 20 mm zugeschnitten.

Anhand der Maße entsteht das Design fast von selbst.

Stückliste

Der Taschenschutz besteht aus drei Teilen:

1. Rückseite 120 x 170 mm
2. Vorderseite 120 x 140 mm
3. Lasche 120 x 30 mm

3 Erstellen Sie drei Schablonen. Da alle Teile 120 mm breit sind, schneiden Sie am besten ein Stück Karton auf 120 mm Breite und eine Länge, aus der Sie alle drei Teile schneiden können: 170 + 140 + 30 = 340 mm. Bei 400 mm können Sie etwaige Fehler kompensieren.

Wenn der Karton auf 120 x 400 mm zugeschnitten ist, markieren Sie erst die Mittellinie, bevor Sie die einzelnen Schablonen zuschneiden. Das ist viel einfacher, als sie auf jeder Schablone einzeln anzubringen, und außerdem gleichmäßiger.

1

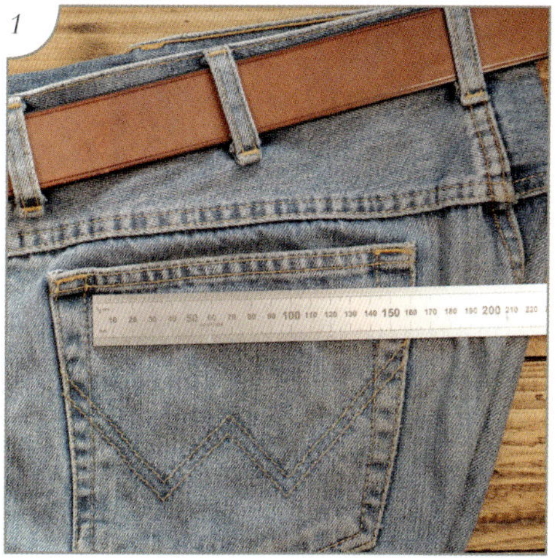

2

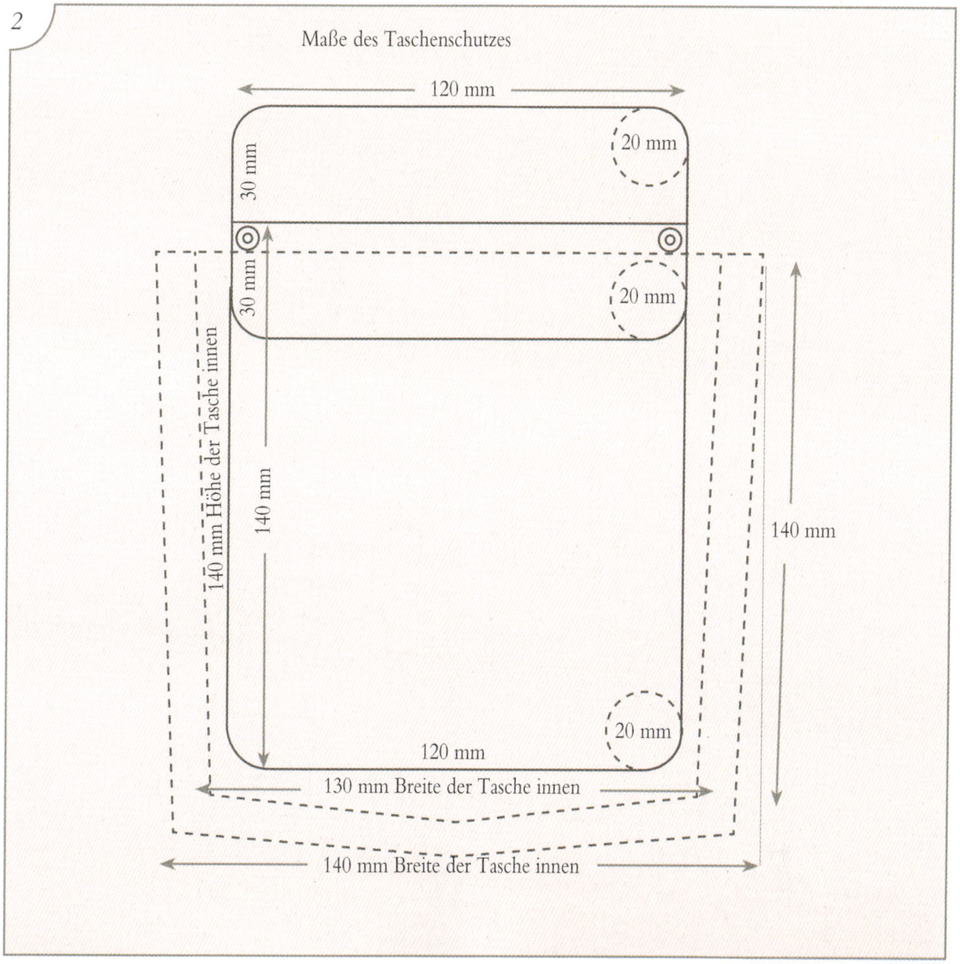

4 Bringen Sie erst an der Unterkante des langen Stücks einen rechten Winkel an, zeichnen Sie dann die Abmessungen an und schneiden Sie die Teile aus. Beginnen Sie mit dem größten Teil: Wenn Sie einen Fehler machen, lässt sich aus einem großen Stück noch ein kleineres ausschneiden — andersrum eher nicht.

3

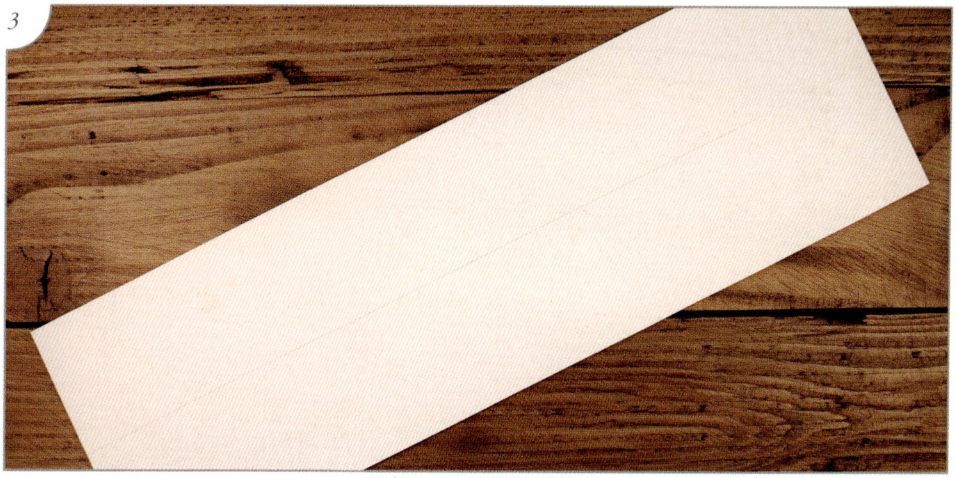

4

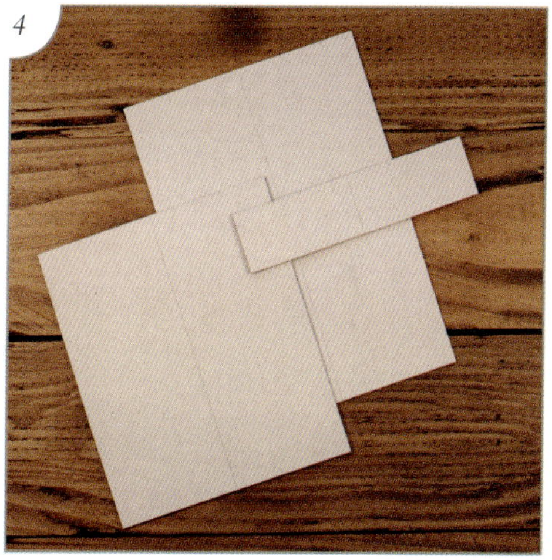

5

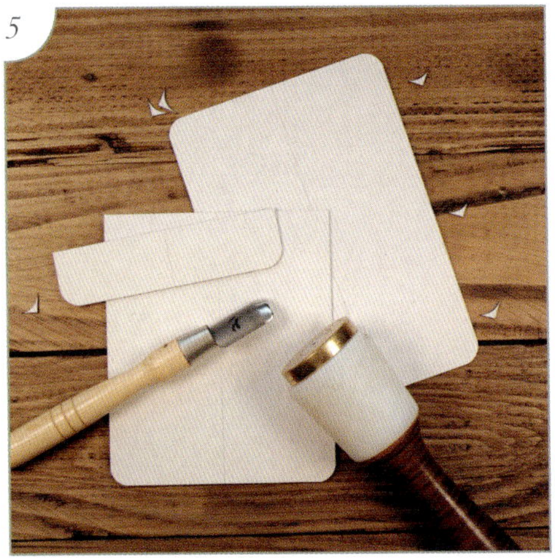

6

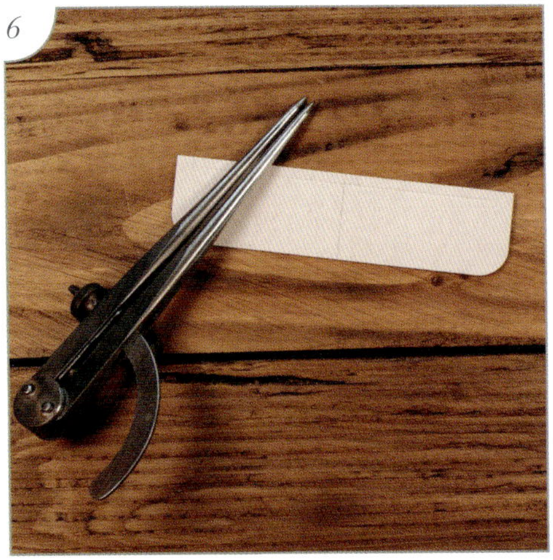

7

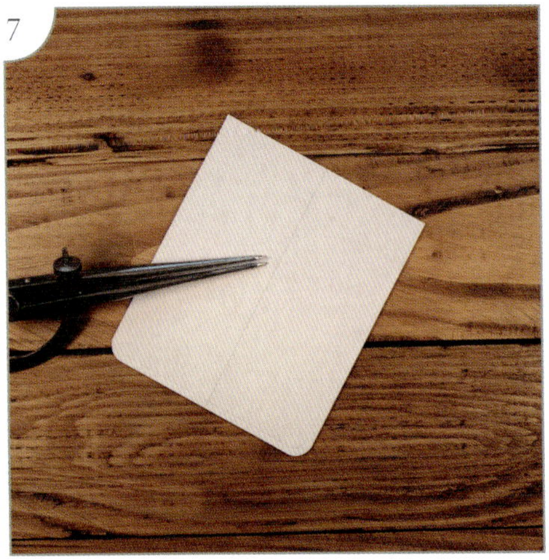

8

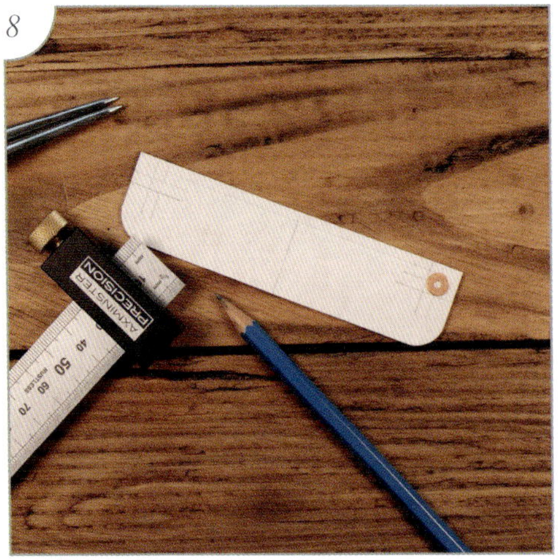

9

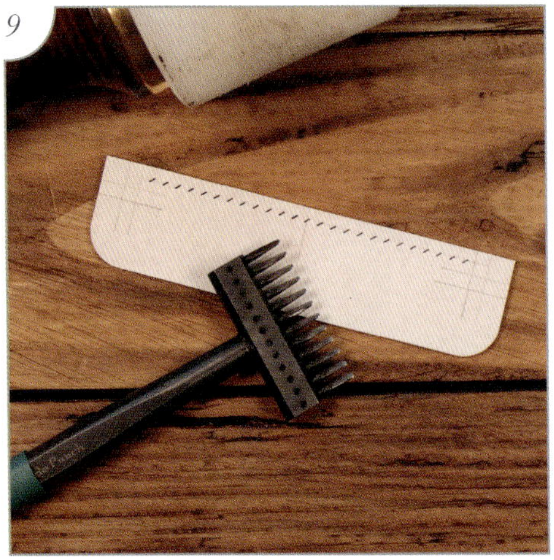

10

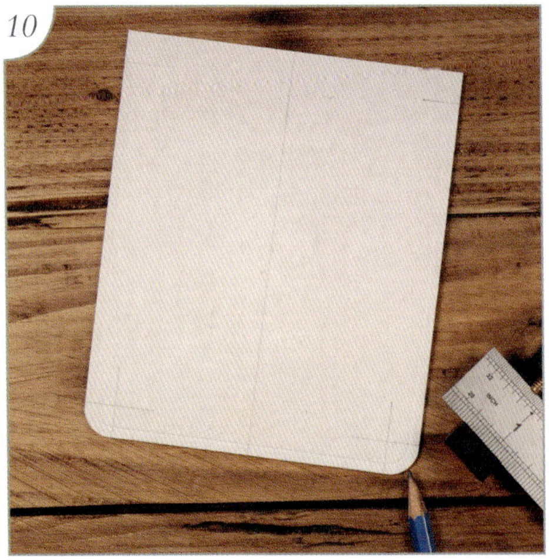

11

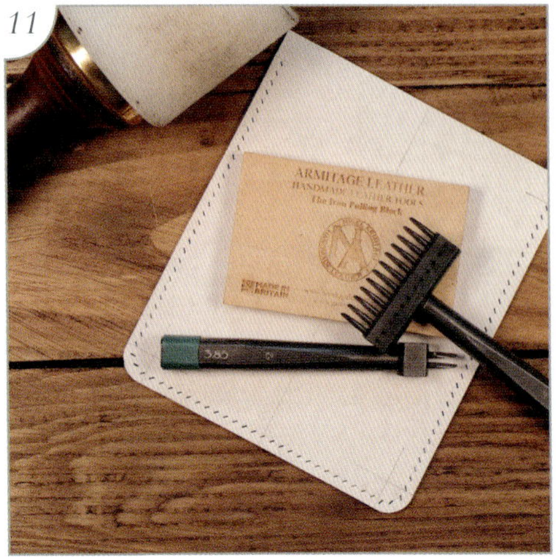

12

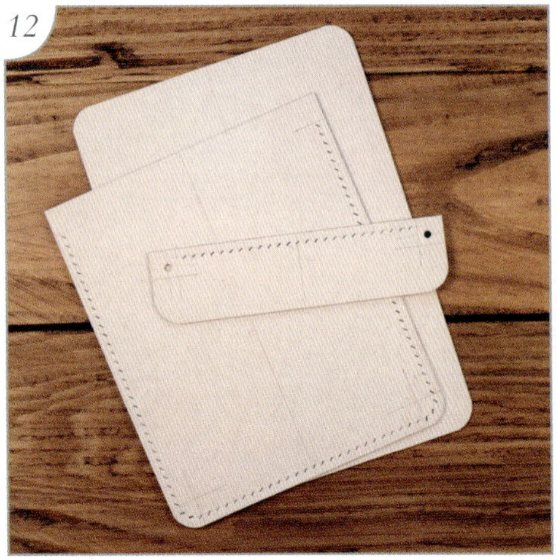

13

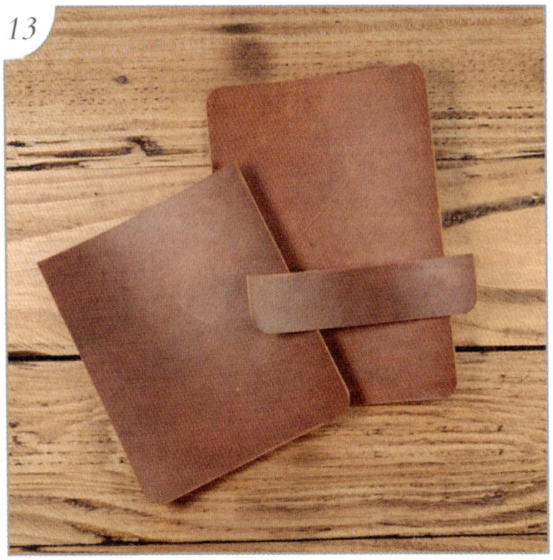

5 Rundieren Sie nun die Ecken. Ich nutze dazu ein 21-mm-Rundiereisen. Wenn Sie keines haben, können Sie z.B. eine kleine Scheibe verwenden. Es gibt insgesamt acht Ecken: Vier an der Rückseite und jeweils zwei unten an der Vorderseite und der Lasche.

Darüber hinaus gibt es an der Schablone für die Rückseite nicht viel zu tun - man könnte sie auch ganz weglassen. Aber bis Sie sich mit Entwurf und Zuschnitt besser auskennen, ist es besser, für jedes Teil eine Schablone anzufertigen.

6 Nachdem alle drei Teile zugeschnitten und mit abgerundeten Ecken versehen sind, markieren Sie etwa 4 mm von der Kante aus gemessen eine Nahtlinie entlang der Oberseite der Lasche.

7 Markieren Sie nun eine 4-mm-Nahtlinie entlang der Außenkante des Vorderteils.

8 Wenn Sie jetzt die Nahtlinien auf dem Vorderteil und der Lasche genau betrachten, verstehen Sie das oben angesprochene Problem der überlappenden Nähte. Wenn Sie die Lasche auf das Vorderteil nähen, können Sie an dieser Seite nicht ganz bis oben nähen, weil die Lasche im Weg ist. Andersherum funktioniert es aber auch nicht: Wenn Sie erst an der Seite bis oben nähen, können Sie die Laschen nicht festnähen.

Hier kommen die Niete ins Spiel. Sie können die Nähte verkürzen und die Ecken etwa 3 mm von der Kante mit Nieten fixieren. Sie müssen aber die genaue Größe der Niete kennen.

Die 14-g-Nieten für dieses Projekt bestehen aus einem 8-mm-Kopf und einem 2,5-mm-Schaft. D.h. die Entfernung der Mitte des Nietlochs von der Kante muss 4 mm (Radius des Niet) + 3 mm (Abstand zur Kante) = 7 mm betragen. Im nächsten Schritt muss also auf der Schablone der Lasche der Mittelpunkt der Niete 7 mm von der Oberkante und 7 mm von der jeweiligen Seitenkante markiert werden. Ich habe auch bei 11 mm Linien für die Außenkanten des Niets angezeichnet. Am Mittelpunkt wird das Loch angebracht und an der äußeren Markierung hört die Naht auf.

Um sicherzugehen, dass auch alles passt, werden die Löcher erst angebracht, nachdem der Taschenschutz zusammengenäht ist.

9 Markieren Sie erst auf der Lasche jeweils eine Naht von der Mittellinie zur Außenkante des Niets auf jeder Seite. Gehen Sie so nah wie möglich an die Außenkante, ohne sie zu überschreiten.

10 Damit die Naht symmetrisch ist, fügen Sie eine 10-mm-Linie von der Kante des Kartons an den Ecken als Hilfslinien hinzu. Daran können Sie die Löcher auf beiden Seiten der Schablone ausrichten.

11 Zeichnen Sie nun auf dem Vorderteil eine Naht von der Mittellinie zur Außenkante des Niets auf jeder Seite. Gehen Sie so nah wie möglich an die Markierung, ohne sie zu überschreiten.

12 Bringen Sie für jeden Niet ein 2,5-mm-Loch an der Mittelmarkierung auf der Schablone der Lasche an.

13 Nun ist es Zeit, das Leder zuzuschneiden. Schneiden Sie, genau wie bei der Schablone, ein Stück Leder 120 mm breit und 400 mm lang zu. Achten Sie darauf, dass das Leder einen rechten Winkel bildet, messen und schneiden Sie die erste Länge ab und fahren Sie dann fort, bis alle drei Lederstücke wie in den Schritten 3 und 4 zugeschnitten sind. Runden Sie danach die Ecken ab wie in Schritt 5.

14 Sobald die Lasche aufgenäht ist, können Sie die Schablone nicht mehr auf dem Vorderteil auflegen. Markieren und stechen Sie also jetzt die Löcher im Vorderteil und auf der Lasche.

Zuerst markieren Sie die Nahtlöcher und die Löcher für die Niete auf der Lasche. Beachten Sie, dass die Teile mit der Narbenseite außen zusammengenäht werden. Kleben und nähen Sie abschnittsweise.

15 Markieren Sie als Nächstes alle Nahtlöcher auf dem Vorderteil — aber nicht die Nietlöcher.

16 Jetzt müssen alle Kanten bearbeitet werden, die nicht vernäht werden. Dazu gehören

- die Unterkante und die Seiten der Lasche
- die Oberkante des Rückenteils oberhalb des Vorderteils und der Lasche.

17 Nachdem alle notwendigen Löcher angebracht und die Kanten bearbeitet sind, bringen Sie Klebstoff oben an der Lasche und oben an der Stelle des Vorderteils an, an der die Lasche aufgenäht wird. Kleben Sie aber die Außenkanten nicht an. Sie müssen angehoben werden können, um die Nähte an der Seite abzuschließen.

18 Kleben Sie die Lasche auf dem Vorderteil fest. Markieren Sie die Löcher erneut mit dem Vorstecheisen und treiben Sie diese durch beide Lederstücke.

19 Nachdem Sie die Löcher angebracht haben, nähen Sie die obere Naht und bearbeiten Sie die obere Kante. Klemmen Sie die Ränder dort, wo sie nicht befestigt sind, zusammen und behandeln Sie sie wie eine Kante.

20 Nachdem Sie die Lasche auf das Vorderteil genäht haben, kleben Sie das Vorderteil an das Rückenteil. Denken Sie daran, dass alle Lederstücke mit der Narbenseite nach außen zeigen sollen.

So zusammengeklebt, können Sie nun die Nahtlöcher durch beide Lederstücke treiben.

21 Wenn die Löcher alle vorbereitet sind, nähen Sie das Vorderteil auf das Rückenteil. Dazu müssen Sie zu Beginn und zum Schluss die Lasche leicht anheben. Versuchen Sie, das Leder der Lasche dabei nicht zu sehr zu strapazieren.

22 Wenn dann alle Teile vernäht sind, sind nur die Ecken noch nicht fest. Nehmen Sie eine 2,5-mm-Lochzange und bringen Sie an beiden Markierungen Löcher an.

14
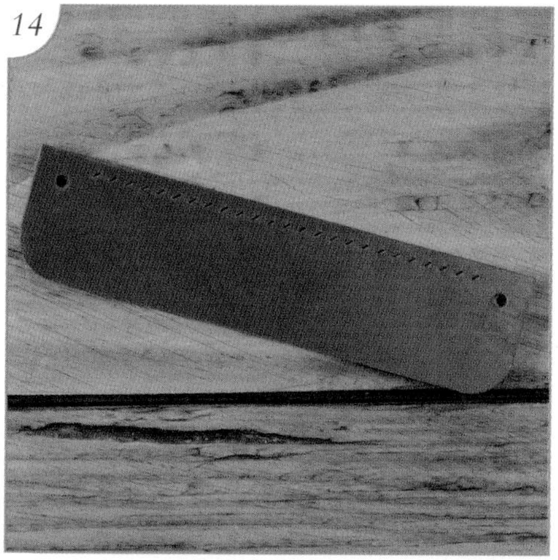

15
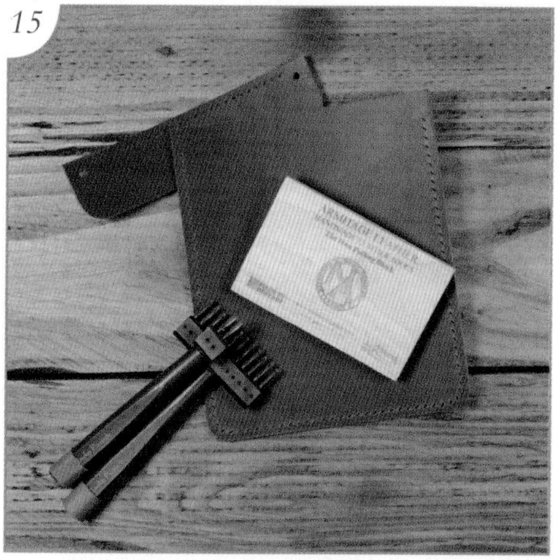

16
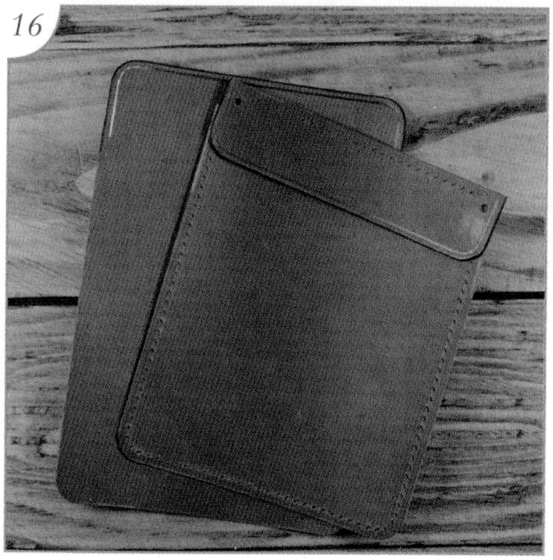

17
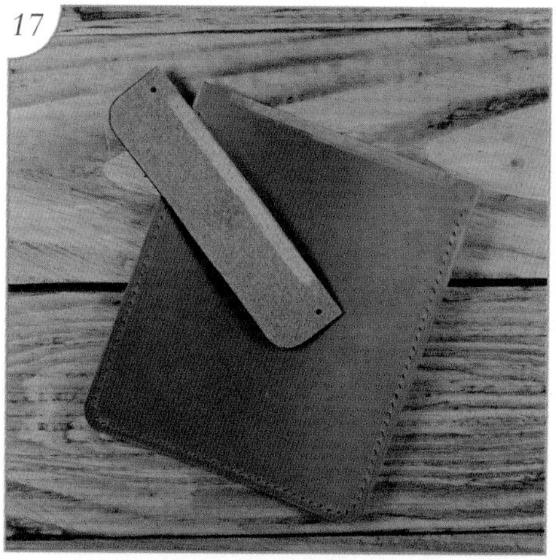

18
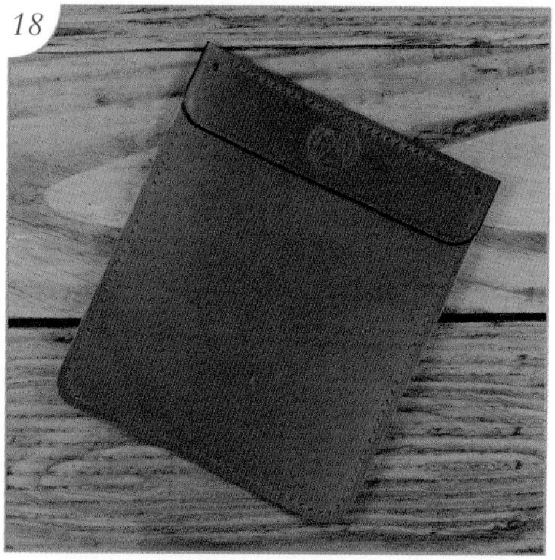

19
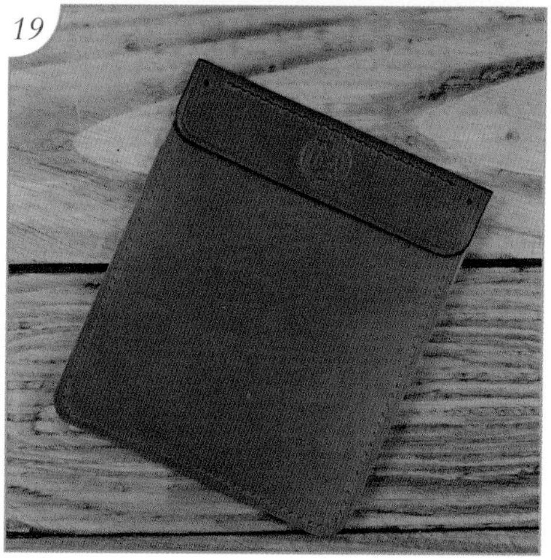

20
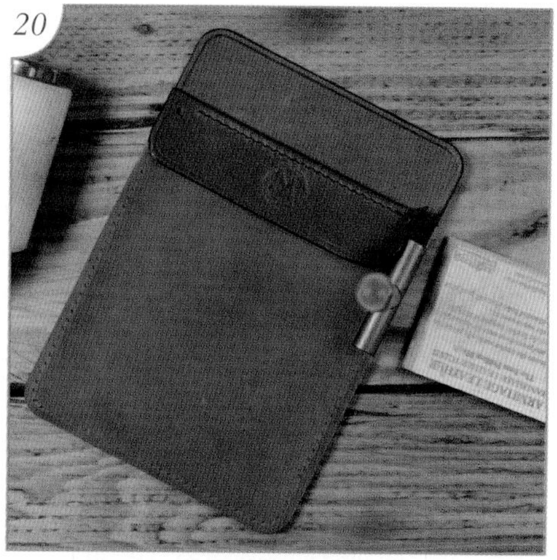

21
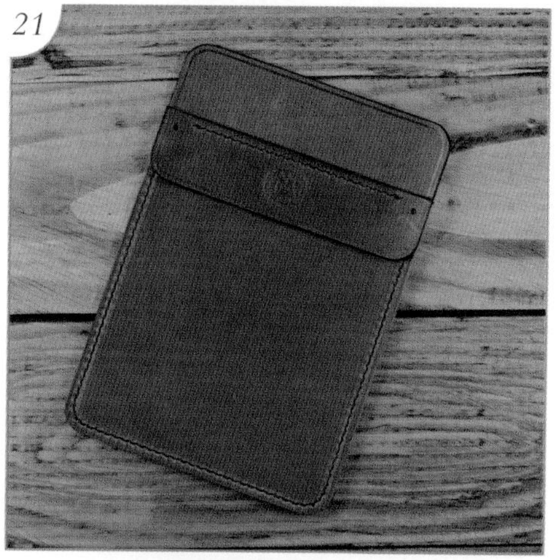

22
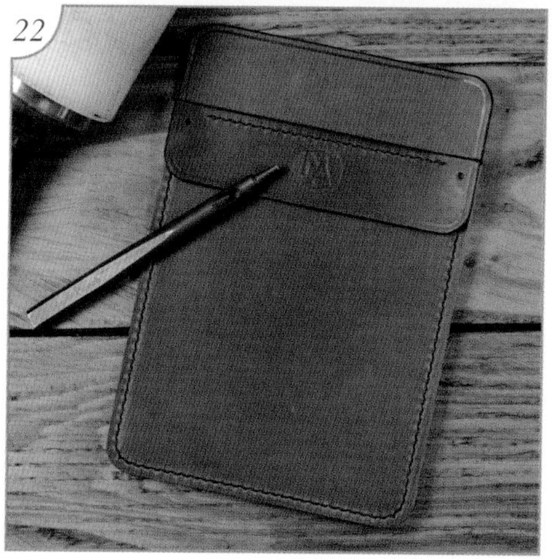

23 Um die Niete zu setzen, brauchen Sie zwei Schäfte und zwei Scheiben in 14 g, einen Nietkopfsetzer, eine Kneifzange, einen Schonhammer und eine stabile Unterlage.

24 Setzen Sie den Schaft von hinten in das Loch und legen Sie das Ganze auf eine stabile Unterlage. Ich verwende dazu eine Stahlplatte. Setzen Sie die Scheibe auf den Schaft und dann das Loch des Nietkopfsetzers auf den Schaft.

25 Schlagen Sie leicht darauf, bis die Scheibe auf dem Leder aufliegt. Wenn Sie zu lange und zu fest darauf schlagen, wird die Scheibe wieder lose und Sie müssen von vorne anfangen.

26 Schneiden Sie den Überstand des Schafts mit der Kneifzange ab.

27 Nehmen Sie den Nietkopfsetzer und setzen Sie ihn dieses Mal mit der Rundung auf den gekappten Schaft. Schlagen Sie fest zu und drehen Sie den Nietkopfsetzer dabei. Wenn der Schaft eine Kuppelform angenommen hat und sich glatt anfühlt, ist der Niet fertig gesetzt.

28 Zum Schluss müssen Sie die noch unbearbeiteten Lederkanten bearbeiten, dann ist der Taschenschutz einsatzbereit.

23

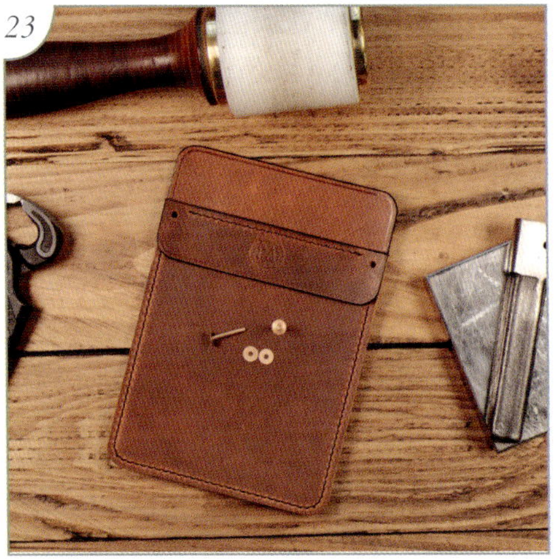

26

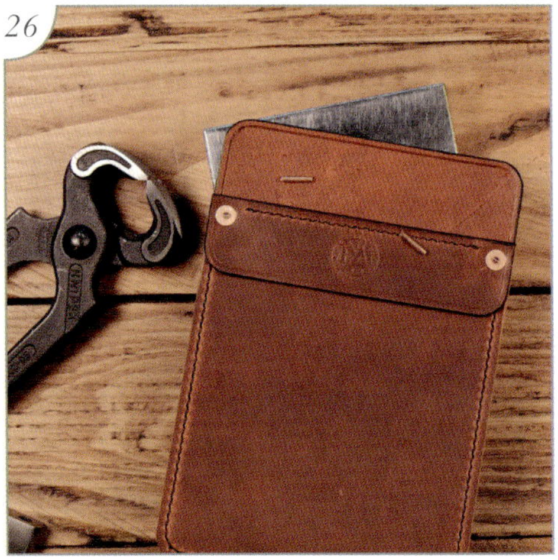

24

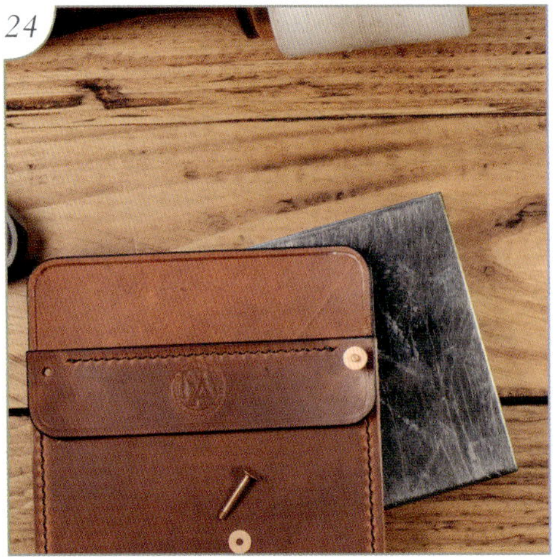

27

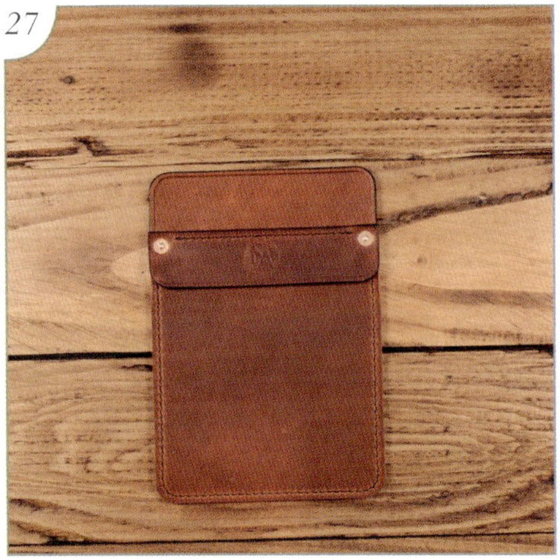

25

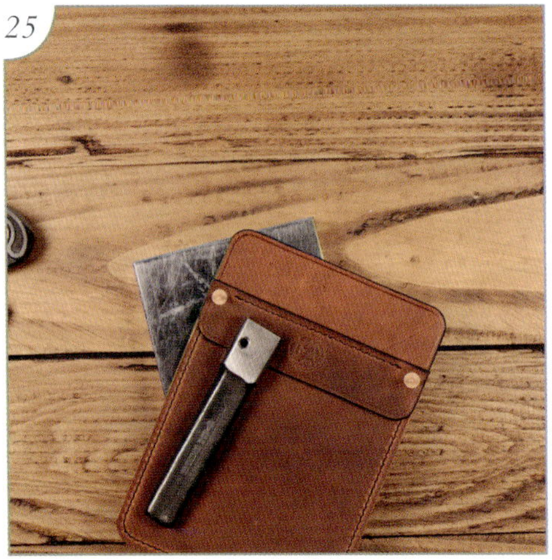

28

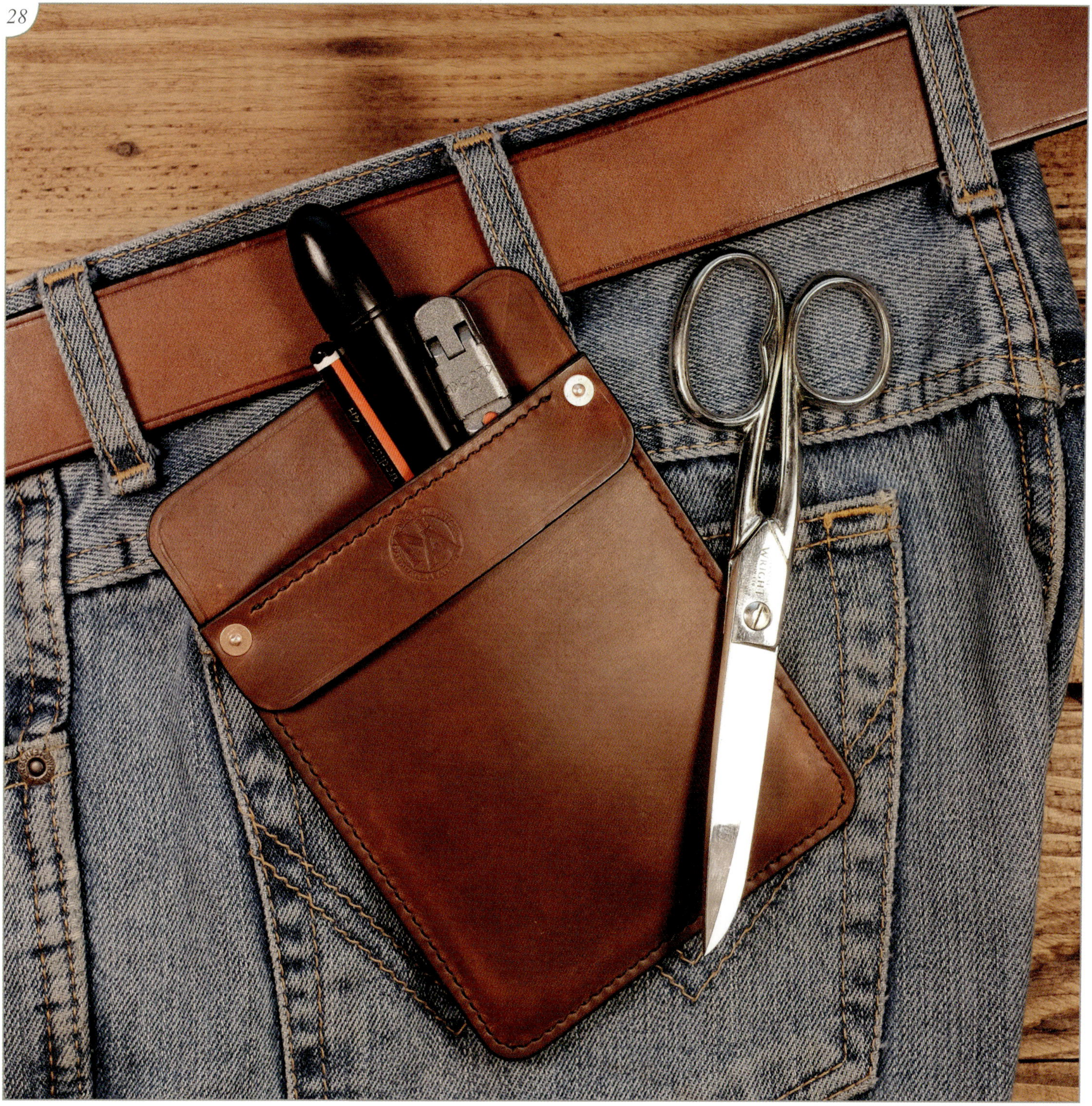

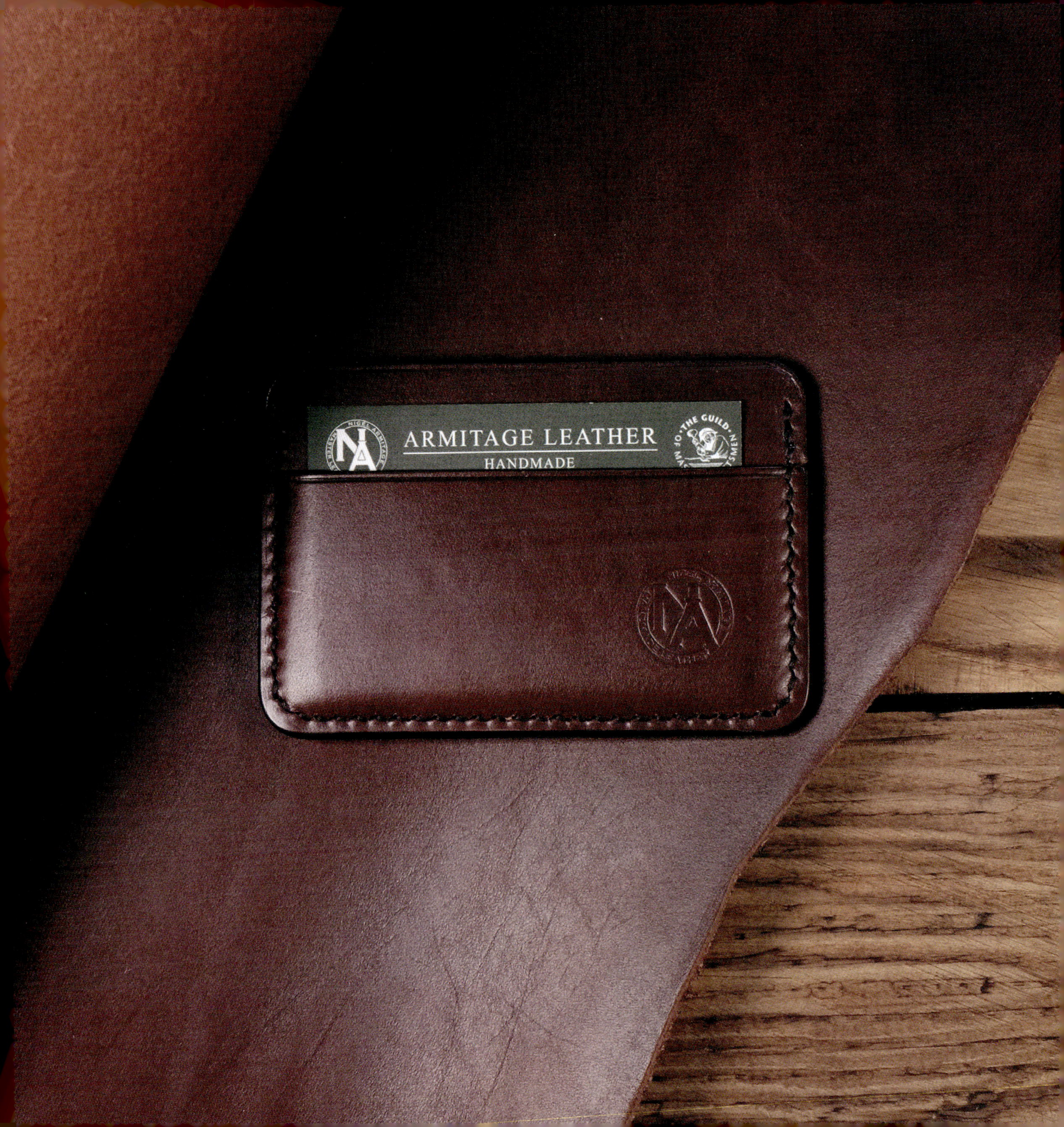
ARMITAGE LEATHER
HANDMADE

KARTENETUI

Wählen Sie für ein einfaches Projekt wie dieses Kartenetui ein festes, strapazierfähiges, dünnes Leder. Ist das Leder zu weich, ist es oft schwieriger zuzuschneiden und verzieht sich beim Nähen, ist es zu dick, kann es unförmig wirken. Das Leder muss eine gute Festigkeit besitzen, um sich bearbeiten zu lassen. Je besser Sie werden, desto größer wird die Lederauswahl, mit der Sie arbeiten können, doch für den Anfang sollten Sie es sich möglichst einfach machen. Ein dünnes Leder ist ideal. Für den Anfang eignet sich insbesondere eine Dicke von 1-1,5 mm.

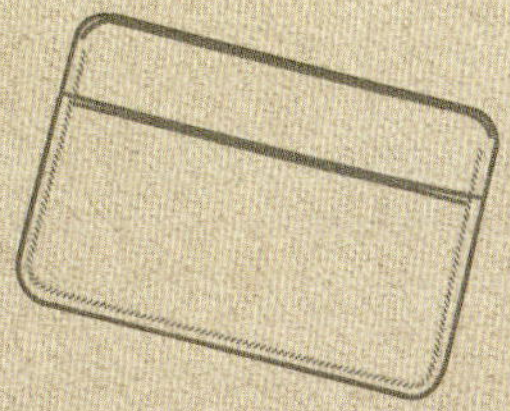

WERKZEUG UND MATERIAL

Karton für die Schablone
Lineal
Anschlagwinkel
Zirkel
Vorstecheisen oder Prickrad, 7 spi (3,85 mm)
Holzblock
Schonhammer
Rundiereisen, Scheibe oder Münze
Französischer Kantenzieher, 12 mm
Schmirgelstreifen / Detailschleifer
Nadeln Nr. 4
Faden, 0,6 mm
Nähkloben
Schere oder Fadenschere
Kantenzieher (Zieheisen)
Kantenpolierer
Reifeleisen
Edge Kote
Bienenwachs

Taschenleder, 1,5 mm

1 Das Kartenetui soll drei Öffnungen bekommen, für eine mittlere und zwei äußere Taschen. Dafür benötigen wir die Abmessungen einer Standard-Bankkarte oder Kreditkarte: 86 x 54 x 1 mm.

Genau wie bei dem Etui in Projekt 2 plane ich auch hier mit einer 4-mm-Nahtlinie.

Die Kreditkarte ist 1 mm dick und damit so dünn, dass das Maß nicht unbedingt mitberechnet werden muss, wenn das Etui nur eine Karte aufnehmen soll. Dieses Projekt ist aber auf zwei Karten pro Tasche ausgelegt (insgesamt 2 mm), daher nehmen wir die Hälfte der Dicke mit auf. Die Karten sitzen waagerecht im Etui (Querformat).

Nahtlinie	4 mm	Konstante
Nahtbreite	1 mm	Konstante
Spielraum	4 mm	Konstante
Hälfte der Dicke	*1 mm*	*Variable*
Breite	*86 mm*	*Variable*
Hälfte der Dicke	*1 mm*	*Variable*
Spielraum	4 mm	Konstante
Nahtbreite	1 mm	Konstante
Nahtlinie	4 mm	Konstante
Summe	**106 mm**	

Das heißt die Breite des Kartenetuis beträgt **106 mm**.

Jetzt muss die Höhe berechnet werden. Sie beinhaltet die Höhe der Karte, die Hälfte der Dicke und die Nahtberechnung, außerdem wie weit das Leder oberhalb der Karte weitergehen soll - die Abdeckung.

Von oben aus gemessen sieht die entsprechende Berechnung so aus:

Abdeckung	10 mm	Variable
Höhe	*54 mm*	*Variable*
Hälfte der Dicke	*1 mm*	*Variable*
Nahtbreite	1 mm	Konstante
Nahtlinie	4 mm	Konstante
Summe	**70 mm**	

Daraus ergibt sich eine Höhe von **70 mm**.

2 Bleibt noch die Höhe der Tasche. Hier soll die Karte so weit herausschauen, dass sie leicht zu greifen ist, der Überstand. Nach der Formel sollte die Berechnung wie folgt aussehen:

Überstand	*10 mm*	*Variable*
Höhe	*54 mm*	*Variable*
Hälfte der Dicke	*1 mm*	*Variable*
Nahtbreite	1 mm	Konstante
Nahtlinie	4 mm	Konstante
Summe	**50 mm**	

Daraus ergibt sich ein Maß von **50 mm**.

Stückliste:

Das Karten-Etui ist auf beiden Seiten gleich und besteht daher aus insgesamt vier Teilen — jeweils zwei für das Hauptfach und die Taschen.

1, 2 Hauptfach x 2: 106 x 70 mm eines 1,5-mm-Leders

3, 4 Tasche x 2: 106 x 50 mm eines 1,5-mm-Leders

1

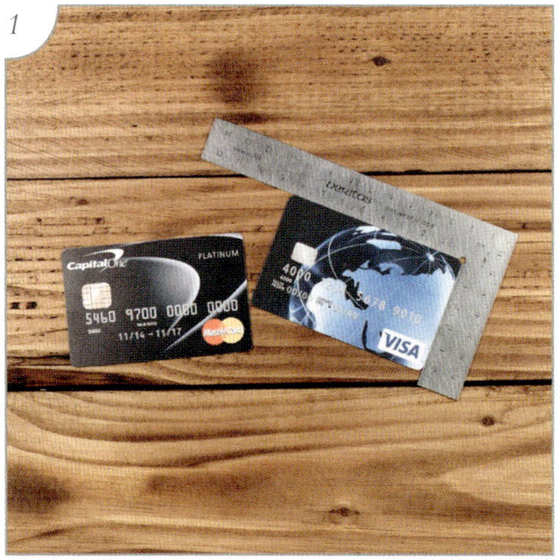

2

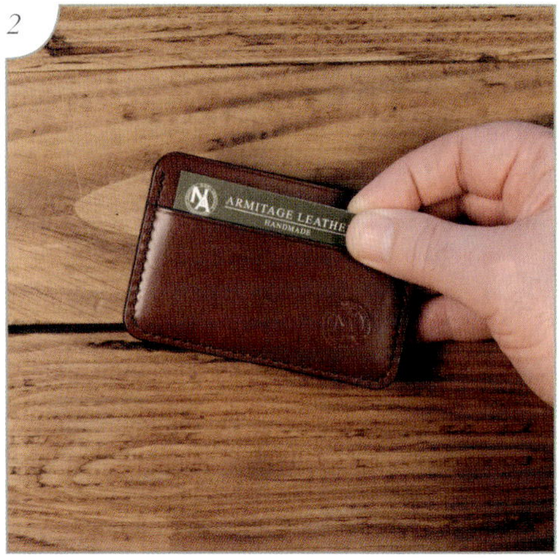

3

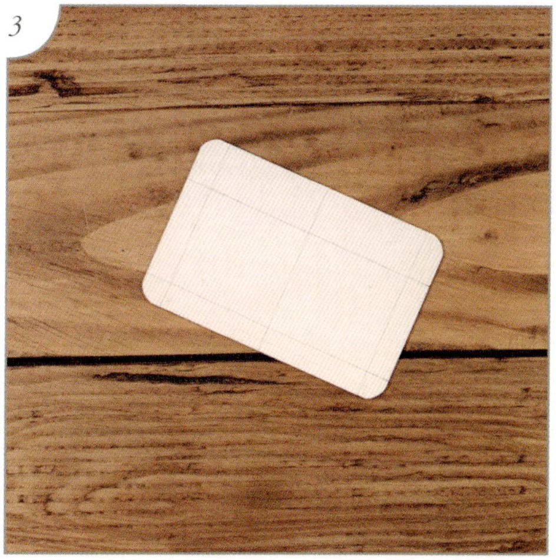

4

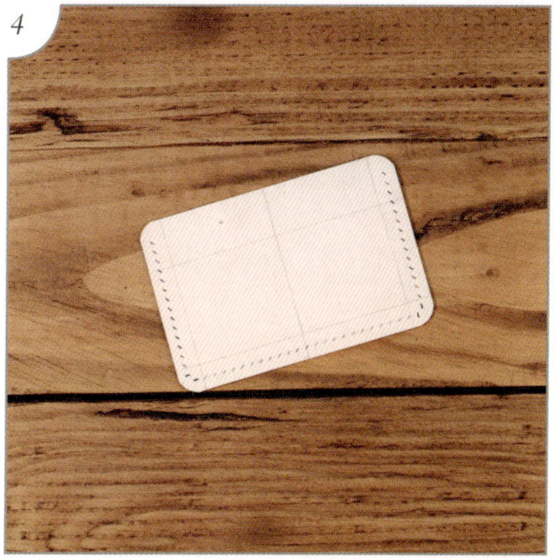

5

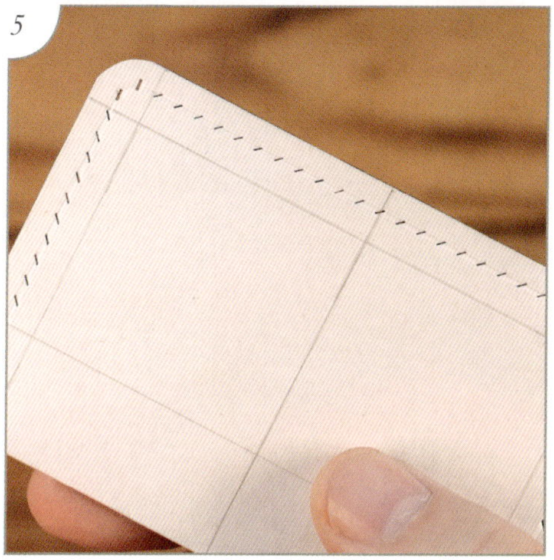

3 Nachdem die Maße feststehen, schneiden Sie ein Stück Karton auf die Größe eines der Abschnitte für das Hauptfach zu. Rundieren Sie alle vier Ecken — ich habe dazu ein 17-mm-Rundiereisen verwendet.

Markieren Sie auf der Schablone eine Mittellinie und eine Linie bei 50 mm, die für die Höhe der Tasche steht.

Fügen Sie unten und an den Seiten der Schablone die Nahtlinie hinzu. Sie endet kurz bevor der Bogen der oberen Ecken beginnt. Die mittlere Öffnung soll für Bargeld oder Karten verwendet werden. Wenn Sie den Bogen zunähen, verkleinern Sie diese Öffnung.

Stellen Sie das Streichmaß auf 10 mm und fügen damit eine 10-mm-Linie unten und an den Seiten der Schablone hinzu. Diese Hilfslinien sorgen für eine einheitliche Naht an allen Seiten.

4 Markieren Sie nun die Nahtlöcher auf der Schablone und achten Sie dabei darauf, dass das mittlere Loch sowohl auf der Mittellinie als auch auf der Nahtlinie sitzt. Das ist von großer Bedeutung für eine symmetrische Naht. Arbeiten Sie von diesem mittleren Loch aus nach außen und an beiden Seiten nach oben und achten Sie darauf, dass die Löcher entlang der Hilfslinien verlaufen.

5 Jetzt müssen Sie darauf achten, wo die Naht auf der Linie sitzt, die die Oberkante der Tasche symbolisiert. Idealerweise ist das letzte Loch oben an der Tasche einen Stich von der Kante entfernt. Wenn dieses Loch aber zu nah an der Kante sitzt, kann das Leder reißen. Es ist also wichtig, die Größe der Tasche an die Naht anzupassen. Wenn die Tasche infolgedessen 1-2 mm kürzer ausfallen muss, macht das für das Etui insgesamt keinen Unterschied.

6 In diesem Bild können Sie erkennen, dass die 50-mm-Linie (die obere Linie) zu nah an einem der Nahtlöcher sitzt, während die zweite Linie darunter passend sitzt. Dadurch ändert sich die Höhe der Tasche auf 49 mm.

Wenn Sie die Taschenhöhe anpassen müssen, vergessen Sie nicht, dies auch in der Stückliste zu vermerken, damit beim Zuschneiden des Leders alles stimmt.

7 Nun ist es Zeit, das Leder zuzuschneiden. Schneiden Sie zuerst einen Lederstreifen in der Breite des Kartenetuis zu. Anhand der Stückliste brauchen Sie vier Teile: zwei 70 mm lang und zwei 50 mm lang — also muss der Lederstreifen mindesten 240 mm lang (70 + 70 + 50 + 50) und 106 mm breit sein. Mit einer Zugabe für mögliche Fehler sollten Sie alle benötigten Teile in einer Breite aus diesem Streifen schneiden können.

Schneiden Sie immer die größeren Stücke zuerst zu. Wenn Ihnen ein Fehler unterläuft, wird aus einem großen Stück einfach ein kleineres.

8 Nachdem alles zugeschnitten ist, können Sie die Ecken rundieren. Rundieren Sie bei den Teilen für die Taschen nur die unteren Ecken. Bei den beiden Teilen für das Hauptfach rundieren Sie alle vier Ecken.

6
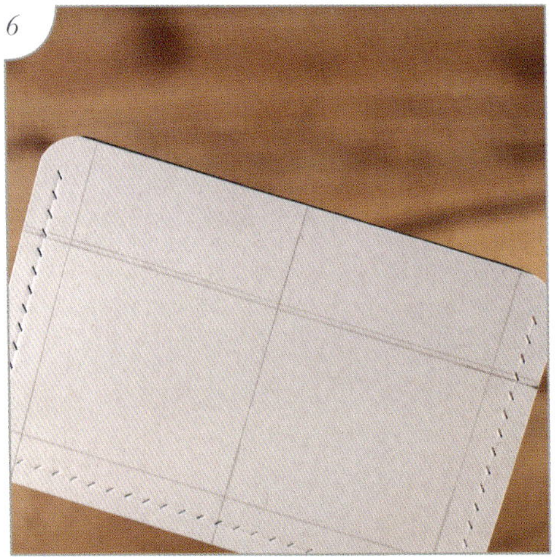

9
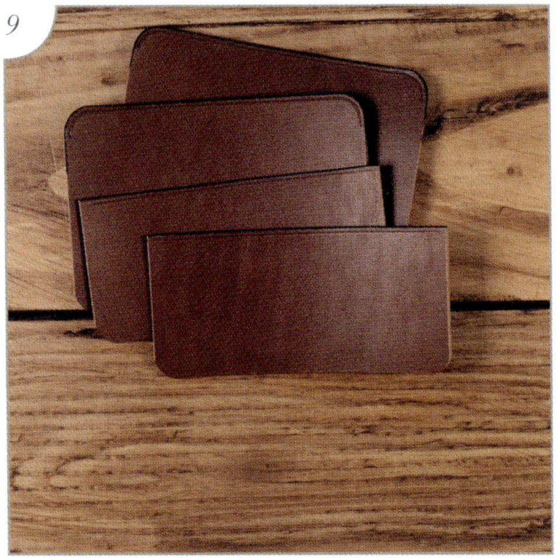

7
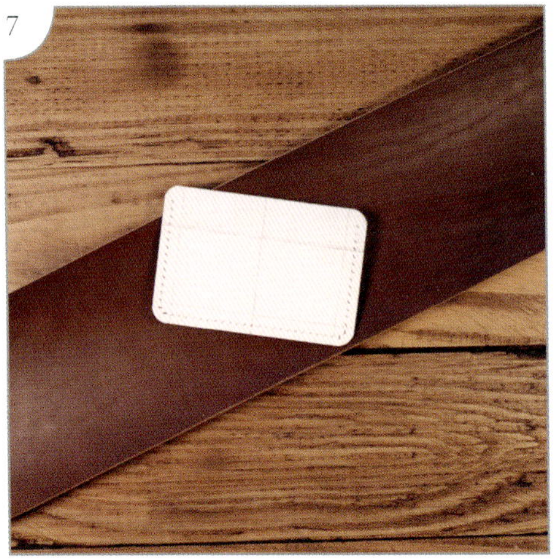

10
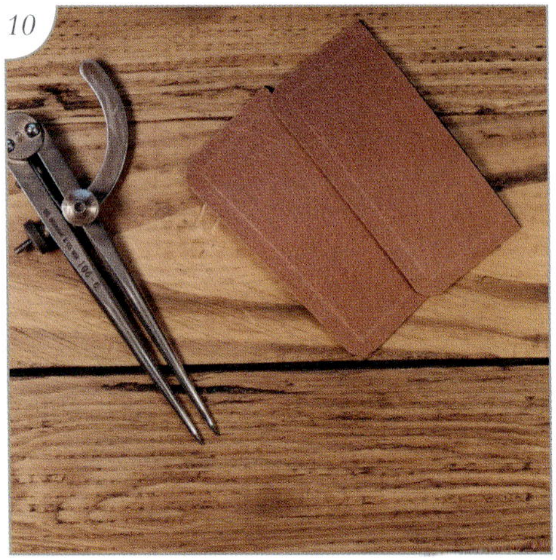

8
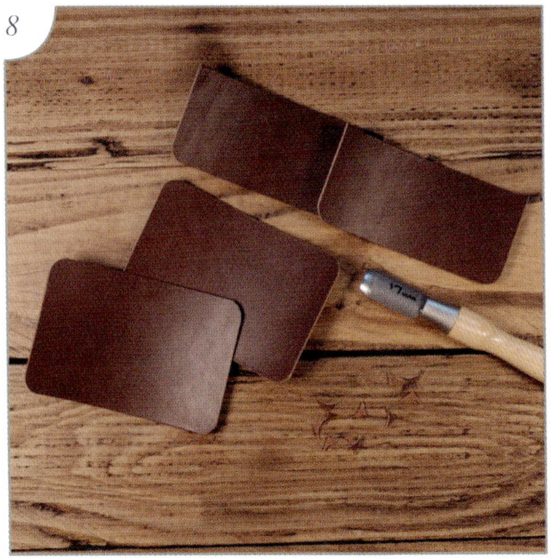

11
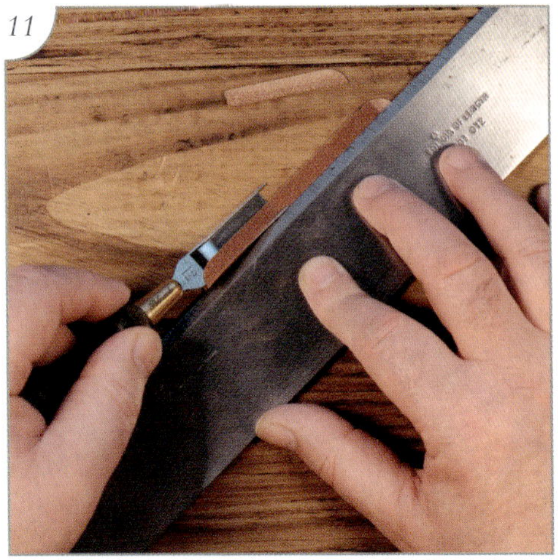

9 Sie müssen nicht alle Nahtlöcher auf allen Teilstücken markieren und vorstechen: die Taschen werden jeweils auf eine Seite des Hauptfachs geklebt und dann als ein Teil behandelt.

Zuerst müssen Sie allerdings die oberen Kanten der Taschen bearbeiten. Das ist schwieriger zu bewerkstelligen, wenn sie schon festgeklebt sind. Die Anleitung dazu finden Sie im Abschnitt Kanten bearbeiten (siehe Seiten 48-55).

Bearbeiten Sie gleichzeitig auch schon die beiden Oberkanten der Teile für das Hauptfach. Hier müssen Sie nur die beiden Oberkanten und beide Ecken bearbeiten.

10 Nachdem die oberen Kanten der Taschen bearbeitet sind, müssen die anderen Kanten etwas verdünnt werden. Alle vier Teile zusammen wären insgesamt 6 mm dick, das wirkt etwas zu massiv.

Um das zu vermeiden, schrägen Sie die Seiten und die unteren Enden der Taschen mit einem französischen Kantenzieher (12 mm) an. Als Erstes bringen Sie mit einem Zirkel eine Führungslinie bei 6 mm an der Rückseite der Taschen an.

11 Legen Sie ein Lineal auf der Führungslinie an und führen Sie den französischen Kantenzieher daran entlang über das Leder. Da die Hälfte — 6 mm — des Werkzeugs nicht auf dem Leder anliegt, kann es nicht bis zur Vorderseite durchdringen, wodurch nur die Hälfte der Dicke abgenommen wird. Das reicht aus, damit das Etui nicht zu massiv wirkt.

12 Schmirgeln Sie das Leder nun an der Stelle auf dem Hauptfach an, an der die Tasche befestigt werden soll.

Sparen Sie alles oberhalb der Höhe der Tasche aus, da dieser Abschnitt nach dem Zusammennähen sichtbar ist.

Als Nächstes kleben Sie eine Tasche auf die Teile des Hauptfachs.

Ich verwende dazu Kontaktkleber, aber PVA, Lederkitt oder Latex sind alle gut geeignet.

13 Sie haben jetzt zwei Teile, die jeweils aus einer Tasche bestehen, die auf einen Teil des Hauptfachs geklebt ist. Legen Sie darauf die Schablone an, auf der alle Löcher deutlich markiert sind.

Markieren Sie vorsichtig die beiden letzten Löcher der geraden Nähte, alle Löcher in den Ecken und drei Löcher in der Mitte.

14 Danach markieren Sie vorsichtig die 4-mm-Nahtlinie. Wenn beim Markieren eines der Löcher von der Nahtlinie abweicht, halten Sie sich immer an die Nahtlinie.

12
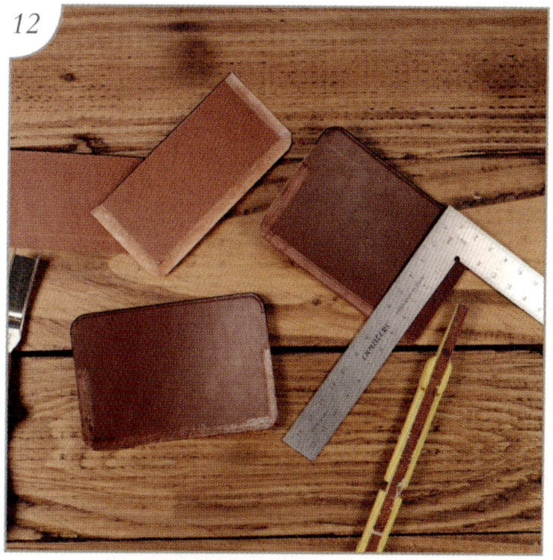

13
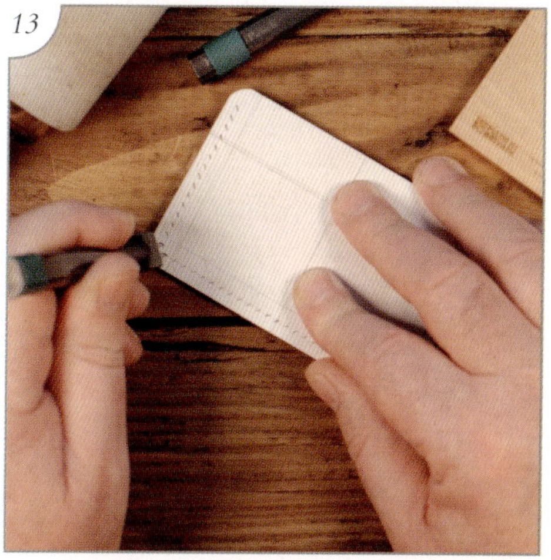

14
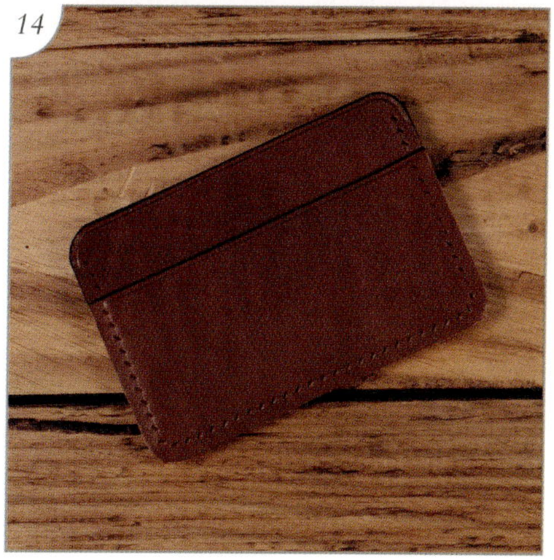

15 Markieren Sie die Löcher und treiben Sie sie durch das Leder. Bei Bedarf finden Sie die Anleitung im Abschnitt Nähen (siehe Seiten 36-45, doppeltes Vorstechen).

Danach können Sie die beiden Teile des Hauptfachs zusammenkleben. Lassen Sie den Klebstoff gut aushärten — dabei sollte er schrumpfen und die Naht nicht zu sehr einschränken.

16 Wenn Sie das Gefühl haben, beim Vorstechen der Löcher noch nicht genug Übung zu haben, lassen Sie das Zusammenkleben vorerst weg. Im Projekt des Etuis für ein Notizbuch (siehe Seiten 64-79) wurde auch kein Klebstoff verwendet und die Kanten sehen gut aus. Allerdings können diese sich mit der Zeit lösen. Es lohnt sich also, den Vorgang zu üben.

Ob mit oder ohne Klebstoff, nun müssen Sie die beiden Stücke zusammennähen. Fixieren Sie sie dazu in einem stabilen Nähkloben. Folgen Sie den Anweisungen im Abschnitt Nähen (siehe Seiten 36-45).

17 Weiten Sie die Nähte nach dem Nähen mit einem Falzbein. Dadurch entfernen Sie auch Klebstoffreste, die verhindern könnten, dass die Karte gut sitzt.

18 Bearbeiten Sie nun alle noch unbehandelten Kanten.

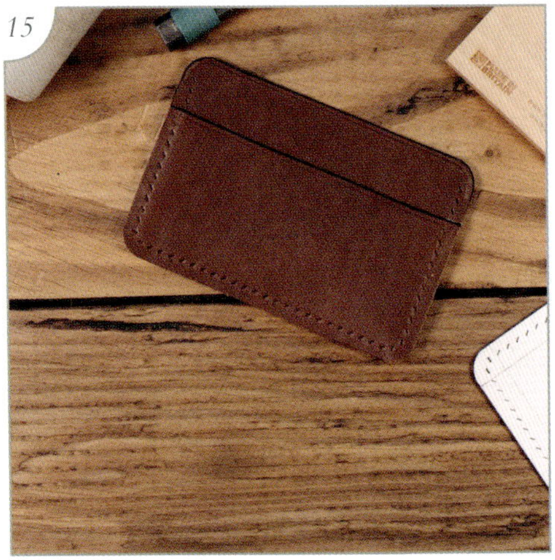
15

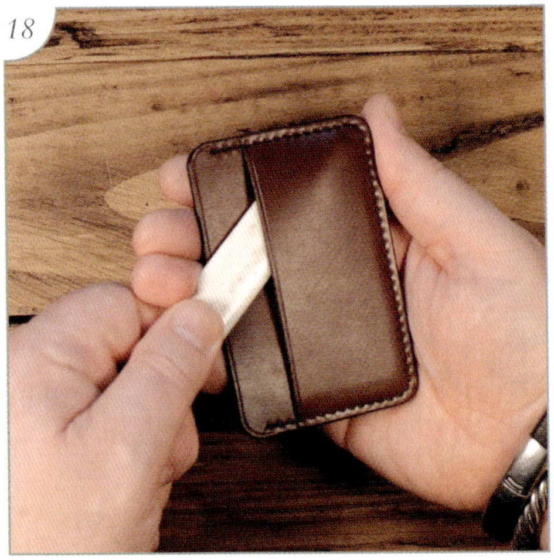
18

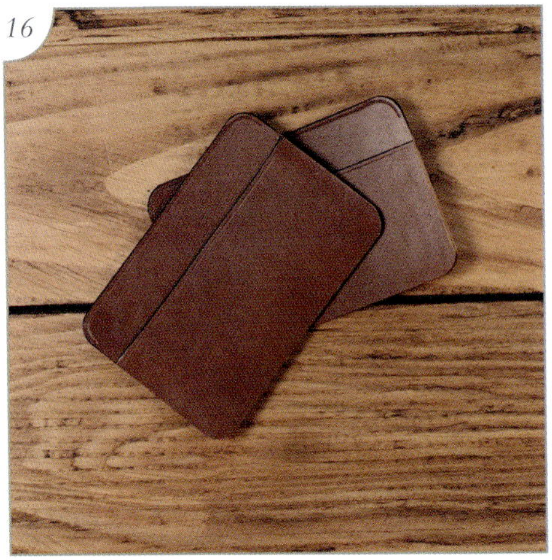
16

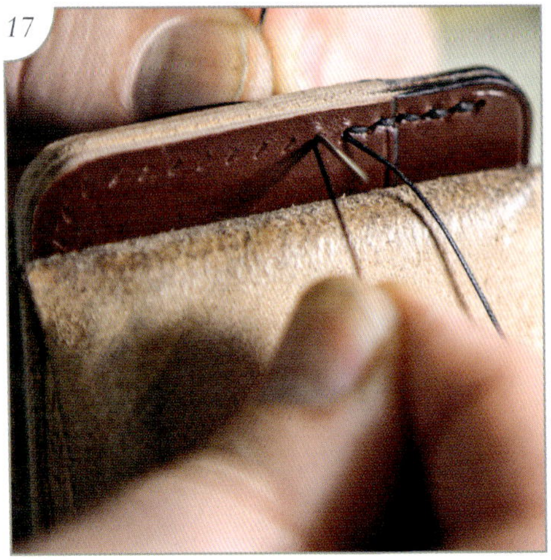
17

19

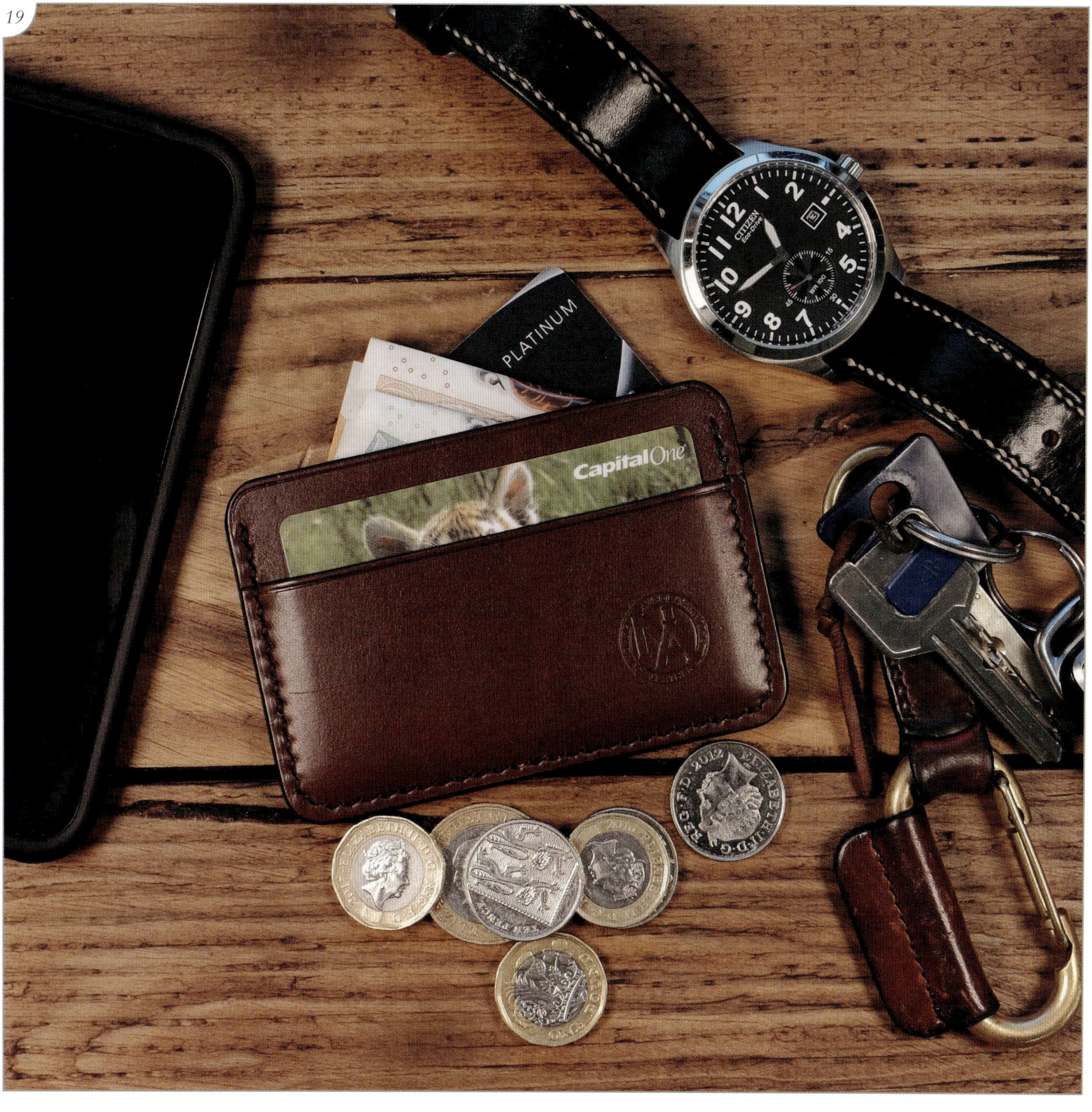

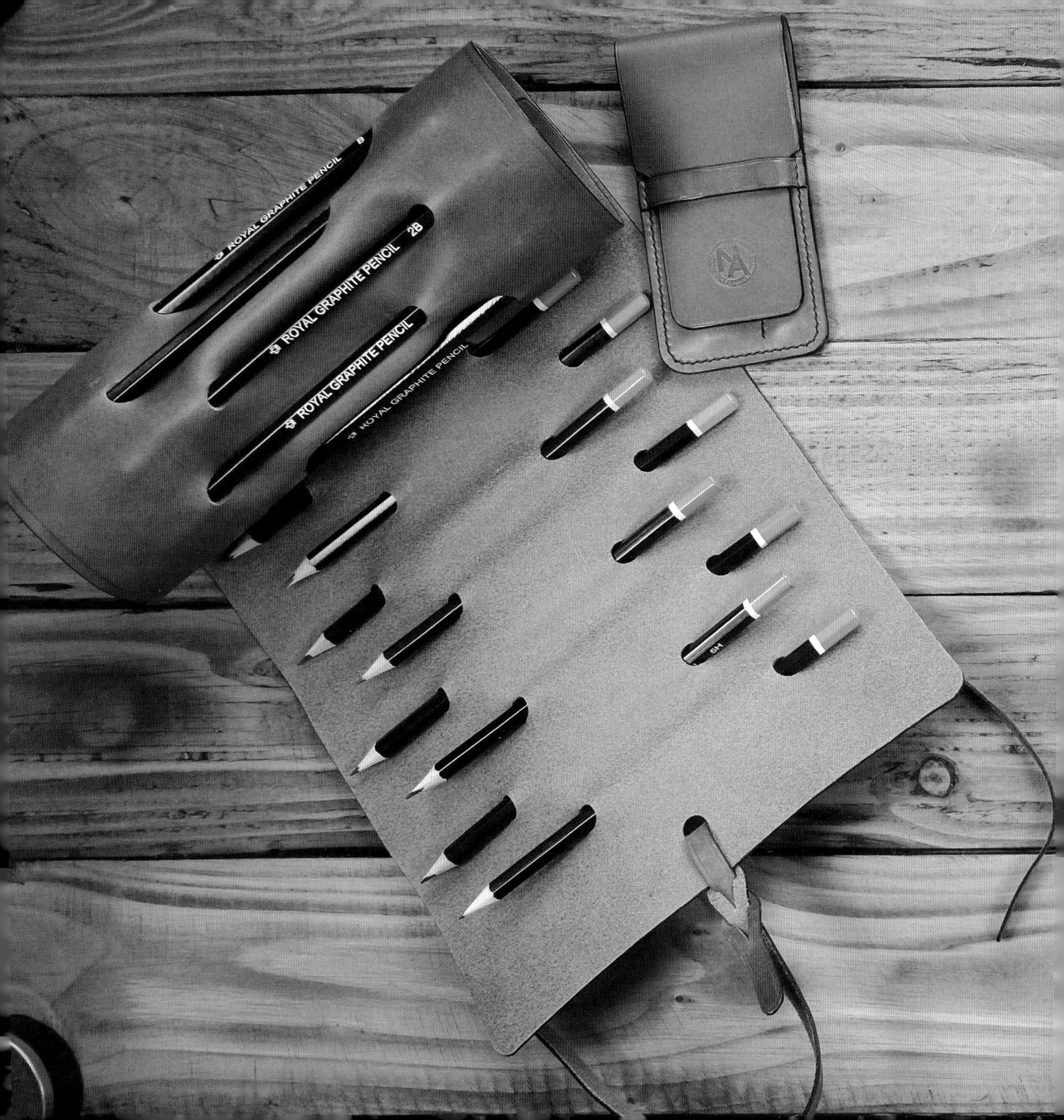
ROYAL GRAPHITE PENCIL B
ROYAL GRAPHITE PENCIL 2B
ROYAL GRAPHITE PENCIL
ROYAL GRAPHITE PENCIL
ROYAL GRAPHITE PENCIL

MITTELSCHWERE PROJEKTE

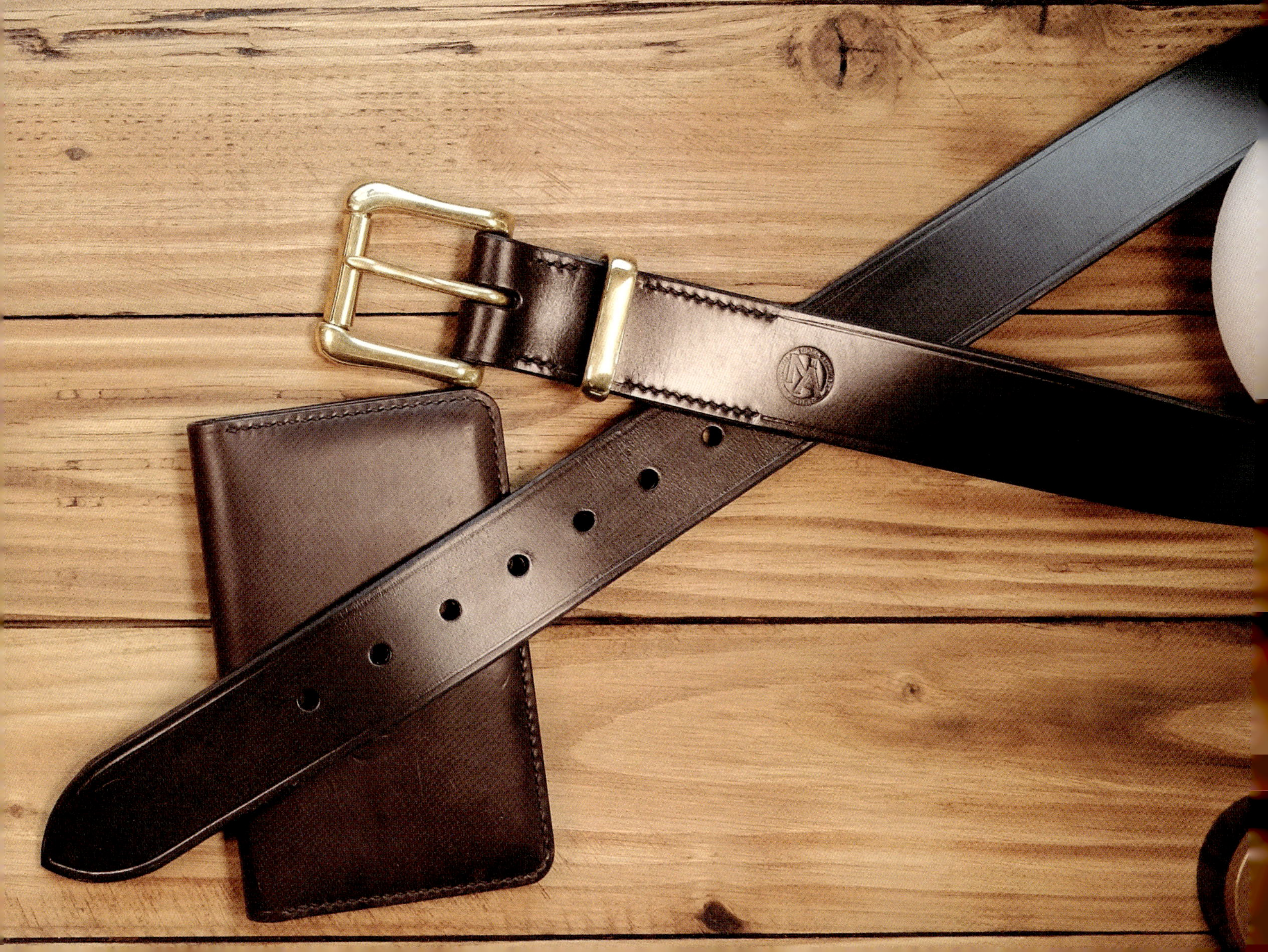

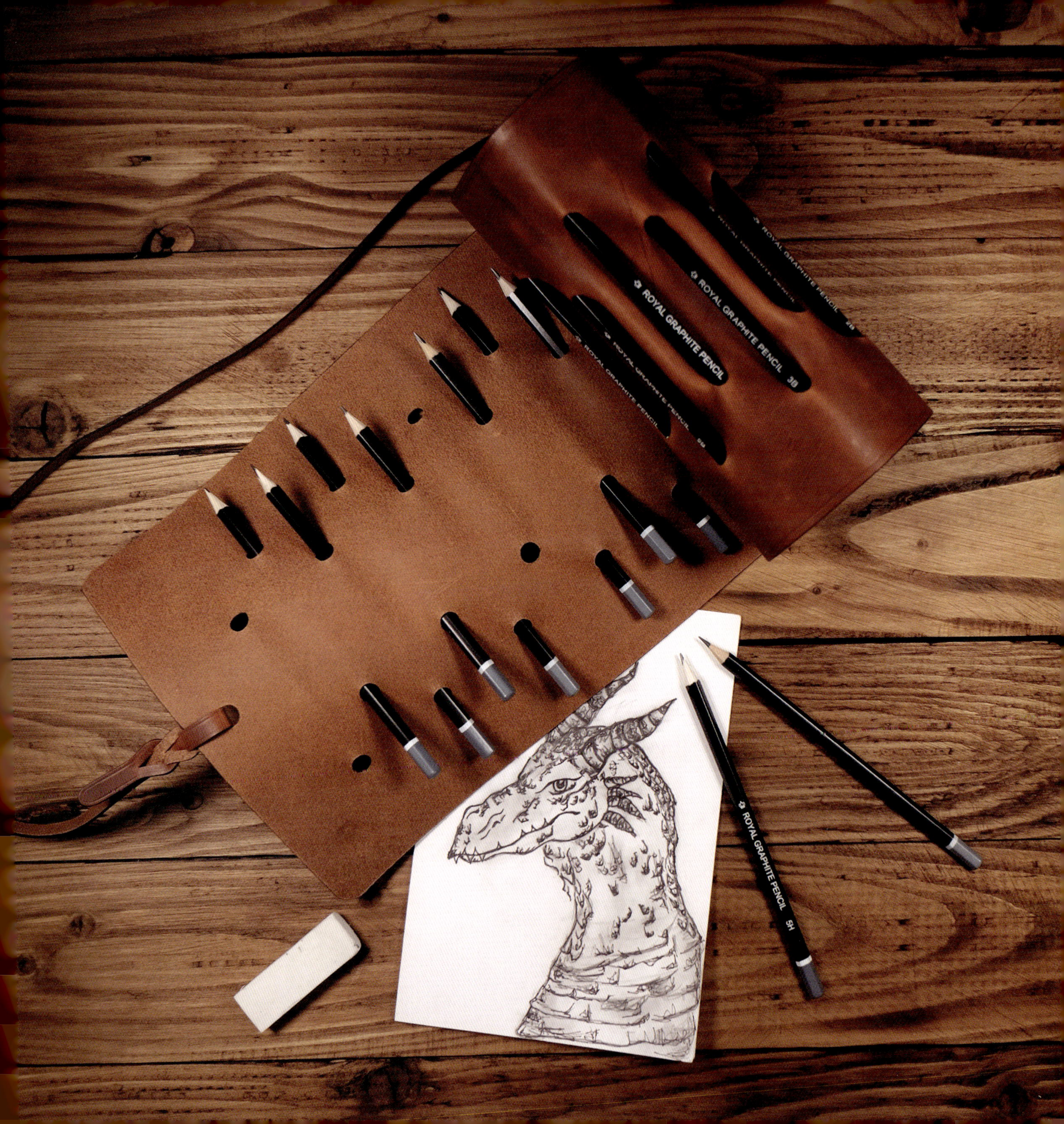
ROYAL GRAPHITE PENCIL
ROYAL GRAPHITE PENCIL 3B
ROYAL GRAPHITE PENCIL 5H

STIFTROLLE

Dieses Stiftrolle kommt ganz ohne Nähen aus und ist ein wirklich schönes Projekt. Auf den ersten Blick wirkt es sehr komplex, aber im Prinzip ist es nur ein Lederrechteck mit 40 Löchern.

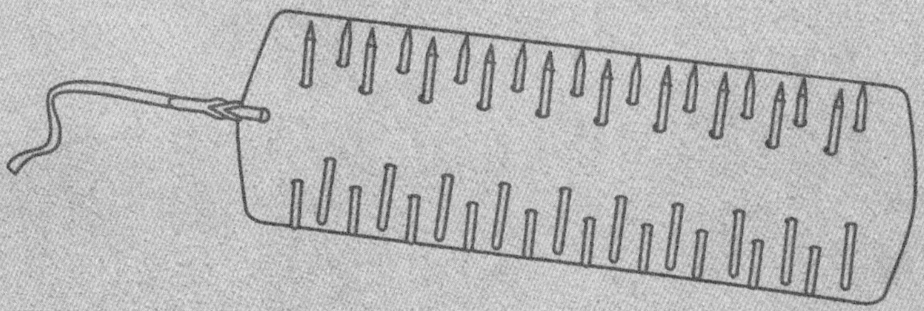

WERKZEUG UND MATERIAL

Karton für die Schablone
Lineal
Anschlagwinkel
Zirkel
Schonhammer
Rundiereisen, Scheibe oder Münze
Lochzange, 10 mm
Kantenzieher (Zieheisen)
Kantenpolierer
Reifeleisen
Edge Kote
Bienenwachs

Taschenleder, 1,5 mm

1a Die Löcher sind in vier Zehnerreihen versetzt angeordnet, damit zwanzig Bleistifte hineinpassen und zusammengerollt werden können. Die Rolle wird mit einem einfachen 10-mm-Riemen aus dem gleichen Leder versehen, der mit einem Überhandknoten befestigt wird.

Für ein besseres Verständnis habe ich die beiden Gruppen der Löcher in verschiedenen Farben markiert, und die Reihen und Spalten beschriftet.

Bei diesem Projekt liegen etwa 80 Prozent der Arbeit in der Schablone. Lassen Sie sich bei deren Erstellung Zeit, denn schon eine falsche Linie bringt die Anordnung der Löcher durcheinander.

1b Für die Schablone brauchen Sie einen festen Karton, der 575 mm breit und 215 mm hoch ist. Jedes Loch hat einen Durchmesser von 10 mm und ist 50 mm entfernt vom nächsten.

Die Reihen 1 und 2 haben einen Abstand von 25 mm und sind um 25 mm versetzt. Das Gleiche gilt für die Reihen 3 und 4.

1c Anstatt einer langen Liste mit Abmessungen und Anweisungen, die verwirrend sein könnten, habe ich ein Diagramm angefertigt, das die Abmessungen und den Aufbau zeigt. Auch hier habe ich zwei Farben verwendet, damit deutlicher wird, welches Loch wohin soll.

Es wäre gut, wenn Sie das bei Ihrer Schablone auch machen, um Verwirrung zu vermeiden.

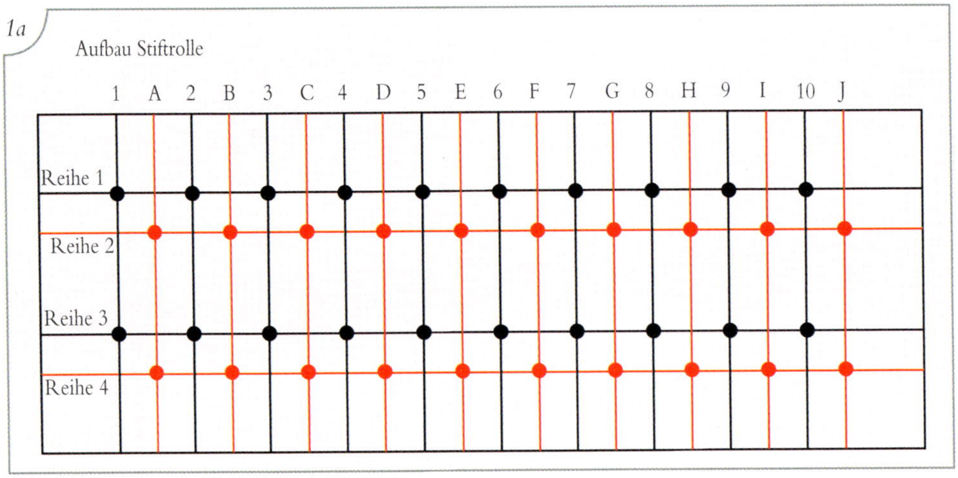

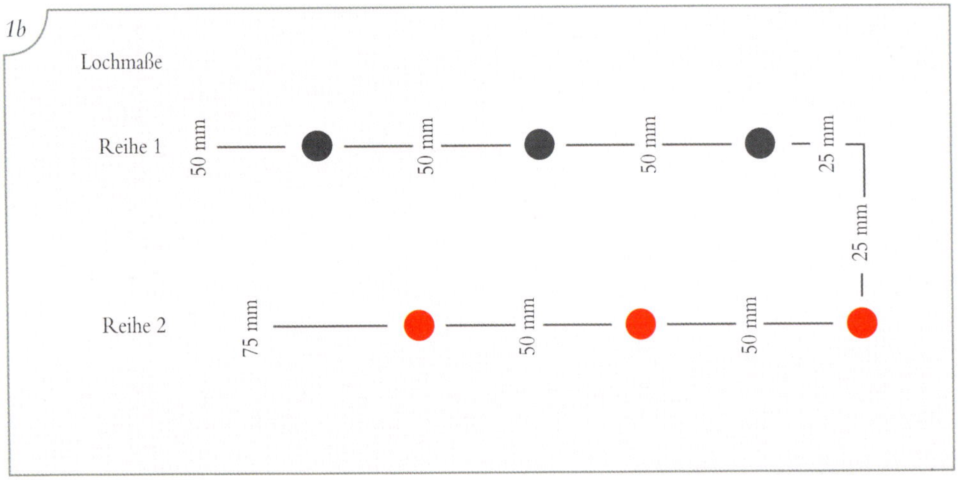

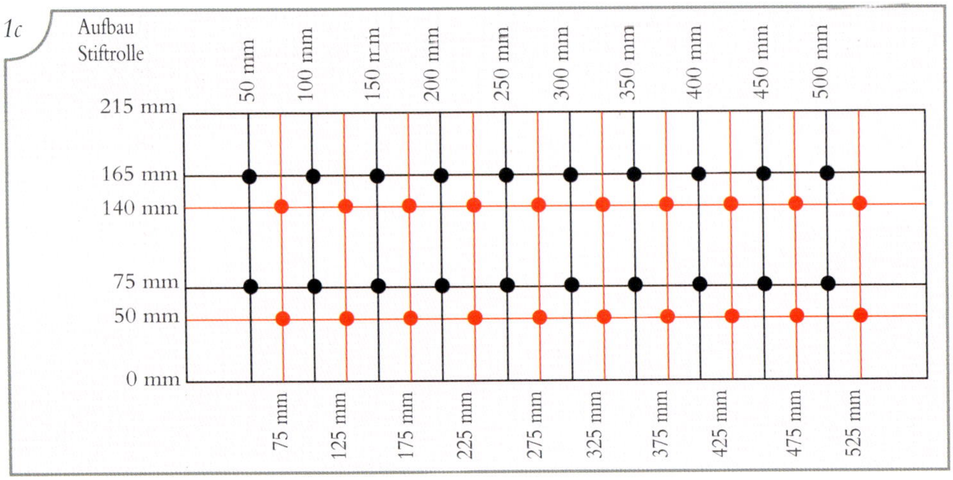

2

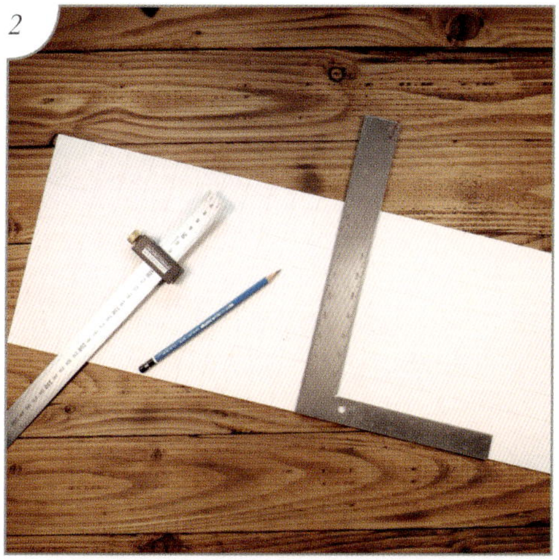

3

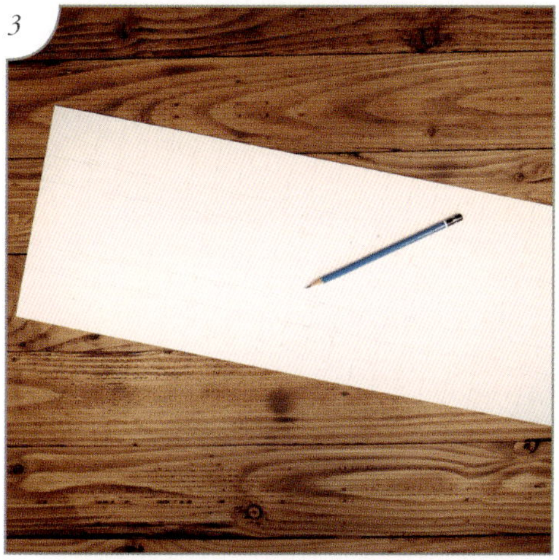

4

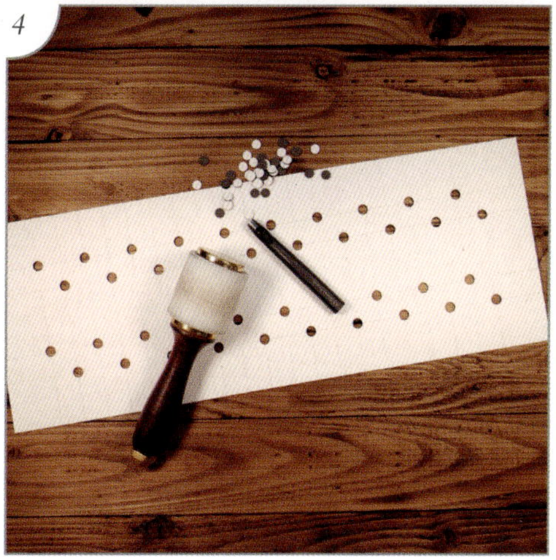

2 Schneiden Sie den Karton auf 575 x 215 mm zu. Zeichnen Sie dann anhand meiner Anweisungen (1c) alle Linien auf dem Karton an. Achten Sie darauf, dass die Maße von der linken unteren Ecke ausgehen.

Wenn die Schablone einmal fertig ist, lässt sich das Projekt ganz einfach wiederholen. Lassen Sie sich bei dieser Schablone Zeit, für den Fall, dass Sie mehrere solcher Rollen anfertigen wollen. Denn die Erstellung ist sehr zeitaufwendig.

3 Nachdem Sie alle Linien angebracht haben, können Sie die Löcher vorstechen.

Markieren Sie alle Kreuzungspunkte, an denen ein Loch angebracht werden soll. 40 Stück müssen vorgestochen werden, und es kann schnell passieren, dass mal eines an der falschen Stelle angezeichnet wird.

4 Wenn klar markiert ist, wo die in der Schablone markierten Löcher sitzen sollen, bringen Sie diese mit einer 10-mm-Lochzange an.

Die Linien dienen als Orientierungspunkte für die Lochzange. Je sorgfältiger Sie hierbei arbeiten, desto besser sieht das Leder aus.

Die vollständige Schablone sollte in etwa so aussehen.

5 An einem Ende müssen Sie in einem Abstand von 107,5 mm von jeder Seite aus eine kurze Mittellinie anbringen. Achten Sie darauf, dass die Linien aufeinandertreffen.

6 Setzen Sie auf dieser Linie 20 mm von der Lederkante aus eine Markierung. Bringen Sie ein weiteres 10-mm-Loch an diesem Kreuzungspunkt an. Hier wird der Lederriemen angebracht.

7 Damit ist die Schablone fertig. Nun ist es Zeit, das Leder zuzuschneiden — in diesem Fall habe ich 1,5 mm starkes Lyveden-Halsleder verwendet.

Der Riemen soll 10 mm breit und 800 mm lang sein. Schneiden Sie diesen zuerst zu, um sicherzugehen, dass er lang genug ist. Damit befassen wir uns später.

Als Nächstes schneiden Sie das Leder auf die Größe der Schablone zu: 575 mm breit und 215 mm hoch.

8 Legen Sie die Schablone auf das Leder, sodass alle Kanten bündig sind, und legen Sie es quer vor sich. Wenn Sie Gewichte zur Hand haben, legen Sie diese auf die Schablone.

9 Dann treiben Sie durch jedes Loch auf der Schablone eines durch das Leder, bis Sie alle 41 Löcher angebracht haben.

Das war der schwierige Teil. Jetzt müssen Sie nur noch die Lederkanten bearbeiten.

Sie können die Ecken rechtwinklig belassen oder leicht abrunden. Ich habe hier ein 21-mm-Locheisen für die Kanten verwendet. Sie haben die Wahl.

Sie müssen die Kante reifeln, dann abschrägen, polieren und färben.

Als Letztes bringen Sie den Riemen an. Nachdem Sie dessen Enden rundiert haben, bearbeiten Sie die Kanten - anschrägen, polieren, beschichten. Ich habe auch den Riemen gereifelt, aber das ist optional, es kann schwierig sein, einen so dünnen Streifen Leder dabei gerade zu halten. Wenn Sie das Gefühl haben, dass Ihnen für diese Technik noch die Übung fehlt, lassen Sie diesen Schritt weg. Wenn Sie es ausprobieren wollen, legen Sie den Riemen an einem Lineal an, damit haben Sie besseren Halt.

10 Der Riemen wird mit einem Überhandknoten an der Rolle angebracht.

Schneiden Sie dazu zuerst zwei 20-mm-Schlitze in das Leder: und zwar 25 mm und 95 mm von einem Ende des Riemens aus gemessen. Das Ganze sollte so aussehen wie in der Abbildung, mit einem Abstand von 50 mm zwischen den beiden Schlitzen.

11 Halten Sie das Leder mit der Narbenseite nach oben an dem Ende mit den Knoten fest und binden Sie den Knoten. Stecken Sie das kurze Ende in das Loch. Ziehen Sie es dann zurück und stecken Sie es durch den zweiten Schlitz.

5

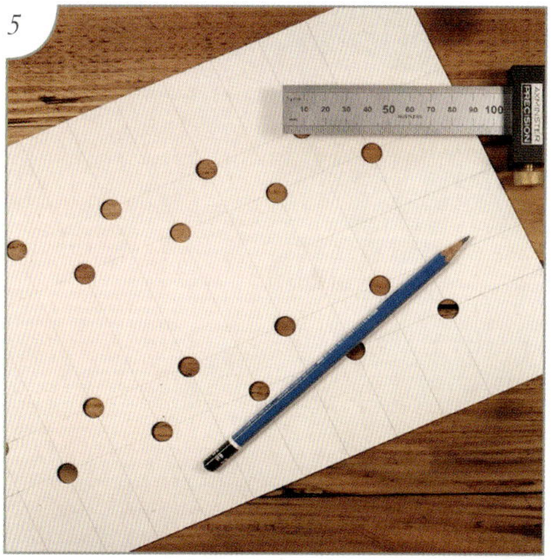

6

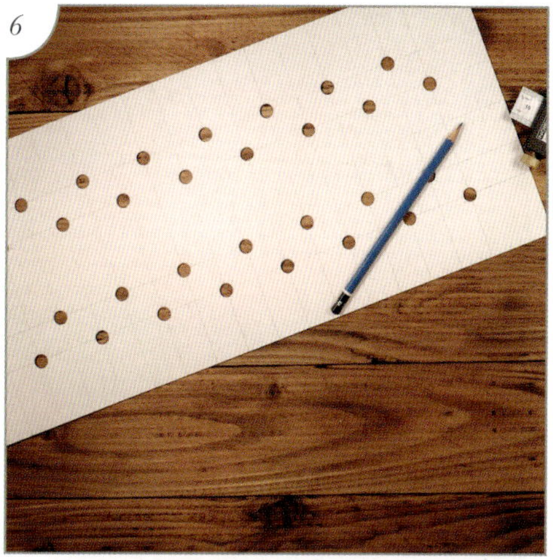

7

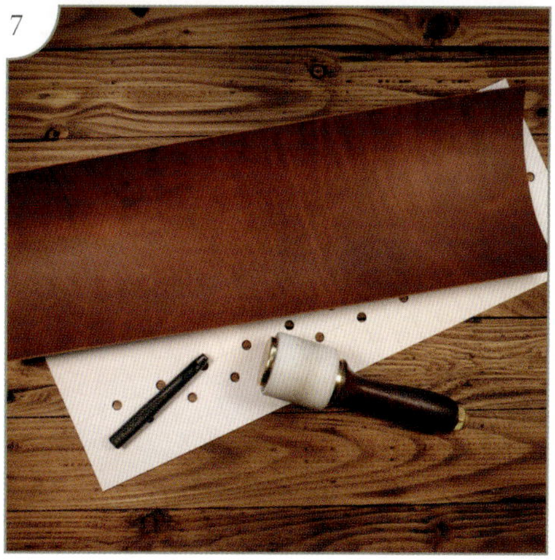

8

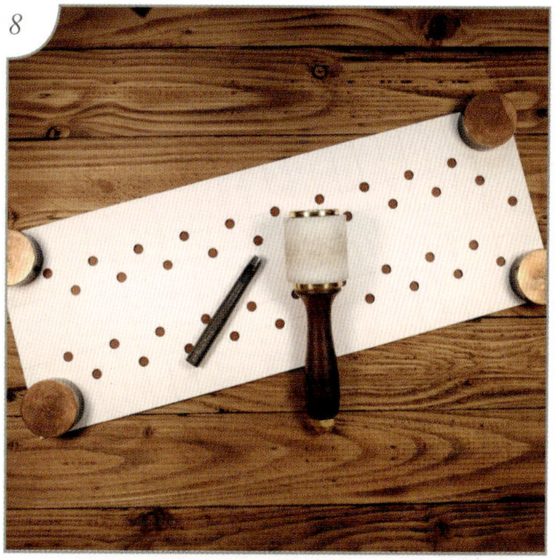

9

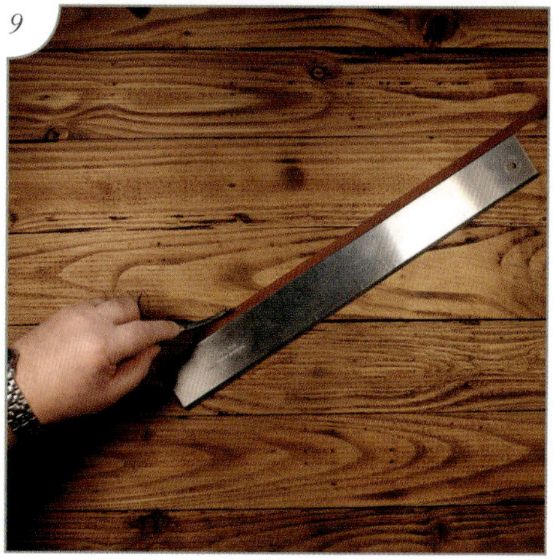

10a

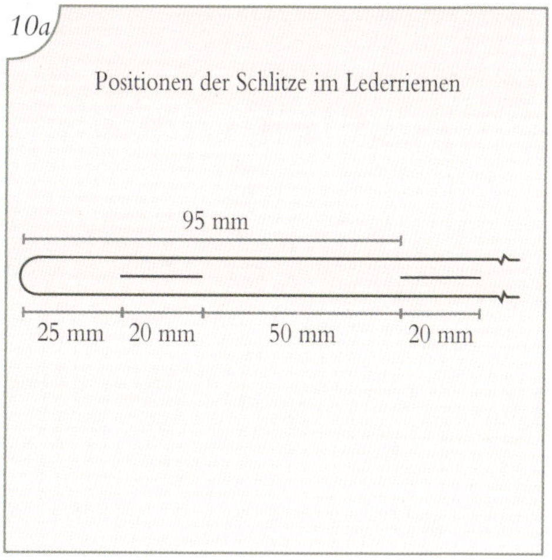

10b

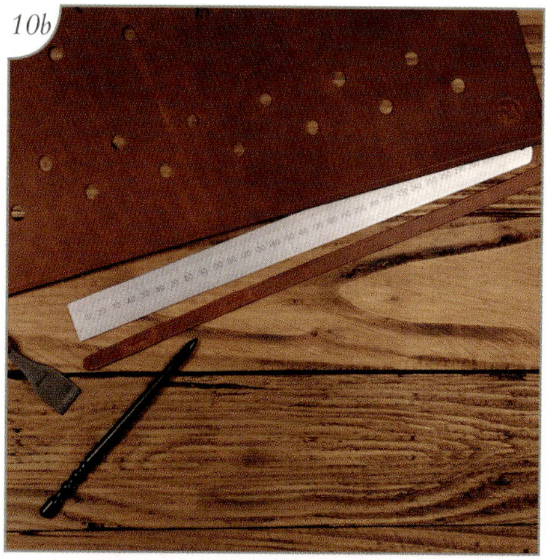

11a

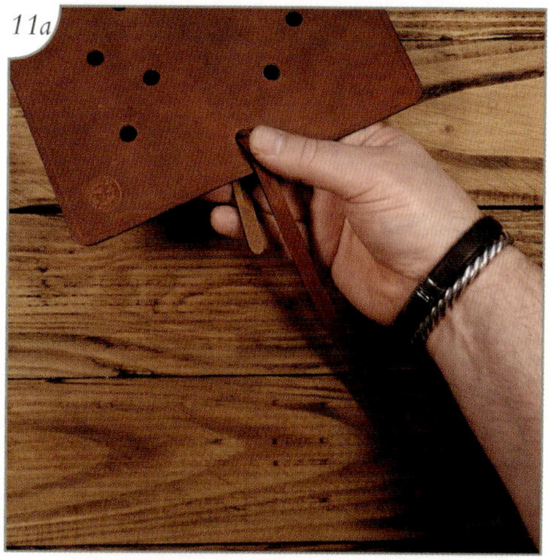

11b

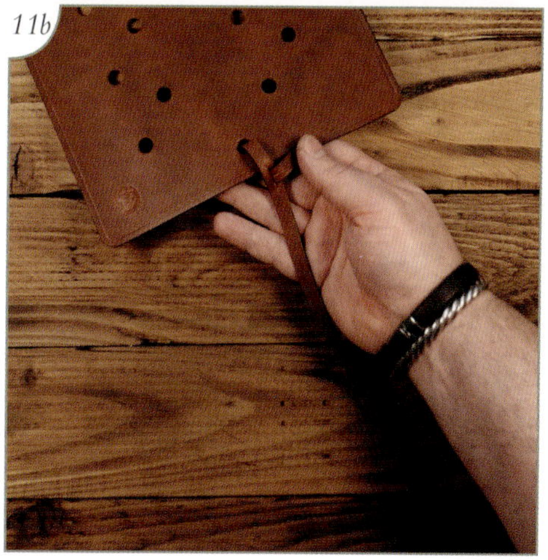

12 Drehen Sie das Leder im Loch, damit es flach liegt.

13 Nehmen Sie nun das andere Ende des Lederriemens und ziehen Sie es durch den ersten Schlitz.

14 Ziehen Sie den Riemen ganz durch und drehen Sie ihn, bis er flach liegt. Es kann ein bisschen dauern, bis der Knoten fest und flach sitzt. Am Ende sollte das Ganze so aussehen.

Nun können Sie die Stiftrolle befüllen und benutzen.

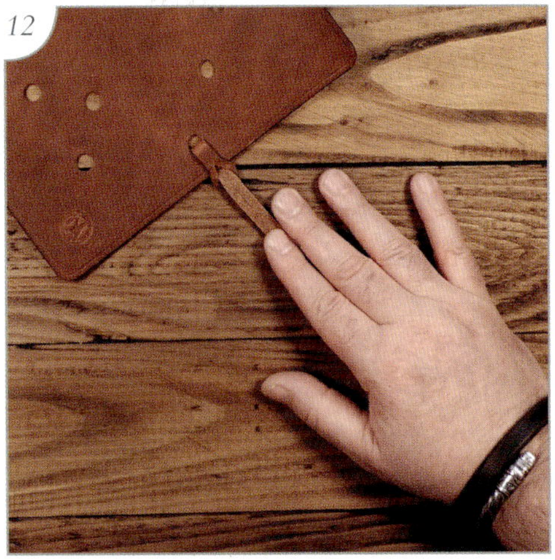

12

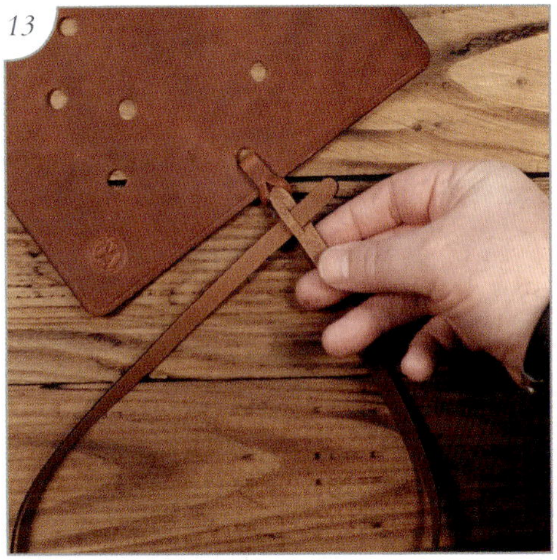

13

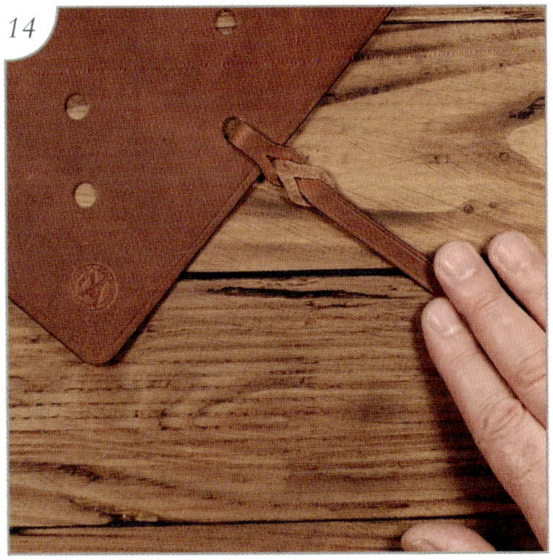

14

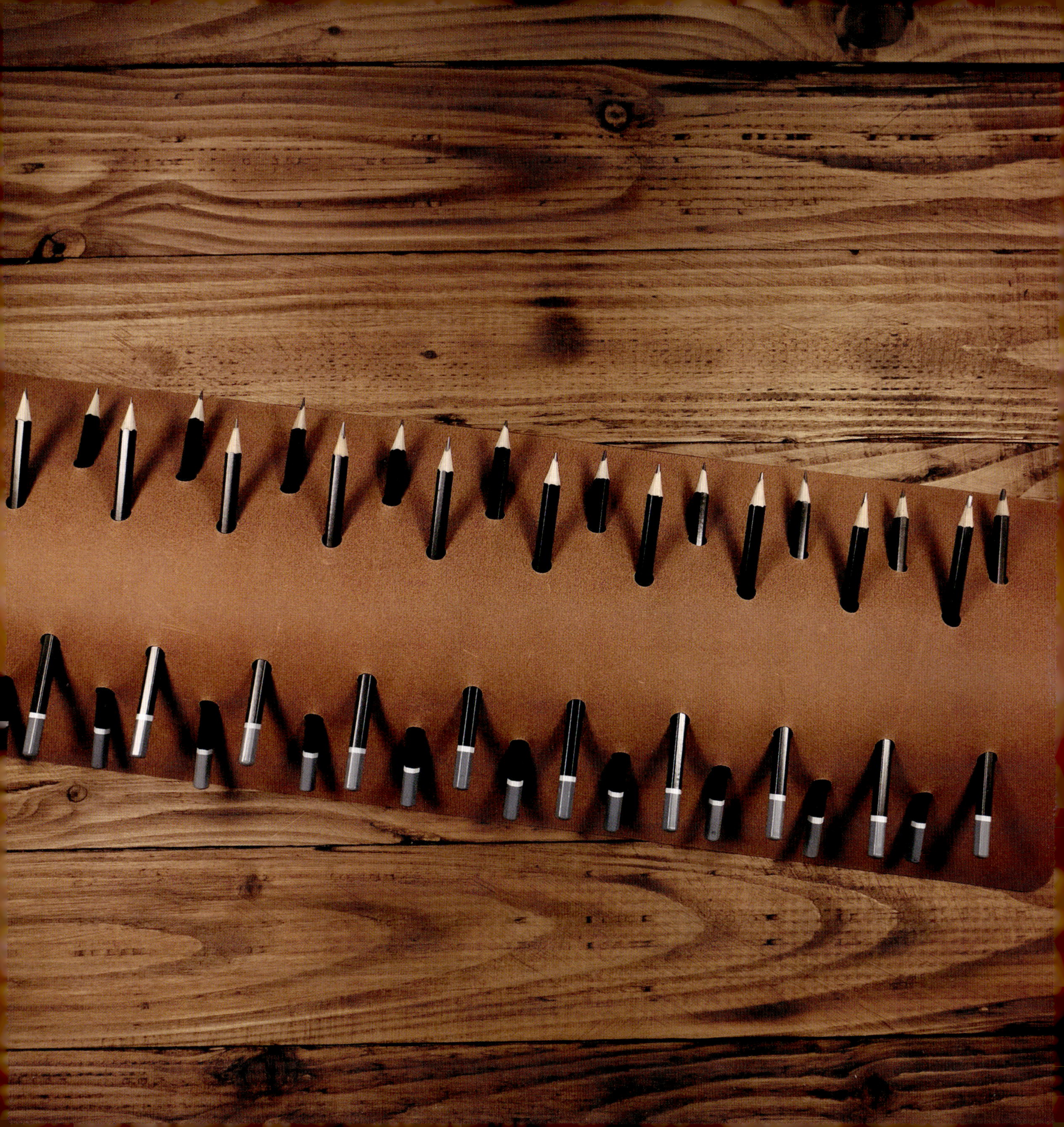

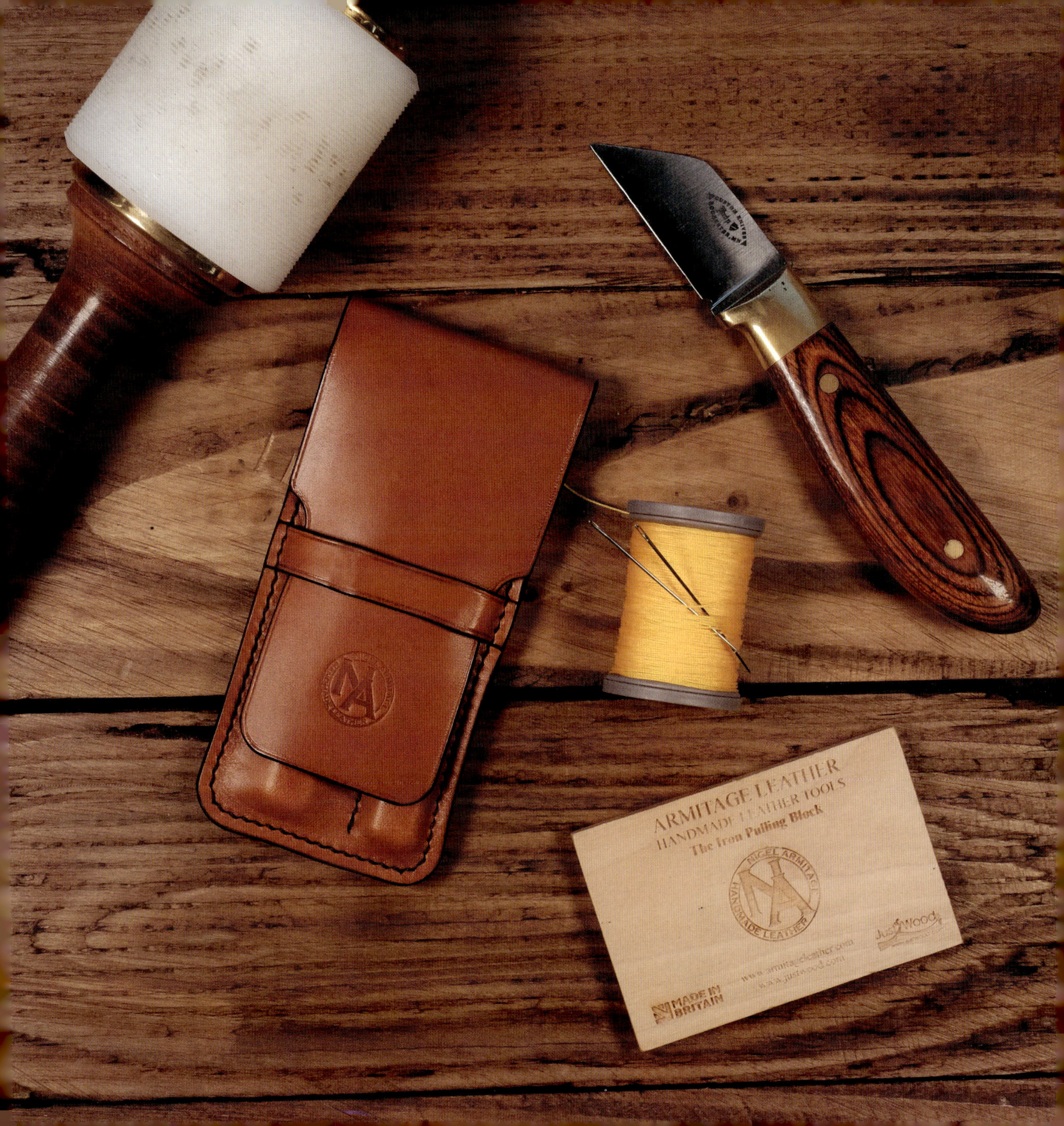
ARMITAGE LEATHER
HANDMADE LEATHER TOOLS
The Iron Pulling Block
NIGEL ARMITAGE
HANDMADE LEATHER
JustWood
MADE IN BRITAIN

TASCHE FÜR VORSTECHEISEN

Wie alle anderen Projekte in diesem Buch ist auch dies ein perfekter nächster Schritt auf Ihrer Reise in die Welt der Lederbearbeitung. Darüber hinaus dient die Tasche dem Schutz Ihres Werkzeugs. Sie besteht aus drei Teilen: der Rückseite, die als Deckel nach vorne umgeklappt wird, einer Tasche und einem Riemen, in den der Deckel gesteckt wird.

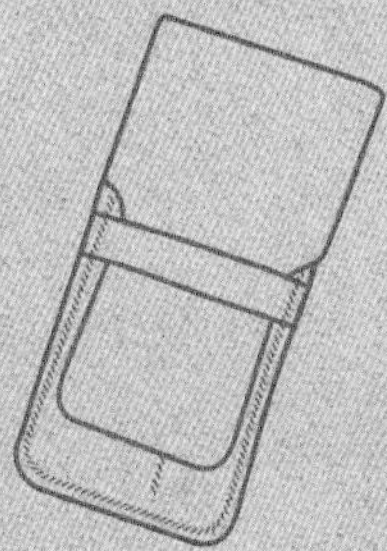

WERKZEUG UND MATERIAL

Karton für die Schablone
Lineal
Anschlagwinkel
Zirkel
Vorstecheisen oder Prickrad, 8 spi (3,38 mm)
Holzblock
Schonhammer
Rundiereisen, Unterlegscheibe oder Münze
Schmirgelstreifen / Detailschleifer
Nadeln Nr. 4
Faden, 0,6 mm
Nähkloben
Schere oder Fadenschere
Kantenzieher (Zieheisen)
Kantenpolierer
Reifeleisen
Edge Kote
Bienenwachs

Taschenleder, 2,5 mm

1 Dieses Projekt soll als Tasche für zwei Vorstecheisen dienen — die, die ich für die Herstellung der Tasche verwende.

2 Wie immer müssen wir erst die Abmessungen bestimmen. Da Vorstecheisen aber ungleichmäßig geformt sind, kann es schwierig sein, entlang der Konturen zu messen. Machen Sie es sich daher einfach und behandeln Sie die beiden Vorstecheisen, als wären sie rechteckig - verwenden Sie also nur die Außenmaße.

Vorstecheisen mit acht Zinken	
Breite	34 mm
Höhe	120 mm
Dicke	8 mm

Vorstecheisen mit zwei Zinken	
Breite	13 mm
Höhe	120 mm
Dicke	8 mm

Diese Maße — und die Tatsache, dass wir mit Rechtecken arbeiten — bilden die Grundlage des Entwurfs.

Die äußere Nahtlinie ist 4 mm von der Lederkante gemessen. Hier brauchen Sie jetzt aber nicht die zusätzlichen 1 mm Nahtbreite, da die Werkzeuge nicht an der Naht anliegen. Die Breite des großen Vorstecheisens beträgt 34 mm. Hier muss keine Kante beachtet werden, weil die Tasche für das kleine Vorstecheisen direkt daneben sitzt. Aber die beiden Werkzeuge sollen sich nicht berühren, fügen Sie also 2 mm hinzu. Das ergibt 40 mm: 4 mm + 34 mm + 2 mm.

Das kleinere Eisen ist viel schmaler, die Tasche wäre aber mit einer Breite von 13 mm plus 4 mm Naht zu eng, also sind weitere Maße nötig. Der Stiel, der in der Tasche steckt, ist nur 10 mm breit und 8 mm dick. Daher müssen Sie an den Seiten nicht allzu viel hinzufügen — sagen wir 6 mm. Daraus ergibt sich: 6 mm + 10 mm + 6 mm + 4 mm = 26 mm.

Wenn Sie die Ergebnisse addieren, erhalten Sie eine Taschenbreite von 66 mm und drei Nähte — eine auf jeder Seite mit einem Abstand von 4 mm zur Kante und eine dritte 40 mm von einer Seite gemessen, die die Tasche in zwei teilt.

Die Höhe der Tasche berechnet sich aus der Länge des Stiels bis zum Ansatz des Werkzeugkopfes. Das sind in beiden Fällen 80 mm. Dazu 6 mm für die Dicke und die 4 mm Nahtlinie. Damit beträgt die Höhe 90 mm.

3 Die Rückseite mit Taschendeckel.

Von unten gemessen setzen sich die Abmessungen aus 4 mm Nahtlinie + 6 mm für die Dicke + 120 mm für die Höhe der Eisen zusammen. Das ergibt 130 mm vom Boden der Tasche bis zum oberen Ende der Eisen. Das Leder muss über die Werkzeuge gefaltet werden, darf aber nicht zu eng sitzen, da die Eisen das Leder sonst beschädigen. Geben Sie 10 mm dazu.

Nächste Frage: Wie weit nach unten soll der Taschendeckel reichen? Das hängt vom Verschluss ab. In diesem Fall wird der Deckel von einem Lederriemen gehalten.

Dieser Riemen sollte möglichst weit unten sitzen, ich habe dafür 110 mm zu-

1

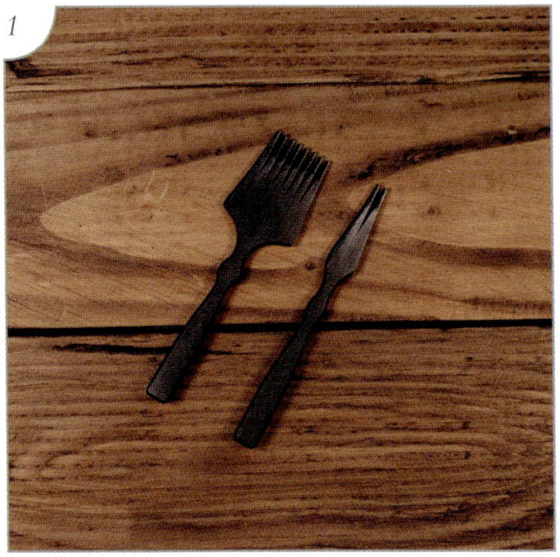

2

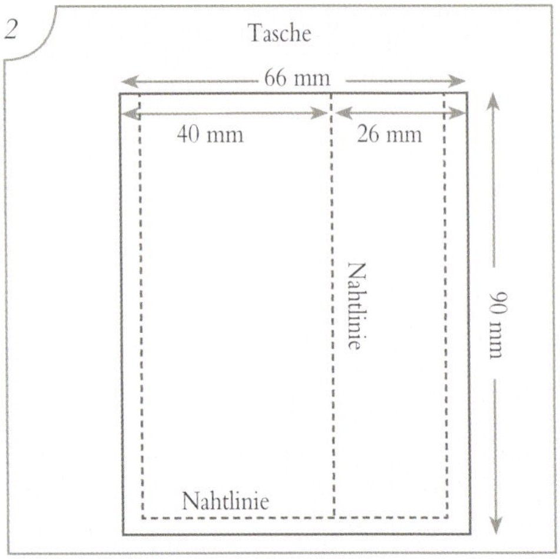

3

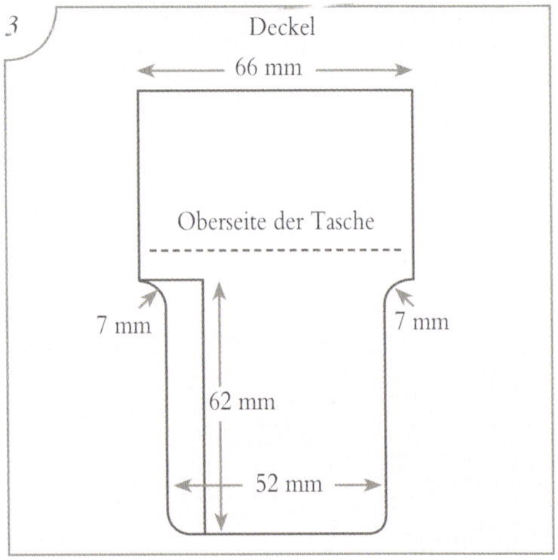

gegeben — damit sitzt er 20 mm von der Unterseite der Tasche gemessen.

Diese Abmessungen zusammen genommen ergeben damit: 130 mm + 10 mm + 110 mm = 250 mm.

Jetzt fehlt für nur noch der Riemen, der den Deckel hält.
Dieser soll genau so breit wie die Tasche selbst sein — 66 mm. Allerdings würde das etwas zu eng sitzen, wenn die Eisen in der Tasche stecken. Daher fügen wir 2 mm hinzu; 12 mm sollten für die Höhe ausreichen.

Damit ist die Stückliste fertig:

1.	Rückseite	66 x 250 mm
2.	Tasche	66 x 90 mm
3.	Riemen	68 x 12 mm

Auch mit einer Zugabe von 2 mm für den Riemen würde es schwierig werden, einen 66 mm breiten Deckel in einen 68 mm breiten Riemen zu stecken. Die Lösung besteht darin, die Breite unterhalb des oberen Teils der Tasche etwas zu verringern — um 7 mm pro Seite.

Damit ist das Ende des Deckels 62 mm breit und der Riemen sitzt genau unter der Stelle, an der das schmalere Ende ansetzt, 74 mm vom Taschenboden.

4 Schneiden Sie nun alle Schablonen zu. Schneiden Sie nach der Stückliste alle drei Abschnitte aus einem festen Karton und bringen Sie eine Mittellinie an.

Zuerst die Vorderseite. Rundieren Sie die beiden unteren Ecken und markieren Sie eine 4-mm-Nahtlinie. Stellen Sie das Streichmaß nun auf 10 mm ein und fügen Sie drei Hilfslinien hinzu, eine unten und je eine pro Seite.

Markieren Sie eine weitere Nahtlinie 40 mm von der linken Seite des Kartons aus gemessen.

Bringen Sie nun von unten in der Mitte ausgehend die Löcher entlang der Nahtlinie an. Achten Sie dabei darauf, die Hilfslinien auf beiden Seiten an den gleichen Stellen zu kreuzen.

Fangen Sie für die mittlere Nahtlinie oben an und bringen Sie das erste Loch eine Stichlänge vom Kartonende aus gemessen an. Arbeiten Sie sich nach unten und hören Sie zwei oder drei Stichlängen von der unteren Nahtlinie aus auf.

5 Die nächste Schablone ist die für die Rückseite mit Deckel. Da Sie die Löcher hier anhand der Schablone des Vorderteils anbringen, dient dieser Teil hauptsächlich der Vorbereitung fürs Zuschneiden.

Rundieren Sie erst die beiden Ecken passend zum Vorderteil. Als Nächstes markieren Sie die Höhe des schmaleren Endes des Deckels bei 62 mm.

Stellen Sie das Streichmaß auf 7 mm und markieren Sie am Deckelende 7 mm auf beiden Seiten (vergleiche Abbildung 3). Bringen Sie mit einem Rundiereisen oder einer Scheibe einen Bogen an der Stelle an, an der die 7-mm-Linie auf die 62-mm-Linie trifft, um diese nach innen zu rundieren. Schneiden Sie die restliche Länge ab und rundieren Sie die Enden des Deckels.

4
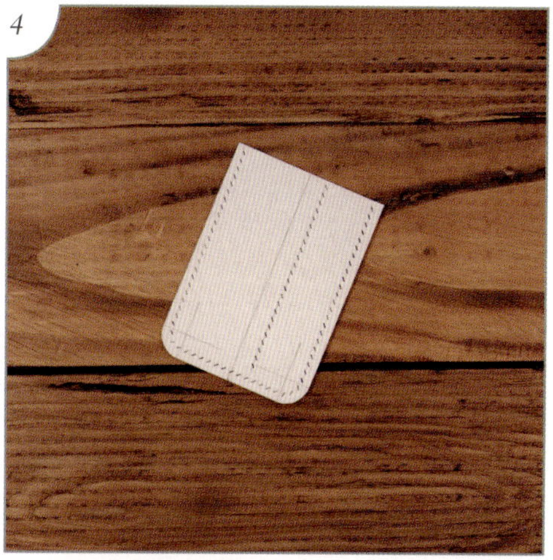

5
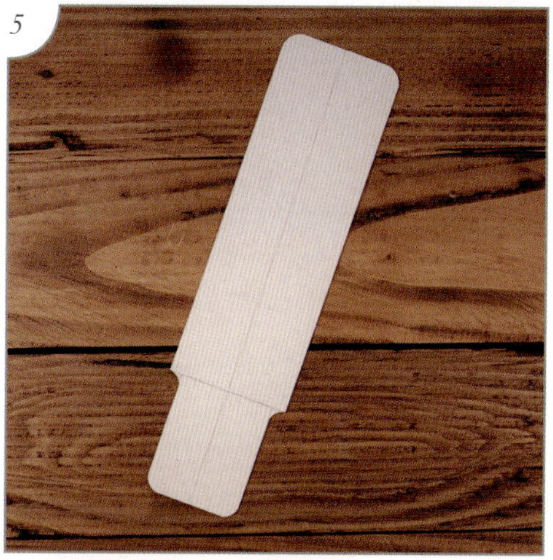

6
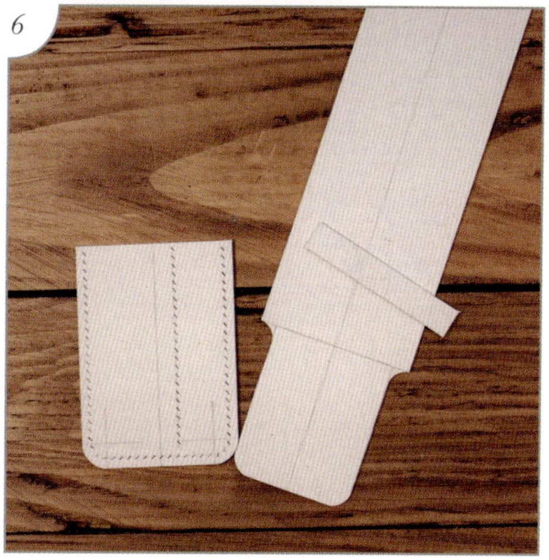

7

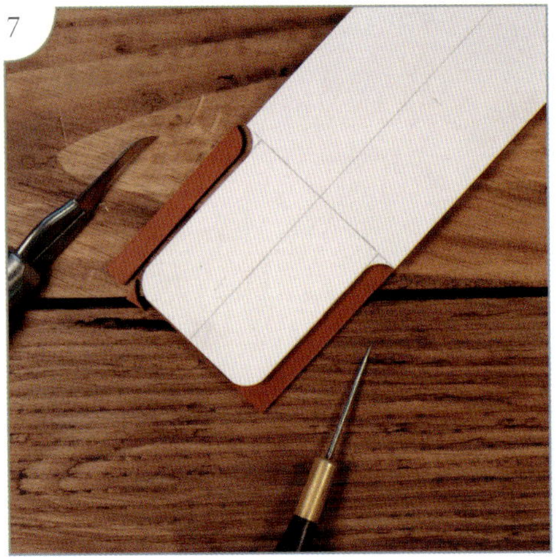

8

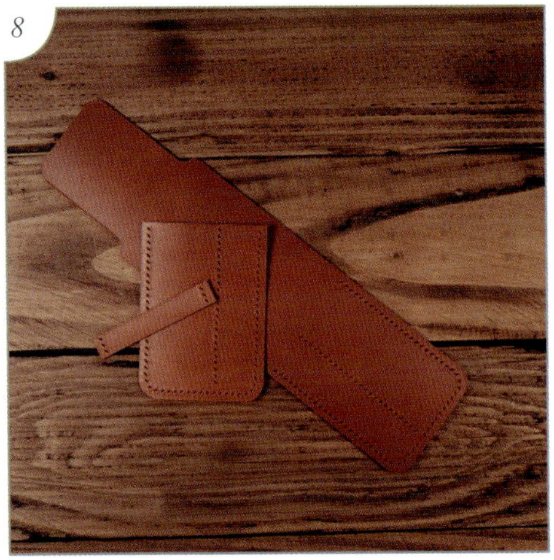

9

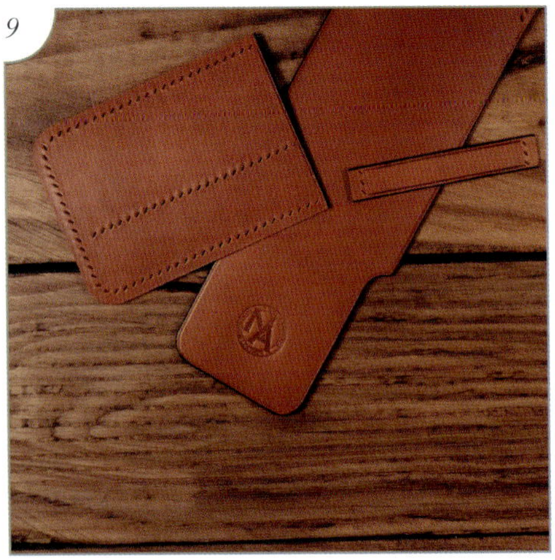

6 Sie brauchen nicht unbedingt eine Schablone für den Riemen. Schneiden Sie sie dennoch zu, dann haben Sie sie für eine etwaige spätere Verwendung.

7 Wenn alle Schablonen zugeschnitten und mit Löchern und Markierungen versehen sind, kann das Leder zugeschnitten werden. Das gemeinsame Maß ist in diesem Fall 66 mm. Schneiden Sie also einen Streifen Leder auf 66 mm Breite und eine Länge von mindestens 380 mm zu, damit Sie daraus beide Teile ausschneiden können.

Schneiden Sie anhand der Schablone für das Rückenteil das Ende des Deckels zu.

8 Markieren Sie die ersten und letzten Löcher der geraden Nähte und alle Löcher in den Ecken anhand der Schablone für das Vorderteil. Fügen Sie eine 4-mm-Nahtlinie hinzu. Sollten einige der markierten Löcher davon abweichen, halten Sie sich an die Linie.

Bringen Sie anhand der Schablone für die Vorderseite die Löcher auf dem Rückenteil an. Sie können jetzt alles verkleben und Löcher durch alle Lederlagen auf einmal treiben. Dann wird Ihre Naht aber nicht so gut aussehen.

Bei den Löchern für die Naht zwischen den beiden Taschen ist es wichtig, *die Schablone umzudrehen*, damit die Löcher auch auf der richtigen Seite sind.

Schneiden Sie zum Schluss den Riemen auf 68 mm x 12 mm und fügen Sie eine 4-mm-Nahtlinie an beiden Enden hinzu. Fügen Sie die Löcher hinzu und beginnen Sie mit einer Stichlänge Abstand von der oberen Kante.

Schrägen Sie das Innere der Enden leicht an, damit der Riemen besser sitzt. Dadurch wird das Ganze weniger massig und die Kanten sitzen auch optisch besser auf dem Leder.

9 Wenn alle Teile zugeschnitten und alle Löcher vorgestochen sind, bearbeiten Sie die Kanten der Oberseite der Tasche, die Lasche und beide Seiten des Riemens.

10 Jetzt geht es ans Nähen. Beginnen Sie mit der Trennnaht. Diese können Sie nicht mehr nähen, sobald der Riemen angebracht ist, also ist sie zuerst dran.

11 Danach bringen Sie den Riemen an, und zwar 74 mm von der Unterkante der Tasche gemessen. Verwenden Sie ein Lineal, damit er gerade ist, und richten Sie ihn am nächstgelegenen Loch aus.

Zählen Sie die Löcher darüber – bei mir sind es fünf. Achten Sie beim Nähen darauf, dass auf beiden Seiten fünf Löcher oberhalb des Riemens sind, damit er gerade sitzt.

12 Dann bringen Sie die äußere Naht an. Wenn diese fertig ist, müssen Sie nur noch die Kante bearbeiten.

10

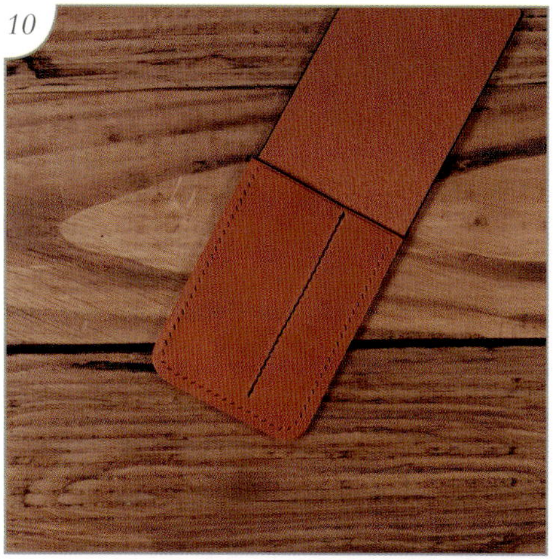

11

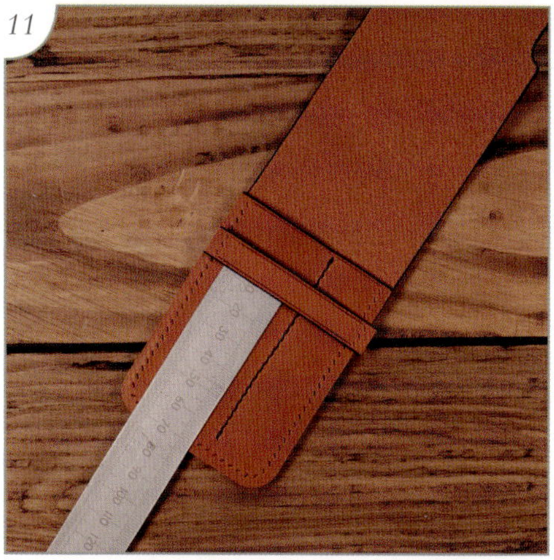

12

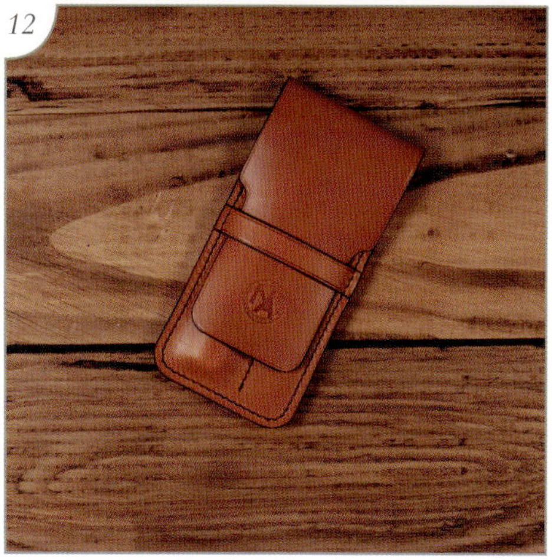

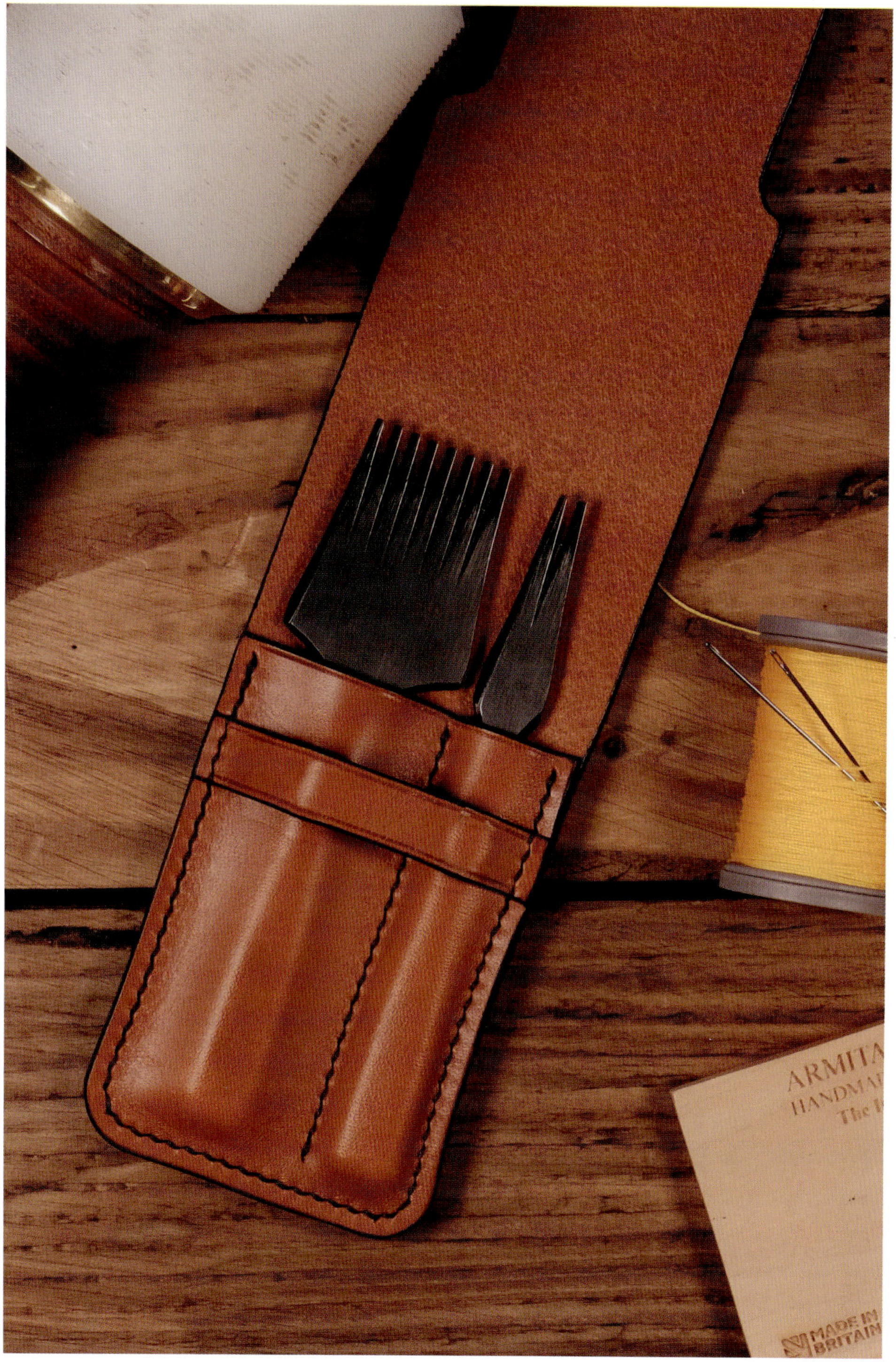

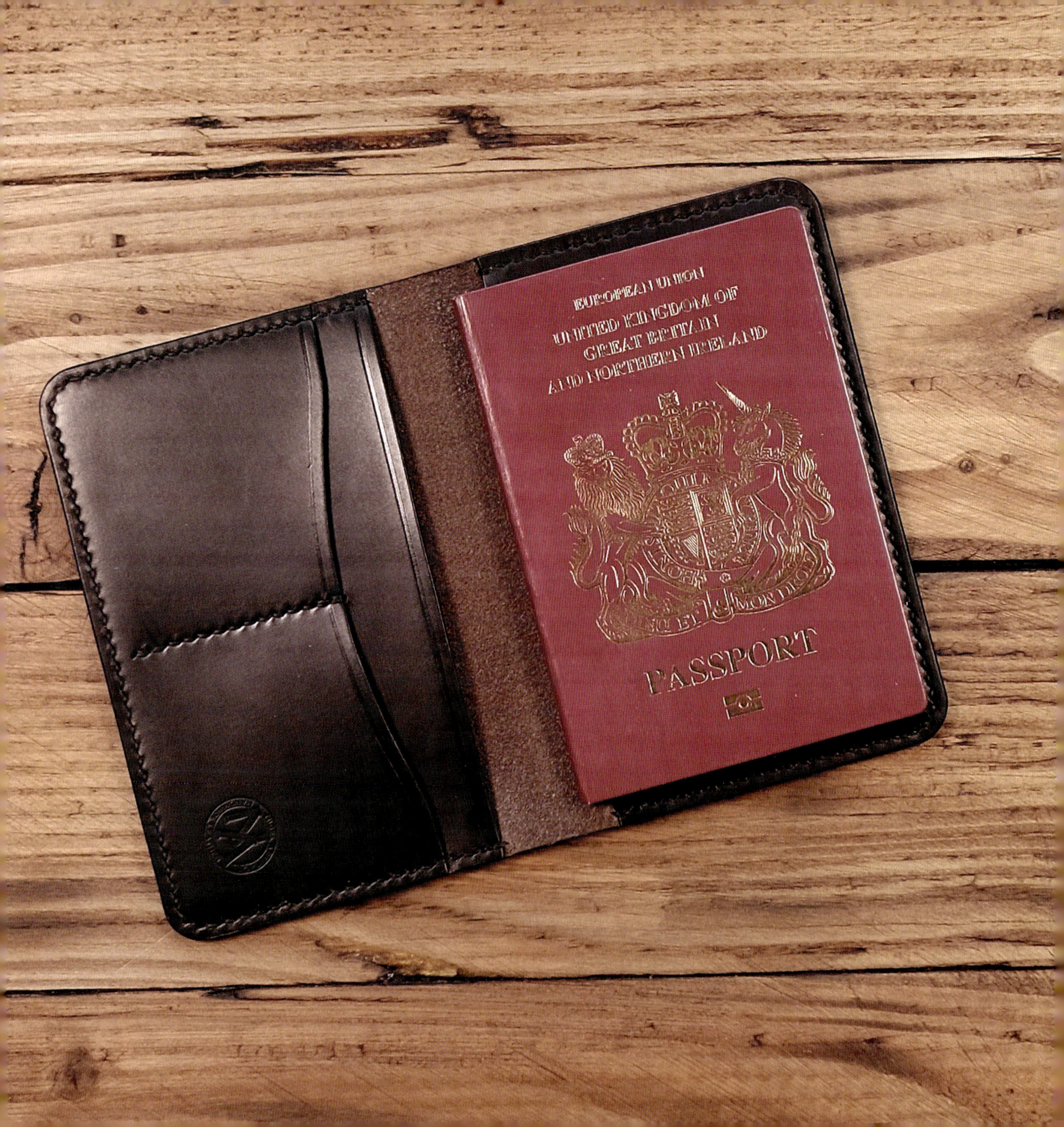
EUROPEAN UNION
UNITED KINGDOM OF
GREAT BRITAIN
AND NORTHERN IRELAND
PASSPORT

REISEPASSHÜLLE

Dieses Projekt ist für einen Reisepass gedacht. Sie können aber die Maße ändern, sodass es etwa als Buchumschlag dienen kann oder sogar als Unterlagenmappe.

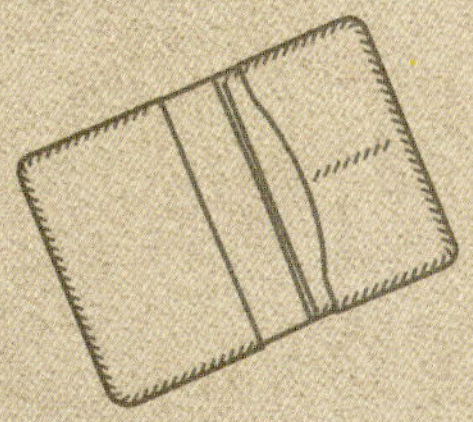

WERKZEUG UND MATERIAL

Karton für die Schablone
Lineal
Anschlagwinkel
Zirkel
Vorstecheisen oder Prickrad, 7 spi (3,85 mm)
Holzblock
Schonhammer
Rundiereisen, Unterlegscheibe oder Münze
Französischer Kantenzieher, 12 mm
Schmirgelstreifen / Detailschleifer
Nadeln Nr. 4
Faden, 0,6 mm
Nähkloben
Schere oder Fadenschere
Kantenzieher (Zieheisen)
Kantenpolierer
Reifeleisen
Edge Kote
Bienenwachs

Taschenleder, 1,5 mm

1

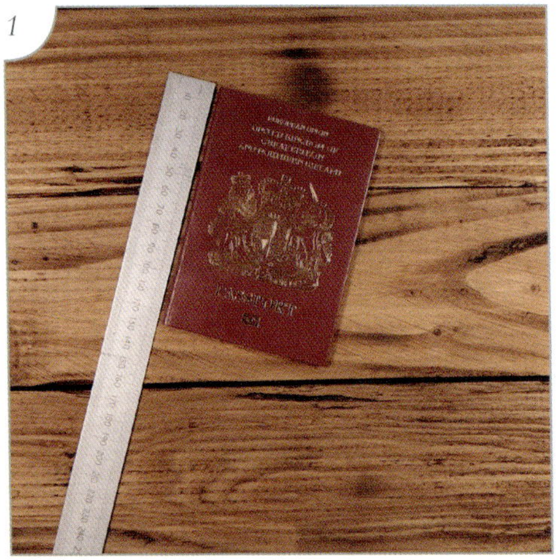

2

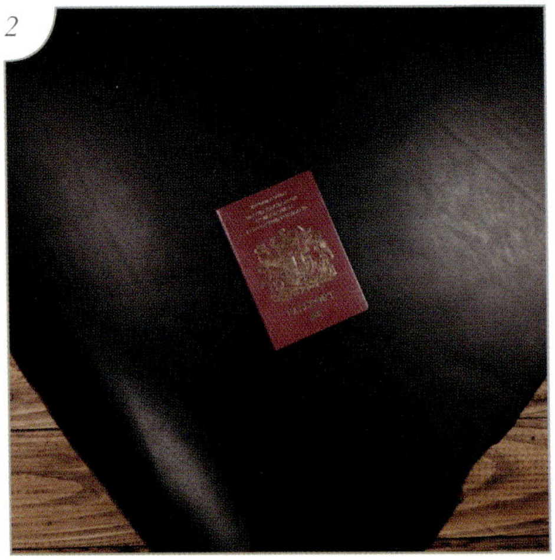

3

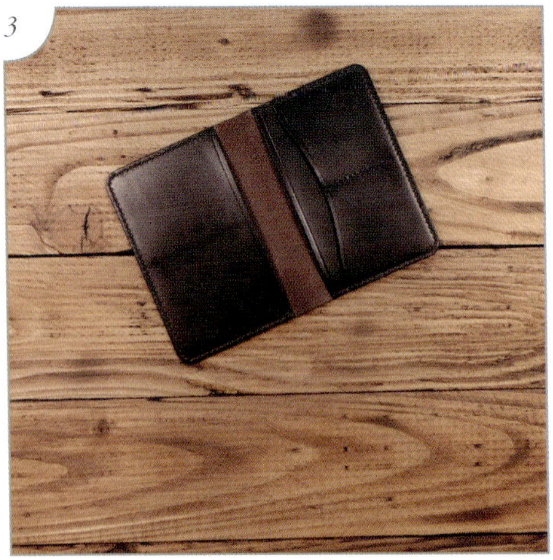

1 Bevor Sie mit dem Entwurf für dieses Projekt beginnen, müssen Sie einige wichtige Aspekte beachten:

a. Die Abmessungen des Passes — Breite, Höhe, Dicke
b. Wie dick das Leder sein soll
c. Wie viele Taschen es haben soll
d. Wofür es verwendet werden soll – Reisepass, Karten, Tickets, etc.
e. Wie weit der Abstand der Naht von der Kante sein soll

Es macht den Designprozess sehr viel einfacher, wenn Sie all diese Informationen vorab zur Hand haben.

Beginnen wir mit den Abmessungen des Passes. Zuerst notieren Sie die Breite, dann die Höhe und dann Dicke oder Tiefe. Soweit ich weiß, sind Reisepässe immer etwa gleich groß, aber prüfen Sie es nach. Die Maße sollten diesen ähneln

a. 88 x 125 x 4 mm

2 Wie dick soll das Leder sein? Eine gute Frage, da Sie wahrscheinlich nicht das gleiche Leder verwenden können, das ich verwende. Das Leder muss dünn genug sein, damit die Hülle verwendbar bleibt, aber dick genug, damit es ausreichend Stand hat.

b. Lamport-Taschenleder, 1,5 mm

4

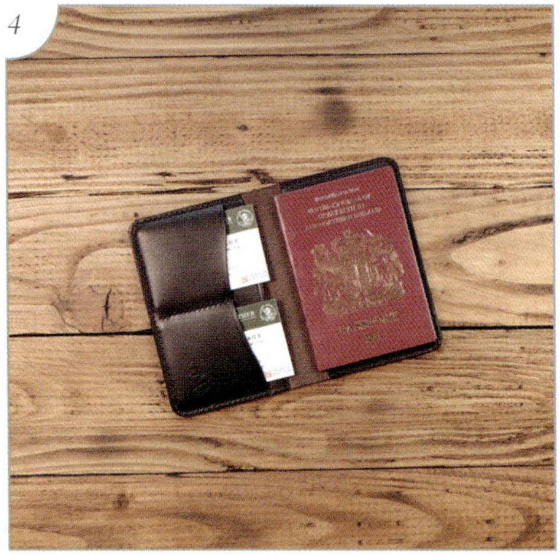

3 Als Nächstes müssen Sie entscheiden, wie viele Taschen die Hülle haben soll — eine für den Pass, eine auf der gegenüberliegenden Seite für Tickets und darauf noch zwei für Karten.

c. Diese Hülle hat also drei Lagen für Taschen, die jeweils 1,5 mm dick sind — runden wir auf 5 mm auf.

4 Wofür genau Sie diese Hülle verwenden wollen, ist Ihnen überlassen. Die Hülle aus diesem Projekt ist für einen Pass, Tickets und Visitenkarten gedacht. Auch wenn es nicht wichtig zu sein scheint, ist es doch wichtig zu wissen, welche Dickemaße zugegeben werden müssen.

d. Pass (4 mm), Tickets (1 mm), sechs Visitenkarten pro Tasche à 4 mm

5 Und schließlich, welche Naht wählen Sie? Das hängt oft davon ab, wie viele Stiche pro Inch (spi) (1 Inch = 2,54 Zentimeter) Sie verwenden.

Ich habe mich für 7 spi (etwa eine Stichlänge von 3,85 mm) entschieden, da das eine gute allgemeine Stichlänge ist und sehr nachsichtig gegenüber Anfängern. Das bedeutet, dass die Stiche recht eng sitzen, daher sollten Sie einen feinen 0,4-mm-Faden verwenden.

e. 4 mm, 7 spi, 0.4 mm Faden

Für den Entwurf der Hülle ist es hilfreich, wenn Sie sich zu Beginn die Zeit nehmen, diese Informationen zusammenzusuchen. Die Hülle enthält eine Tasche für den Pass auf der rechten Seite und zwei für Tickets und Visitenkarten auf der linken, die alle an einem Rückenteil angebracht werden, das über die Gesamtbreite geht.

Das heißt, die Hülle besteht aus vier Teilen. Bestimmen Sie nun die Maße dieser Teile.

Beginnen Sie mit der Breite von links nach rechts. Das erste Maß ist die Nahtlinie (4 mm), plus eine Zugabe von 1 mm für die Naht selbst, da diese die inneren Abmessungen beeinflusst.

Das nächste Maß ist die Breite des Passes — 88 mm.

Dann kommt der Rücken. Die Biegung des Leders muss der Gesamtdicke von all dem folgen, das in die Hülle gesteckt werden soll.

Taschen x3	5 mm (3c)
Pass	4 mm (4d)
Tickets	1 mm (4d)
Visitenkarten	4 mm (4d)

Daraus ergeben sich 14 mm für den Rücken. Dieses Maß ist wichtig, damit das Leder sich zusammenfalten lässt und die Kanten genau aufeinandertreffen. Ist das Maß zu klein, lässt sich die Hülle nicht richtig schließen. Ist das Maß zu groß, hat die Hülle keinen Stand und die Kanten sitzen nicht genau.

Bei der anderen Seite der Hülle gilt das Gleiche, nur andersherum. 88 mm für den Pass + 1 mm für die Naht + 4 mm für die Nahtlinie.

Diese Zahlen ergeben als Breite des Rückenteils 200 mm, wie Sie in Diagramm 5a sehen können.

Die Höhe wird ganz ähnlich wie die Breite ermittelt, außer, dass für den Pass etwas Spielraum zugegeben werden muss, eine Zugabe von 2 mm als Spielraum auf beiden Seiten ergibt diese Maße:

Nahtlinie	4 mm
Naht	1 mm
Spielraum	2 mm
Pass	125 mm
Spielraum	2 mm
Naht	1 mm
Nahtlinie	4 mm
Summe	**139 mm**

Das ergibt eine Summe von 139 mm, die wir der Einfachheit halber auf 140 mm aufrunden.

5a

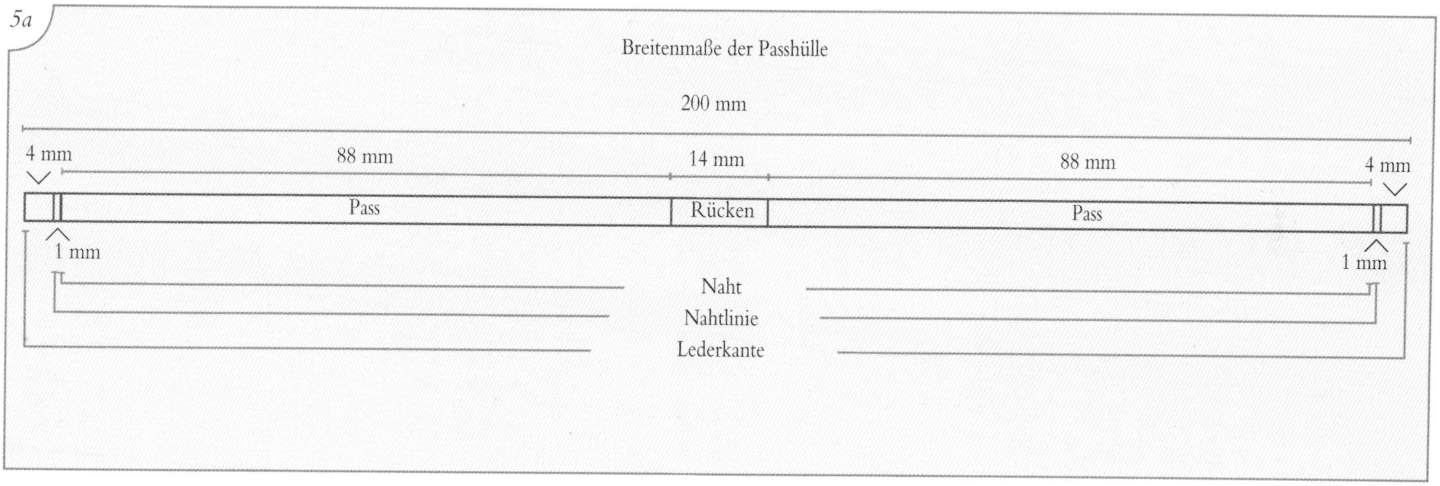

5b

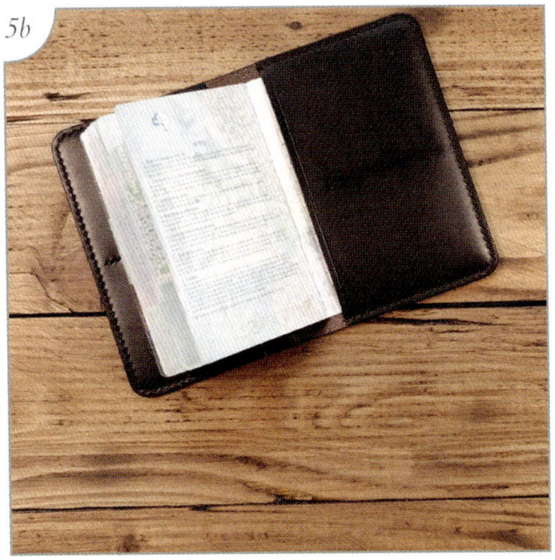

6

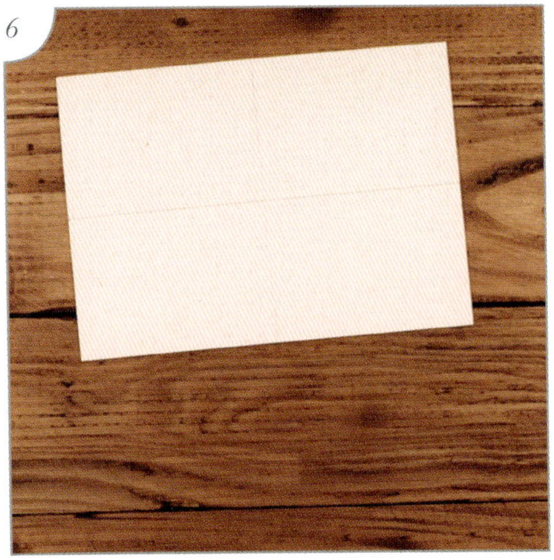

7

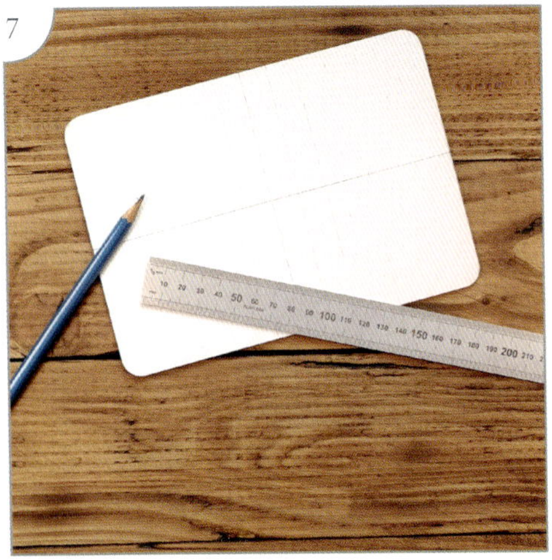

Als Nächstes müssen die großen Taschen berechnet werden. Diese sind genauso hoch wie das Rückenteil — 140 mm. Nun zur Breite: Der Pass ist 88 mm breit. Das Leder muss aber kurz vor dem Rücken enden, damit sich der Pass auch schließen lässt. Dazu sollte es ausreichen, 8 mm abzunehmen; dazu kommen die Nahtlinie und die Naht selbst: 4 mm + 1 mm, wodurch die Tasche insgesamt 85 mm breit wird.

6 Fehlen noch die Taschen für die Visitenkarten. Auch hier ist die Höhe die gleiche wie die der großen Taschen, 140 mm. Die Breite hängt davon ab, wie weit die Karten aus der Tasche herausragen sollen. Die Karten sind 86 mm breit und sollen wie in der Abbildung auf Seite 113 in der Tasche sitzen.

Dabei sollen 20 mm der Karte herausragen. Damit ergibt sich ein Maß von 66 mm. Die Zugabe der Nahtlinie (4 mm) und der Naht (1 mm) ergibt 71 mm – nehmen wir 70, um es uns einfacher zu machen.

Damit ist die Stückliste fertig:

1. Rückenteil	200 x 140 mm
2. Große Tasche	85 x 140 mm
3. Große Tasche	85 x 140 mm
4. Visitenkartentasche	70 x 140 mm

Wenn Sie genug Erfahrung in der Lederbearbeitung gesammelt haben, dann brauchen Sie nicht für jedes Teil eine Schablone – es reicht das Rückenteil, auf dem alle Taschen angezeichnet sind. Für den Anfang sollten Sie aber drei Schablonen erstellen: eine für das Rückenteil, eine für die beiden großen Taschen und eine für die Kartentasche.

Zuerst das Rückenteil. Dieses müssen Sie als Erstes ausarbeiten und zuschneiden, da er kleinere Anpassungen an den Taschen zur Folge haben könnte.

Schneiden Sie als Erstes ein Stück festen Karton auf die Größe des Rückenteils zu und zeichnen Sie eine horizontale und eine vertikale Mittellinie an.

7 Zeichnen Sie anhand der Maße der großen Taschen eine feine Linie auf beiden Seiten der Mittellinie an, die zeigt, wo die Taschen sitzen. Diese Maße können sich noch ändern.

Machen Sie dasselbe für die Abmessungen der Visitenkartentaschen auf der linken Seite der Schablone.

Es kann sinnvoll sein, die Schablone jetzt mit einem Pfeil oder dem Wort „Oben" zu versehen, um Unsicherheiten im weiteren Verlauf zu vermeiden.

8 Runden Sie die Ecken ab, ich verwende dazu ein 21-mm-Rundiereisen. Achten Sie darauf, dass Sie zwar alle vier Ecken des Rückenteils rundieren müssen, aber bei den Taschen nur jeweils eine Seite. Die Öffnung bleibt gerade.

9 Fügen Sie zur Vorbereitung der Naht eine 4-mm-Nahtlinie an den Kanten hinzu, die vernäht werden.

Die Nahtlinie beginnt und endet dort, wo die zusätzlichen Linien für die großen Taschen angebracht sind.

Bringen Sie die Löcher von der Stelle aus an, an der die Mittellinie auf die Nahtlinie trifft. Das erste Loch sollte mittig darauf sitzen.

Die Löcher so anzubringen ist genauer und sorgt dafür, dass die Löcher auch alle in einer Linie liegen. Es kann aber trotzdem schwierig sein, insbesondere wenn Sie von den Linien abweichen. Hierbei kann es helfen, Hilfslinien oder Markierungen auf der Schablone anzubringen. Ich habe hier drei zusätzliche Linien hinzugefügt – 10 mm von jeder Kante der Karte entfernt auf beiden Seiten und unten.

An den Ecken können Sie dann sehen, ob die Löcher auf der rechten Seite alle den gleichen Abstand von den Linien haben wie auf der linken, sodass alles symmetrisch ist.

10 Nachdem die Mittellinie, die Nahtlinie und die Hilfslinien angezeichnet sind, können die Löcher hinzugefügt werden.

Fügen Sie die Löcher zur Nahtlinie von der Mittellinie ausgehend so genau wie möglich hinzu. Erst nach außen und oben auf der linken Seite, dann auf der rechten.

8

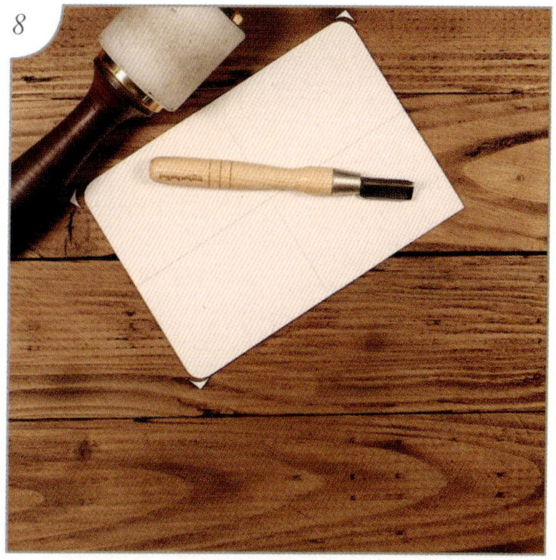

9

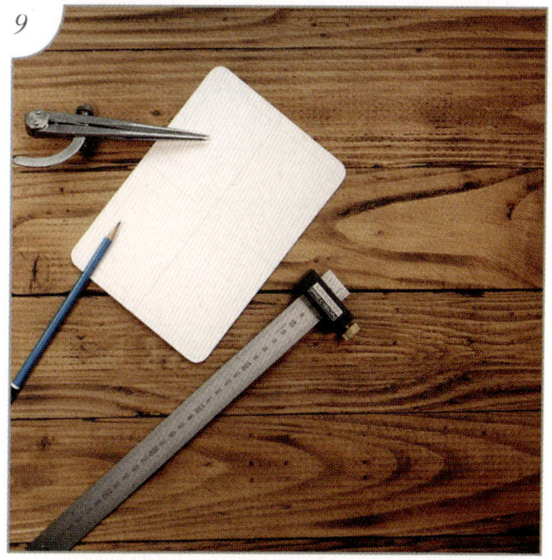

10

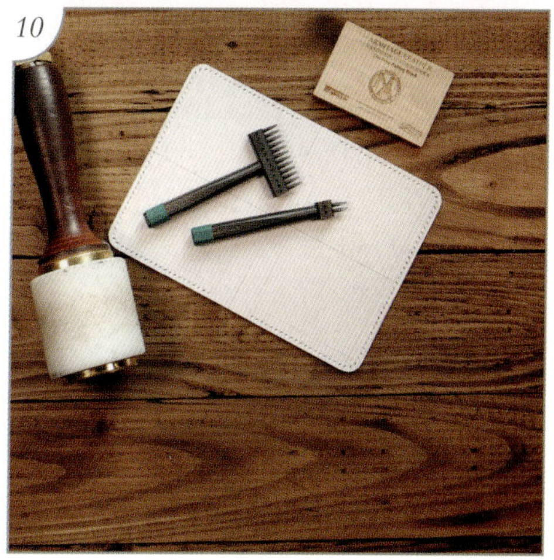

11

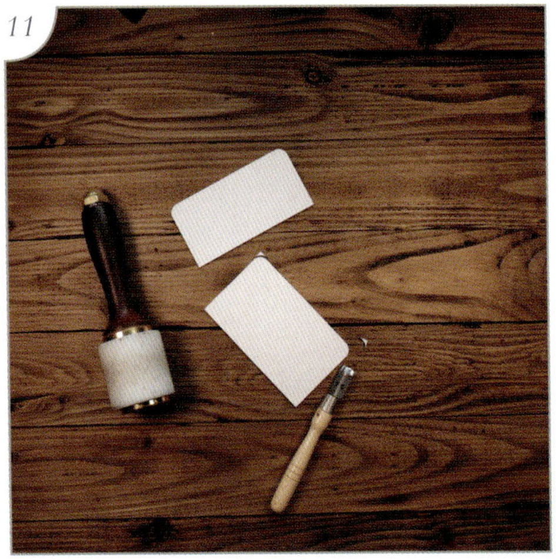

12

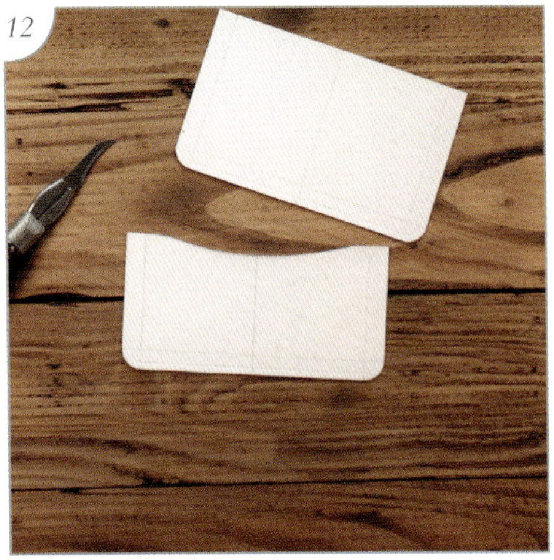

13

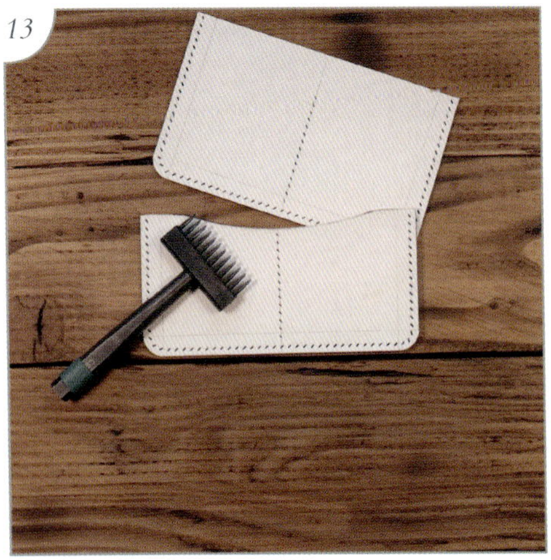

11 Indem Sie erst die Löcher auf der Schablone anbringen, können Sie genau sehen, wo sich diese im Verhältnis zu den Taschen befinden.

Das letzte Loch an der Öffnung soll einen ganzen Stich von der Lederkante entfernt sein.

Denken Sie daran, wenn Sie andere Eisen verwenden als ich, können auch die Anpassungen anders ausfallen als meine.

Wenn Sie die Löcher richtig angebracht haben, die Linien aber nicht ganz so sitzen, wie sie sollen, kann die Größe der Taschen angepasst werden. Wenn Sie sicher sind, dass die Größe stimmt, können Sie die Schablonen für die Taschen zuschneiden.

Schneiden Sie erst eine Schablone für die große Tasche. Diese kann zweimal verwendet werden. Als Nächstes eine für die Visitenkartentasche.

Rundieren Sie nur die Ecken, die an der Außenkante liegen, und bringen Sie auch hier die Löcher an – genau wie beim Rückenteil.

12 Wenn Sie sich sicher genug fühlen, können Sie jetzt einen hübschen Bogen oben an der Kartentasche anbringen.

Ich habe mich für einen großen Bogen entschieden, der über beide Taschen geht, Sie können aber auch jede Tasche mit einem eigenen Bogen versehen oder die Kante gerade lassen.

13 Fehlt noch die Naht in der Mitte der Kartentasche, die zwei einzelne Taschen daraus macht.

Fügen Sie auf der Schablone der Kartentasche eine Reihe Löcher auf der Mittellinie hinzu, die kurz vor der Öffnung und der äußeren Nahtlinie stoppt. Machen Sie das, nachdem Sie die Öffnung individuell gestaltet haben.

14 Wenn alle Löcher angebracht sind, sehen Sie, wie genau Sie gearbeitet haben. Wenn die Löcher aller Schablonen genau übereinander liegen, dann ist das ein guter Gradmesser Ihrer Präzision und verspricht Gutes für das Leder.

15 Jetzt können Sie anhand der Stückliste das Leder zuschneiden. Stellen Sie sicher, dass Sie alle etwaigen neuen Abmessungen in der Stückliste notiert haben. Schneiden Sie dann die vier Stücke aus dem gewünschten Leder.

Präzision ist hier essenziell, je genauer Sie arbeiten, desto besser passt am Ende alles zusammen.

Denken Sie daran, dass wir die Löcher vorstechen, lassen Sie sich also Zeit — messen Sie zweimal, damit Sie nur einmal schneiden müssen.

Nachdem Sie die Teile zugeschnitten und die entsprechenden Ecken rundiert haben, können Sie jetzt die Nahtlinien anbringen.

Beachten Sie dabei die richtige Reihenfolge. Bringen Sie als Erstes die Nahtlöcher auf dem Rückenteil an. Nehmen Sie die Schablone und legen

Sie sie auf das Leder. Dabei muss sie exakt mittig liegen und an allen Seiten bündig abschließen. Beschweren Sie sie mit einem Gewicht, damit sie an Ort und Stelle bleibt.

16 Legen Sie die Schablone hierfür quer vor sich. Nehmen Sie ein Vorstecheisen mit zwei Zinken und markieren Sie die folgenden Löcher:

- Für die Nahtlinie links die ersten beiden Löcher am oberen und unteren Ende der geraden Naht
- Für die Nahtlinie rechts die ersten beiden Löcher am oberen und unteren Ende der geraden Naht
- Für die Nahtlinie unten die ersten beiden Löcher am rechten und linken Ende der geraden Naht
- Für die Ecken alle Löcher im Bogen

Halten Sie das Werkzeug dabei genau senkrecht. Tun Sie das nicht, sind die Löcher nicht in einer Reihe. Auch wenn die Löcher nicht auf der Nahtlinie liegen, halten Sie sich beim Anbringen der Löcher an die Linie.

17 Nehmen Sie die Schablone vom Leder ab, fügen Sie eine Nahtlinie zwischen den Markierungen hinzu und bringen Sie jetzt alle Löcher auf dem Rückenteil an.

An den Enden jeder Linie sollten die oberen beiden Löcher auf gleicher Höhe sein wie die oberen beiden Löcher auf den großen Taschen.

14
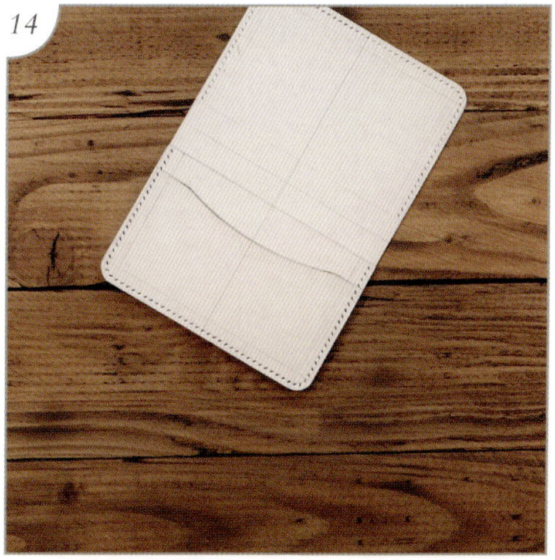

17
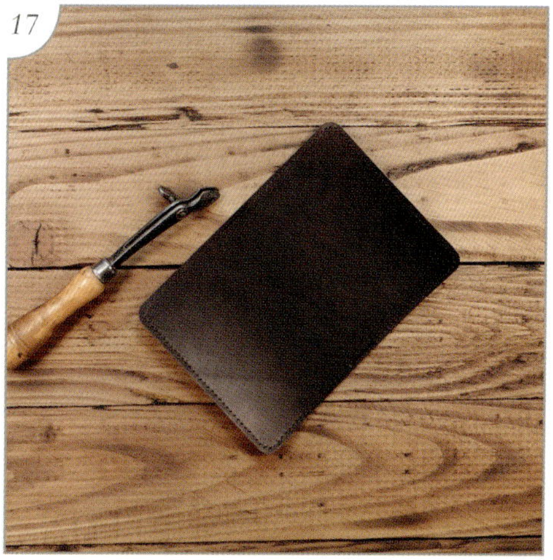

15
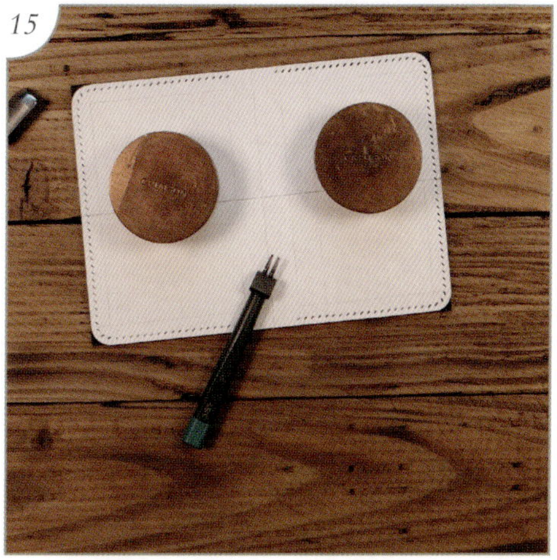

16
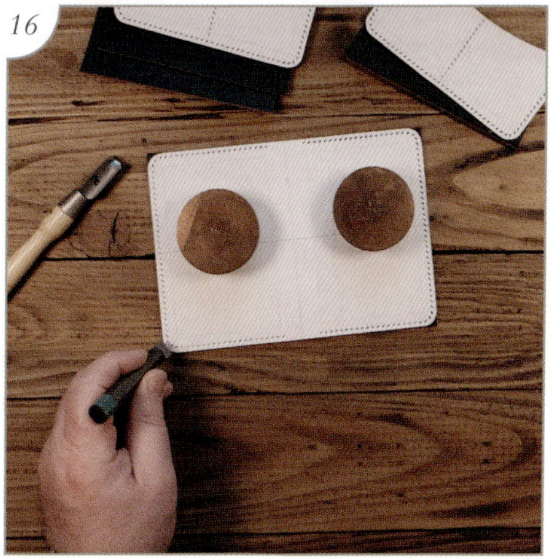

Bringen Sie jetzt auf jeder Seite ein weiteres Loch an. Dadurch geht die Naht über die Lederkante an der Taschenöffnung hinaus, ist stabiler und liegt flach auf.

Nachdem Sie die Löcher angebracht haben, wird die Lücke zwischen den Nähten auf beiden Seiten deutlich sichtbar.

Die Kanten in diesem Bereich müssen Sie bearbeiten, bevor die Hülle vernäht wird. Danach wird es schwierig.

18

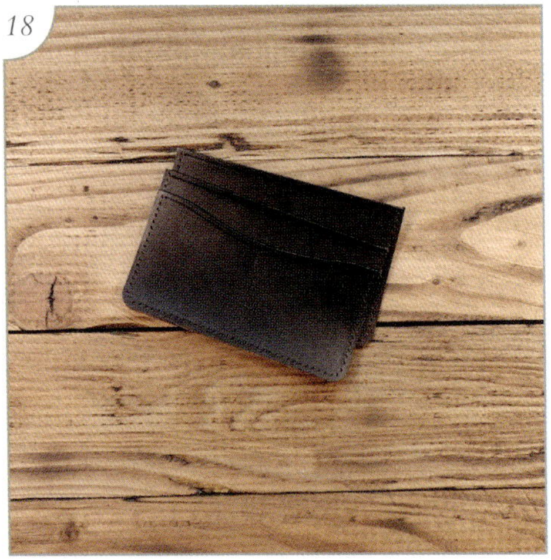

19

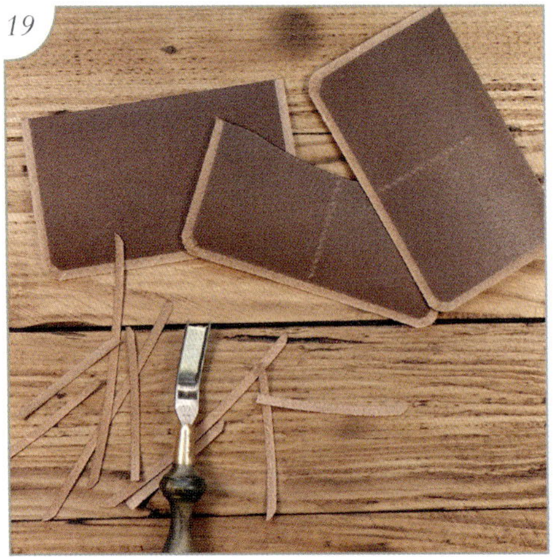

20

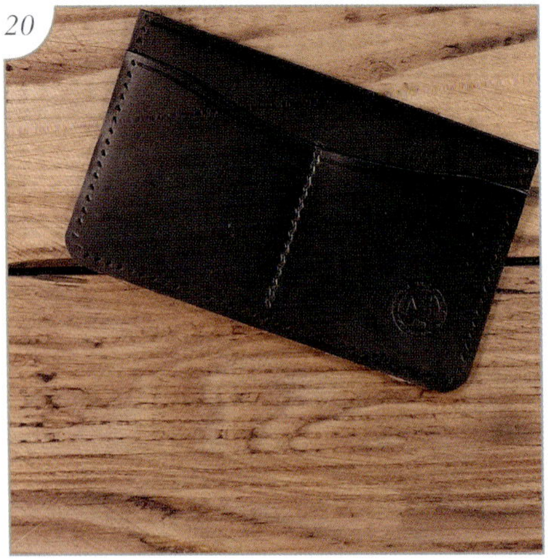

18 Wenn Sie schon dabei sind, dann bearbeiten Sie auch gleich die Oberkanten der drei Taschen mit Reifeleisen, Kantenzieher und einer Kantenfarbe Ihrer Wahl. Auch das wird nach dem Vernähen schwieriger.

19 Bevor Sie die Löcher an den Taschen anbringen, müssen Sie sich Gedanken um die Kanten der Hülle machen.

Die linke Seite besteht aus drei Lagen Leder, das sind fast 5 mm und kann die Hülle etwas klobig wirken lassen. Dem können Sie entgegenwirken, indem Sie ein wenig Leder auf der Rückseite der Taschen abnehmen. Selbst wenn es nur 0,5 mm sind, macht das schon einen Unterschied.

Ich verwende dazu einen 12 mm breiten französischen Kantenzieher. Wenn Sie eine 5-mm-Linie auf der Rückseite des Leders anzeichnen, können Sie dieser mit weniger als der Hälfte des Kantenziehers folgen. Wenn Sie das Leder dann auf einer flachen Unterlage bearbeiten, steht die Klinge 7 mm über. Dadurch schneidet sie nicht zu tief in das Leder und lässt etwa 1 mm Dicke übrig.

So erhalten Sie sauber eine eher schmale Abschrägung.

20 Markieren Sie, nachdem alle Kanten und Taschen abgeschrägt sind, auf einer der großen Taschen, wo die Visitenkartentaschen sitzen sollen, und rauen Sie den Bereich zum Kleben an. Achten Sie darauf, den Bereich oberhalb dieser Markierung nicht zu beschädigen, da dieser sichtbar sein wird.

Kleben Sie die Visitenkartentasche mit dem Klebstoff Ihrer Wahl — ich habe Kontaktkleber genommen, da er gut bindet und dabei flexibel bleibt — auf die große Tasche.

Legen Sie dann die Schablone der Kartentasche auf das Leder, sodass alles bündig ist. Markieren Sie durch die Schablone die Löcher für die mittlere Naht. Entfernen Sie die Schablone und treiben Sie die Löcher durch beide Lederlagen. Danach vernähen Sie die beiden Teile. Als Resultat können Sie die Kartentasche und die große Tasche als ein Teil behandeln.

21 Legen Sie die Schablone der großen Tasche über eine der beiden Taschen. Markieren Sie wie beim Rückenteil die Enden aller geraden Nähte sowie alle Löcher an den Ecken. Wiederholen Sie dies an der anderen Tasche.

Nachdem Sie die Löcher markiert haben, bringen Sie eine Nahtlinie und dann alle Löcher an. Halten Sie sich auch hier an die Nahtlinie, wenn die markierten Löcher davon abweichen sollten.

21

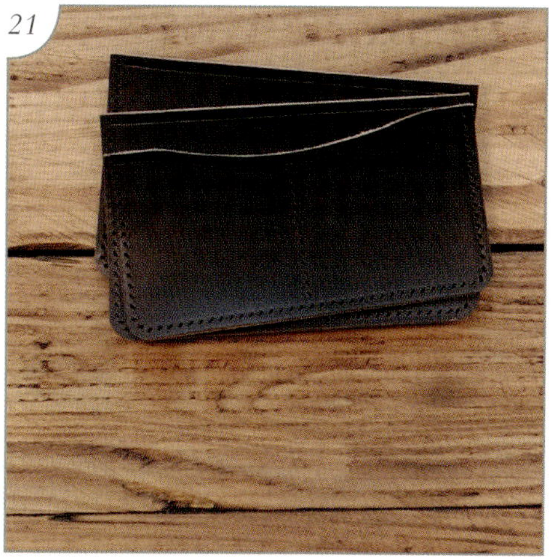

22

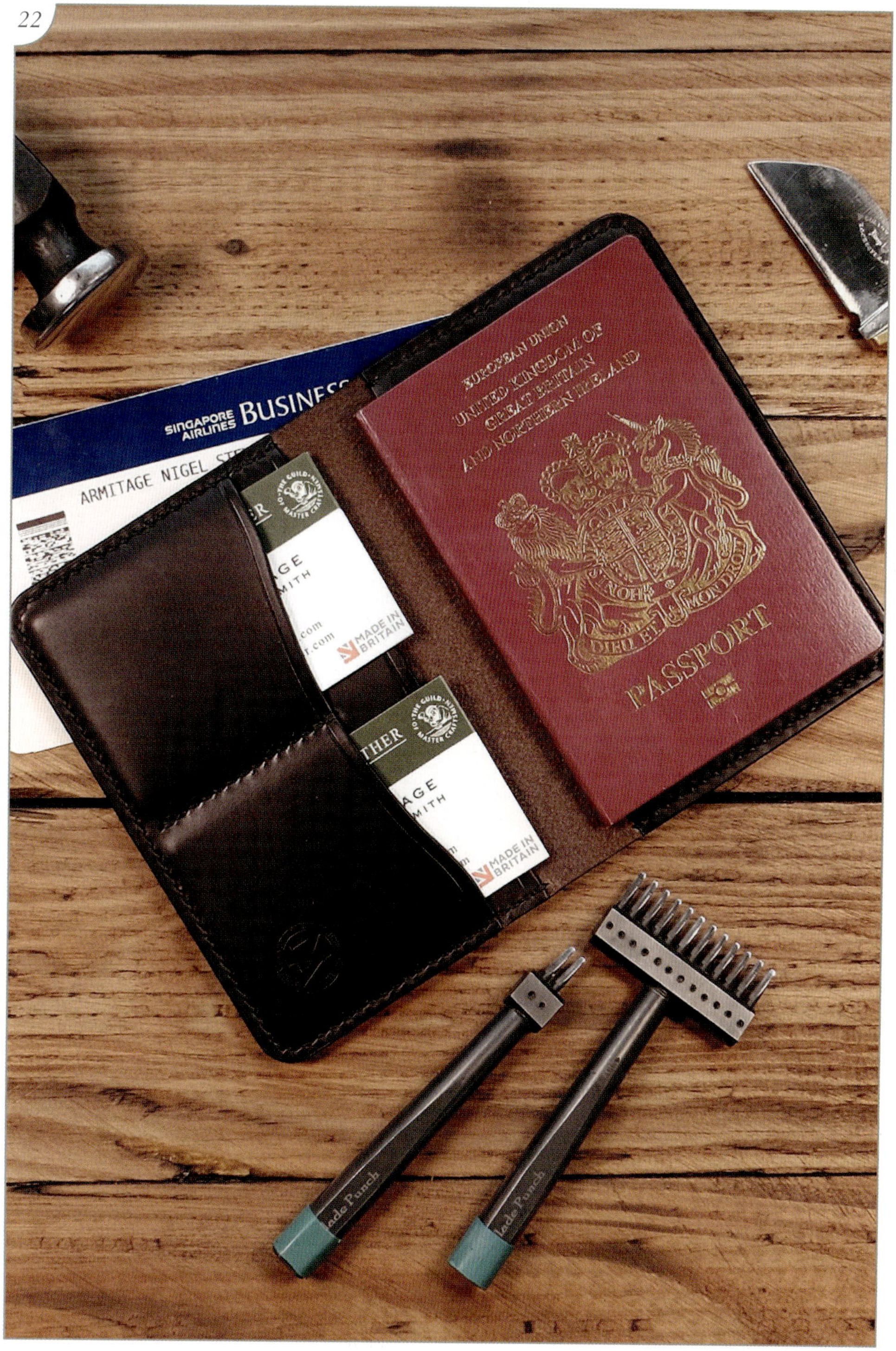

22 Jetzt kann die Hülle zusammengenäht werden. Wenn Sie sich nicht sicher sind, dass die Löcher auch gleichmäßig sitzen, nähen Sie, ohne die Teile vorher zu verkleben. Durch die leichte Abschrägung werden die Kanten trotzdem leicht zusammengezogen und es entsteht eine optisch ansprechende Kante. Wenn Sie sich aber sicher sind, dann kann ein Tropfen Klebstoff nicht schaden — aber nicht zu viel, Sie wollen die Löcher ja nicht damit verstopfen.

Wenn Sie soweit sind, nähen Sie die beiden Taschen fest.

Jetzt müssen Sie nur noch die Lederkanten bearbeiten. Durch leichtes Schmirgeln können Sie etwaigen Versatz ausgleichen — und schon sind Sie bereit für Ihre nächste Auslandsreise!

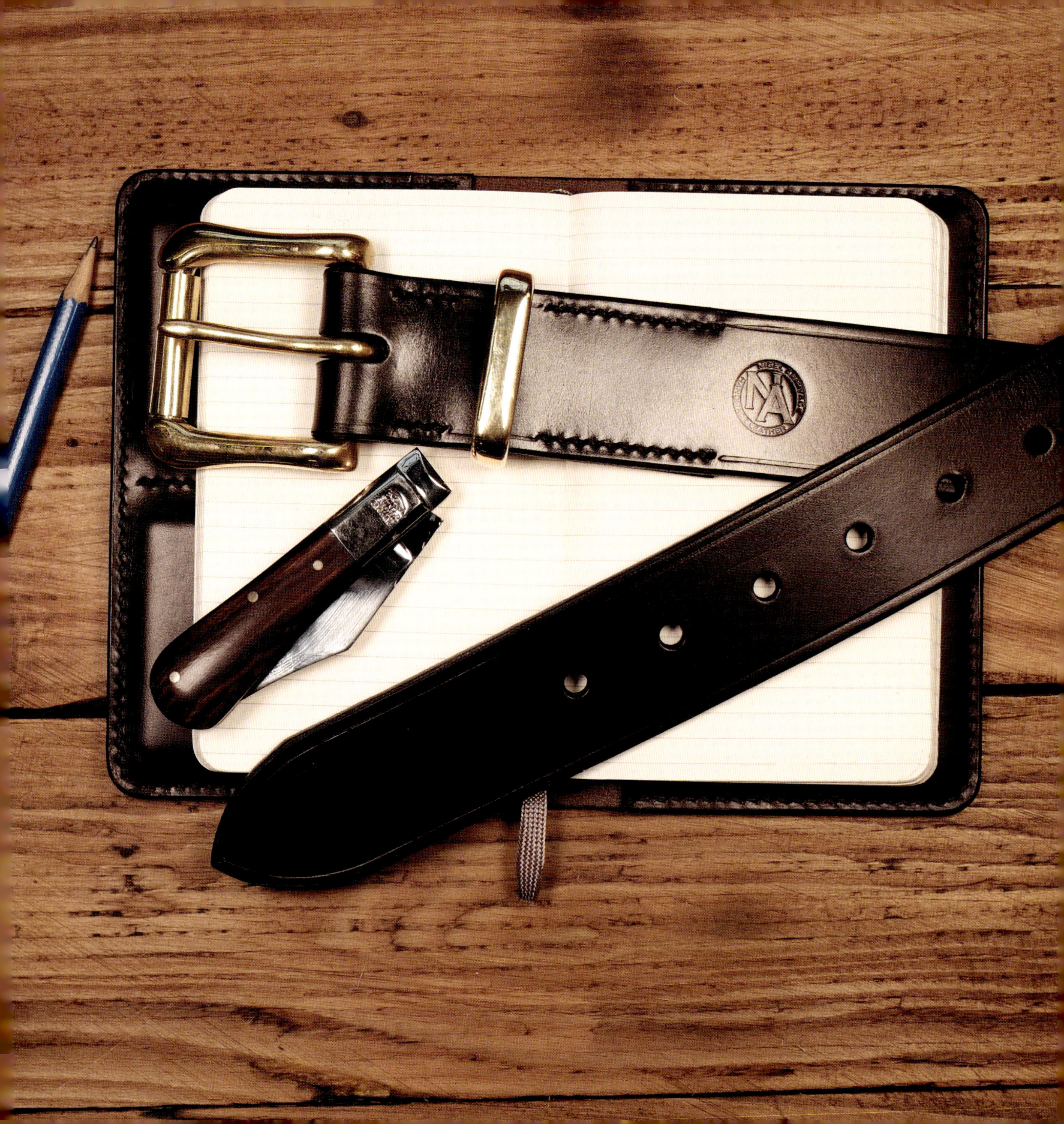

GÜRTEL

Ein Gürtel ist wahrscheinlich eines der nützlichsten Dinge aus Leder, das wir besitzen. Er hält die Hose an Ort und Stelle, man kann Taschen und Ähnliches daran anbringen, und er dient als Mode-Accessoire.

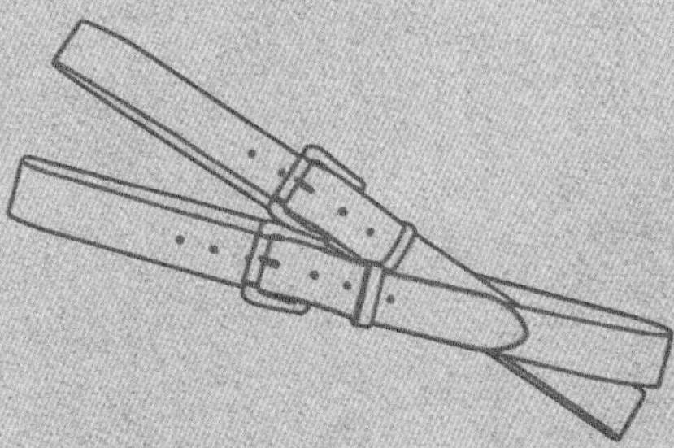

WERKZEUG UND MATERIAL

Karton für die Schablone
Lineal
Anschlagwinkel
Zirkel
Vorstecheisen oder Prickrad, 7 spi (3,85 mm)
Holzblock
Schonhammer
Langlocheisen, 38 mm
Riemenendeisen, 38 mm
Lochzange, 6 mm
Gürtelschlaufe, 38 mm
Schnalle, 38 mm
Rundiereisen, Unterlegscheibe oder Münze
Nadeln Nr. 4
Faden, 0,6 mm
Nähkloben
Schere oder Fadenschere
Kantenzieher (Zieheisen)
Kantenpolierer
Reifeleisen
Edge Kote
Bienenwachs

Crouponleder, 3,5 mm

1 Es handelt sich hierbei um einen Jeansgürtel, mit Gürtelschnalle und -schlaufe aus Kupfer. Mit 38 mm Breite ist ein stabiles Leder hier am besten geeignet, da sich dieses am wenigsten verformt. Ein modischerer Gürtel kann dagegen aus einem weicheren, geschmeidigeren Leder bestehen. Zwei Lederarten, die für einen Gürtel in Frage kommen, sind Croupon- und Halsleder.

Crouponleder ist üblicherweise 4–6 mm dick. Es wird bei der Verarbeitung mit Wachsen und Ölen behandelt, die es kompakt, fest und wenig dehnbar machen.

Halsleder lässt sich leicht bearbeiten und Sie erhalten ohne größere Anstrengung ein optisch ansprechendes Ergebnis. Es ist weicher als Croupon und dehnt sich unter Spannung eher aus, insbesondere wenn es nass wird. Es ist ideal für einen Gürtel, der als Mode-Accessoire lose getragen wird.

Zu Beginn sollten Sie verstehen, wie ein Gürtel abgemessen wird und wie er sitzen soll. Am besten nutzen Sie die Maße eines Gürtels, der bereits getragen wird, als Vorlage für einen neuen.

Dazu notieren Sie das Loch, das genutzt wird, wenn der Gürtel getragen wird. Nehmen Sie den Gürtel dann ab und messen Sie von diesem Loch bis zu der Stelle, an der der Dorn auf den Bügel der Schnalle trifft.

Wenn Sie nur einen Taillenumfang zur Verfügung haben, bedenken Sie, dass der Taillenumfang nicht der Länge des Gürtels entspricht. Ein Gürtel wird über mehreren Lagen Kleidung getragen und muss daher länger sein.

Die erste Gürtelschlaufe an einer ordentlichen Jeans sitzt etwa 150 mm von der Mitte aus. Der Gürtel muss lang genug sein, um gut und sicher in dieser Schlaufe zu sitzen — dazu sollte eine Zugabe von 50 mm reichen. Also sollten zwischen dem mittleren Loch und dem Ende des Gürtels mindestens 200 mm liegen.

Neun Löcher, von denen das fünfte das mittlere Loch ist, sind ein guter Anfang bei einem Gürtel. So können Sie flexibel auf Messfehler reagieren. Mit der Zeit können Sie die Zahl auf sieben oder sogar fünf reduzieren — aber behalten Sie auch dann die 200 mm Abstand bei.

Für den Gürtel brauchen Sie zwei Schablonen, je eine für das Riemenende und eine für das Ende mit der Schnalle. Indem Sie dafür zwei einzelne Schablonen anfertigen, können diese nach dem Abmessen der Riemenlänge angepasst werden.

Zuerst die Schablone für das Ende mit der Schnalle. Sie brauchen dazu festen Karton, z.B. 1,5 mm dicken Passepartout-Karton verwendet. Schneiden Sie daraus zwei 38 mm breite und 350 mm lange Streifen aus.

Die Skizze unten zeigt die Schablone für die Schnalle mit Naht und den Aussparungen für die Schlaufe und einen Schlitz für den Dorn — den beweglichen Teil der Schnalle, der durch das Loch gesteckt wird.

Die Aussparungen erleichtern das Nähen des Gürtels sehr.

Um Genauigkeit zu gewährleisten, werden alle Löcher in diesem Projekt mit Vorstecheisen mit neun und fünf Zinken und 7 spi (3,85 mm) markiert und dabei vollständig durchstochen, um die Löcher zu öffnen. Sie können jedes Eisen verwenden, das Sie haben, aber halten Sie sich an das Verhältnis von zwölf und fünf Löchern. Der Abstand zwischen dem Ende des Schlitzes und dem des Leders, in meinem Beispiel 85 mm, ist unbedeutend.

1

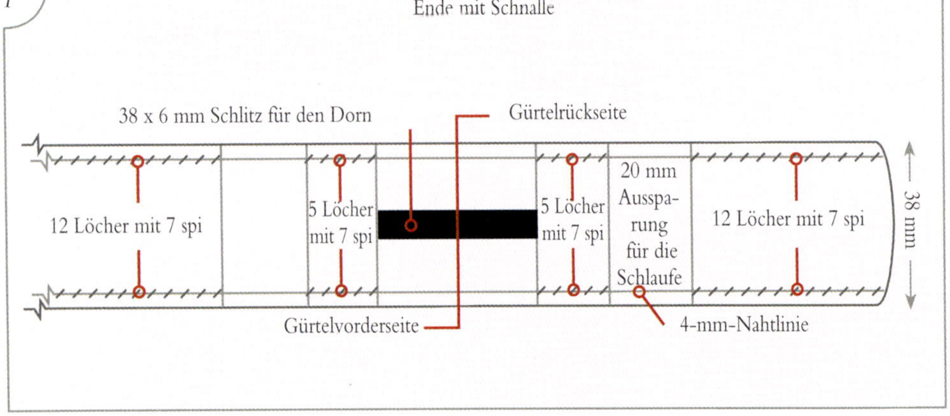

2

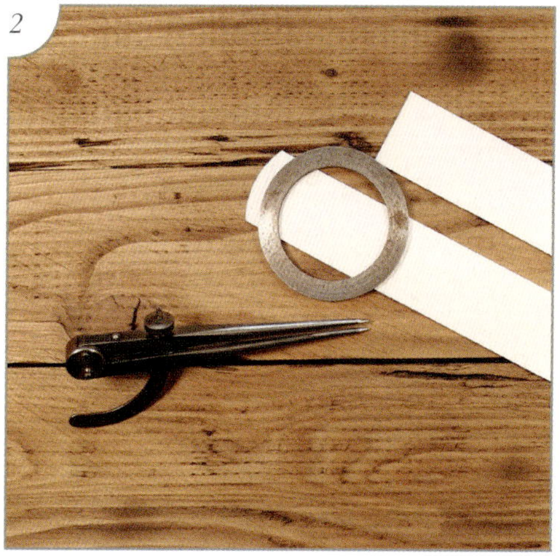

Das ist bei Ihnen möglicherweise anders, wenn Sie andere Eisen verwenden. Wenn Sie der Symmetrie richtig folgen, wird es trotzdem funktionieren. Hier sind für den Anfang keine Maße nötig, da diese beim Vorbereiten der Nähte festgelegt werden. Die 20-mm-Aussparung für die Schlaufe und die 38-mm-Aussparung für die Schnalle werden beim Markieren der Löcher eingefügt.

2 Beginnen Sie an einem Ende und rundieren Sie die Schablone leicht. Sie können sie auch gerade lassen, aber so ergibt sich ein sauberer Abschluss für die Rückseite des Gürtels. Markieren Sie nun zwei Nahtlinien, jeweils 4 mm von der Kante der Schablone.

3 Nun bringen Sie auf der Schablone die Nahtlöcher und die Aussparungen aus Abbildung 1 an: 12 Löcher — 20 mm Aussparung, 5 Löcher — 38 mm Aussparung, 5 Löcher — 20 mm Aussparung, 12 Löcher.

Bringen Sie nun mit dem größeren Eisen von rechts nach links arbeitend den ersten Satz Löcher an. Setzen Sie dabei einen Zinken am Ende der Schablone an. So ist das letzte Loch exakt einen Stich vom Lederende entfernt.

4 Markieren Sie die erste Reihe von zwölf Löchern und treiben Sie diese durch das Leder. Danach bringen Sie eine Linie am Ende dieser Reihe und eine zweite 20 mm von da aus gemessen als Markierung an. Dies ist die Aussparung für die Schlaufe. Die meisten Schlaufen sind etwa 12,5 mm breit, also sollten 20 mm ausreichen. Messen Sie aber vorsichtshalber nach und passen Sie die Maße bei Bedarf an.

5 Fügen Sie nach der Aussparung von 20 mm weitere fünf Löcher hinzu und markieren Sie dahinter eine weitere Linie.

Sie haben die Stelle erreicht, an der der Schlitz für den Dorn sitzen soll. Wie lang sollte dieser sein? Als Daumenregel entspricht die Länge des Schlitzes der Breite des Gürtels — in diesem Fall also 38 mm. Bringen Sie also eine Linie nach den fünf Löchern und eine zweite 38 mm dahinter an.

Außerdem ist es wichtig zu wissen, an welcher Stelle der Riemen umgeklappt wird. Bringen Sie daher in der Mitte der Aussparung eine weitere Linie an.

Damit ist die Rückseite des Gürtels fertig. Auf der Vorderseite wiederholen Sie dies nun spiegelverkehrt.

3

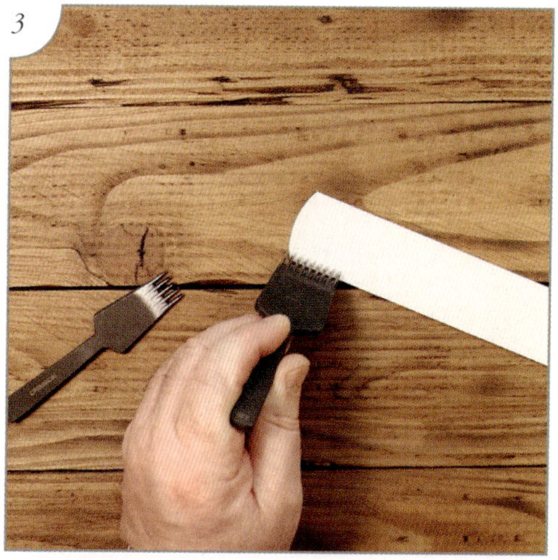

4

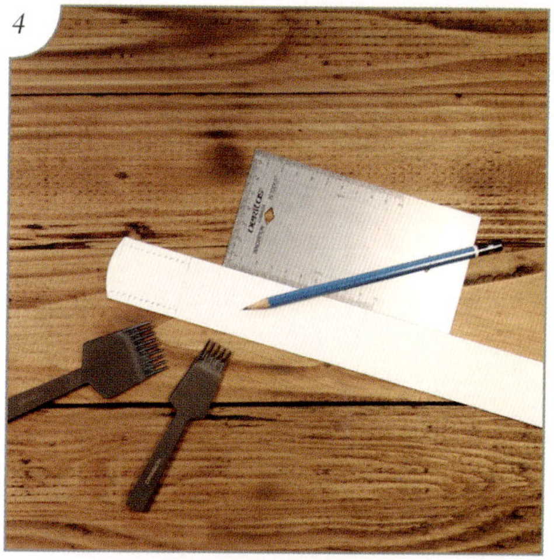

5

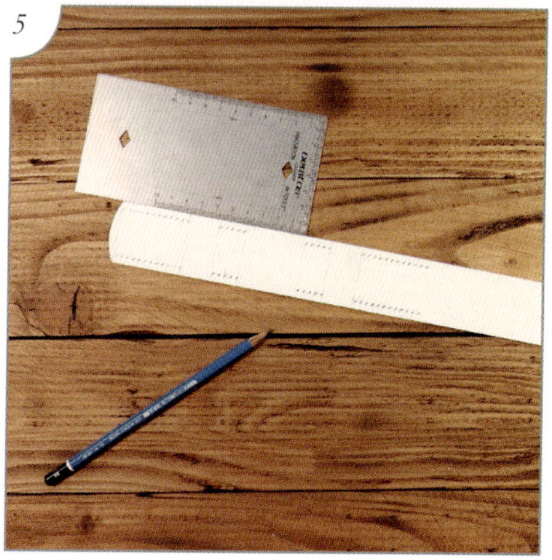

Das Leder wird an der Mitte des Schlitzes umgebogen, daher muss die Vorderseite der Rückseite entsprechen.

Bringen Sie an der Linie, die das Ende der Aussparung für den Schlitz markiert, fünf Löcher an und markieren Sie das Ende der Reihe mit einer Linie.

Bringen Sie eine zweite Linie in einem Abstand von 20 mm an und dahinter weiter zwölf Löcher.

Wiederholen Sie das auf der anderen Seite der Schablone, die Linien helfen Ihnen dabei.

6 Als Nächstes müssen Sie den 38 mm langen Schlitz zwischen den Markierungen anbringen. Dazu können Sie ein Langlocheisen oder eine 6-mm-Lochzange verwenden. Damit bringen Sie zwei Löcher im Abstand von 38 mm an und schneiden den Schlitz dazwischen vorsichtig mit einem Messer.

7 Es fehlt noch eine Markierung: ein Punkt, von dem aus die Messungen vorgenommen werden, wenn Sie mit der Arbeit am Leder beginnen.

Schnallen in dieser Größe sind meistens quadratisch. Daher müssen wir 38 mm von der Mitte des Schlitzes zur Rückseite des Gürtels messen.

Diese Linie markiert die Stelle, an der der Dorn auf dem Bügel der Schnalle sitzt und beim Tragen auf das mittlere Loch des Gürtels trifft. Diagramm **7b** zeigt die Umrisse einer Schnalle und die Stelle, an der dieses Loch sitzen sollte.

6

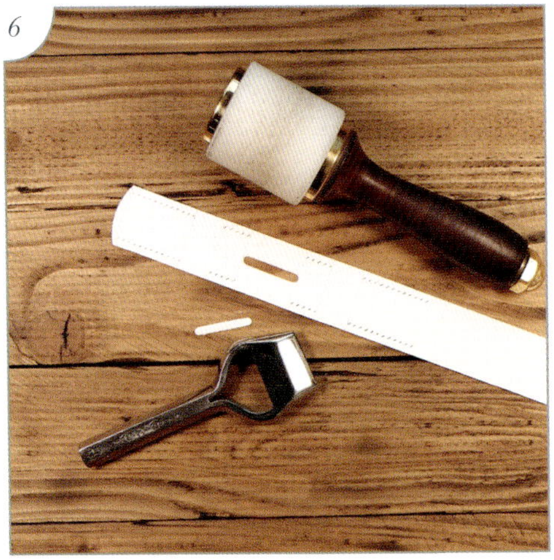

7a

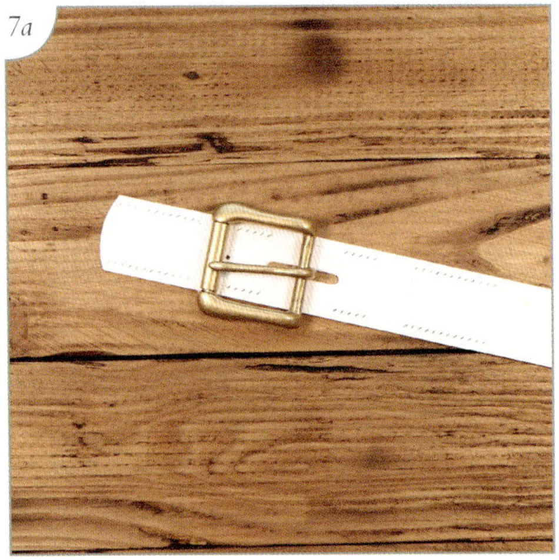

7b

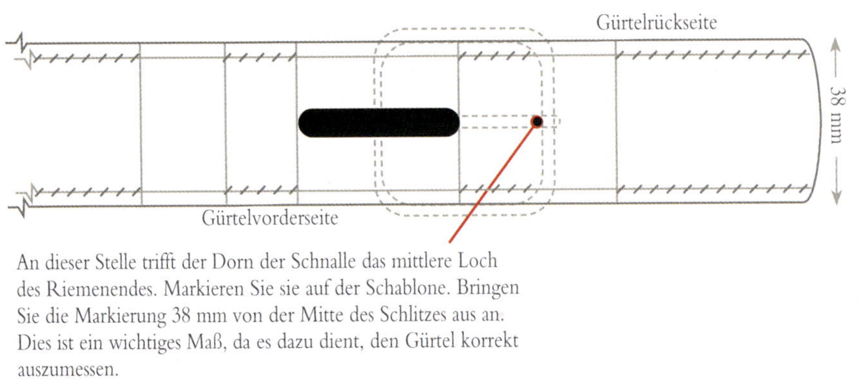

8

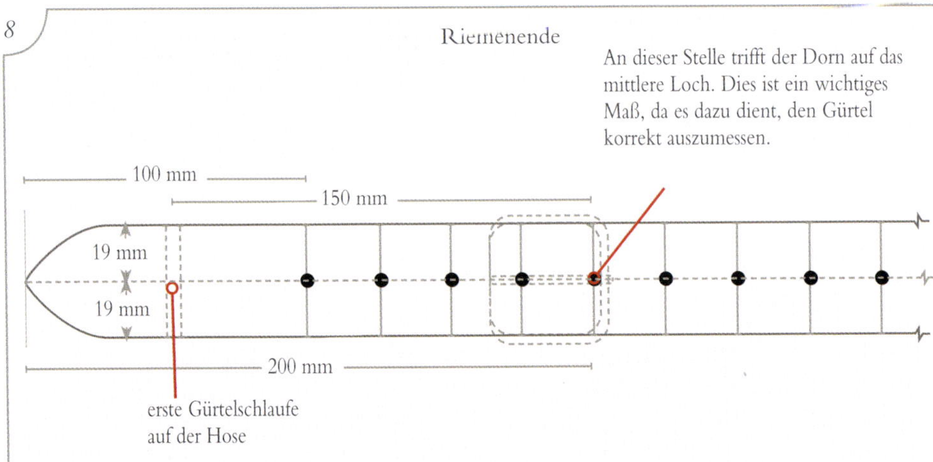

8 Damit ist die Schablone für die Schnalle fertig. Kommen wir zum Riemenende.

In den meisten Fällen beträgt der Abstand zwischen dem ersten Loch und dem Riemenende etwa 100 mm, während die Löcher 25 mm auseinander sind. Die Zahl der Löcher ist ungerade, damit die Schnalle beim Tragen mittig sitzt. Hierbei handelt es sich um sehr lose Regeln, die Sie an Ihre Bedürfnisse, Größe und Ihren Stil anpassen können.

Wie erwähnt kann es beim Maßnehmen für einen Gürtel zu Fehlern kommen. Wenn Sie neun Löcher anbringen, haben Sie hierfür zusätzlichen Spielraum.

Suchen Sie sich ein Design für das Riemenende aus. Ich habe mich für ein v-förmiges Ende entschieden.

Bringen Sie 100 mm vom Ende aus gemessen eine Markierung an. Bringen Sie weitere acht Markierungen im Abstand von jeweils 25 mm an.

Bringen Sie zum Schluss eine Mittellinie 19 mm von den Kanten aus an, die über die gesamte Länge der Schablone läuft.

Die Gürtellöcher sitzen an den Stellen, an denen sich die Linien kreuzen.

9 Wählen Sie eine Lochzangenpfeife, die über den Dorn der Schnalle passt.

10 Bringen Sie damit alle Löcher auf der Schablone an.

11 Damit sind beide Schablonen fertig.

Die Erstellung der Schablonen verschlingt mit Abstand die meiste Zeit bei der Herstellung eines Gürtels. Wenn Sie aber einmal eine gute Schablone haben, können Sie diese immer wieder verwenden.

Außerdem erspart Ihnen eine gute Schablone Rätselraten, Abmessungen und unnötige Markierungen auf dem Leder selbst — dadurch geht der Rest ganz einfach von der Hand, wie Sie gleich sehen werden.

Nun ist es Zeit, das Leder zuzuschneiden. Sie brauchen einen 38 mm breiten Streifen. Crouponleder ist meistens etwas länger als 1,5 Meter.

Kürzen Sie den Riemen noch nicht! Selbst wenn er zu lang sein sollte. Die meisten Fehler treten an dem Ende auf, an dem die Schnalle angebracht wird. Wenn Sie den Riemen bereits jetzt zuschneiden, haben Sie keinen Spielraum mehr für etwaige Fehler. Ist der Riemen aber länger als nötig, haben Sie eine zweite Chance.

9
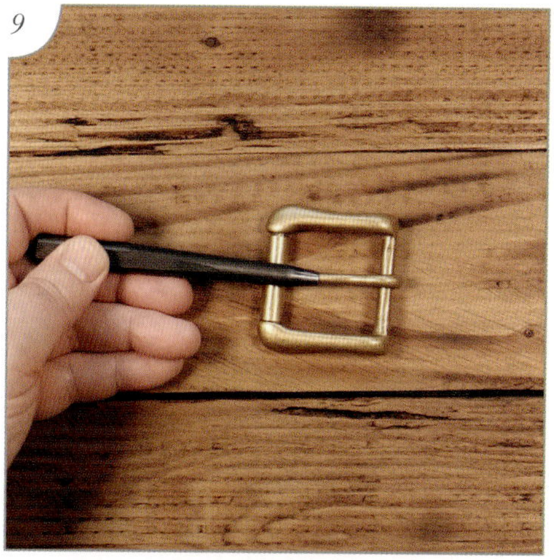

10
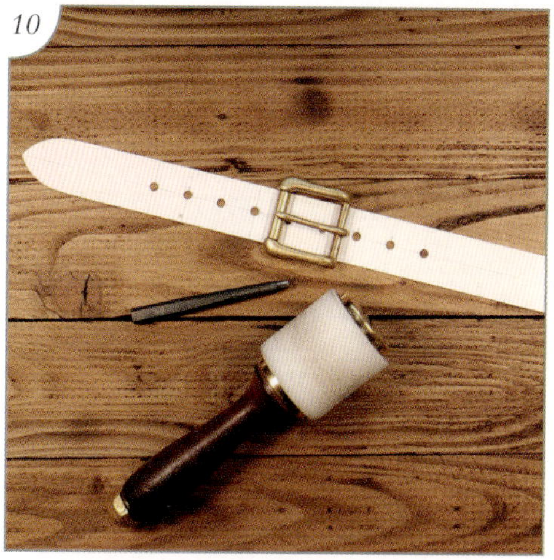

11
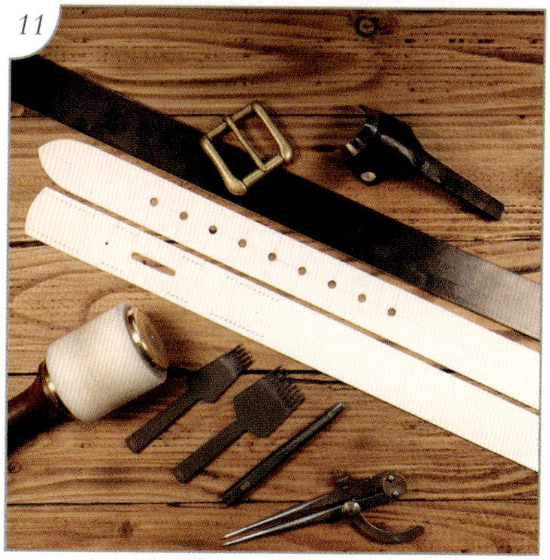

12 Legen Sie nun die Schablone für das Ende mit der Schnalle auf den Riemen. Am besten beschweren Sie die Schablone mit Gewichten.

13 Am schwierigsten ist hier der Schlitz: Markieren Sie diesen zuerst. Platzieren Sie das Langlocheisen auf der Schablone und schlagen Sie einmal fest zu, um das Leder zu markieren.

Entfernen Sie die Schablone, um zu prüfen, ob der Schlitz gerade ist. Wenn ja, setzen Sie das Langlocheisen ohne die Schablone erneut an und treiben Sie den Schlitz durch das Leder. Wenn das funktioniert hat, kommt der nächste Schritt. Wenn der Schlitz aber verrutscht ist und nicht auf der Markierung liegt, dann verlieren Sie hier nur 125 mm Leder – Sie können den Fehler abtrennen und es noch einmal versuchen.

14 Sobald der Schlitz erfolgreich angebracht ist, legen Sie die Schablone wieder auf das Leder. Achten Sie dabei darauf, sie exakt an den Kanten des Riemens und des Schlitzes auszurichten. Bringen Sie nun mit einer Rundahle eine leichte Markierung für das jeweils erste und letzte Loch aller Lochreihen an. Dabei besteht die Gefahr, dass Sie von der Linie abweichen, pricken Sie daher nicht zu tief in das Leder.

Dies ist auch ein guter Moment, um das Ende des Riemens zu markieren, wenn Sie vorhaben, ihn zu rundieren.

15 Entfernen Sie dann die Schablone und markieren Sie zwei Nahtlinien — bei 4 mm — entlang der Riemenkanten zwischen den ersten und letzten Löchern aller markierten Nahtreihen. Gehen Sie nicht darüber hinaus, da dieser Bereich gereifelt wird

Es kann sein, dass die Löcher, die Sie mit der Rundahle markiert haben, nicht exakt auf der angezeichneten Nahtlinie sitzen. Halten Sie sich beim Durchtreiben der Löcher immer an die Nahtlinie. Die Markierungen zeigen an, wo die Löcher platziert werden sollen, aber die Eisen müssen zum Durchtreiben immer auf der Nahtlinie sein.

16 Treiben Sie nun die Nahtlöcher durch das Leder.

Jetzt zeigt sich, warum es hier sinnvoll ist, zwei Schablonen anzufertigen.

Beim Abmessen des Gürtels haben Sie sich das Maß notiert: Nehmen wir als Beispiel einfach 86 Zentimeter. Legen Sie den Riemen flach auf den Tisch und die Schablone für die Schnalle auf das Ende, an der diese angebracht werden soll.

Legen Sie ein langes Lineal so daneben, dass das Ende oder die 0 an dem Ausgangspunkt für die Abmessungen liegt.

17 Legen Sie nun die Schablone für das Gürtelende so auf den Riemen, dass das mittlere Loch bei 86 Zentimetern liegt.

18 Beschweren Sie die Schablone mit Gewichten und markieren Sie die Löcher und das Riemenende für den Zuschnitt.

So erhalten Sie immer die richtige Gürtellänge — vorausgesetzt der Taillenumfang stimmt.

19 Schneiden Sie den Riemen zu und bringen Sie alle Löcher an. Der Riemen ist nun schon fast ein Gürtel.

20 Wenn möglich, sollten Sie die Rückseite des Gürtels ausschärfen, um einen Teil der Masse zu entfernen.

12

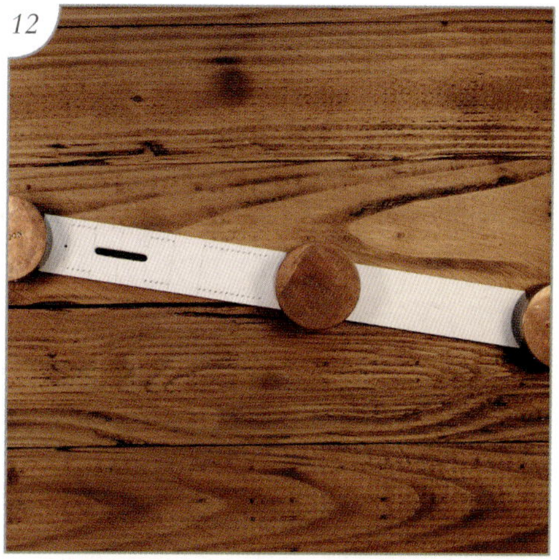

13

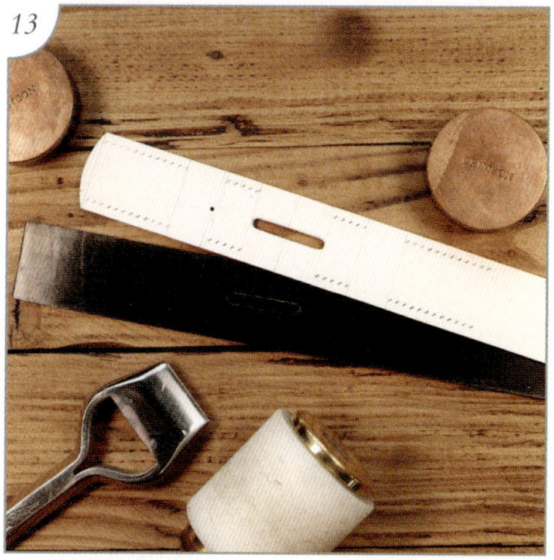

14

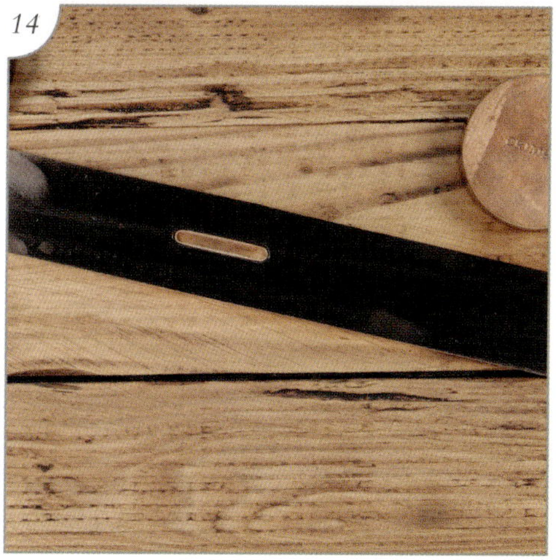

15

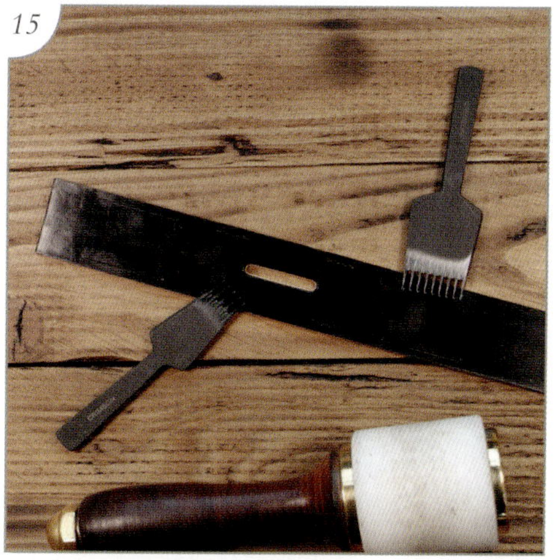

16

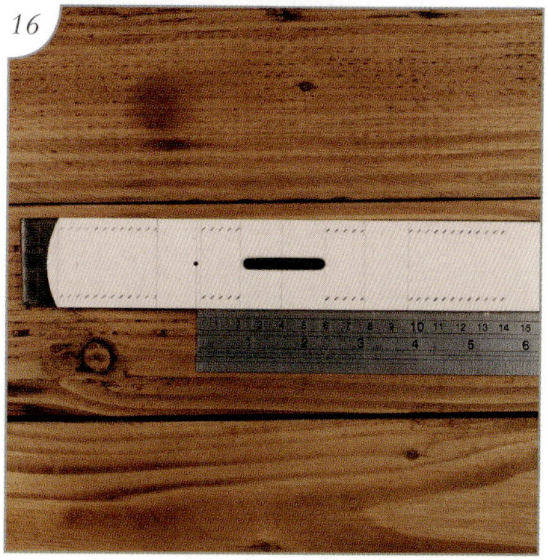

17

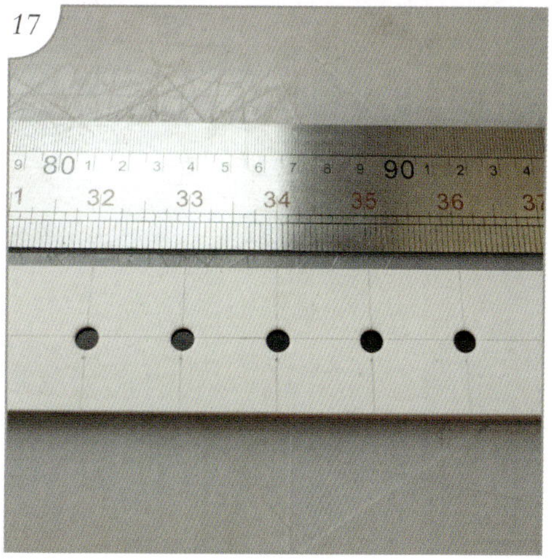

18

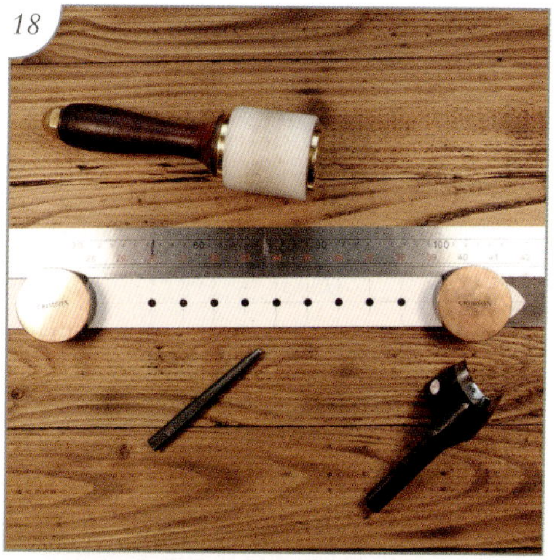

19

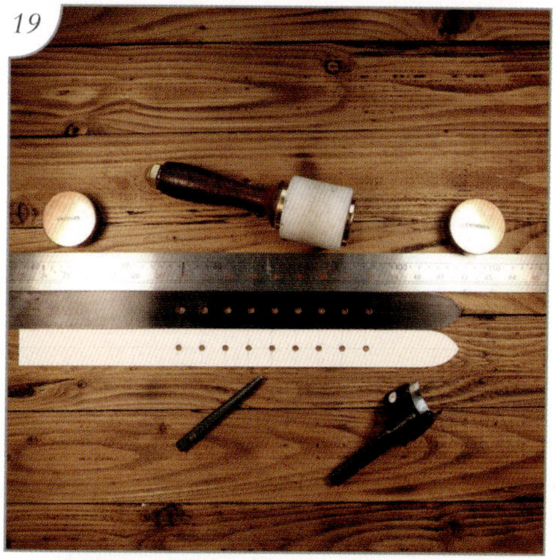

20

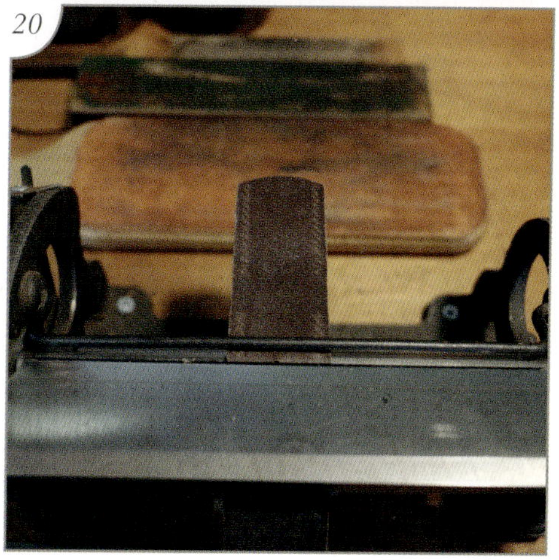

21 Durch das Ausschärfen wird der Riemen biegsamer und der Gürtel bequemer zu tragen.

Wenn Sie nicht sicher sind, lassen Sie diesen Schritt für den Moment aus. Ein Schärf- oder Spaltmesser ist hierfür ideal, mir ist aber auch klar, dass Sie sich diese Technik erst aneignen müssen.

22 Wenn Sie den Riemen zugeschnitten, alle Löcher angebracht und (eventuell) die Rückseite ausgeschärft haben, ist es Zeit, die Gürtelkanten zu bearbeiten. Die Kante lässt sich gut mit einer gereifelten Kerbe verschönern. Beachten Sie, wenn Sie Crouponleder benutzen, muss das Reifeleisen heiß sein.

23 Sie sollten bereits geübt in der Handhabung des Reifeleisens sein, bevor Sie damit die Lederkante reifeln. Danach schrägen Sie die Kanten ab.

24 Bringen Sie ein Polierfinish Ihrer Wahl auf. Ich verwende Tokenol. Polieren Sie, bis das Leder gleichmäßig glänzt, schmirgeln Sie es leicht an, bringen Sie Edge Kote und Bienenwachs auf und polieren Sie erneut.

25 Jetzt kann die Schnalle angebracht werden.

26 Setzen Sie die Schnalle an die markierte Stelle. Achten Sie darauf, dass sie richtig herum sitzt. Falten Sie dann das Leder darum.

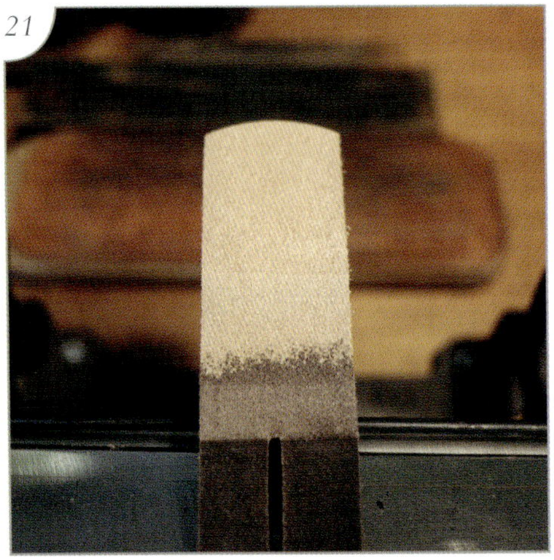
21

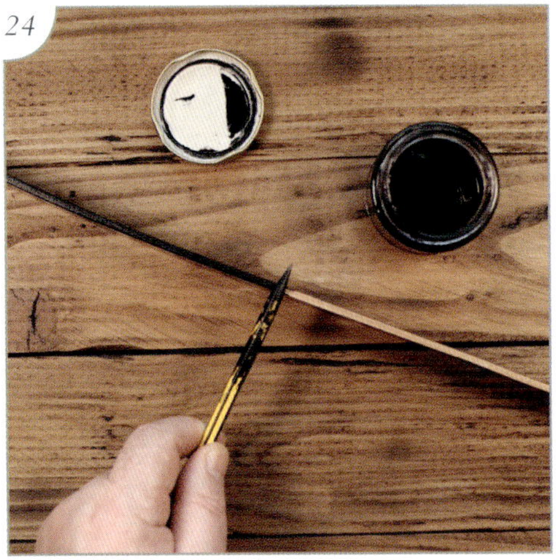
24

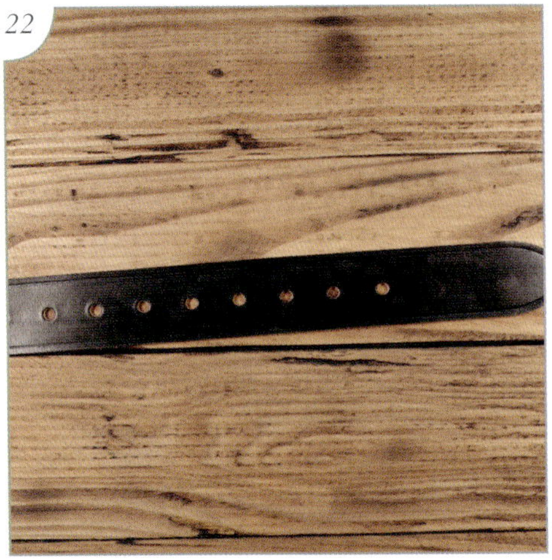
22

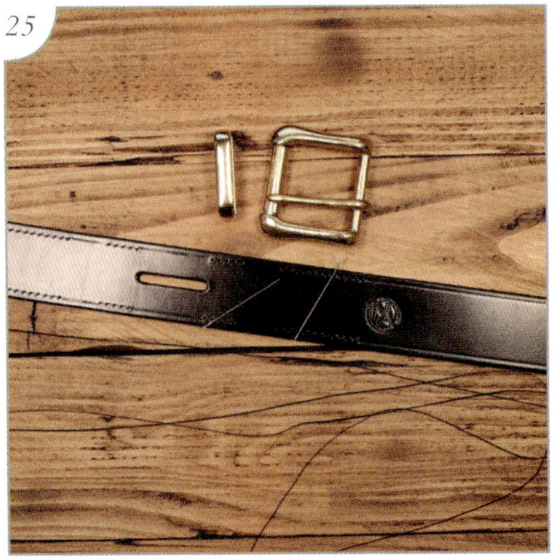
25

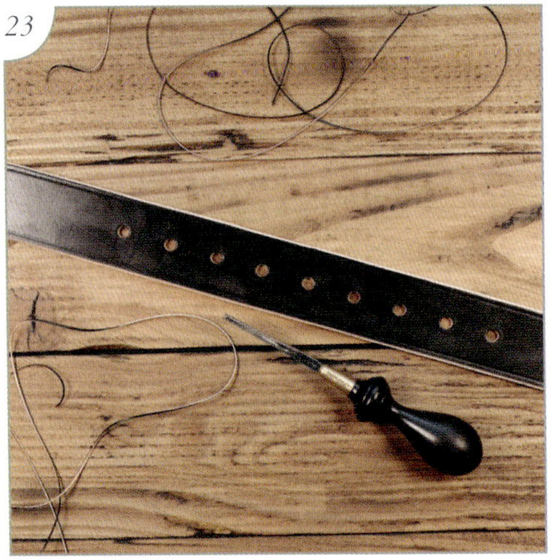
23

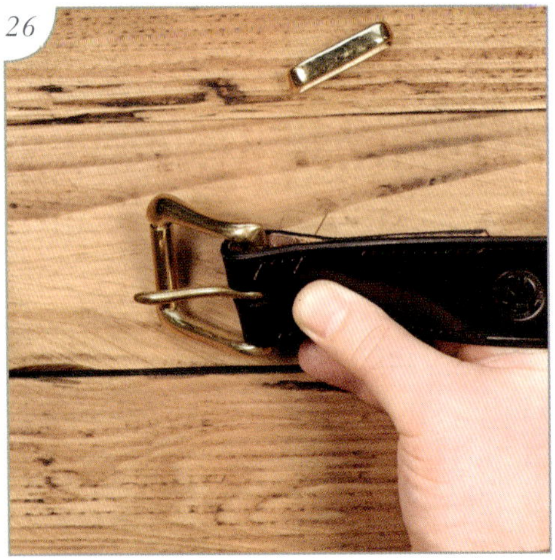
26

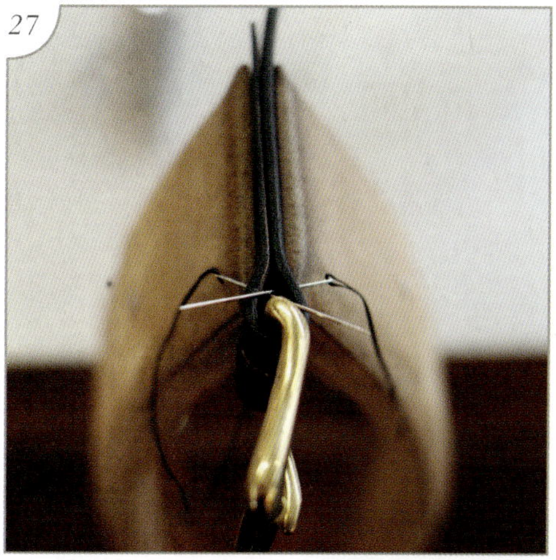
27

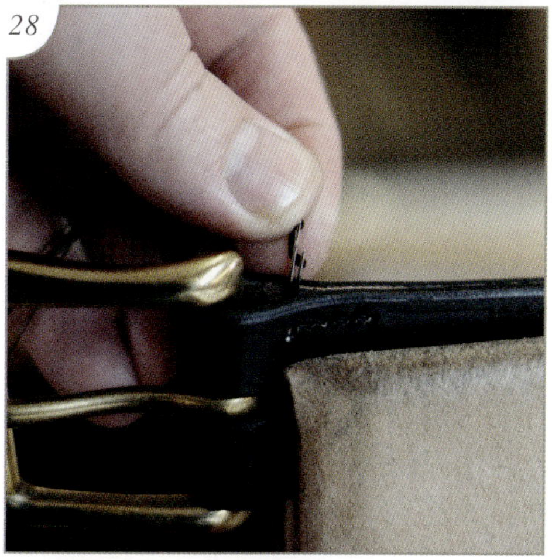
28

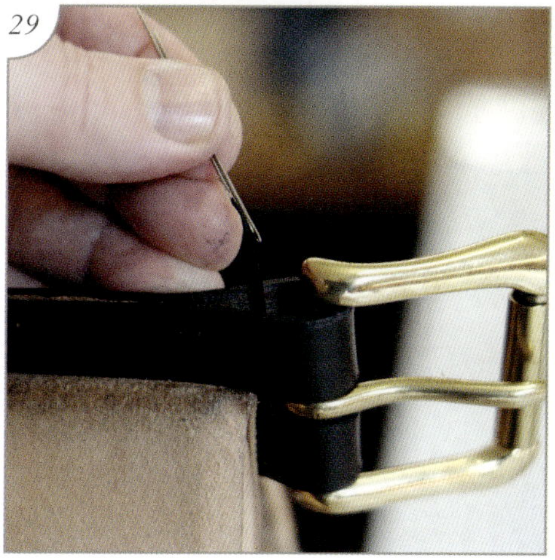
29

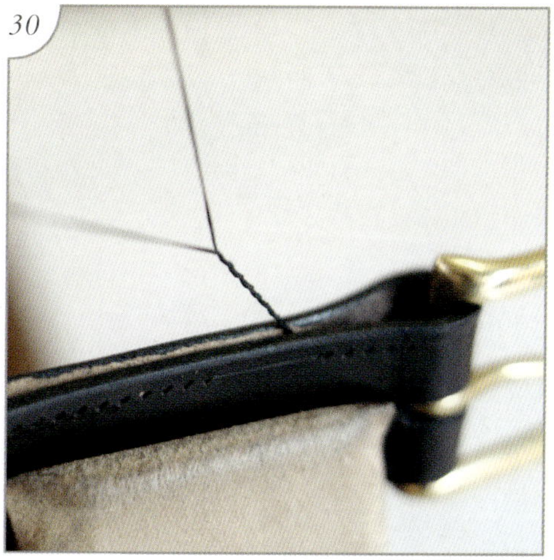
30

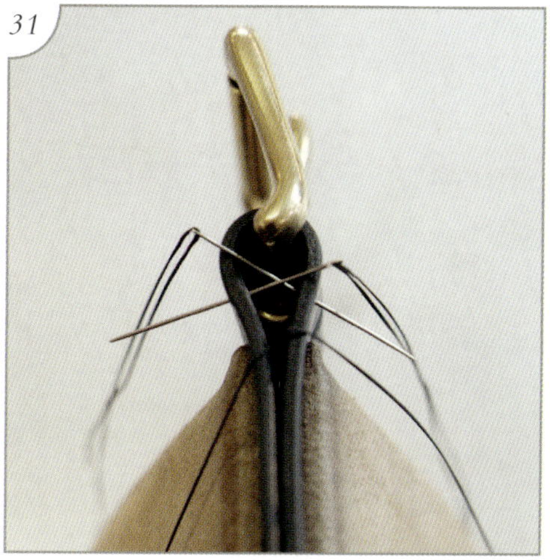
31

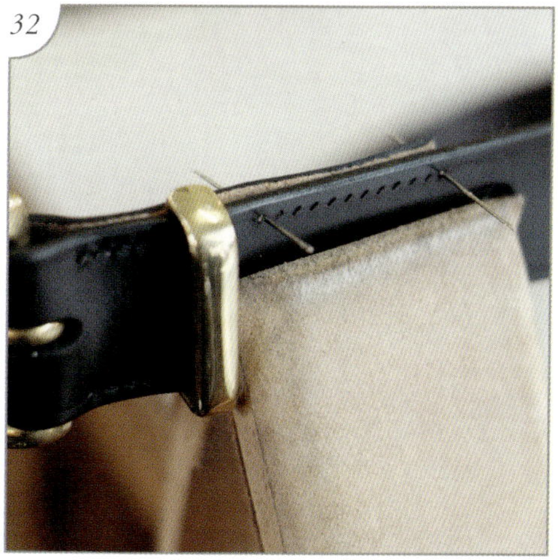
32

27 Jetzt ist es Zeit zu nähen. Am besten nähen Sie auf die Schnalle zu. Beginnen Sie beim drittletzten Loch in der Reihe der fünf Löcher mit den beiden Rückstichen.

Bei fünf Löchern ergeben sich vier Stiche. Nähen Sie nur bis zum vierten Loch.

Nach dem vierten Loch stecken Sie die vordere Nadel in das fünfte Loch und führen sie zwischen den beiden Lederlagen wieder hinaus.

28 Wiederholen Sie das Ganze mit der hinteren Nadel. Führen Sie nun die beiden Nadeln, die sich zwischen den beiden Lederlagen befinden, auf die andere Seite. Passen Sie auf, dass diese sich nicht in der Schnalle verhaken.

29 Drehen Sie nun den Gürtel im Nähkloben um.

30 Verdrehen Sie die beiden Fäden etwa zwanzigmal miteinander.

31 Nehmen Sie nun eine der Nadeln und ziehen Sie sie durch das erste Loch von innen nach außen auf die Vorderseite des Leders. Ziehen Sie dann die zweite Nadel genauso auf die Rückseite.

32 Von dieser Position aus können Sie weiternähen und mit zwei Rückstichen abschließen.

Bringen Sie nach der Schnalle die Schlaufe an.

33 Sie können nun die Reihen aus zwölf Löchern genauso nähen. Dazu nähen Sie auf die Schlaufe zu, schieben die Nadeln in die Mitte durch, verdrehen die Fäden, drehen den Gürtel im Nähkloben, ziehen die Nadeln von innen nach außen und nähen dann weiter.

Nachdem die Schlaufe angebracht ist, ist der Gürtel fertig. Lehnen Sie sich zurück und betrachten Ihr Werk.

33a

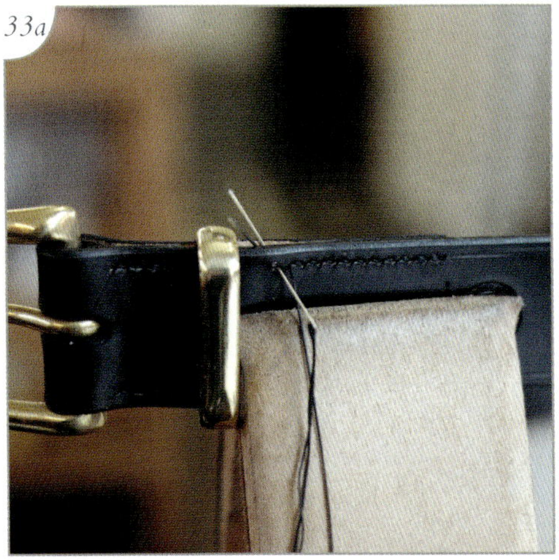

33b

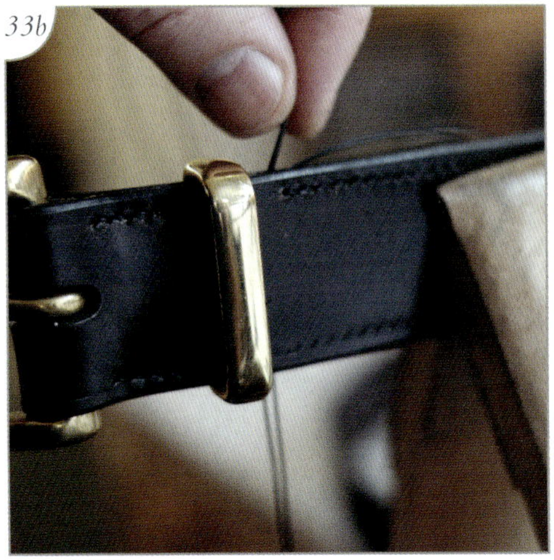

33c

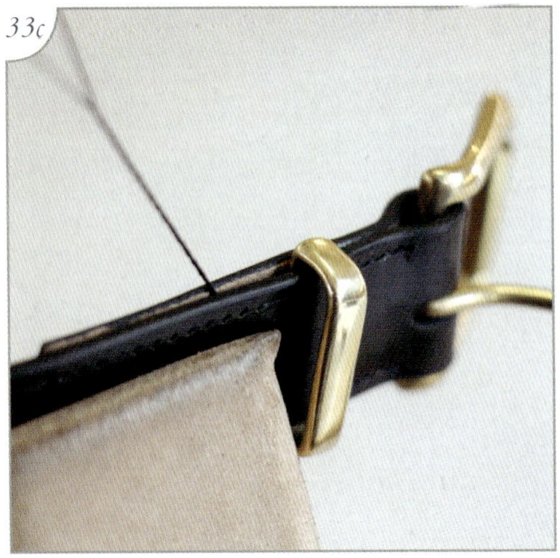

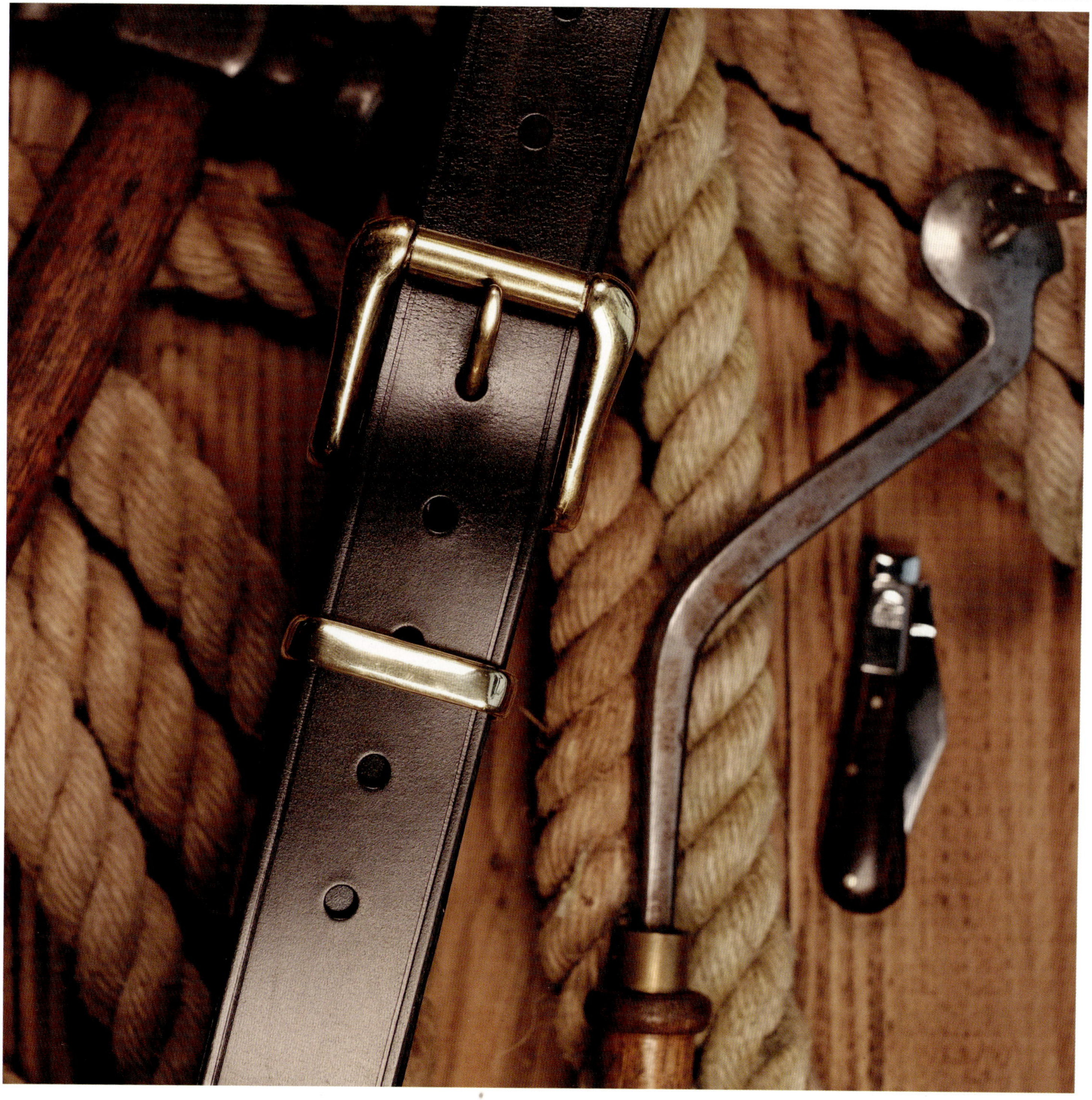

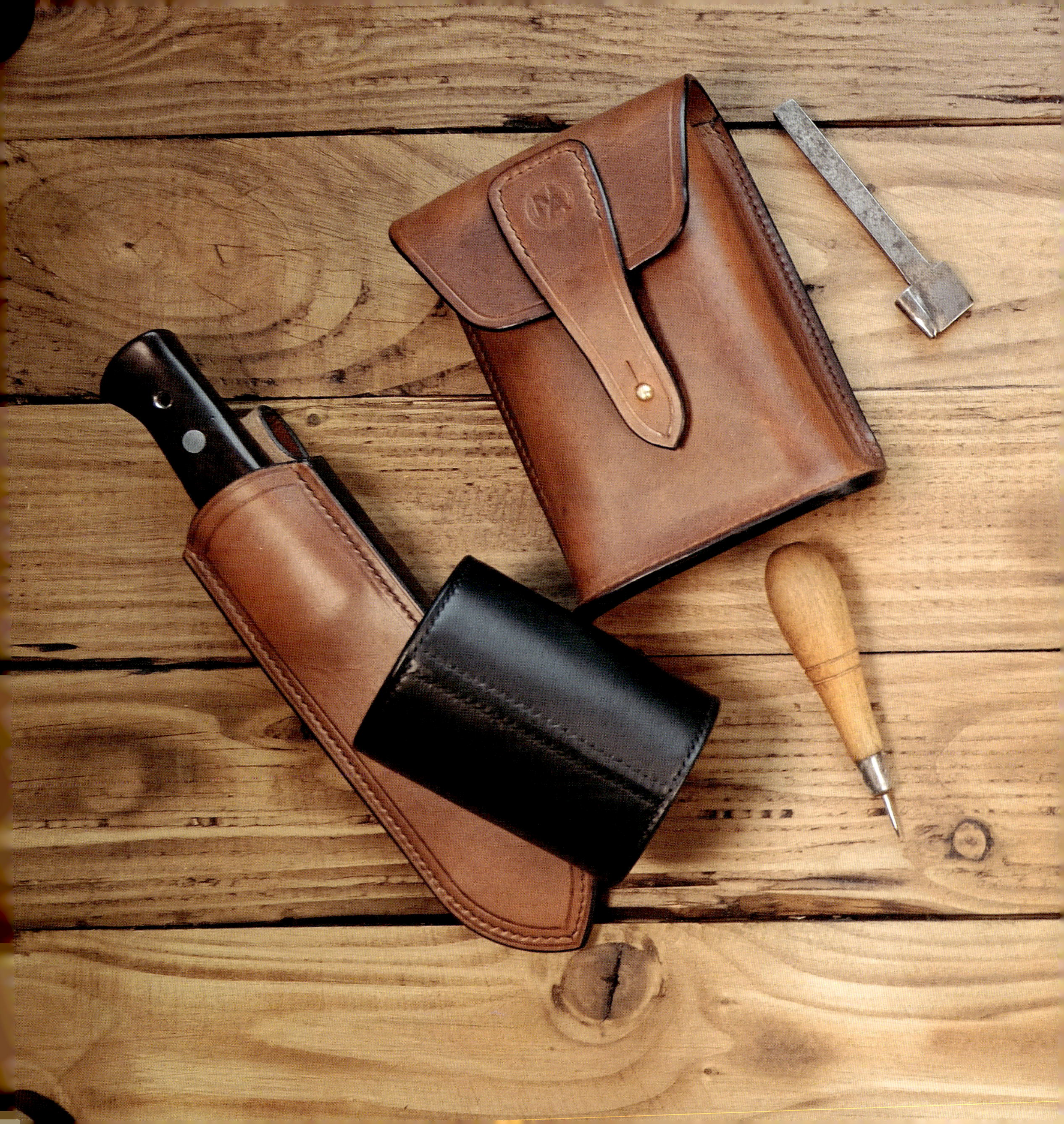

PROJEKTE FÜR FORTGESCHRITTENE

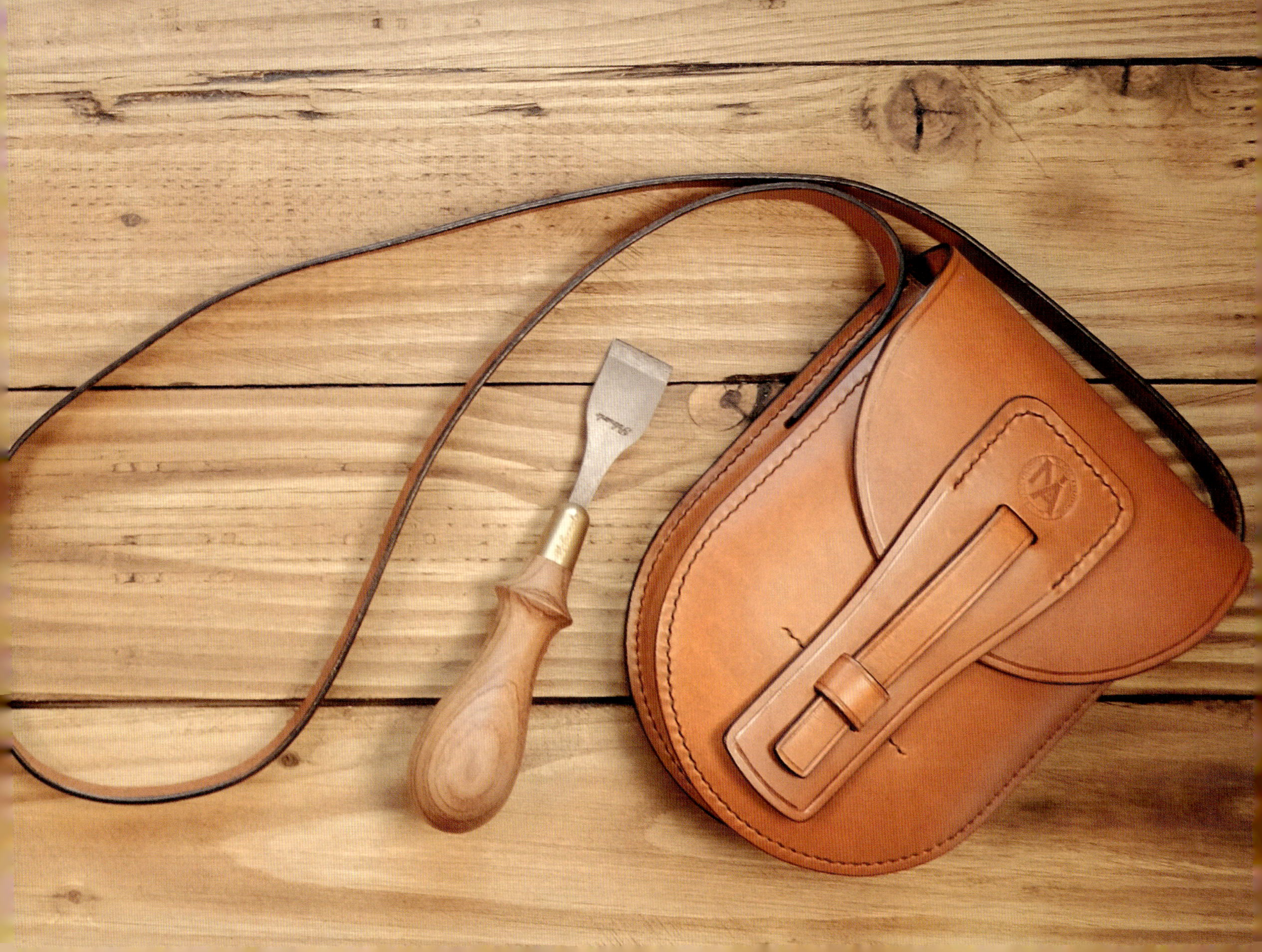

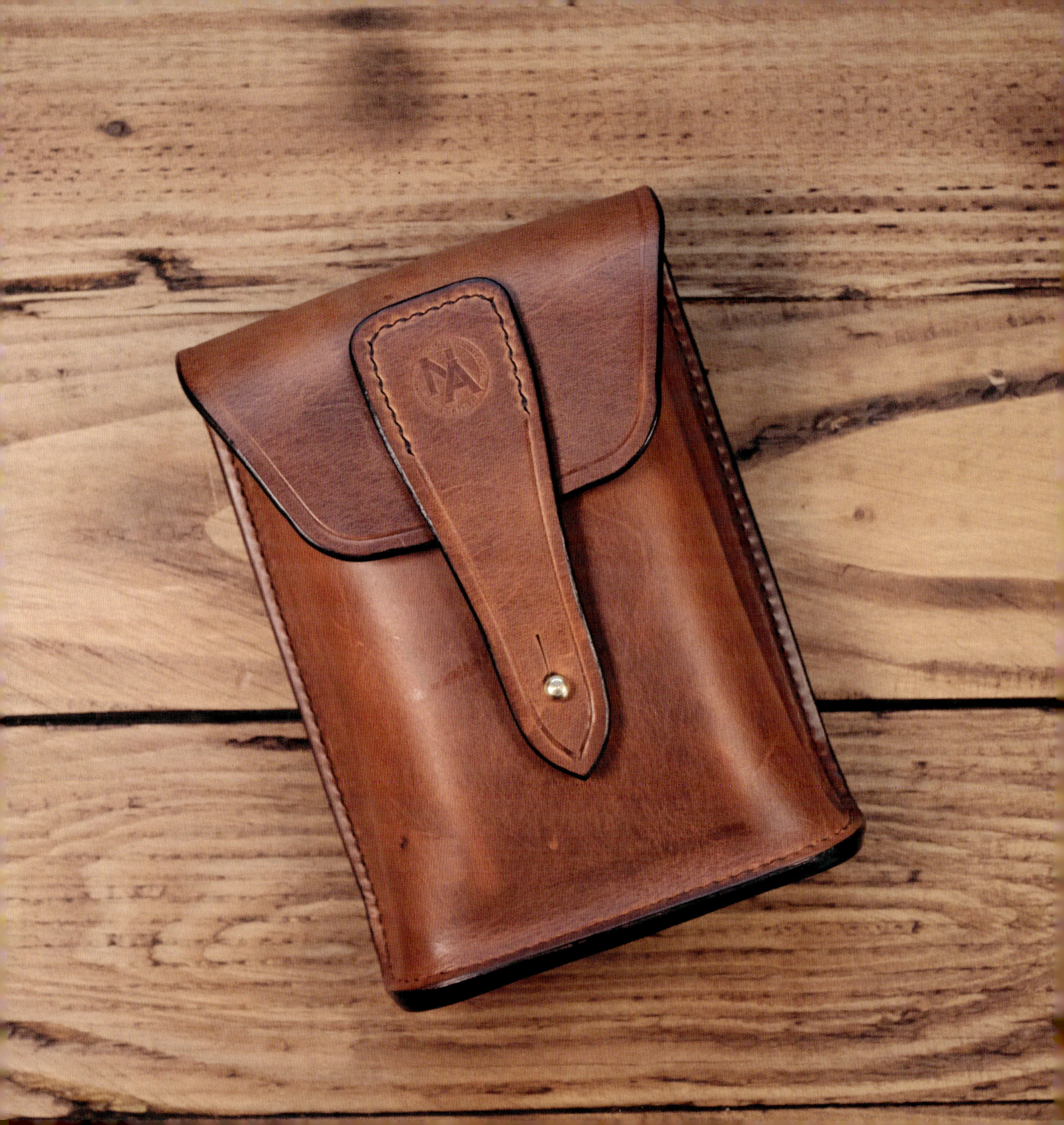

TASCHE OHNE SEITENEINSATZ

So ziemlich jede Tasche hat irgendeine Form von Einsatz — dieser trennt die Vorderseite von der Rückseite und sorgt für das nötige Fassungsvermögen. Es gibt aber natürlich Ausnahmen, etwa Tragetaschen, Beutel oder Seesäcke. Dieses Projekt ist eine dieser Ausnahmen. Im Prinzip besteht die Tasche aus zwei Teilen, die mit nur einer Naht verbunden sind. Dem kann natürlich noch einiges hinzugefügt werden — Riemen, Schlaufen, Verschlüsse —, aber die Tasche selbst besteht nur aus diesen beiden Teilen.

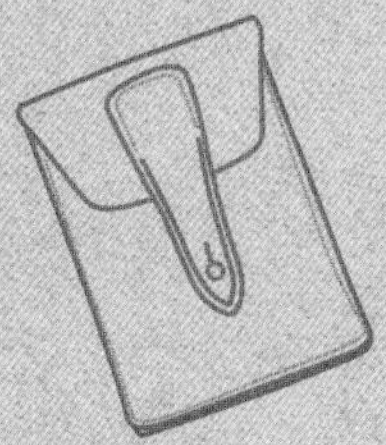

WERKZEUG UND MATERIAL

Karton für die Schablone
Lineal
Anschlagwinkel
Zirkel
Vorstecheisen oder Prickrad, 7 spi (3,85 mm)
Holzblock
Schonhammer
Lochzange, 2,5 mm
Pippin Punch – ein Langlocheisen mit integriertem Rundloch – oder eine 3-mm-Lochzange und ein Messer
Kantenzieher (Zieheisen)
Kantenpolierer
Sam Browne Niet— klein oder ein Druckknopf
Druckknopfsetzer
Rundiereisen, Unterlegscheibe oder Münze
Nadeln Nr. 4
Faden, 0,6 mm
Nähkloben
Schere oder Fadenschere
Reifeleisen
Edge Kote
Bienenwachs

Taschenleder, 3 mm

1

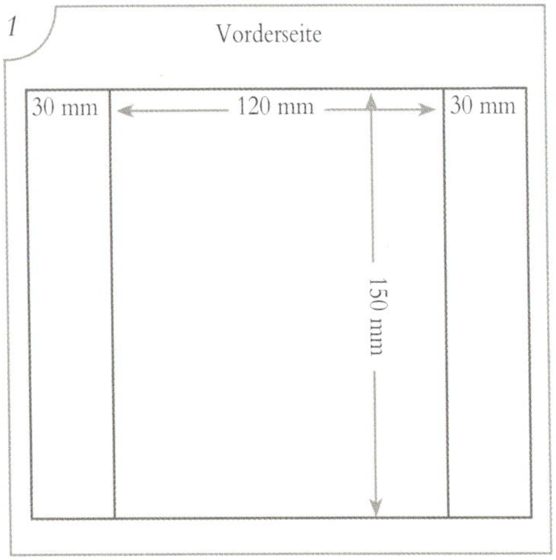

2

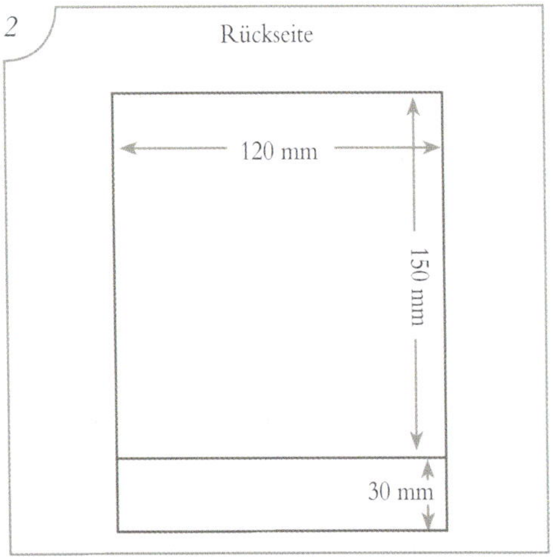

3

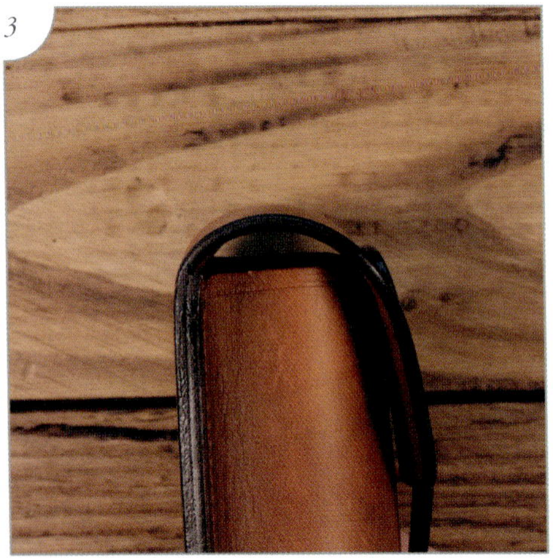

1 Clevere Abmessungen und der passende Zuschnitt machen diese Tasche erst möglich. Die Tiefe der Tasche — die für das Fassungsvermögen sorgt — entsteht, indem die Vorderseite verbreitert wird, um die fehlenden Seiten zu kompensieren, und die Rückseite für den Boden verlängert wird.

Durch die rundierten Ecken kann das Leder sich so biegen, dass die Vorderseite beim Nähen nach außen und von der Rückseite weggehoben wird, wodurch Raum entsteht.

Auch hier brauchen wir einen Anfangspunkt und Maße für den Entwurf. Die Basisangaben sind 120 mm in der Breite und 150 mm in der Höhe. Außerdem brauchen wir eine etwaige Tiefe: 30 mm sollten reichen. Sie können die Zahlen anpassen, es geht nur um den Ausgangspunkt.

Beginnen Sie mit der Vorderseite. Bisher ist das Design nur ein 120 mm breites und 150 mm hohes Rechteck.

Da sich das Vorderteil auf beiden Seiten umbiegen soll, um die Seiten zu bilden, und die Tiefe auf 30 mm festgelegt wurde, müssen Sie jeweils 30 mm zugeben.

Die Schablone für die Vorderseite hat also eine Größe von 180 x 150 mm.

2 Die Rückseite ist ganz ähnlich. Die Seiten sind vom Vorderteil abgedeckt, daher bleibt die Breite bei 120 mm. In diesem Fall muss Leder für den Boden zugegeben werden, auch diesmal 30 mm.

Ich denke, Sie erkennen die Einfachheit des Designs und dessen Entfaltungsmöglichkeiten.

3 Weiterhin ist zu bedenken, wie viel Leder für den Deckel zugegeben wird.

Die Tiefe der Tasche soll etwa 30 mm betragen. Da das Leder sich oben umbiegen muss, muss auch das mitbedacht werden. Das Leder wird sich nicht in einen perfekten Bogen legen lassen, muss es auch nicht, aber umbiegen muss es sich schon.

4 Eine Zugabe von 10 mm gibt dem Leder ausreichend Platz, um sich in einem sanften Bogen von hinten nach vorne zu legen. Daraus ergibt sich ein Maß von 40 mm.

Die nächste Entscheidung ist die Position des Deckels.

Dafür ist es gut zu wissen, welcher Verschluss eingesetzt werden soll. Ich habe mich gegen eine spezielle Metallschließe, die evtl. schwer nachzukaufen ist, und für einen Lederriemen mit Sam Browne Niet entschieden.

Sollten Sie keinen Sam Browne Niet finden, was ungewöhnlich wäre, können Sie auch einen Druckknopf einsetzen.

5 Der Verschlussriemen soll 115 mm lang sein. Davon sollen 55 mm auf dem Deckel sitzen, und die oberen 35 mm davon wiederum sollen festgenäht sein.

Da der Riemen nicht ganz bis zum Bogen oben reichen soll, habe ich den Deckel auf 60 mm dimensioniert. Damit sitzt der Verschlussriemen flach auf der Vorderseite.

All dies zusammengenommen ergibt die folgenden Maße wie abgebildet:

Unterseite	30 mm
Rücken	150 mm
Deckel oben	40 mm
Deckel vorne	60 mm
Summe	**280 mm**

4

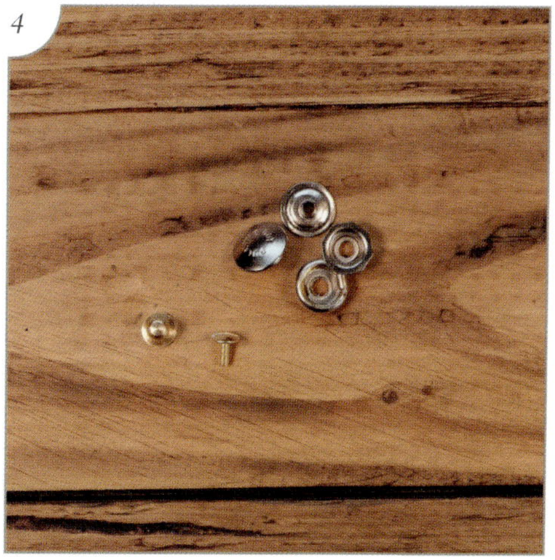

5

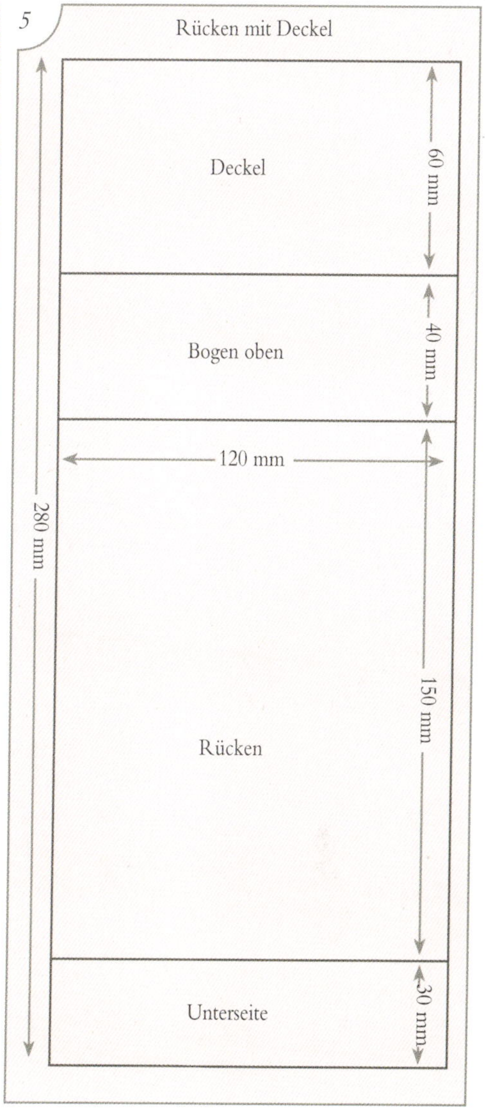

6

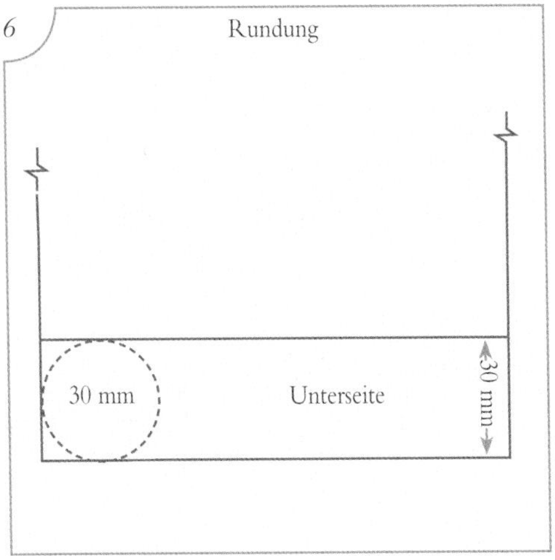

7

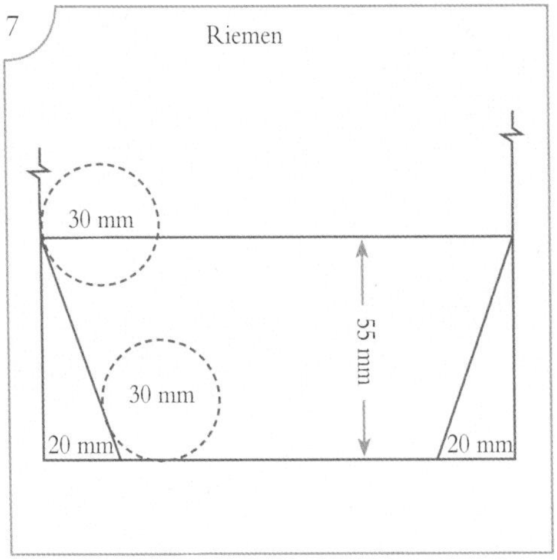

8

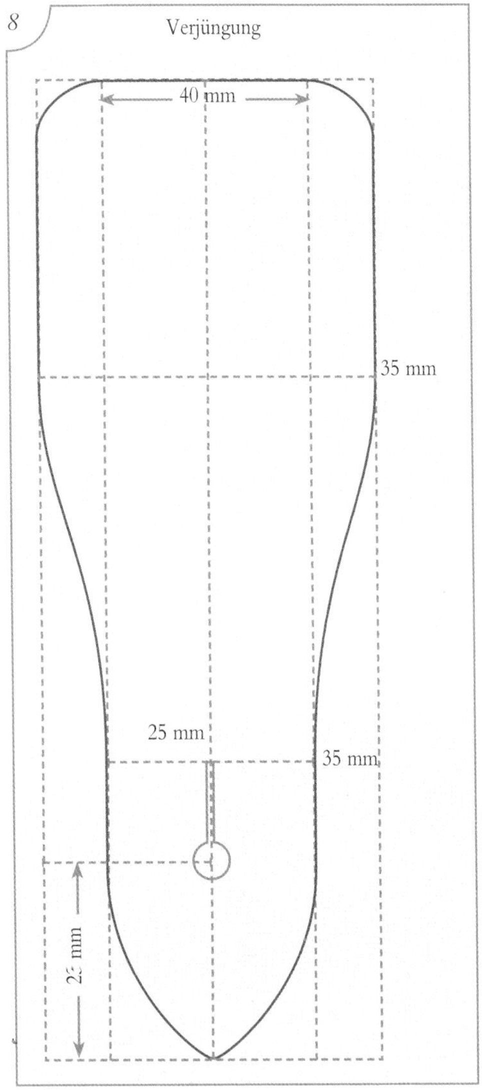

6 Damit die Tasche funktioniert, müssen die unteren Ecken von Vorder- und Rückseite rundiert werden. Dabei ist Ausgewogenheit wichtig. Zwar gilt, je größer die Rundung, desto einfacher ist es zu nähen. Ist sie aber zu groß ist, schiebt sich die Rundung der Vorderseite in die der Rückseite und die Tasche verzieht sich.

Der Radius der Rundung darf nicht mehr als 50 Prozent der Tiefe betragen — hier also 15 mm. Damit ist eine 30-mm-Scheibe ideal zum Zuschneiden der Rundung geeignet.

Bei einer größeren Tasche können Sie auch größere Rundungen anbringen.

7 Den Deckel können Sie nach Ihren persönlichen Vorlieben gestalten. Ich finde, die Verjüngung passt gut zu diesem Design. Ich zeige Ihnen hier, wie ich meinen Vorschlag ausgemessen und ausgearbeitet habe. Sie können aber gerne experimentieren.

Bringen Sie 55 mm vom Ende des Deckels eine Markierung an — an dieser Stelle setzt der Riemen an.

Dann bringen Sie jeweils 20 mm von den Kanten aus eine Markierung an und ziehen von dieser 20-mm-Linie aus eine Linie zur Kante der Schablone an der 55-mm-Markierung. Das ist der Zuschnitt der Verjüngung.

Die Ecken werden mit einer 30-mm-Scheibe rundiert.

8 Der Verschlussriemen ist 115 mm lang und 40 mm breit, verjüngt sich auf 25 mm und läuft spitz zu. Die Verjüngung beginnt 35 mm vom oberen Ende entfernt, endet 35 mm vor der Spitze und geht dabei von der breitesten zur schmalsten Stelle über. Das Loch und den Schlitz für den Sam Brown Niet habe ich mit einem Pippin Punch angebracht, Lochzange und Messer tun es aber auch.

9 Ich habe genau berechnet, wo der Verschlussriemen ansetzen soll, und zwar am oberen Ende des vorderen Abschnitts. Demnach sitzt das Loch 92 mm vom oberen Ende des Riemens.

Bringen Sie also auf dem Vorderteil bei 92 mm von oben auf der Mittellinie das Loch für den Niet oder Druckknopf an. Fügen Sie diese Markierung der Schablone des Vorderteils hinzu.

10 Als letztes Designelement versehe ich die Öffnung der Tasche mit einem Bogen. Dazu markiere ich 55 mm von beiden Seiten des Vorderteils und schneide einen Bogen mithilfe einer 100 mm großen Scheibe.

Designelemente sind immer eine persönliche Entscheidung. Dieses verleiht der Tasche einen hübschen Akzent.

11 Nachdem alle Maße vorliegen, können Sie nun die Schablonen erstellen. Schneiden Sie die Vorderseite aus festem Karton auf 180 x 150 mm, rundieren Sie die Ecken und fügen Sie (nach Wunsch) den Bogen hinzu. Zeichnen Sie eine Mittellinie und die 92-mm-Markierung für den Niet an.

12 Als Nächstes schneiden Sie die Rückseite auf 120 x 280 mm, mit dem verjüngten Deckel und rundierten Ecken, und markieren die Mittellinie.

13 Als Letztes der Verschlussriemen. Schneiden Sie eine Schablone anhand der Abmessungen. Auch hier gilt,

9
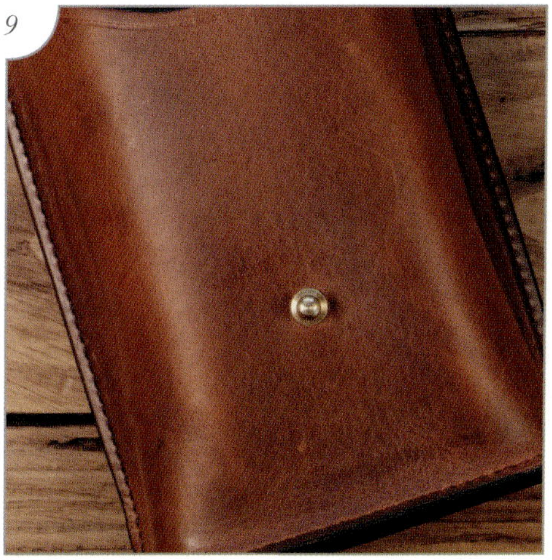

11
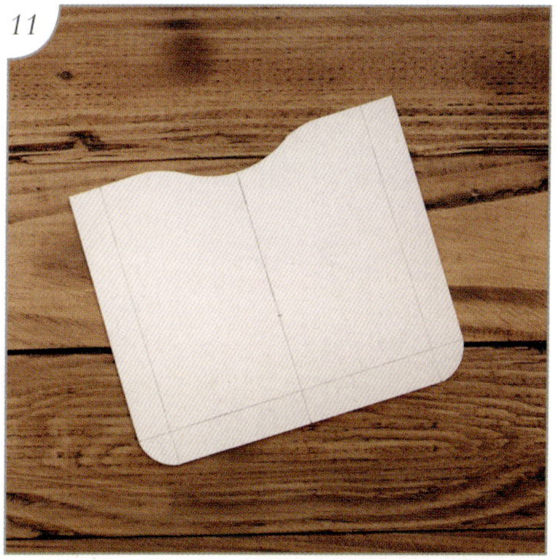

10a
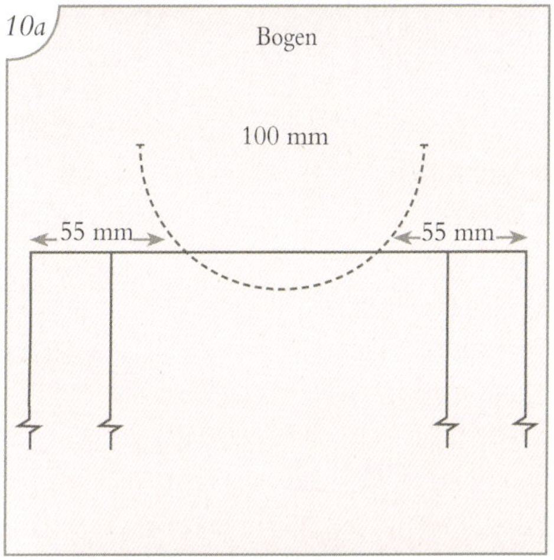

12
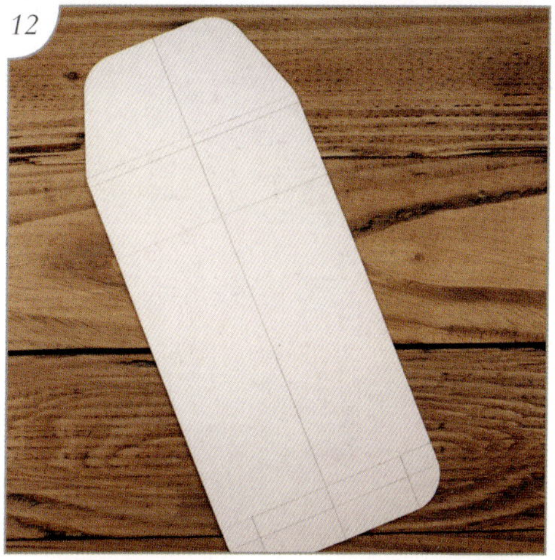

10b
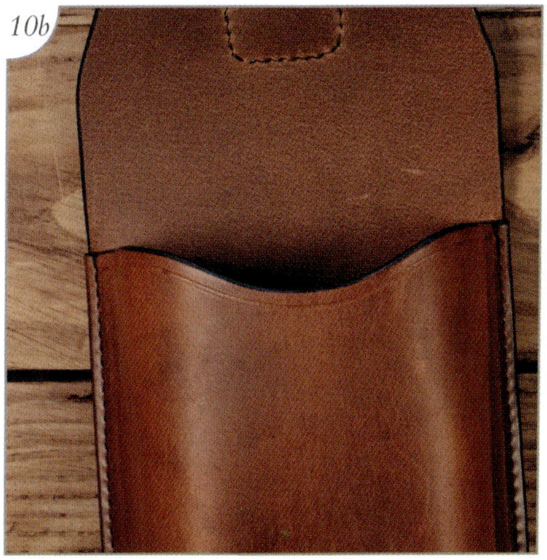

13
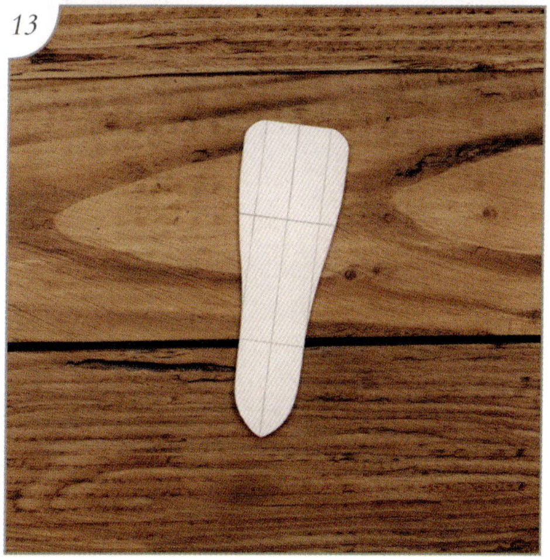

Sie können auch einen anderen Verschluss wählen. Das gewählte Beispiel ist nur eine aus vielen Möglichkeiten. Auch eine Schnalle würde gut aussehen.

14 Nach dem Zuschneiden der Schablonen geht es darum, wie das Ganze zusammenkommt. Die Tasche wird auf allen Seiten mit einer einzelnen Naht vernäht: Diese Naht zieht das Leder beim Nähen in unterschiedliche Richtungen. Das sieht zwischenzeitlich merkwürdig aus, ist aber kein Grund zur Sorge. Die zugrundeliegende Technik ist erprobt.

Zeichnen Sie auf der Schablone der Vorderseite eine 4-mm-Nahtlinie ein.

Als Nächstes bringen Sie die Löcher unten vom mittleren Loch aus an — erst auf der linken Seite nach außen und oben und dann auf der rechten Seite.

Bringen Sie bei Bedarf gerne Hilfslinien an. Das ist immer eine gute Idee.

15 Zählen Sie danach die Löcher, am besten zweimal. Wenn Sie mit der Zahl der Löcher zufrieden sind — bei mir sind es 115 bei einem Eisen mit 7 spi —, bringen Sie genau dieselbe Zahl an Löchern genauso auf der Rückseite an. Ohne das mittlere Loch gezählt, sind es bei mir siebenundfünfzig links und siebenundfünfzig rechts — mit dem mittleren Loch also 115.

Wenn Sie diesen Vorgang auf der Rückseite wiederholen, kann eigentlich nichts schiefgehen.

Diese Technik des doppelten Vorstechens sorgt zum einen dafür, dass die Naht gut aussieht. Außerdem ist es dann Nähen nach Zahlen: wenn die Anzahl stimmt und Sie Loch 1 mit Loch 1 vernähen, sollten Sie am Schluss auch Loch 115 mit Loch 115 vernähen.

Außerdem gibt es keine andere Möglichkeit, vor dem Nähen genau zu bestimmen, wo das obere Ende des Vorderteils auf der Rückseite sitzen soll. Der Hauptgrund, aus dem diese Tasche als Projekt in diesem Buch ist, ist, Ihnen die Vorteile des Vorstechens nahezubringen.

Ich schweife ab, zurück zum Thema . . .

Nachdem Sie die Anzahl der Löcher auf der Vorderseite ermittelt haben, fügen Sie sie der Rückseite hinzu.

16 Der Verschlussriemen muss mit einer Reihe von Nähten versehen werden, und zwar an den beiden Seiten und am oberen Rand. Beginnen und beenden Sie die Naht oberhalb der 35-mm-Markierung. Das reicht völlig aus.

Bringen Sie die Löcher wie bei den anderen Schablonen von der Mittellinie ausgehend nach außen und unten auf beiden Seiten an. Damit stellen Sie sicher, dass die letzten beiden Löcher parallel sind.

Diese Stelle ist wichtig, weil sie die Blicke auf sich zieht — eine ungleichmäßige Naht würde hier sofort ins Auge fallen.

14
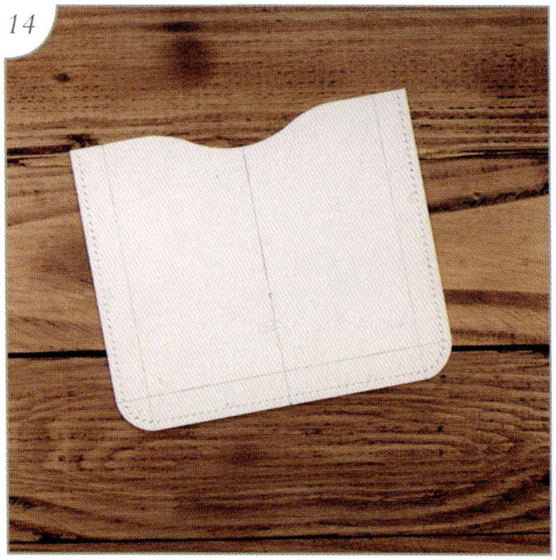

15
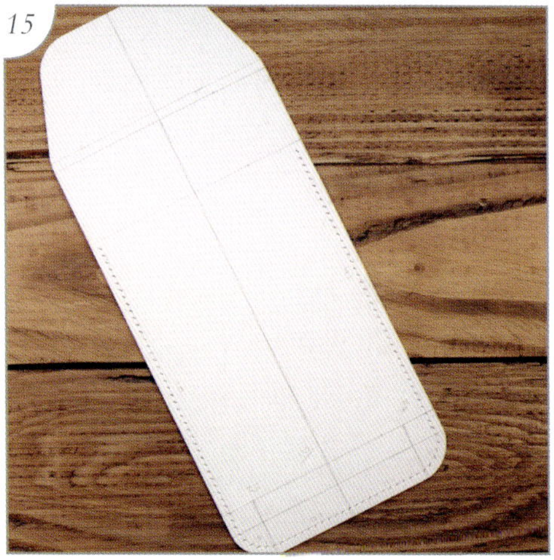

16
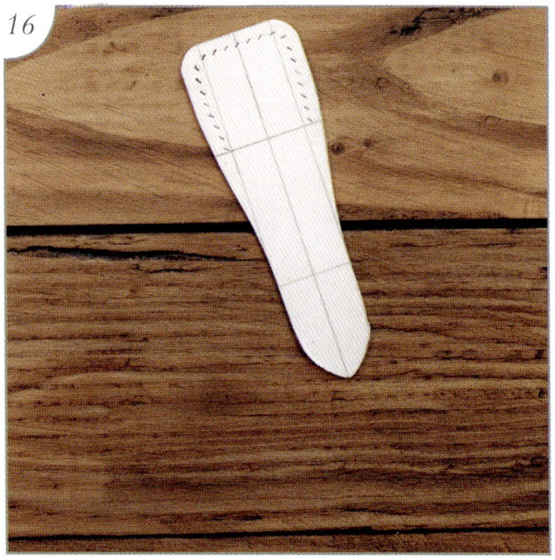

17 Nachdem Sie die Löcher auf der Schablone für den Verschlussriemen angebracht haben, richten Sie diese auf der Schablone des Deckels an der Mittellinie und der 55-mm-Markierung aus.

18 Dann markieren Sie die Löcher durch die Schablone für den Verschlussriemen hindurch auf der darunterliegenden Schablone. Diese Löcher können Sie dann auf das Leder übertragen, wenn Sie die Rückseite bearbeiten.

19 Inzwischen haben Sie schon Übung im Markieren und Zuschneiden.

Schneiden Sie nun das Leder anhand der Schablonen und aller Informationen darauf zu.

Ich habe 3 mm dickes durchgefärbtes Halsleder verwendet — ein stabiles Leder, das gleichzeitig nicht so steif ist, als dass es sich an den Rundungen nicht wölben ließe. Eine gewisse Steifigkeit der Tasche ist aber Teil des Designs. Verwenden Sie daher ein Leder, das dem eigenen Gewicht standhält.

20 Legen Sie die jeweils passende Schablone an jedem Teil auf und markieren Sie die oberen und mittleren Löcher und die in den Rundungen, auch auf dem Verschlussriemen.

21 Bringen Sie danach alle Löcher an. Das Nähen der Ecken wird eine Herausforderung, da beide Lederteile dabei in unterschiedliche Richtungen streben, wodurch die Löcher nicht mehr übereinstimmen. Arbeiten Sie etwas großzügiger mit dem Vorstecheisen: ein etwas größeres Loch als sonst kann hierbei helfen. Die Löcher werden sich danach wieder schließen, verschaffen Sie sich also einen Vorteil, indem Sie hart auf das Eisen schlagen.

Wenn alle Löcher durchgetrieben sind, fügen Sie auf der Rückseite dem Ende der Nahtreihen je ein weiteres Loch hinzu. Dadurch geht die Naht um einen Stich über das Ende des Leders des Vorderteils hinaus und ist stabiler.

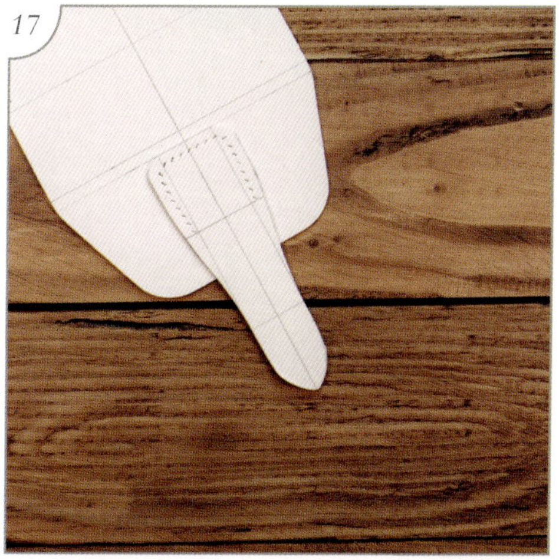

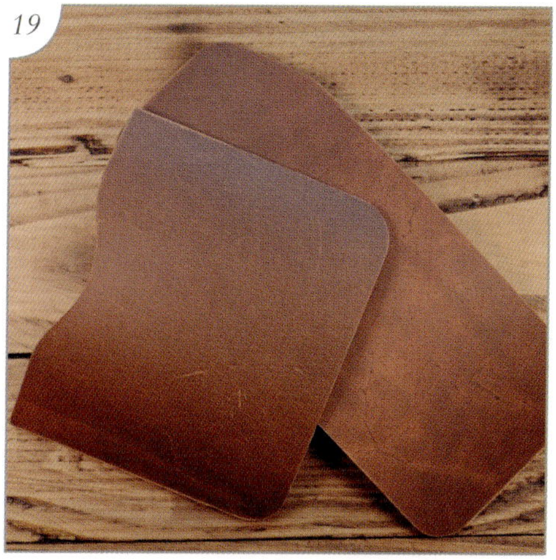

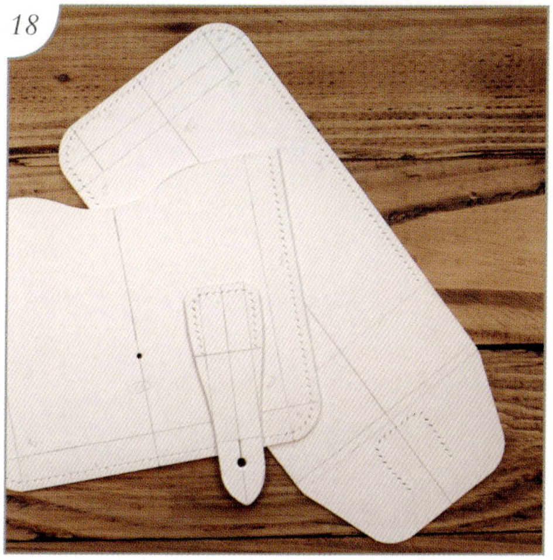

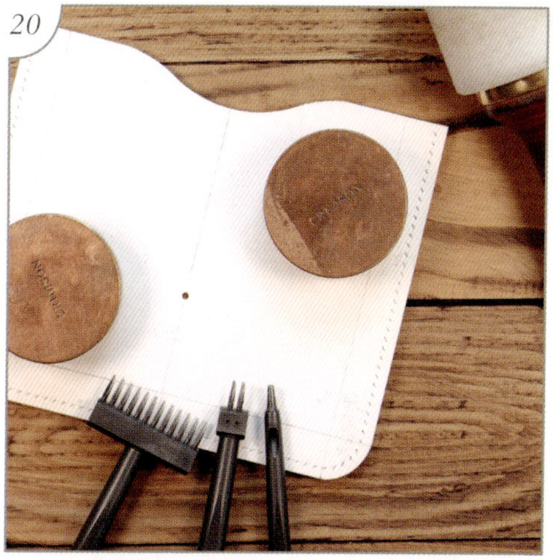

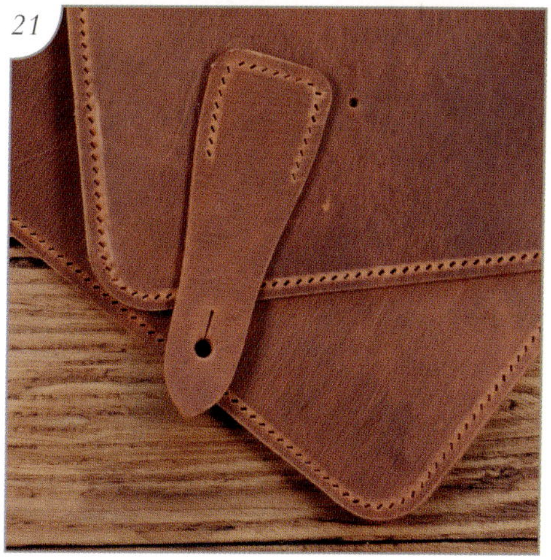

22 Nach dem Anbringen der Löcher ist jetzt der Zeitpunkt, alle sichtbaren Kanten des Leders zu bearbeiten: am Deckel, oben an der Rückseite und entlang des Riemens. Nach dem Nähen wäre das schwierig.

23 Jetzt geht es ans Nähen. Dabei bringen Sie als Erstes den Verschlussriemen auf dem Deckel an. Nachdem Sie alle Löcher anhand der Schablonen vorgestochen haben, können Sie sicher sein, dass der Riemen perfekt gerade sitzt.

24 Danach geht es daran, die Vorderseite auf die Rückseite zu nähen. Zu Anfang sind beide Teile noch flach und lassen sich daher leicht im Nähkloben fixieren. Beginnen Sie mit zwei Rückstichen und nähen Sie zur ersten Rundung.

25 Sobald Sie die Rundung erreichen, strebt das Leder in Richtungen, die der Nähkloben nicht zulässt. Fixieren Sie ab diesem Zeitpunkt also nur das Vorderteil im Nähkloben.

Es kann auch helfen, das Leder etwas weiter oben im Nähkloben zu fixieren.

Dadurch kann es sich flexibler bewegen und die Form der Tasche annehmen. Sie müssen das Leder dabei trotzdem in die richtige Richtung zwingen, da es sich an den Ecken wehren wird — hier kann der Fingerschutz aus Projekt 1 zeigen, was er kann.

Nähen Sie, bis Sie zu den letzten Löchern kommen, und beenden Sie die Naht mit der passenden Zahl an Rückstichen.

Jetzt müssen Sie nur noch die Kanten leicht abschmirgeln und finishen und die Tasche ist fertig.

Nach der Herstellung können Sie sicher sehen, welche Entfaltungsmöglichkeiten dieses Design mit sich bringt und wie viel Freude es Ihnen machen kann.

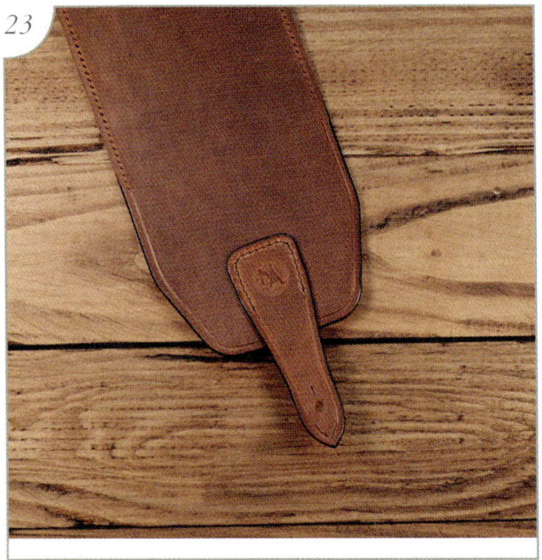
23

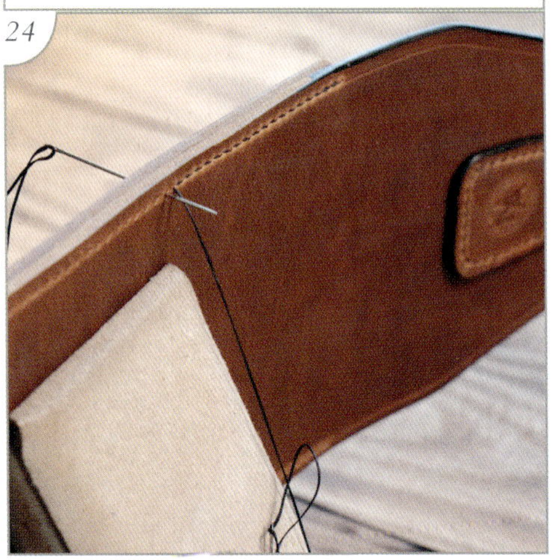
24

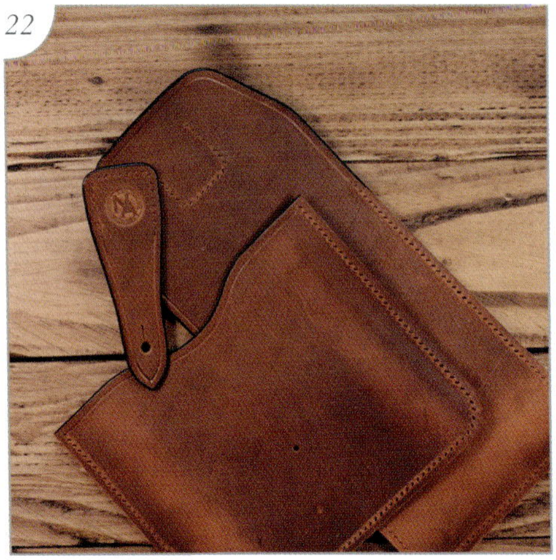
22

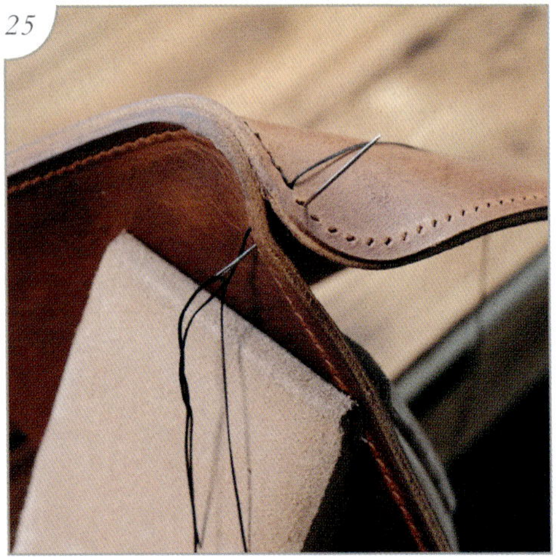
25

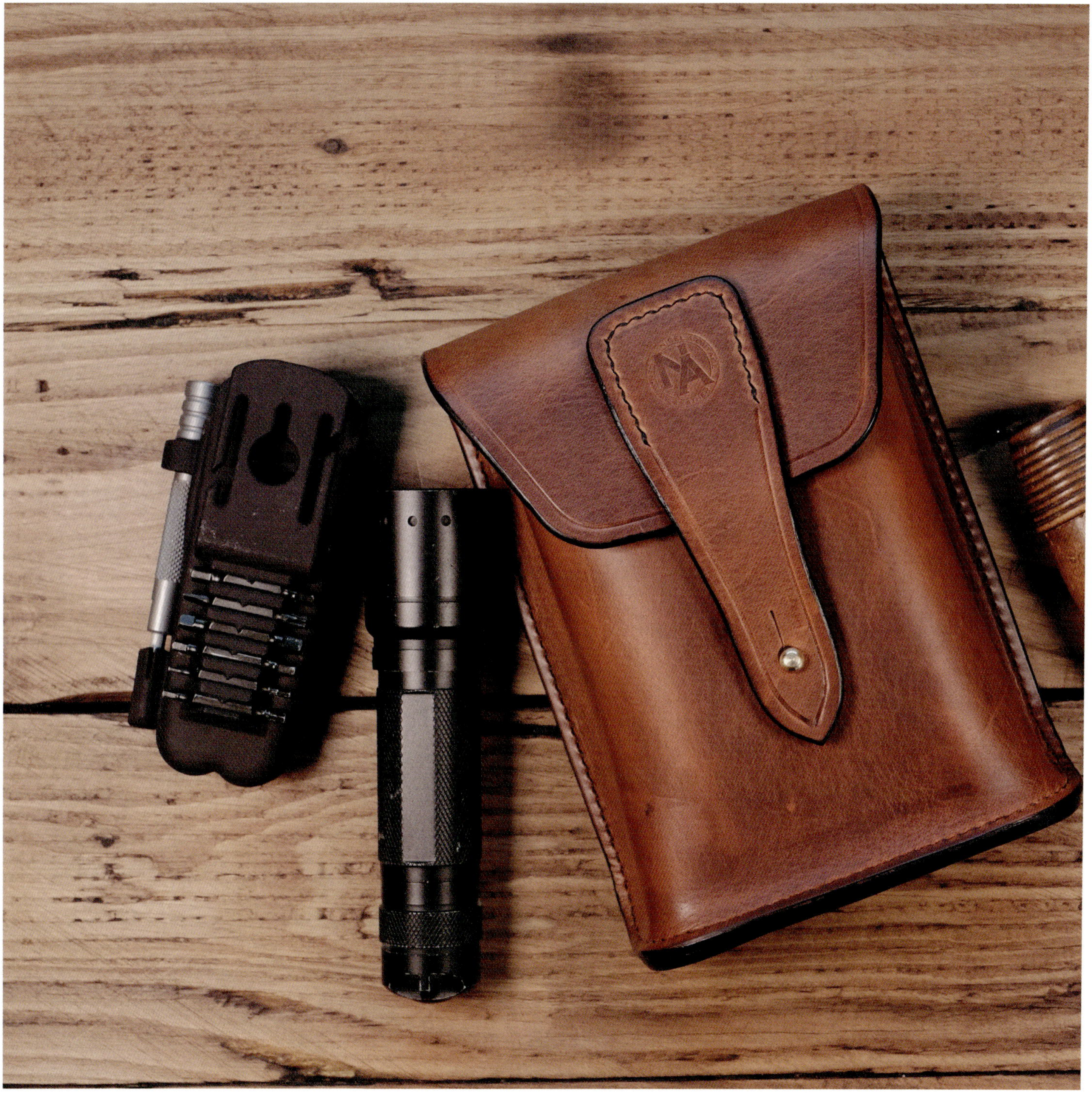

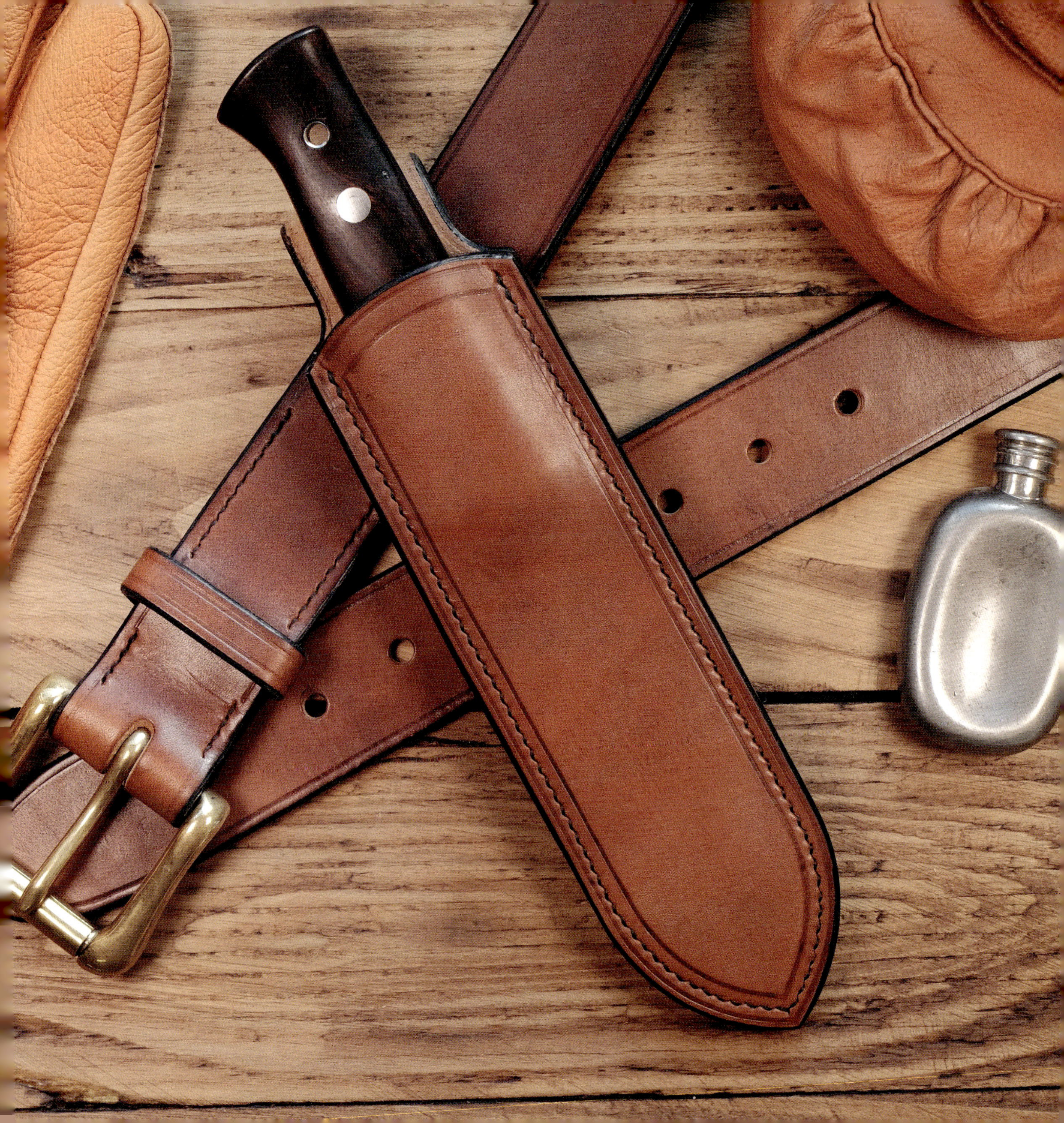

MESSERSCHEIDE

In ihrer einfachsten Form besteht eine Scheide aus drei Lagen Leder — eine vorne, eine hinten und eine dazwischen. Bei der mittleren Lage — der Einfassung — wird die Form des Messers ausgeschnitten, sie besteht also nur aus den Außenseiten. Sie wird eingesetzt, damit die Klinge nicht an die Naht reicht. Denn wenn doch, würde sie die Naht mit der Zeit aufschneiden und die Scheide zerstören.

Scheiden in der ein oder anderen Form sind ein gefragtes Werkstück. Daher ist dies ein ideales Projekt, um zu lernen, wie man eine Einfassung anbringt und mit mehreren Lederlagen umgeht — in diesem Fall bis zu vier.

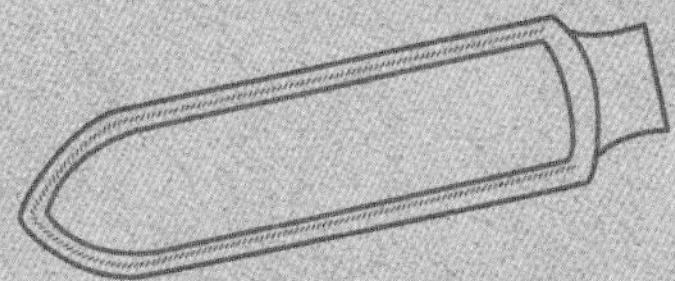

WERKZEUG UND MATERIAL

Karton für die Schablone
Lineal
Anschlagwinkel
Zirkel
Vorstecheisen oder Prickrad, 7 spi (3,85 mm)
Holzblock
Schonhammer
Lochzange, 2,5 mm
Große Unterlegscheibe oder Scheibe
Schmirgelstreifen, Detailschleifer
Nadeln Nr. 4
Faden, 0,6 mm
Nähkloben
Schere oder Fadenschere
Kantenzieher (Zieheisen)
Kantenpolierer
Reifeleisen
Edge Kote
Bienenwachs

Crouponleder, 3 mm

1 Es ist unwahrscheinlich, dass Sie das gleiche Messer haben wie ich. Daher konzentrieren wir uns in diesem Projekt darauf, wie man ein Messer ausmisst und diese Maße auf eine Schablone überträgt. Ich zeige Schritt für Schritt, wie ich für mein Messer vorgegangen bin, und Sie passen das dann an die Abmessungen Ihres Messers an.

In der Abbildung rechts sehen Sie, dass auch ein Teil des Griffs in der Scheide steckt. Daher dient die Einfassung nicht nur dazu, die Klinge aufzunehmen, damit diese die Naht nicht beschädigt, sondern auch dazu, die Öffnung so zu vergrößern, dass der Griff hineinpasst.

Diese Form der Scheide wird gerne für kürzere Messer, die nur über ein kurzes oder gar kein Querstück verfügen, verwendet. Der feste Sitz des Messers im Leder fasst das Messer gut ein. Dadurch wird es an Ort und Stelle gehalten.

Diese Scheide besteht aus fünf Teilen:

1. Die Vorderseite
2. Die Rückseite, die auch die Gürtelschlaufe bildet
3. Die Einfassung

4. + 5. Zwei zusätzliche Streifen Einfassung für den Griff

2 Bei diesem Projekt sind exakte Maße besonders wichtig. Denn wenn die Scheide zu groß ist, sitzt das Messer nicht fest genug. Messen wir also das Messer aus. Ich verwende dazu die Maße meines Messers — Ihre werden davon abweichen.

Gesamtlänge des Messers	247 mm
Breite der Klinge	32 mm
Länge der Klinge	130 mm
Dicke der Klinge	6 mm
Breite des Querstücks	36 mm
Dicke des Griffs	18 mm
Länge des Griffs	117 mm

3 Der obere Teil des Griffs soll aus der Messerscheide herausragen. Damit sitzen etwa drei Viertel des Messers in der Scheide, während ein Viertel griffbereit ist.

Dieses Verhältnis eignet sich gut für eine solche Scheide.

1

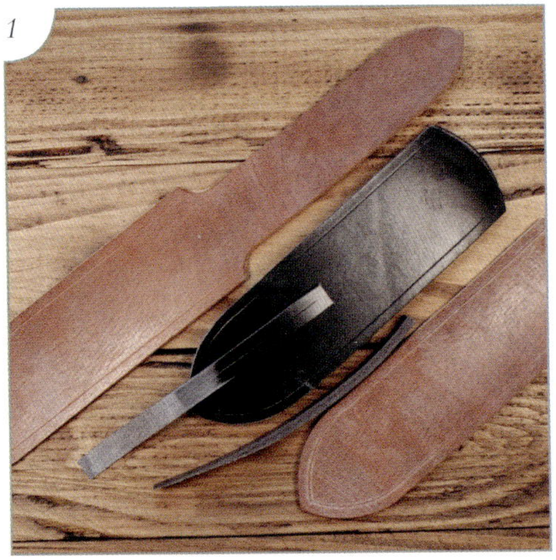

2

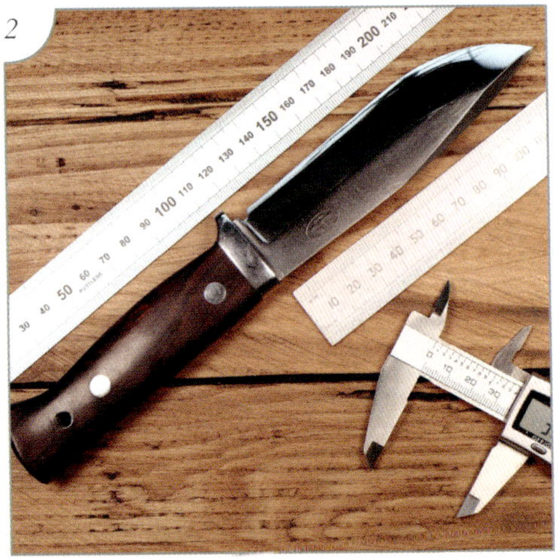

3

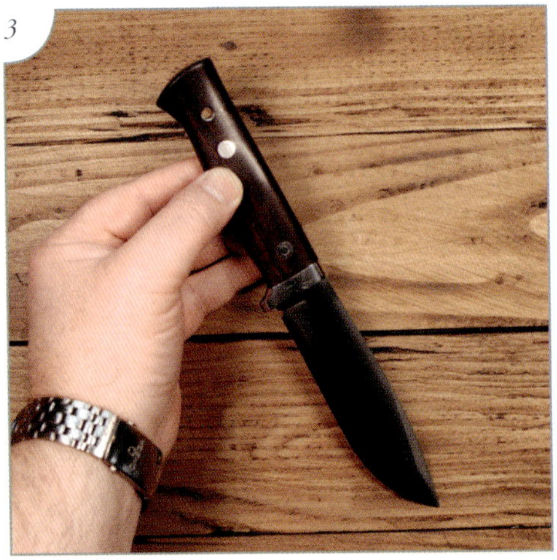

4 Die maximale Breite des Messers beträgt 36 mm am Querstück. Die Klinge ist 32 mm breit, ein Unterschied von nur 4 mm. Der Einfachheit halber arbeite ich mit 36 mm und lasse die Innenmaße der Scheide gerade. Damit ist sie auch für Rechts- und Linkshänder geeignet.

Wenn Ihr Messer davon abweicht oder Ihnen danach ist, können Sie das Innere der Einfassung auch exakt an Griff und Klinge anpassen.

Wenn Ihr Messer gerade ist, etwa wie ein Buschmesser, arbeiten Sie einfach nach der breitesten Stelle.

5 Als Nächstes müssen Sie entscheiden, wie breit die Einfassung sein soll. Ich verwende 7 spi und die Naht soll massiv und auffallend sein, daher setze ich sie weiter nach innen mit einer Nahtlinie von 6 mm.

Dadurch ist Platz für eine stärkere Schräge und eine rundere Kante.

Die 6-mm-Nahtlinie setze ich mittig auf die Einfassung, sodass die Naht insgesamt durch 12 mm geschützt ist.

Dadurch wirkt die Scheide robuster — ein wichtiger Aspekt für einen Gegenstand, der für den Gebrauch in der Natur bestimmt ist und strapazierfähig sein soll.

6 Da die Einfassung 12 mm breit und die Aussparung für das Messer 36 mm breit sind, komme ich auf 60 mm als Breite der Scheide (12 mm + 36 mm + 12 mm).

4

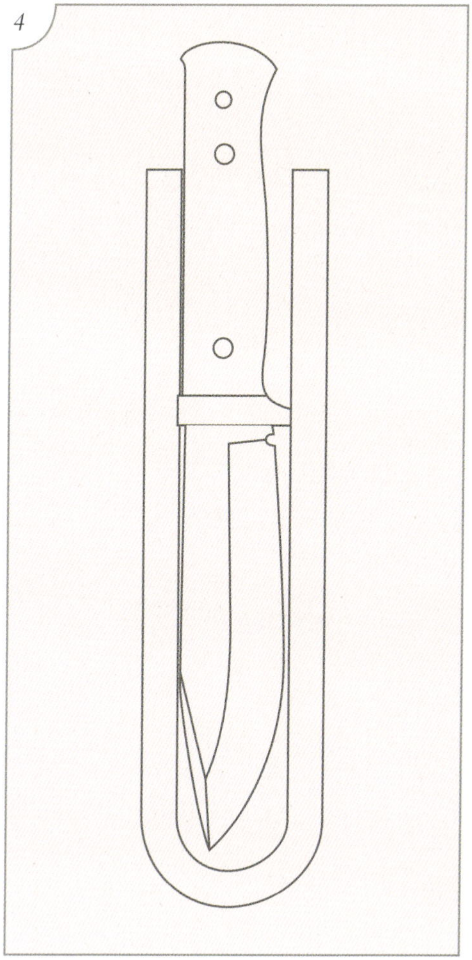

Jetzt geht es an die Schablonen.

Ich brauche zwei Schablonen — eine für die Vorder- und eine für die Rückseite. Die Einfassung entspricht der Vorderseite, daher reicht hier eine Schablone.

Die Form und die Nähte der beiden Schablonen sind identisch, sie weichen nur oben voneinander ab. Die Vorderseite hat einen gebogenen Abschluss und die Rückseite wird um einen Riemen ergänzt, der nach hinten zur Gürtelschlaufe umgeklappt wird.

5

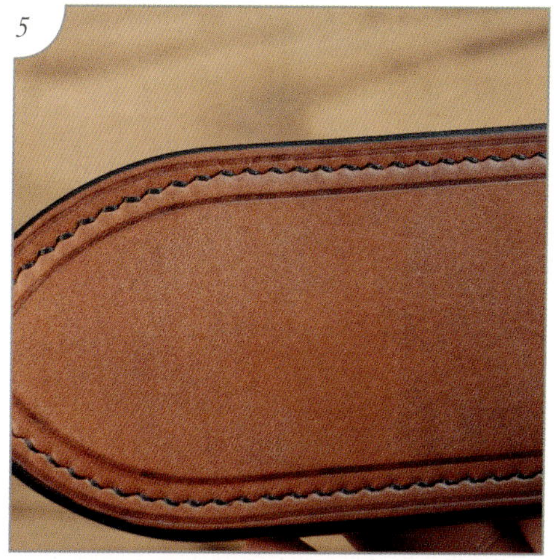

6

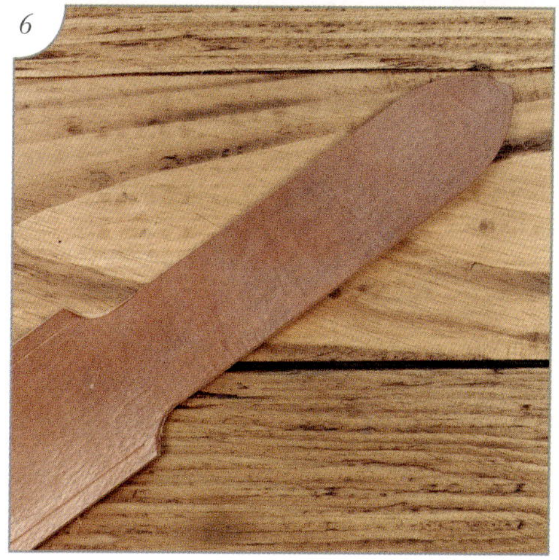

7 Die Scheide ist für Links- und Rechtshänder geeignet, eine v-förmig zulaufende Spitze gewährt die Symmetrie. Es ähnelt dem Gürtelende in Projekt 5 sehr, beide Projekte würden gut zusammen passen.

8 Beginnen Sie mit der Schablone für die Vorderseite. Schneiden Sie dafür ein Stück festen Karton auf eine Breite von 60 mm und eine Mindestlänge von 250 mm zu. Zeichnen Sie eine Mittellinie ein.

9 Lassen Sie ein Ende v-förmig zulaufen. Für den Bogen habe ich eine 100-mm-Scheibe als Schablone genutzt. Bringen Sie den Punkt auf der Mittellinie, an dem die Spitze sitzen soll. Legen Sie die Scheibe so auf die Schablone, dass ihr Rand am Kartonrand und auf der Markierung anliegt. Dann wird geschnitten.

Wiederholen Sie das auf der anderen Seite und schon haben Sie Ihre v-förmige Spitze.

10 Die Gesamtlänge des Vorderteils muss 205 mm lang sein. Messen Sie also nach dem Zuschnitt der Spitze von dieser ausgehend 195 mm bis zum oberen Ende und bringen Sie dort eine gerade Linie an.

7

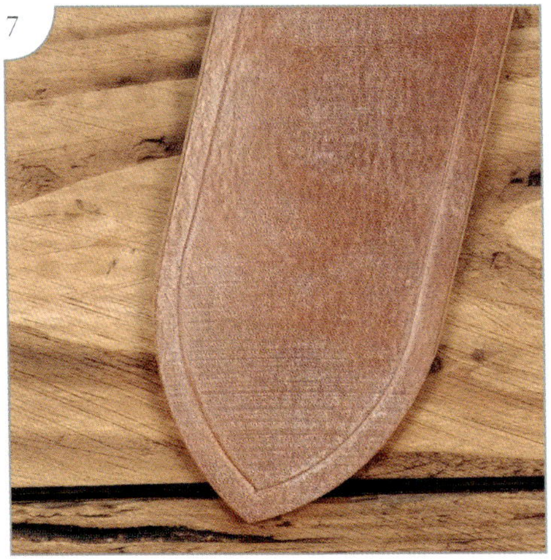

9

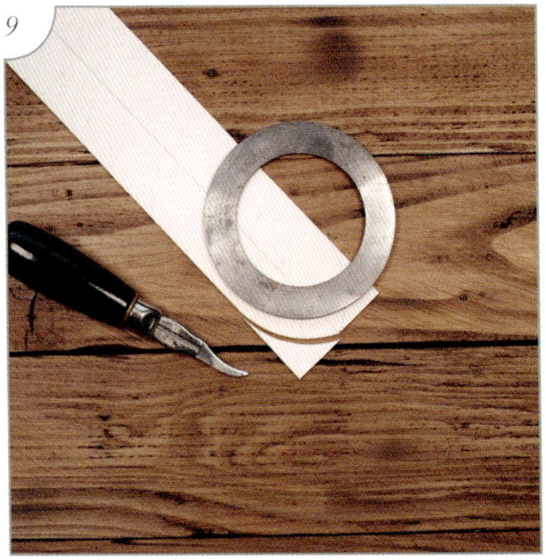

8

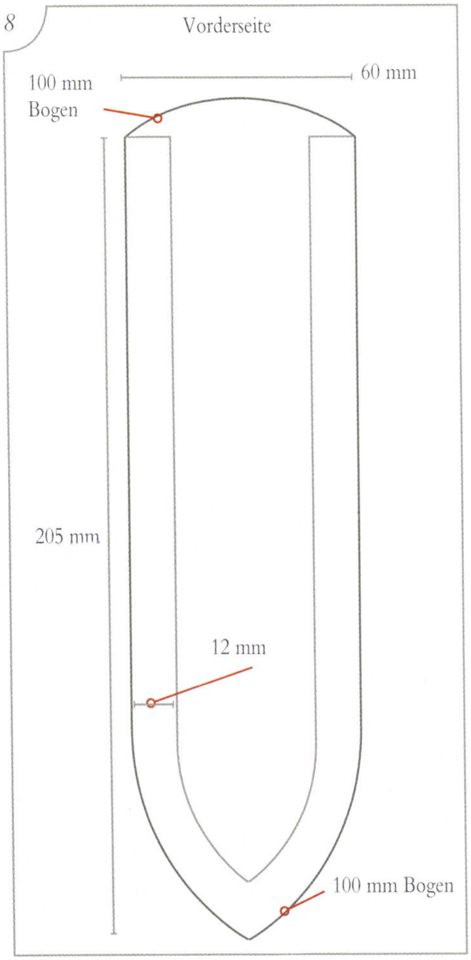

10

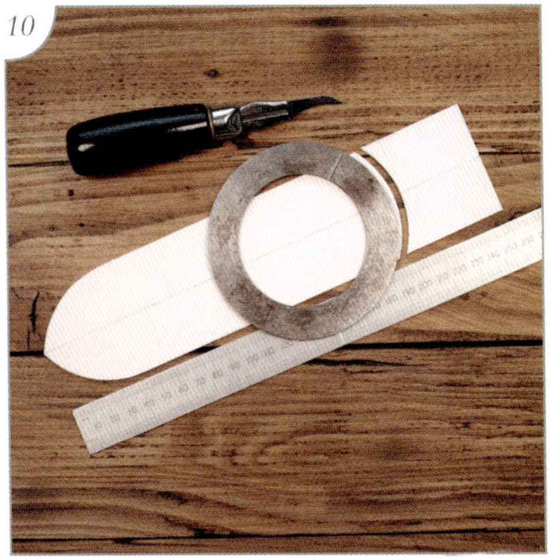

11 Indem Sie den Bogen oberhalb dieser Markierung zuschneiden, geben Sie der Länge der Scheide 10 mm zu und erhalten so wieder die erforderlichen 205 mm. Verwenden Sie die 100-mm-Scheibe auch für diesen Bogen.

Legen Sie die Scheibe dafür auf der Linie an, sodass der Bogen darüber liegt. Sowohl die linke als auch die rechte Seite der Scheibe müssen an der Stelle auf der Markierung liegen, an der sie über den Karton hinausragt, um den Bogen mittig auszurichten. Sie können jetzt schneiden.

Die Symmetrie von Bögen fällt zwar nicht sofort ins Auge, aber wenn sie so symmetrisch wie möglich gestaltet sind, wirkt das Design harmonischer.

Sie können nun die zweite Schablone erstellen. Schneiden Sie ein weiteres Stück festen Karton auf eine Breite von 60 mm. Da Sie hier aber den Riemen ergänzen, beträgt die Höhe 365 mm — schneiden Sie den Karton also 400 mm lang, so haben Sie genug Spielraum.

Wiederholen Sie den Zuschnitt der Spitze am unteren Ende des Kartons.

Legen Sie die erste Schablone über die zweite und markieren Sie den oberen Bogen — so passt alles gut zusammen.

12 Oberhalb dieser Markierung entfernen wir 11 mm des Kartons auf beiden Seiten. Dadurch können wir den Riemen annähen, um so die Schlaufe zu bilden, und haben außerdem genug Platz, um die Scheide zu vernähen.

11

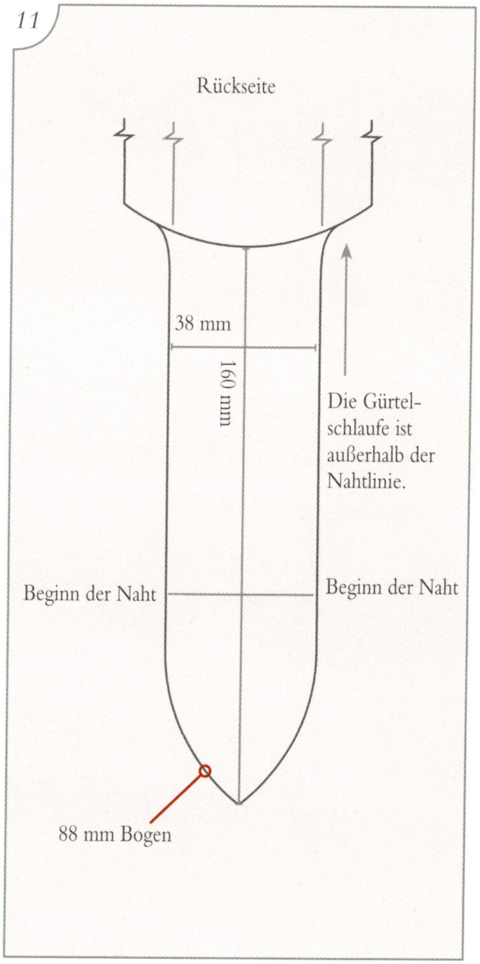

12

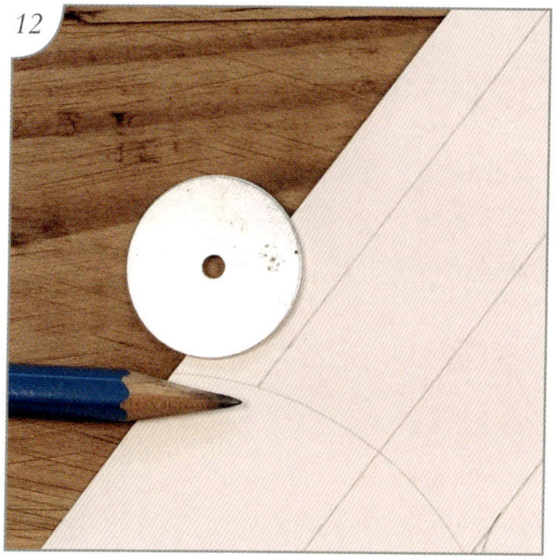

Stellen Sie das Streichmaß auf 11 mm und bringen Sie damit oberhalb des Bogens auf beiden Seiten der Schablone eine Linie an. Folgen Sie dieser Linie, wird die Schablone auf 38 mm verringert.

An der Stelle, an der diese Linie auf den Bogen trifft, muss sie leicht nach außen auslaufen, damit der Schnitt natürlich verläuft und keine scharfen Ecken entstehen. Dabei hilft eine kleinere Scheibe, die an der geraden und der gebogenen Linie angelegt wird.

13 Durch den Riemen muss diese Schablone 365 mm lang sein. Messen Sie diese Länge von der Spitze aus ab und bringen Sie dort eine Markierung an.

Verwenden Sie auch hierbei wie zuvor zum Zuschneiden der Spitze am Riemenende der Schablone eine Scheibe.

14 Prüfen Sie, ob die beiden Schablonen exakt passen, wenn nicht, sollten sich Ungenauigkeiten durch leichtes Schmirgeln lösen lassen. Wenn Sie mit der Passung der Schablonen zufrieden sind, bringen Sie eine 6-mm-Nahtlinie nur auf der Vorderseite an (anhand dieser können Sie die Nähte auf allen Teilen markieren). Messen Sie am Ende des Riemens 50 mm von der Spitze ab, markieren Sie die Stelle mit einer Linie und fügen Sie darunter die Nahtlinie an.

15 Beim Anbringen der Löcher ist es wichtig, dass die beiden oberen Löcher auf der Scheide und die beiden oberen Löchern auf dem Riemen auf der gleichen Höhe liegen.

Bringen Sie die Löcher also vom mittleren Punkt unten nach außen und oben arbeitend an, um die Symmetrie zu gewährleisten.

Sollte der Schnitt ungleichmäßig sein oder Sie von der Linie abkommen, zeigt sich das hier — und besser hier auf der Schablone als erst auf dem Leder.

13

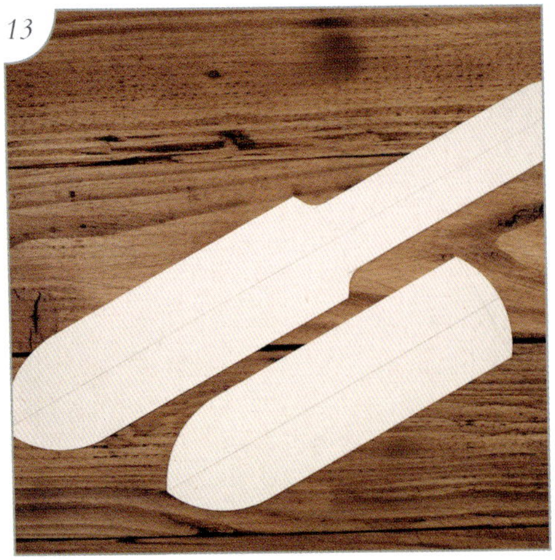

14

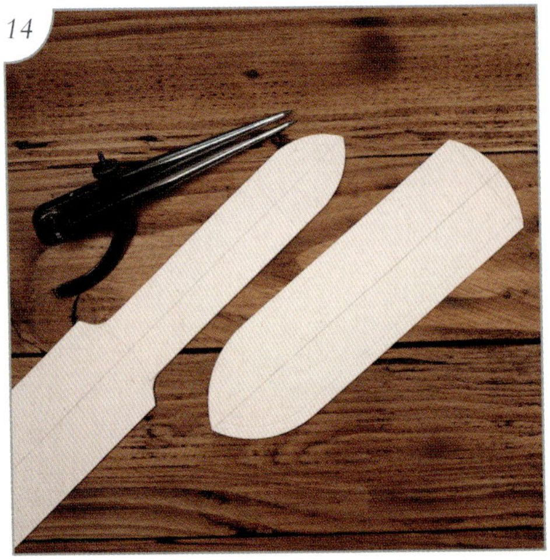

15

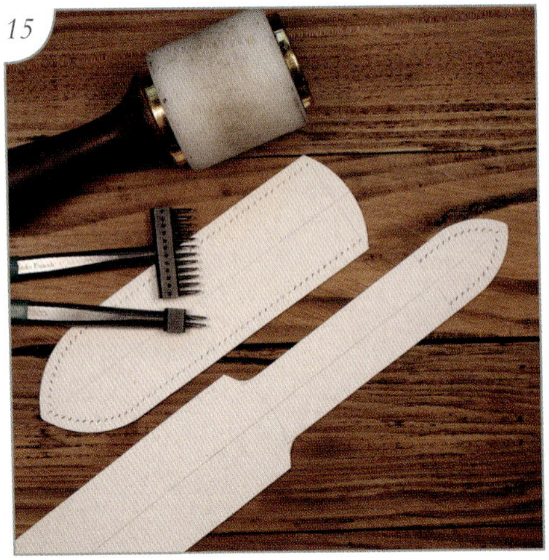

16

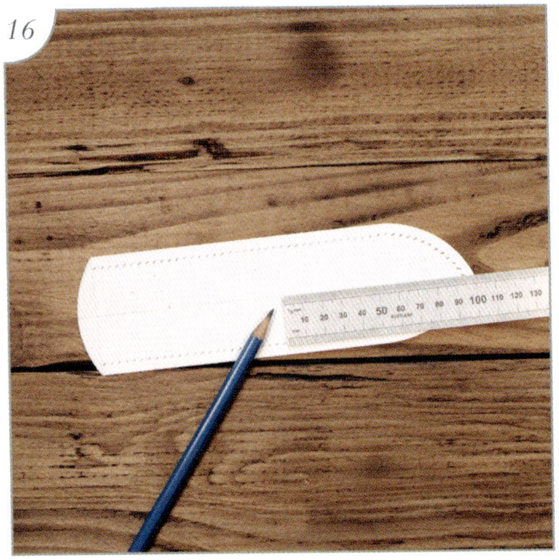

16 Es fehlt noch ein letzter Satz Löcher auf der Schablone: wir haben die Löcher am Ende des Riemens markiert, aber nicht die dazugehörigen Löcher auf der Rückseite. Sie können den Riemen auch festkleben und die Löcher dann anbringen, aber das ist nicht ganz so genau und sollte vermieden werden.

Damit die Schlaufe richtig sitzt, soll das Ende des Riemens 100 mm vom Ende der Scheide angebracht werden.
Legen Sie die Schablone für den Riemen entsprechend auf die Schablone der Vorderseite. Da wir diese Schablone verwenden, um die meisten der Löcher auf dem Leder anzubringen, ist es sinnvoll, auch diese Markierung hier anzubringen.

Bringen Sie 100 mm von der v-förmigen Spitze der Schablone aus eine Markierung an.

17 Legen Sie den Riemenabschnitt der Schablone für die Rückseite an dieser Markierung an und richten Sie ihn an der Mittellinie aus.

18 Markieren Sie dann alle Löcher für das Anbringen des Riemens auf der Schablone für die Vorderseite. Nehmen Sie die Schablone ab und bringen Sie die Löcher an.

19 Nun ist es Zeit, das Leder zuzuschneiden. Das Leder für Vorder- und Rückseite ist 3 mm dickes Halsleder. Das Leder einer Messerscheide darf nicht zu dünn sein — wenn doch, könnte sie sich leer verformen. Wenn Sie dann das Messer einstecken, kann es die Scheide an der verformten Stelle beschädigen.

Wählen Sie also ein Leder, das dick genug ist, sodass die Scheide stabil ist.

20 Schneiden Sie Vorder- und Rückseite nach den entsprechenden Schablonen zu.

21 Die Einfassung muss aus einem dickeren Leder als die äußeren Lagen bestehen. Mein Messer ist 6 mm dick (Ihres kann abweichen).

17

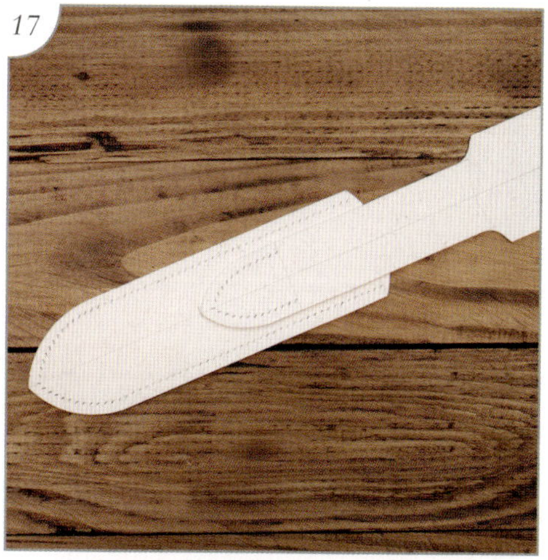

20

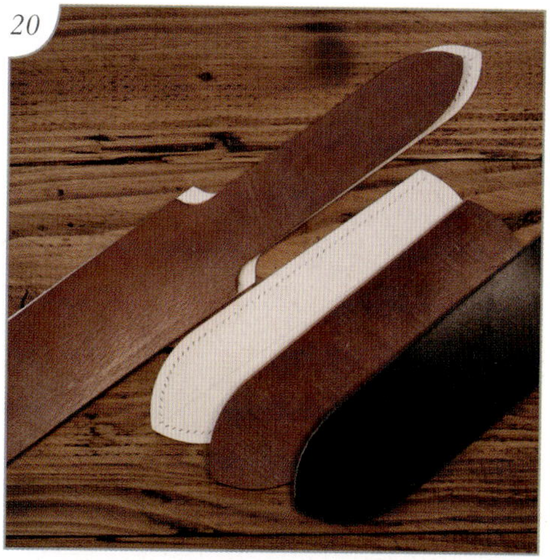

18

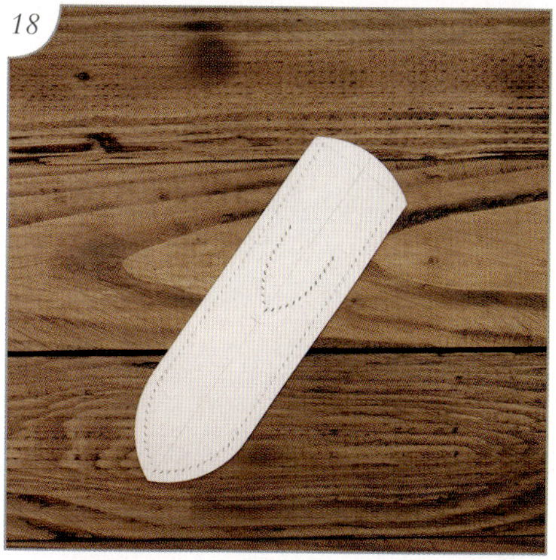

21

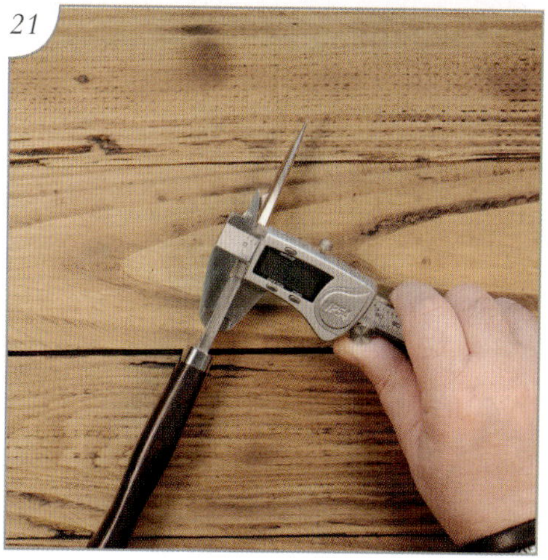

19

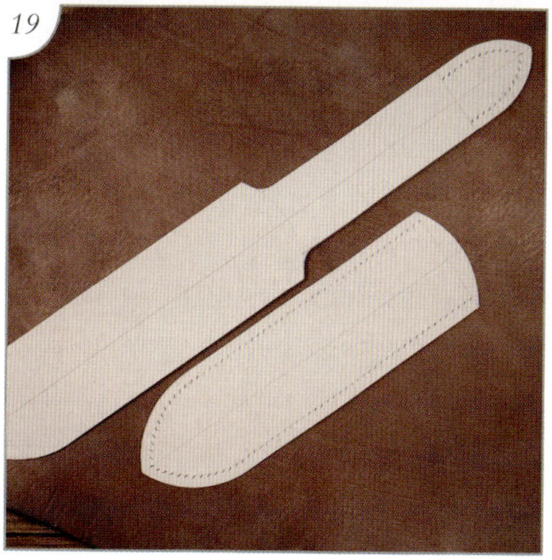

22 Ich habe die Einfassung auf 36 mm Breite zugeschnitten, wodurch die Klinge etwa 4 mm Spielraum hat.

Die Dicke des Leders ist wichtig: bei 6 mm könnte die Klinge zu viel Bewegungsfreiheit haben. Bei einer Einfassung aus 5 mm dicken Leder dagegen säße die Klinge so, dass sie sich nicht bewegen kann, aber auch nicht zu fest sitzt.

23 Schneiden Sie ein Stück aus dem Leder für die Einfassung passend zur Vorderseite zu.

24 Zusätzlich zu dieser Einfassung brauchen Sie zwei weitere Streifen aus 5 mm dickem Leder zur Verstärkung der Einfassung, um die Öffnung der Scheide zu weiten. Der Griff sitzt in der Scheide, daher wird mehr Platz gebraucht. An der dünnsten Stelle ist der Griff 15 mm dick, 20 mm an der dicksten.

25 Wenn wir das Messer im Profil betrachten, können wir sehen, dass die Breite von 6 mm auf 15 mm und dann 20 mm übergeht. Damit bildet es grob die Form eines Keils, und so müssen auch die zusätzlichen Streifen Einfassung geschnitten werden. Sie müssen 12 mm breit und etwa 100 mm lang sein. Wenn möglich, erstellen Sie einen langen, dünnen Keil, der von der Mitte bis zu einem Ende spitz zuläuft.

Die Streifen im Bild sind etwas länger als nötig, da sie zugeschnitten werden, wenn sie an der Rückseite der Einfassung festgeklebt werden.

22

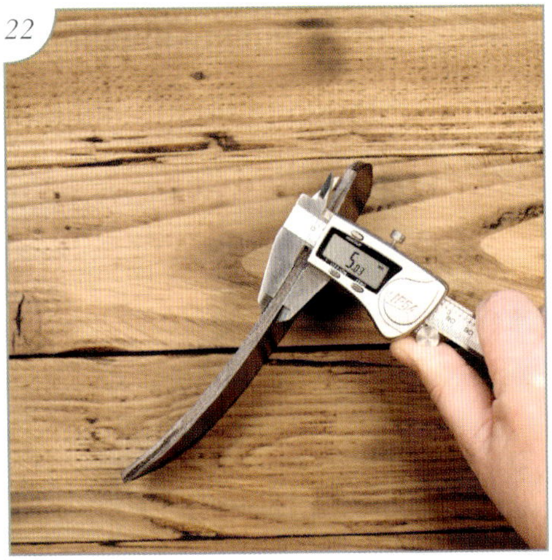

25

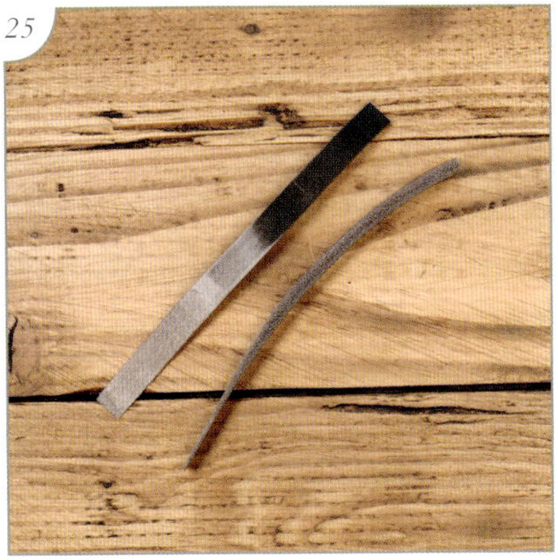

23

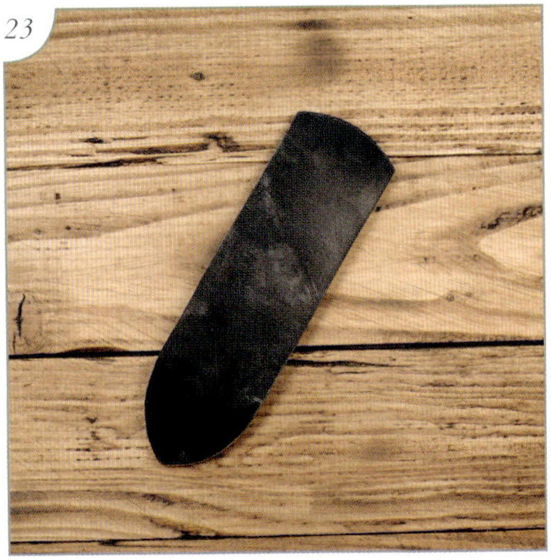

24

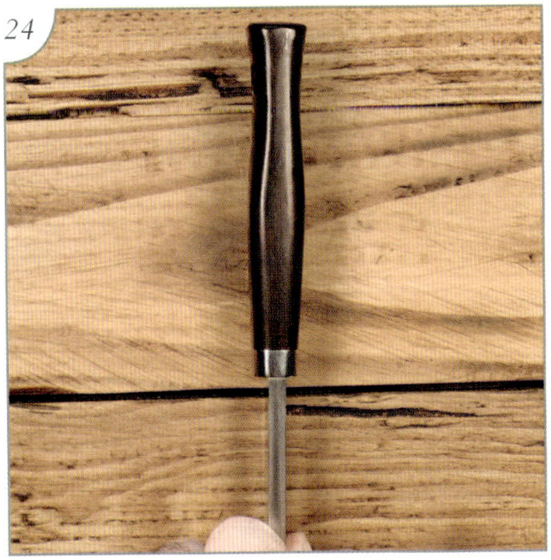

26 Diese zusätzliche Einfassung bringt nur etwa 10 mm zusätzlichen Platz für das Messer. Für den Rest gehen wir davon aus, dass sich das Leder um den Griff herum anpasst.

Durch diesen festen Sitz bleibt das Messer fest in der Scheide. Bringen Sie ein wenig Druck und Wärme auf, damit das Leder sich an die Form des Griffs anpasst.

Das Ganze geht schneller, wenn man das Leder nass macht. Hier beschränke ich mich auf Lederpflege und Druck.

27 Prüfen Sie sorgfältig, dass die zugeschnittenen Teile in Form und Größe auch genau passen — setzen Sie sie dazu einmal zusammen.

So sehen Sie, ob Ihre Fähigkeiten, was das Zuschneiden betrifft, bereits ausreichen oder nicht.

28 Bereiten Sie nun das Leder vor. Bringen Sie eine 6-mm-Nahtlinie auf der Vorder- und Rückseite, dem Riemenende und allen Teilen der Einfassung an, um daran die Löcher zu markieren und durchzutreiben.

Legen Sie die Schablone nacheinander über jeden Abschnitt und markieren Sie das mittlere Loch, die beiden oberen Löcher und eine Reihe weiterer Löcher auf der Nahtlinie. Diese dienen als Anhaltspunkte, damit Sie nicht von der Linie abweichen.

Vergessen Sie nicht, die Löcher für das Riemenende auch auf der Rückseite anzubringen.

26
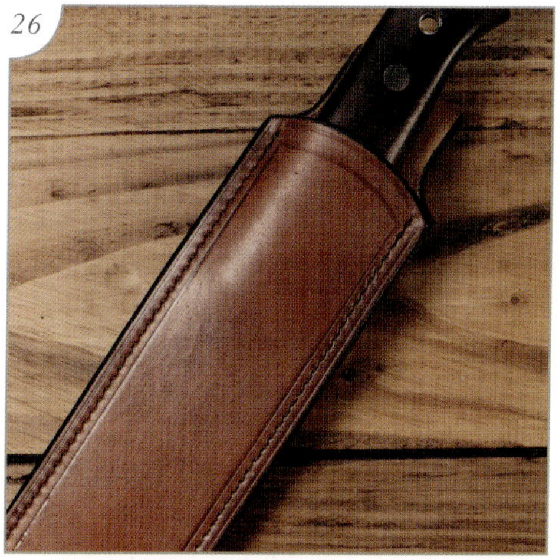

27
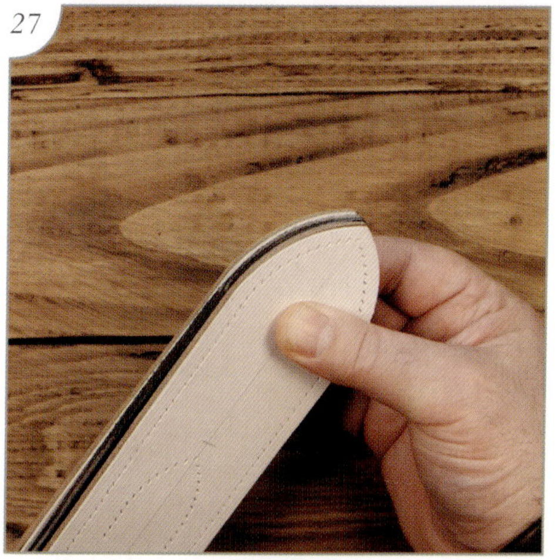

28
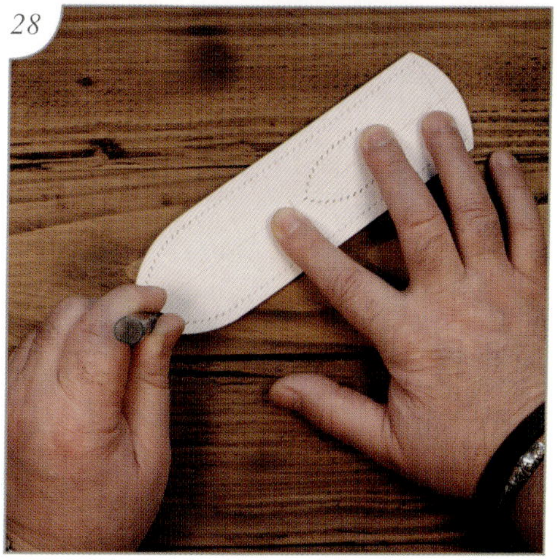

Stellen Sie sicher, dass Sie das Eisen senkrecht ansetzen und die Schablone exakt ausgerichtet ist, denn Abweichungen führen dazu, dass Markierungen an der falschen Stelle sitzen.

Wenn Sie irgendwo abgewichen sein sollten, halten Sie sich immer an die Nahtlinie.

29 Bringen Sie nun alle Löcher auf dem Leder an. Sie müssen durch mehrere Lagen Leder nähen, und damit das leichter wird, treiben Sie die Löcher in den Teilen der Einfassung etwas tiefer durch das Leder — dadurch werden sie größer und lassen sich leichter vernähen. Die größeren Löcher in der Einfassung sind von außen nicht sichtbar und werden sich mit der Zeit auch verschließen.

30 Sie vernähen insgesamt 16 mm Leder, daher erspart Ihnen größtmögliche Sorgfalt an dieser Stelle später einiges an Frustration. Lassen Sie sich Zeit, arbeiten Sie genau, und alle Löcher passen perfekt.

Bei den beiden kurzen Einfassungsteilen müssen die oberen Enden entsprechend dem Bogen der Scheide zugeschnitten und die Löcher angebracht werden.

Um dabei ganz genau zu arbeiten, kleben Sie sie auf die Rückseite der Einfassung, und zwar, nachdem Sie die Löcher in der Einfassung angebracht haben. Am besten verwenden Sie dazu nur wenig PVA-Klebstoff, da die Teile nach dem Anbringen der Löcher wieder auseinandergenommen werden. Sie können die Löcher nicht durch beide Teile gleichzeitig durchtreiben. Also trennen Sie die Teile nach dem Markieren der Löcher wieder und treiben Sie die Löcher durch jedes Teil einzeln.

31 Wenn die Einfassungen zusammengeklebt sind, ist auch der perfekte Zeitpunkt das obere Ende der Einfassungsteile in der richtigen Form zuzuschneiden. Diese sollen dem Bogen der Vorderseite der Scheide folgen.

29

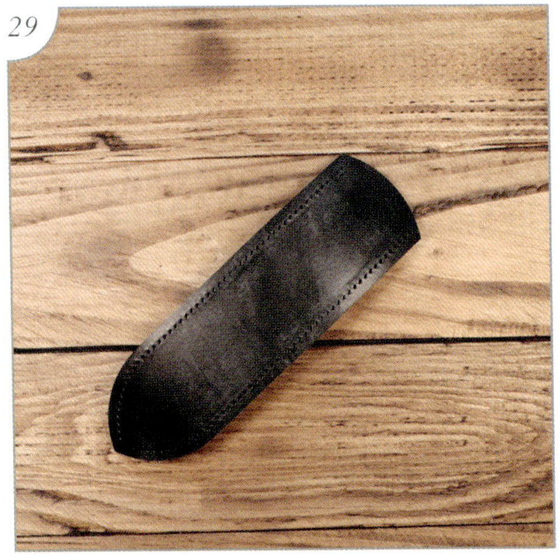

30

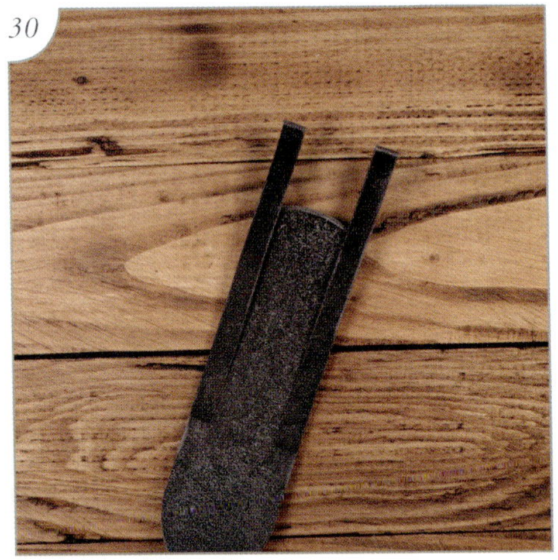

31

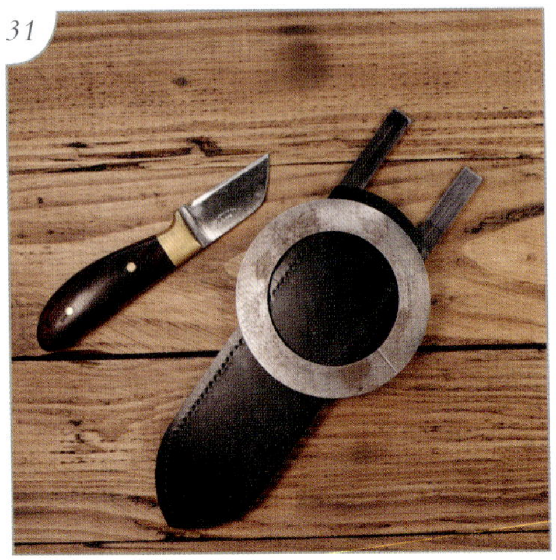

32 Markieren Sie nach dem Zuschneiden die Löcher in den Einfassungsteilen mit einem genau senkrecht gehaltenen Eisen durch die Löcher der Einfassung hindurch. Sollten Sie Schwierigkeiten haben, das Eisen senkrecht zu halten, legen Sie es an einem rechtwinkligen Gegenstand an — ich verwende hier einen Holzblock.

33 Nun können Sie die Teile der Einfassung wieder voneinander trennen und die Löcher vollständig durchtreiben.

34 Jetzt müssen wir den mittleren Teil aus der Einfassung herausschneiden. Stellen Sie den Zirkel auf 12 mm (die Breite der Einfassung) und ziehen Sie damit eine Linie entlang der Außenseite der Einfassung.

Prüfen Sie die Maße mit einem Lineal: 12 mm – 36 mm – 12 mm.

35 Wenn Sie zufrieden sind, schneiden Sie die Mitte aus, freihändig oder mithilfe eines Lineals.

36 Wenn dann alle Löcher auf Vorder- und Rückseite, Riemenende und allen Teilen der Einfassung angebracht sind und die Einfassung ausgeschnitten ist, ist es Zeit, alle Kanten zu bearbeiten, die nicht vernäht werden oder die nach dem Vernähen nicht zugänglich sind. Also das obere Ende der Vorderseite, die oberen Ende aller Teile der Einfassung und der Riemen, der die Schlaufe bildet.

32

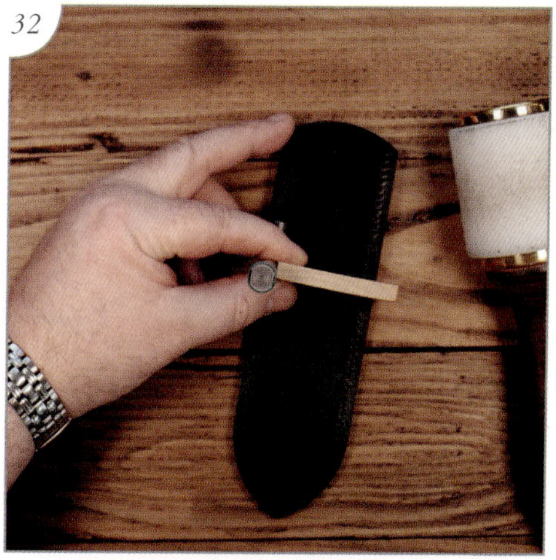

35

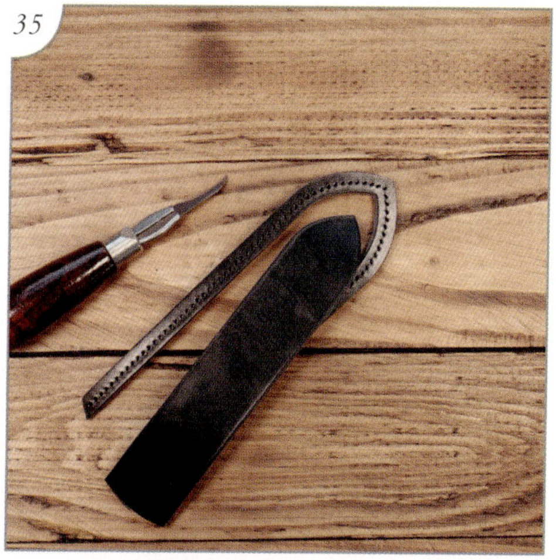

33

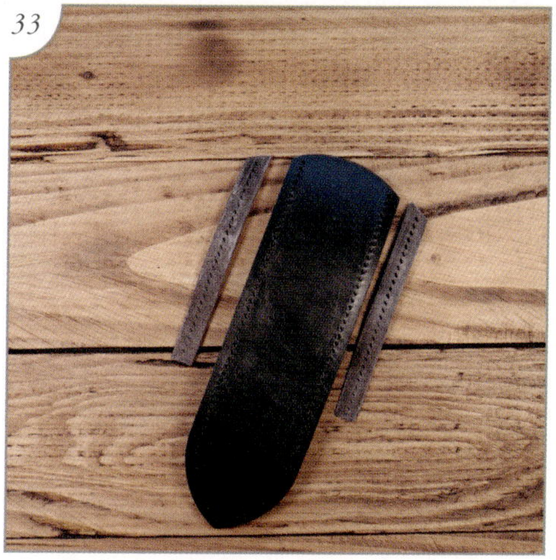

36

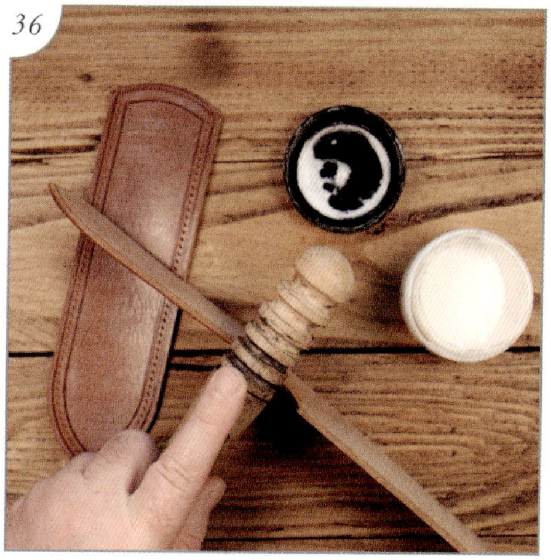

34

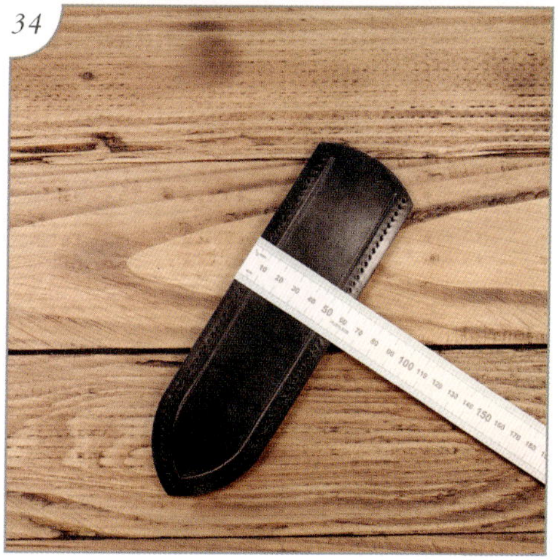

37

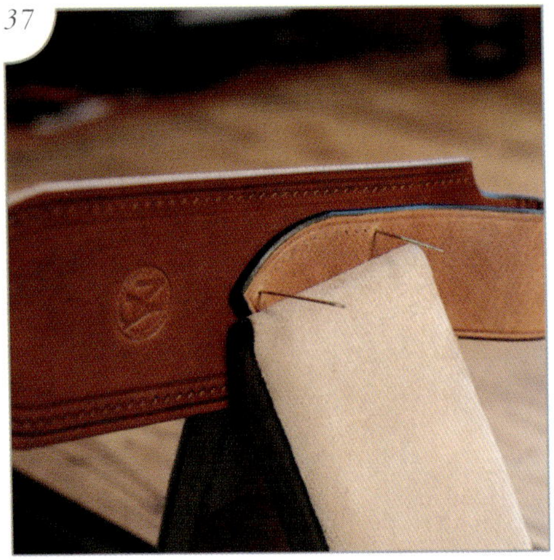

38

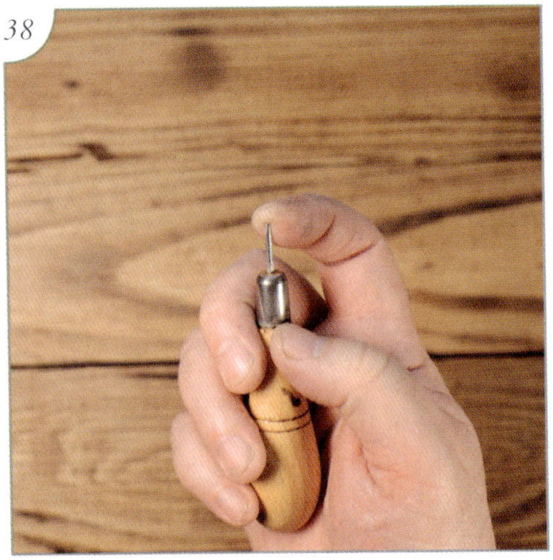

37 Sie können jetzt anfangen, die Messerscheide zusammenzunähen.

Als Erstes muss der Riemen an der Rückseite der Scheide angebracht werden, um die Schlaufe zu bilden.

Richten Sie die vorgestochenen Löcher der beiden Teile mit zwei Nadeln aneinander aus. Fixieren Sie das Leder im Nähkloben.

Danach können Sie den gesamten Rest vernähen.

Wenn Sie sicher sind, dass alle Löcher an der richtigen Stelle sitzen, können Sie die Teile zusammenkleben. Wenn Sie sich dessen nicht sicher sind und etwas flexibler sein wollen, dann lassen Sie es.

Am einfachsten lässt sich alles zusammenbringen, indem Sie eine Nadel durch das erste Loch und eine weitere Nadel durch ein weiteres Loch am Ende der zusätzlichen Einfassungsstücke durch alle Teile stecken. Also durch die Vorderseite, alle Teile der Einfassung und die Rückseite. So fixieren Sie dann alles im Nähkloben.

Dabei sollten die Nadeln im rechten Winkel sein.

Wegen der Schlaufe kann es schwierig sein, die Scheide mittig im Nähkloben zu fixieren, Sie müssen hier etwas flexibler sein.

38 Dabei kann es helfen, den Ausschnitt aus der Einfassung wieder einzusetzen, damit sich das Leder im Nähkloben nicht zu sehr verformt. Jetzt geht es ans Nähen.

Dank der vorgestochenen Löcher wird die Naht sowohl auf der Vorderals auch auf der Rückseite gleichmäßig und optisch ansprechend. Sie können sich also auf das Nähen konzentrieren.

Es kann schwer sein, die Nadeln ganz durchzustechen. Wenn dem so ist, können Sie eine „weiche“ Ahle verwenden — bei der alle scharfen Kanten und die Spitze abgeschliffen wurden. Sie ist stumpf, genau wie die Nadeln. Eine solche Ahle gibt es nicht zu kaufen, Sie müssen sie selber herstellen.

Diese weiche Ahle schneidet keine neuen Löcher, Sie können damit aber die existierenden Löcher aneinander ausrichten und etwas weiten. Dadurch wird das Nähen einfacher.

39 Dieses Verfahren ist bei weitem langwieriger als die übliche Methode der Herstellung einer Scheide, gewährleistet aber weitaus mehr Genauigkeit, insbesondere für den Anfang. Außerdem sorgt es für eine gleichmäßige Naht auf Vorder- und Rückseite.

Schmirgeln Sie die Kanten nach dem Nähen leicht an, schrägen Sie sie ab und finishen Sie sie. Wegen der vielen Lagen können hier mehrere Wiederholungen nötig sein, um eine optisch ansprechende, sauber Kante zu erhalten.

Ich verwende hierfür einen großen Kantenzieher, der die schwarzen Kanten etwas runder und markanter aussehen lässt — ein weiterer Aspekt der Robustheit, die das Projekt zeigen soll.

Stecken Sie zum Abschluss das Messer in die Scheide und bringen Sie mit einem sauberen Lappen eine großzügige Menge Lederpflegemittel auf.

Reiben Sie das Leder um den Messergriff gut damit ein. Sie werden sehen, wie es sich der neuen Form anpasst.

Die Messerscheide ist jetzt fertig.

39

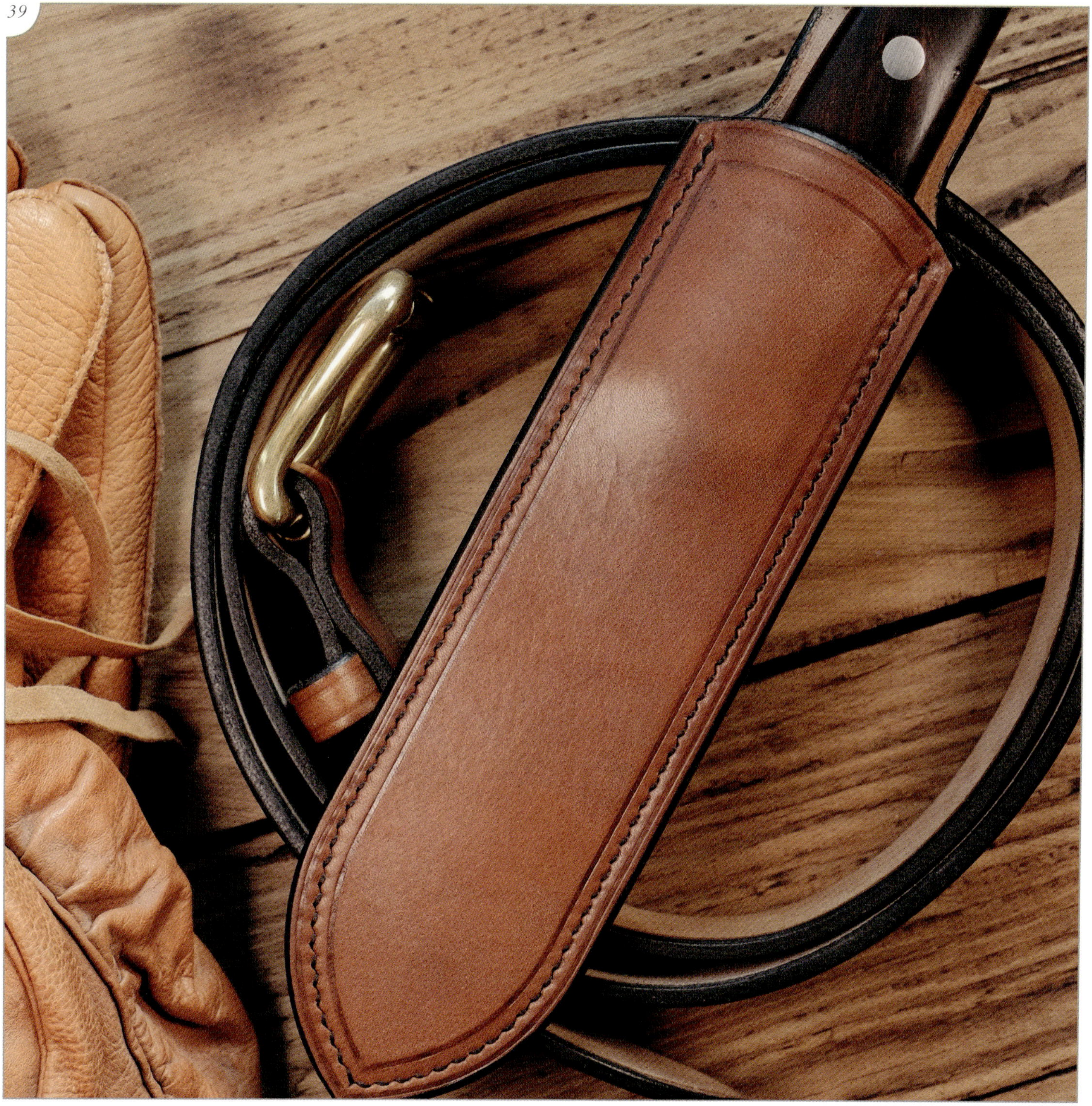

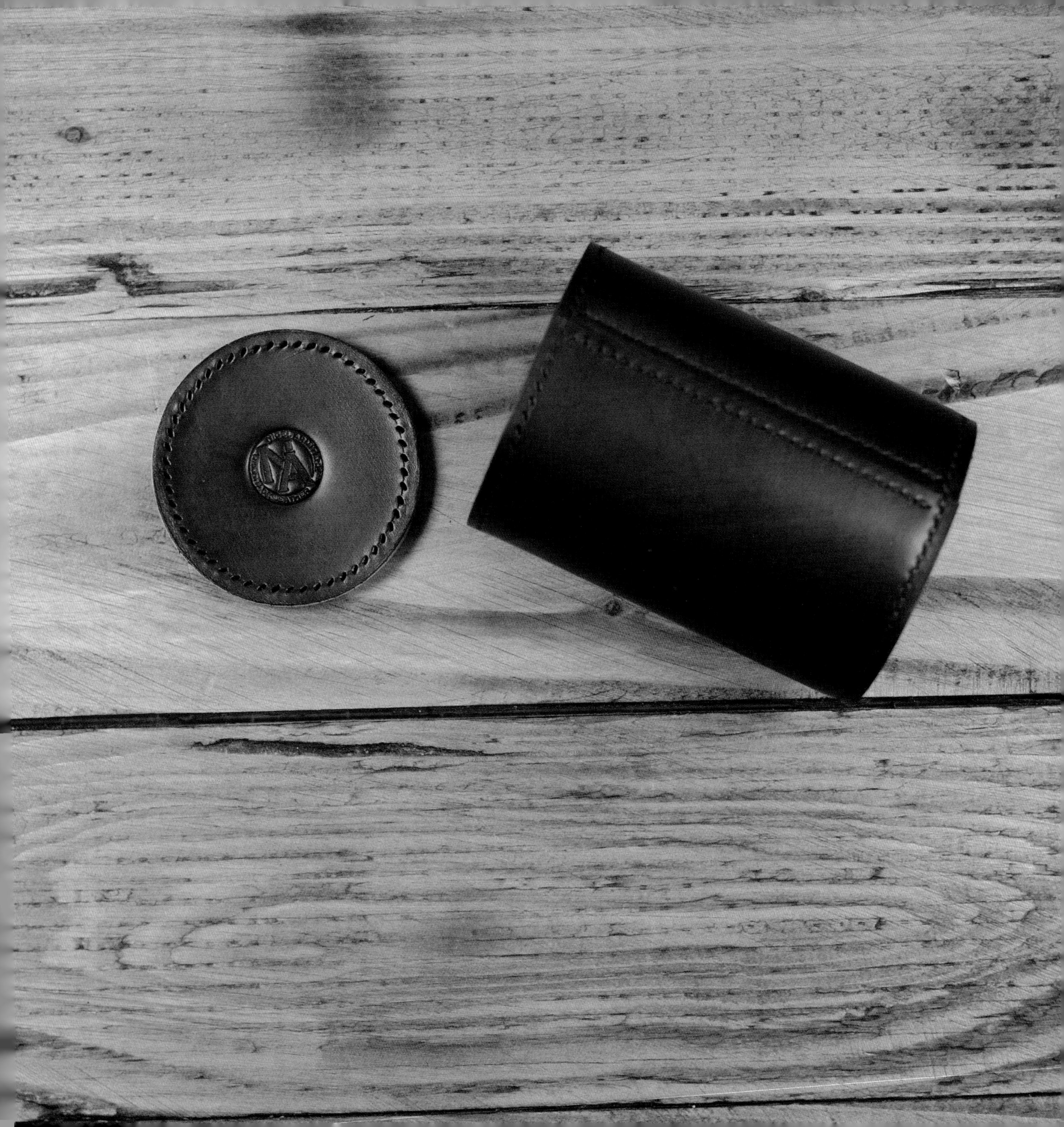

WÜRFELBECHER

Zylinder aus Leder anzufertigen und zu vernähen, wird ein wirklicher Test Ihrer Fähigkeiten. Sie brauchen dazu eine Ahle und müssen mit absoluter Genauigkeit abmessen und zuschneiden: Präzision ist hier von entscheidender Bedeutung. Ein Würfelbecher ist perfekt geeignet, um das Nähen von runden Behältern wie etwa Bechern zu lernen.

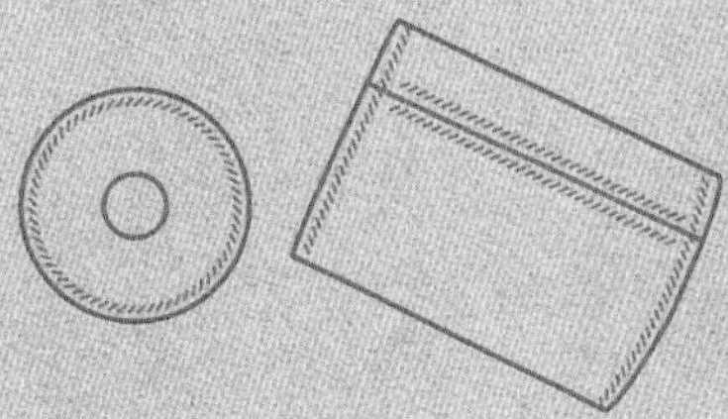

WERKZEUG UND MATERIAL

Lineal	*Nähform, 67 mm rund*
Anschlagwinkel	*Schere oder Fadenschere*
Zirkel	*Kantenzieher (Zieheisen)*
Vorstecheisen oder Prickrad, 7 spi	*Kantenpolierer*
Holzblock	*Reifeleisen*
Schonhammer	*Edge Kote*
Nadeln Nr. 4	*Bienenwachs*
Faden, 0,6 mm	
Ahle	

Taschenleder, 3,5 mm

1 Wir arbeiten entlang der Nähform, daher sind die Innenmaße maßgeblich für die Größe des Bechers. Der Becher wird mit einem Futter versehen.

Für dieses Projekt wird eine zylindrische Form benötigt, die fixiert werden kann, sodass sie beim Nähen stabil ist. Ich arbeite mit einem Plastikstab mit einem Durchmesser von 67 mm und einer Länge von 130 mm und einem, der 62 mm umfasst: beide lassen sich in einer Schraubzwinge fixieren.

2 Es ist sehr schwierig, eine Schablone für einen runden Gegenstand anzufertigen, weswegen dieses Projekt ohne auskommen muss. Karton lässt sich nicht runden, und wenn Sie Papier verwenden, spiegelt dies nicht die wahren Maße wieder, da die Dicke des Leders Einfluss darauf hat, wie es sich um eine Form herum legt.

Daher bringt eine Schablone ihnen nicht viel, außer Sie wollen Beschläge oder andere Designelemente anbringen.

Aber wir müssen irgendwo anfangen. Der Becher soll um eine zylindrische Form mit einem Durchmesser von 67 mm gebildet werden. Den Kreisumfang berechnen Sie, indem Sie den Durchmesser (67 mm) mit Pi multiplizieren — d.h. 3,14159265359 . . . und noch eine ganze Menge weiterer Zahlen; als Ergebnis erhalten wir die Zahl 210,38 mm.

Das wäre auch richtig, wenn das verwendete Material flach wäre, wie etwa Stoff oder Papier. Doch weil Leder dicker ist, muss dies in die Berechnung mit einbezogen werden.

Kürzen Sie der Einfachheit halber als Erstes Pi auf 3,14 und fügen Sie dann die Dicke des Leders hinzu. In diesem Fall sind das 3,5 mm, also sieht die Formel so aus:

Durchmesser des Zylinders	67 mm
Dicke des Leders	+ 3,5 mm
Pi	x 3,14
Summe	**221.37 mm**

Wenn die von Ihnen verwendete Form oder Dicke des verwendeten Leders von diesen Werten abweicht, passen Sie die Zahlen entsprechend an.

So bestimmen Sie die Breite des Leders, fehlt noch die Höhe — also die volle Höhe des Bechers —, die beläuft sich auf 100 mm.

Schneiden Sie also anhand der Abmessungen ein Stück 3,5 mm dickes Leder auf eine Breite von 221,37 mm und eine Höhe von 100 mm zu.

Schneiden Sie dabei die langen Seiten gerade, aber unterschneiden Sie die Enden, die mit einer Stoßnaht verbunden werden. So soll auf der Lederrückseite ein wenig Platz bleiben, damit die vorderen Kanten sauber aufeinanderliegen.

Nehmen Sie beim Zuschneiden der Enden an der Stoßnaht also 1 mm von der Rückseite ab. Wenn Sie diese Kanten gerade schneiden, bildet sich auf der Vorderseite eine kleine Öffnung.

1

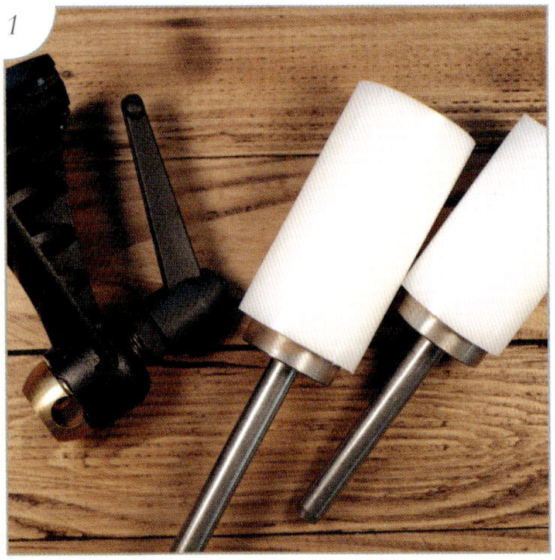

2

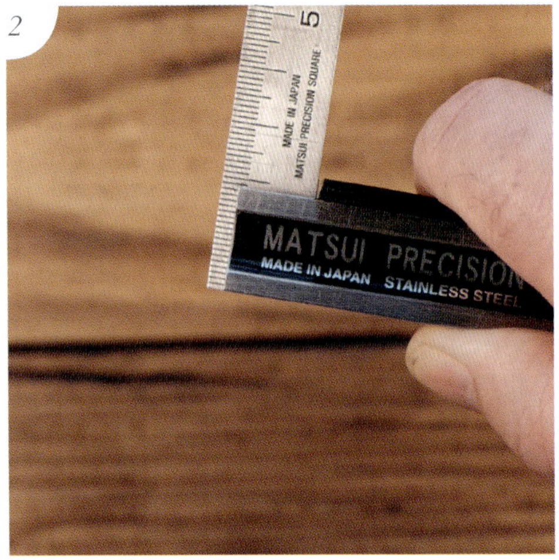

3 Sie bringen eine Stoßnaht an der Stelle an, an der die beiden Kanten aufeinandertreffen, wenn Sie das Leder zu einem Zylinder formen — also brauchen beide Kanten eine 4-mm-Nahtlinie.

4 An der Unterseite des Bechers wird ein runder Boden eingesetzt und an der Öffnung wird das Futter mit der äußeren Lage vernäht — daher muss auch an beiden langen Kanten eine 4-mm-Nahtlinie angebracht werden.

5 Hier kann es passieren, dass Nahtlinien sich überlappen, wodurch die Naht am Ende unsauber aussähe. Da es sich oben und unten im Prinzip um volle Kreise handelt, sollten diese am besten nicht durch die Naht an der Seite gestört werden.

Daher sollte diese Naht einen Stich vor den Nähten an den langen Kanten enden.

6 Markieren Sie beim Anbringen der Löcher für die Stoßnaht die Mitte des Leders auf der Nahtlinie. Markieren Sie außerdem von diesem Punkt aus, wo die Naht aufhört, im gleichen Abstand von der Ober- wie Unterkante.

Pricken Sie hier die Löcher nur — dazu treiben Sie das Vorstecheisen beim Markieren nur etwa 1 mm ins Leder.

Die Naht verläuft durch die Lederkanten, nicht durch die Rückseite.

Die obere Reihe Löcher geht aber ganz durch, treiben Sie diese also ganz durch das Leder.

3

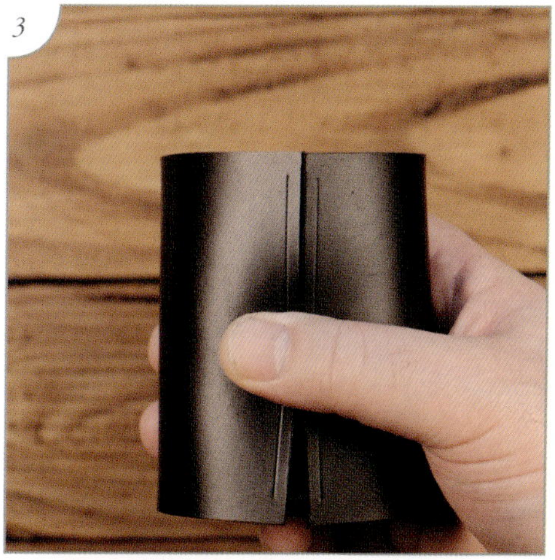

6

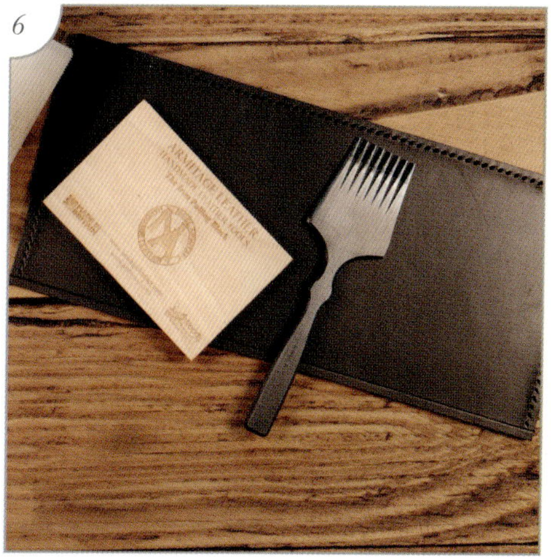

4

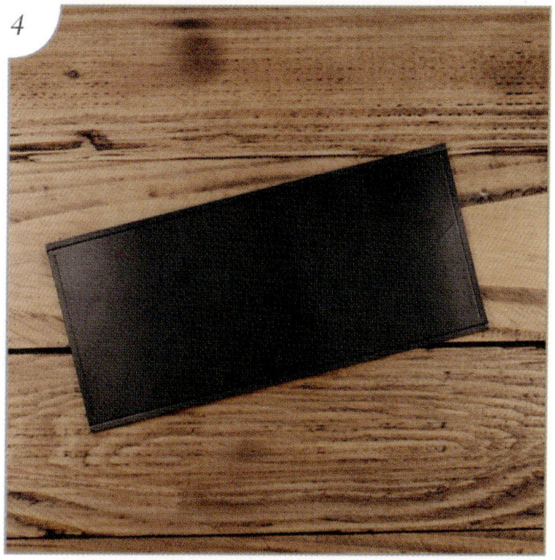

5

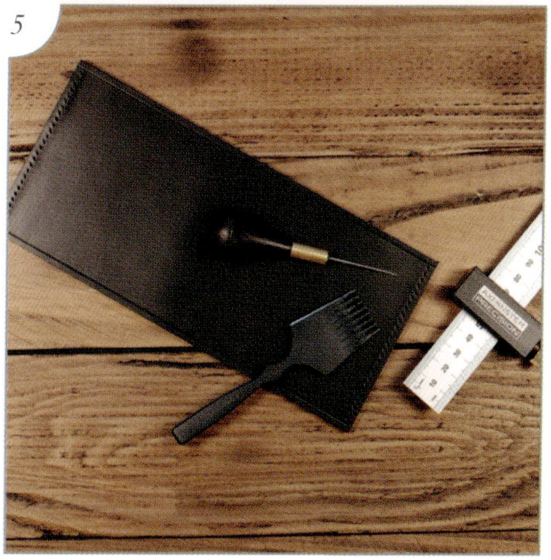

7 Bleiben noch die Löcher an der Unterkante. Auch diese Löcher werden schräg vernäht. Sie kommen zwar in diesem Fall auf der Rückseite des Leders wieder heraus, aber nicht parallel zur Vorderseite, Sie sollten also auch hier nur pricken.

8 Nachdem alle Löcher auf dem äußeren Teil des Bechers angebracht sind, bleibt noch etwas Arbeit an den Löchern der Stoßnaht. Jedes Loch führt etwas unterhalb der Mitte durch die Kante nach außen.

9 Treiben Sie eine dünne Ahle durch das Loch auf der Außenseite und auf der Lederkante wieder hinaus, und zwar etwas unterhalb der Mitte. Versuchen Sie dabei, die Oberfläche des Leders nicht einzukerben.

Dafür brauchen Sie etwas Übung, versuchen Sie es also erst an Lederresten. Im Ergebnis sollen die Löcher auf der linken Seite parallel zu den Löchern auf der rechten Seite liegen. Auf der Innenseite soll keine Naht zu sehen sein.

10 Sobald Sie die Löcher angebracht haben, können Sie mit dem Nähen beginnen. Legen Sie das Leder um den Nähform und fixieren Sie es mit Gummibändern.

11 Wenn die Löcher gut vorgestochen sind, dann sollten Sie jetzt parallel aneinander ausgerichtet sein. Sie können aber mit einer Ahle nachhelfen.

7
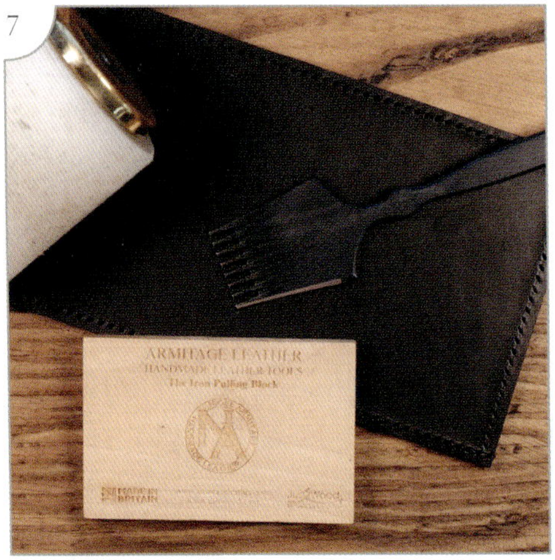

8
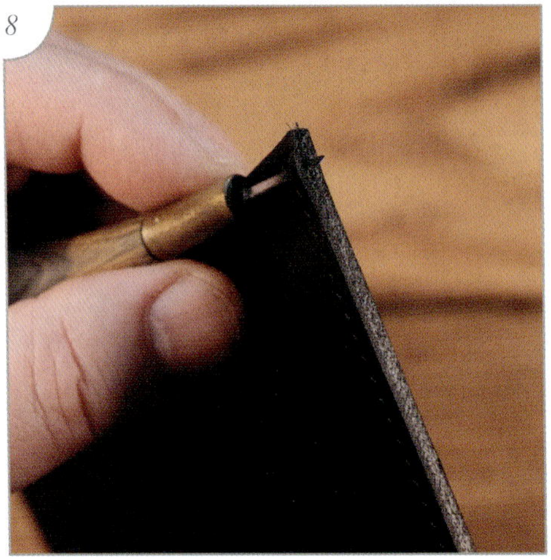

9
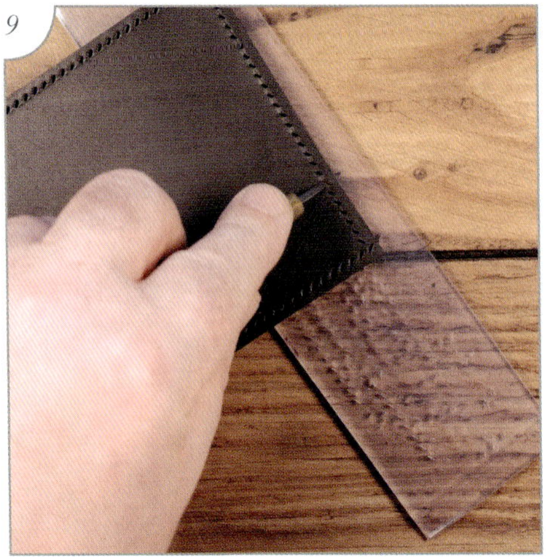

10
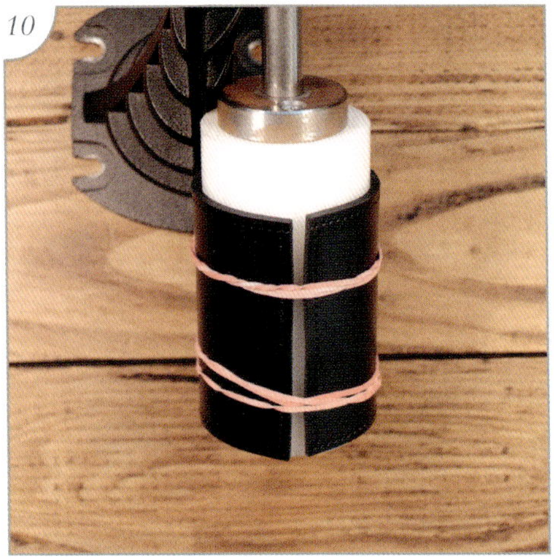

11
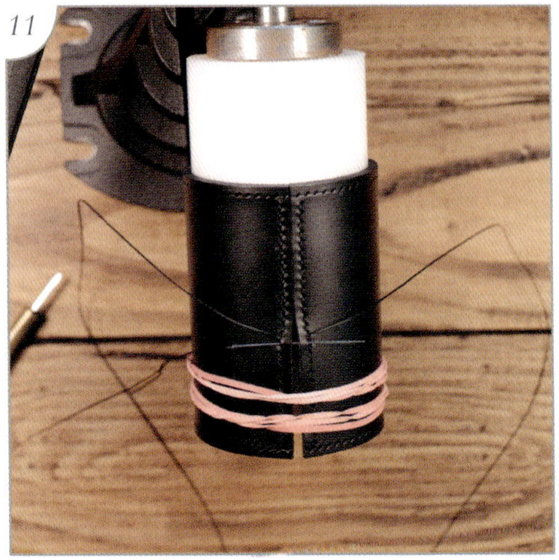

12
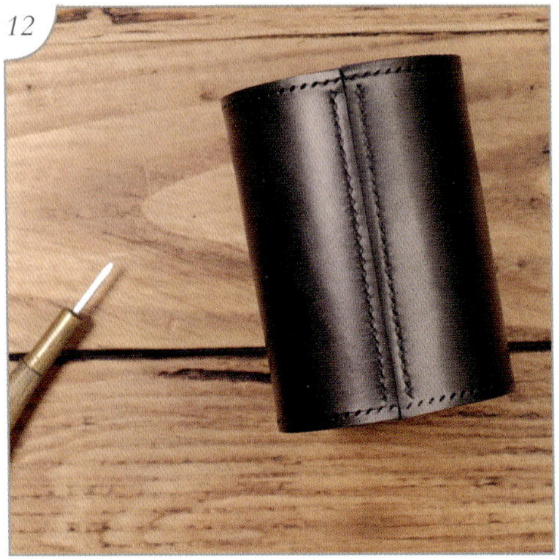

Beginnen Sie mit dem Vernähen und bringen Sie dabei ausreichend Spannung auf. Beachten Sie aber, dass die Naht schräg sitzt, bei zu viel Spannung kann das Leder reißen.

12 Wenn die Stoßnaht fertig ist, haben Sie schon mal eine Röhre. Jetzt können Sie das nächste Teil anbringen — das Innenfutter.

Zur Bestimmung der Höhe müssen Sie die Dicke des Bodens kennen. Ich verwende für den Boden zwei 67-mm-Scheiben, eine aus dem gleichen Leder wie das Außenmaterial und eine aus dem gleichen Leder wie das Futter.

13 Für das Futter verwende ich ein etwas leichteres Leder, 2,5 mm, mittelbraun.

Ich will das Futter so anbringen, dass es eine Art Absatz bildet, auf dem die Scheiben für den Boden aufliegen. So bleiben diese beim Nähen an Ort und Stelle.

14 Damit erhält das Futter eine Höhe von 94 mm, um die Dicke der beiden Scheiben zu kompensieren.

Die Breite wird ähnlich wie beim Außenmaterial berechnet. Da das Futter innerhalb des ursprünglichen Durchmessers sitzt, sieht die Formel wie folgt aus:

Durchmesser des Zylinders	67 mm
Dicke des Leders	2,5 mm
Pi x 3,14	
Summe	**202.53 mm**

Wie Sie sehen, wurde für dieses Maß die Lederdicke abgezogen.

Dieses Stück muss also 202,53 x 94 mm betragen.

Auch hier müssen die Kanten schräg geschnitten werden, damit sie zusammenpassen. Schneiden Sie dazu das Leder von der Rückseite aus und unterschneiden Sie dabei leicht.

15 Setzen Sie das Futter einmal in den Zylinder ein, um zu prüfen, ob es sitzt. Wenn Sie zufrieden sind, kleben Sie es mit ein wenig PVA-Klebstoff fest, aber achten Sie darauf, dass es oben parallel zum Außenmaterial verläuft und dass unten 6 mm Platz für die Scheiben bleibt.

Setzen Sie die Röhre auf den Plastikstab mit 62 mm Durchmesser und nähen Sie die obere Naht an der Öffnung. Dafür werden Sie die Ahle benötigen, da keine Löcher im Futter angebracht sind. Hierbei hilft Ihnen der Klebstoff. Je besser beide Teile aneinander haften, desto einfach ist dieser Schritt.

Nachdem Sie diese Naht angebracht haben, brauchen Sie zwei Lederscheiben, eine passend zum Außenmaterial und eine passend zum Futter.

Dazu können Sie die passende Nähform auf das Leder aufsetzen, den Umriss mit einer Ahle anreißen und das Ganze vorsichtig ausschneiden.

13

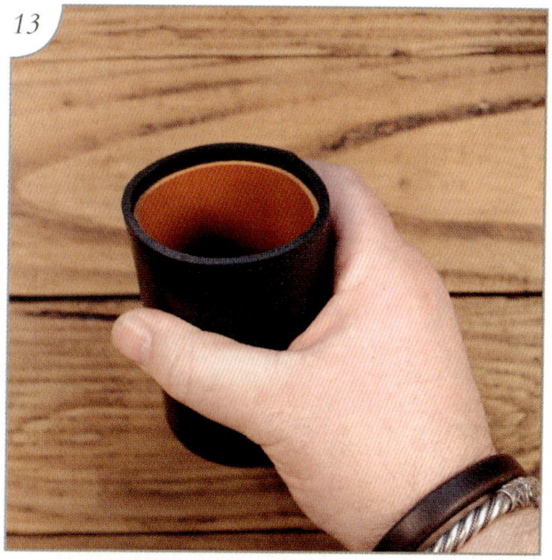

14

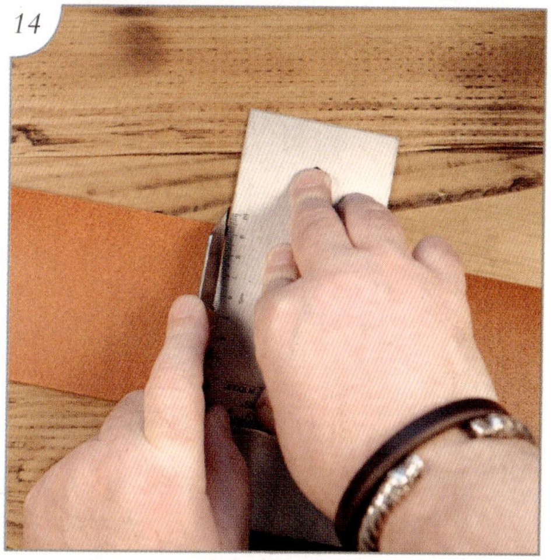

15

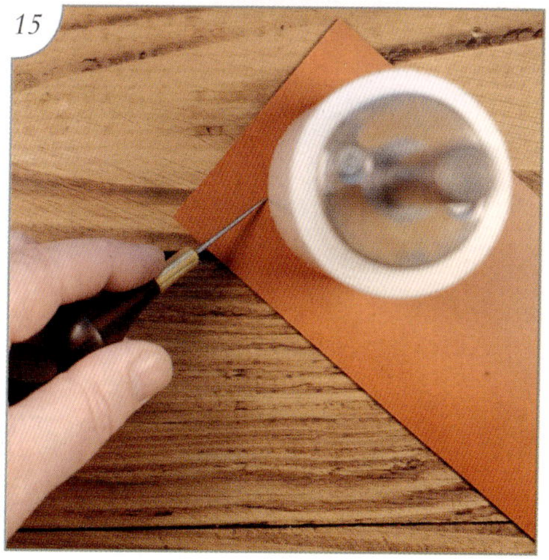

16 Kleben Sie die zugeschnittenen Scheiben dann an den Innenseiten aneinander.

Bringen Sie auf der äußeren Lage eine 4-mm-Nahtlinie an und stechen Sie einen Satz Löcher vor. Auch diese sollen schräg verlaufen, stechen Sie also nur etwa 1 mm tief.

17 Nachdem alle Löcher markiert sind, treiben Sie sie mit einer Ahle durch. Hier soll die Ahle etwas weiter unten wieder aus dem Leder herauskommen in Richtung der Stelle, an der die beiden Scheiben verbunden sind. Die Löcher müssen parallel zur Mitte verlaufen — stellen Sie sich die Speichen eines Rads vor: die Speichen kommen aus der Mitte und breiten sich fächerförmig Richtung Rand aus — das muss die Ahle hier auch tun.

Wenn die Löcher nicht richtig sitzen, wird es beim Nähen schwierig, sie mit der Ahle zu treffen.

18 Kleben Sie, wenn alle Löcher angebracht sind, die Scheiben unten in den Zylinder und Sie haben einen Becher.

19 Jetzt muss der Boden vernäht werden. Ich habe die Löcher auf der Scheibe mit dem gleichen Vorstecheisen angebracht wie die im Außenmaterial.

Sie werden nicht passen. Würden Sie die Löcher in beiden Teilen nachzählen, erhielten Sie eine geringere Anzahl Löcher auf der Scheibe. Aber keine Sorge, das ist kein Problem. Fangen Sie an, die Scheibe zu vernähen.

20 Sie werden schnell merken, dass die Löcher nicht mehr parallel sind.

Dies können Sie beheben, indem Sie zwar außen das nächste verfügbare Loch nutzen, aber auf der Scheibe das gleiche, durch das Sie gerade schon genäht haben. Auf der Scheibe wird sich keine Naht zeigen, aber auf der Außenseite schon und die Löcher liegen jetzt auch wieder parallel. Verlieren Sie jedes Mal, wenn die Löcher nicht mehr parallel sind, mittels dieser Technik eine Naht.

Jetzt ist der Würfelbecher auch schon fast fertig. Sie müssen nur noch die Lederkanten bearbeiten. Schrägen Sie sie mit einem Kantenzieher an, behandeln Sie die Oberfläche und polieren Sie sie.

Zeit zu spielen oder Stifte in den Becher zu füllen.

16

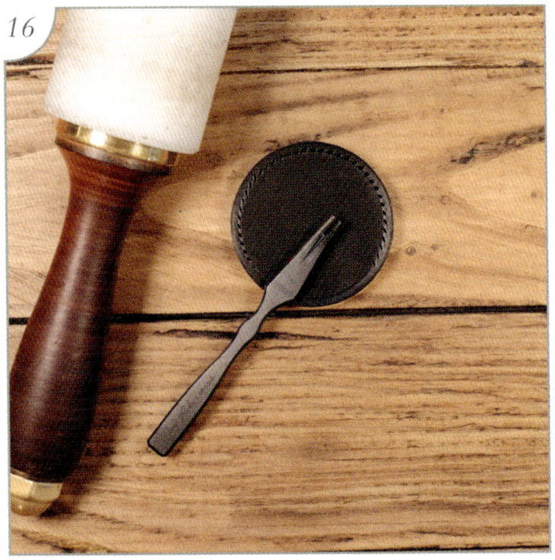

17

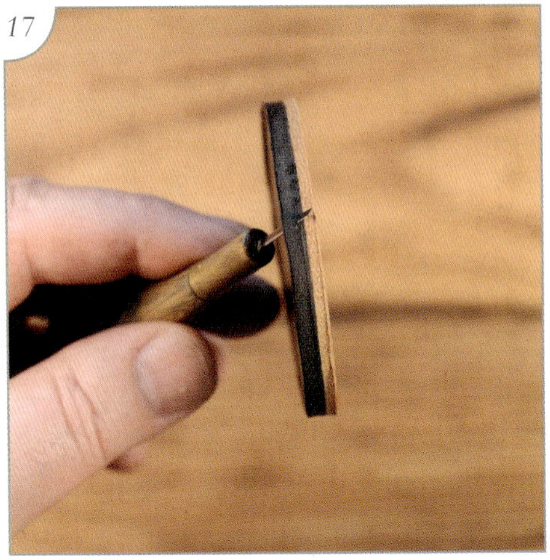

18

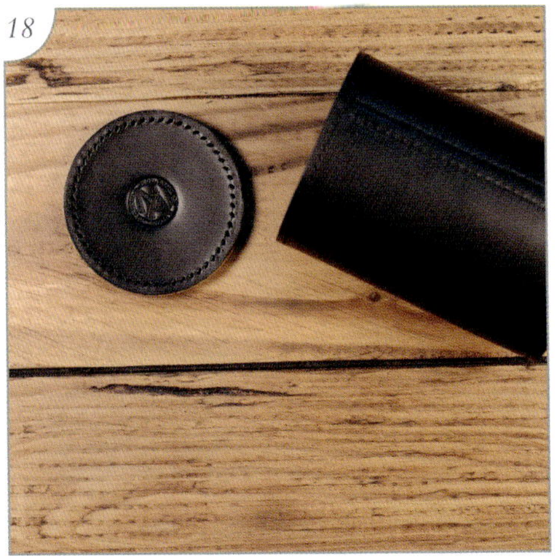

19

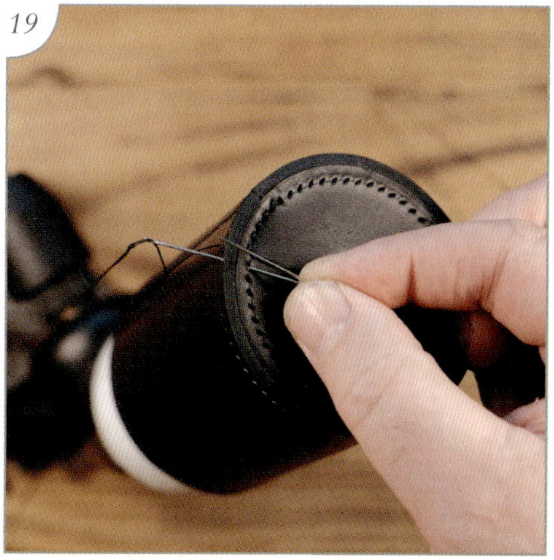

20

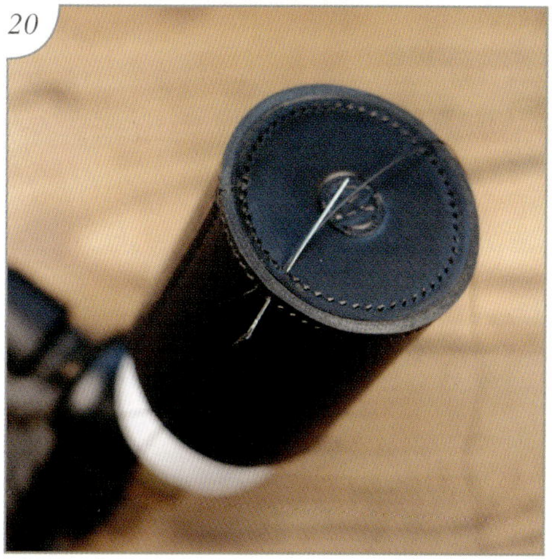

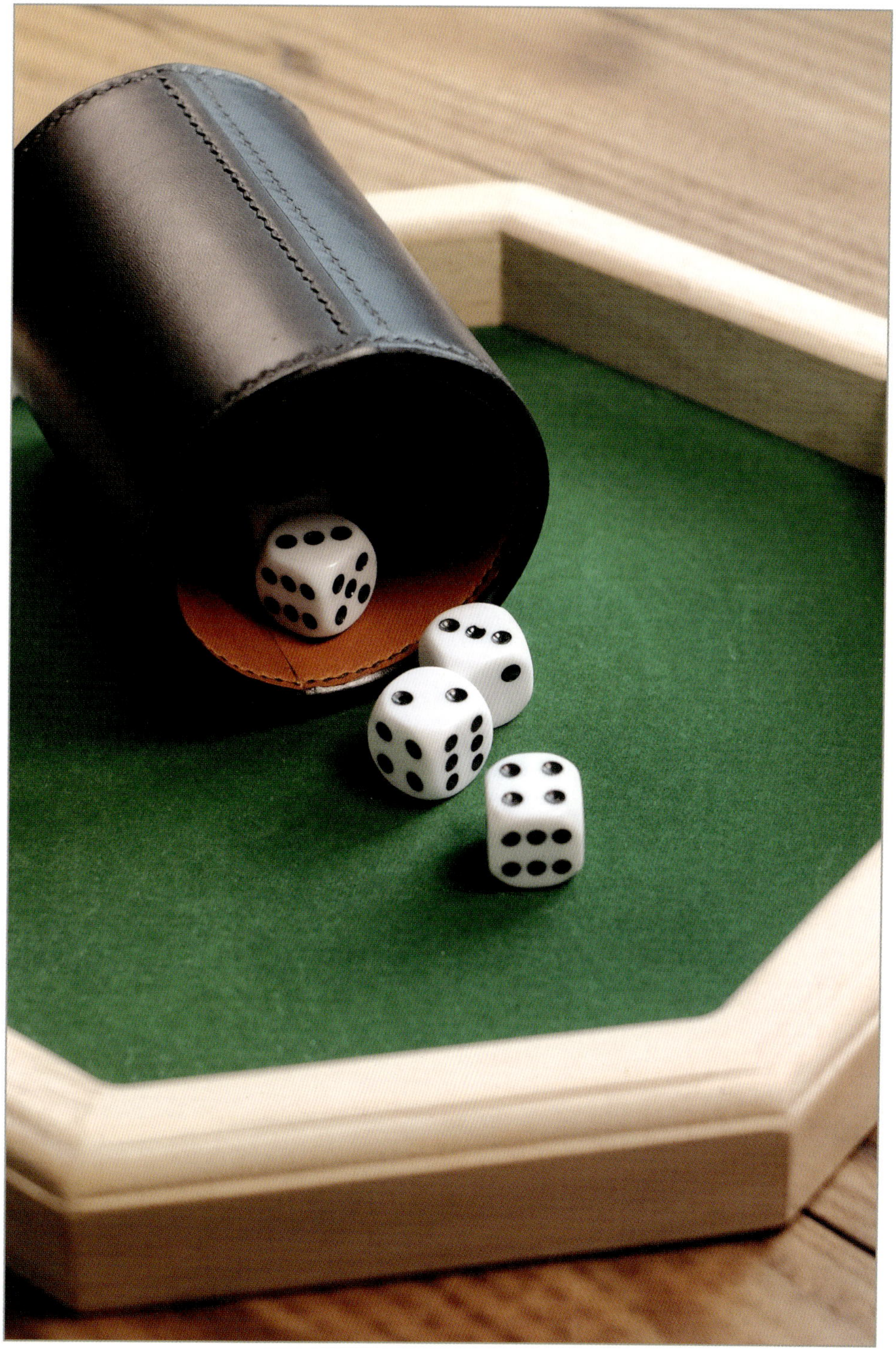

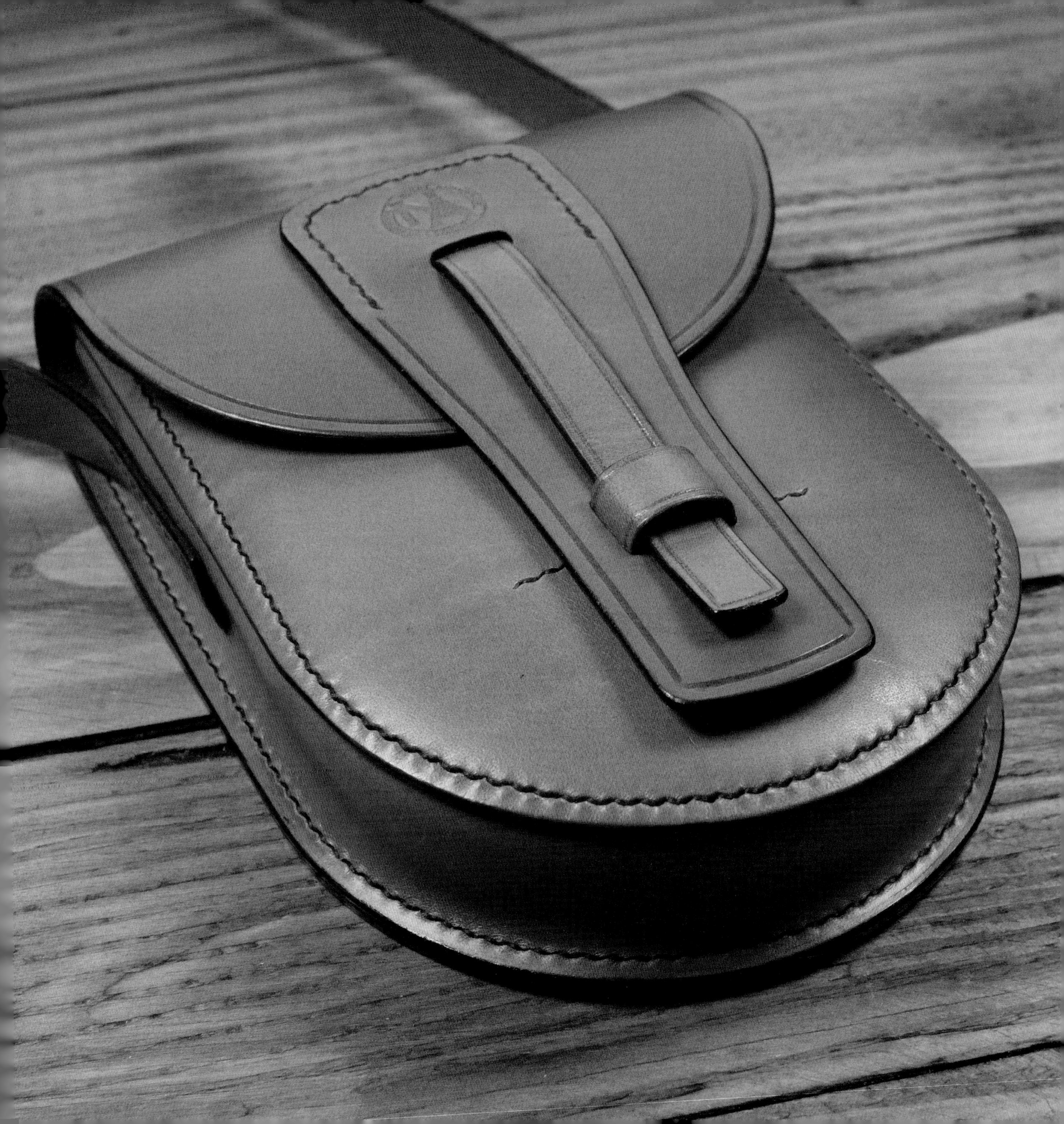

TASCHE MIT RUNDEM BODEN

Hierbei handelt es sich um ein wunderbares Projekt für angehende Taschenhersteller, da diese Tasche mit einem Einsatz gefertigt wird — was Ihnen einiges an Spielraum bietet. Wenn wir eine Tasche auf ihre Grundbestandteile herunterbrechen, besteht sie aus Vorderseite und Rückseite inklusive Deckel, Einsatz und Riemen.

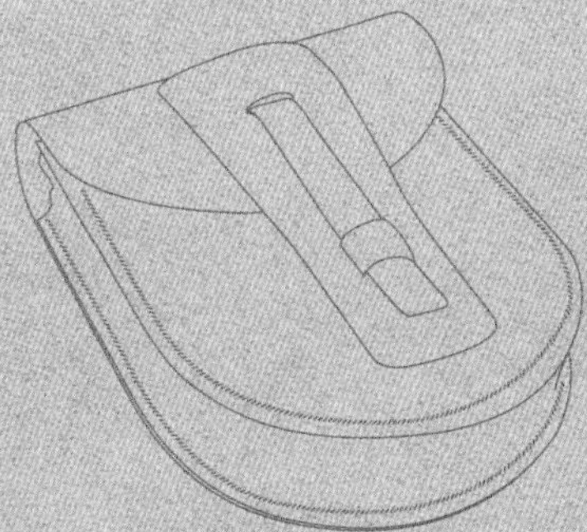

WERKZEUG UND MATERIAL

Karton für die Schablone
Lineal
Anschlagwinkel
Zirkel
Vorstecheisen oder Nahtmarkierer, 7 spi (3,85 mm)
Holzblock
Schonhammer
Langlocheisen, 15 mm
Scheibe, 125 mm
Schärfmesser
Ledermeißel
Nadeln Nr. 4
Faden, 0,6 mm
Nähkloben
Schere oder Fadenschere
Kantenzieher (Zieheisen)
Kantenpolierer
Reifeleisen
Edge Kote
Bienenwachs

Taschenleder, 2,5 mm

1 Die Größe der Tasche ist hier irrelevant — sie kann jede Größe annehmen, die Sie wünschen. Ich habe relativ kleine Maße gewählt, damit das Projekt auch machbar bleibt. Wenn Sie das Prinzip aber einmal verstanden haben, können Sie es an jede Größe und Form anpassen, die Ihnen einfällt.

Bei dem Einsatz handelt es sich um einen Streifen Leder, der Vorder- und Rückseite voneinander trennt und damit Platz in der Tasche schafft. Am einfachsten können Sie einen Einsatz mit zwei einfachen Nähten anbringen, eine vorne und eine hinten. So bekommt der Einsatz die Form eines C.

Diese Tasche lässt sich auf eine Vielzahl von Arten herstellen. Ich wähle eine der einfacheren. So bekommen Sie eine Grundlage, auf der Sie zukünftige Projekte aufbauen können.

Das von mir gewählte Design ist eine moderne Version einer alten Hufeisentasche, die ursprünglich an Sätteln angebracht dazu diente, Ersatz-Hufeisen für lange Reisen mitzuführen.

Interessant an dieser Tasche ist, dass sie keine Beschläge hat, sie besteht nur aus Leder und Naht.

Ich bringe einen auf Länge geschnittenen Riemen an, Sie können dem aber jederzeit eine Schnalle hinzufügen, um ihn verstellbar zu gestalten.

2 Wir sparen uns den C-förmigen Einsatz und arbeiten stattdessen direkt mit einem S-förmigen.

3 Dabei ist die vordere eine überlappende Naht, d.h. sie überdeckt den Einsatz, anstatt parallel dazu zu laufen. Dadurch wölben sich Einsatz und Vorderseite etwas nach außen und verleihen damit auch der Tasche eine leichte Wölbung.

Die hintere Naht bleibt eine einfache Naht und zwingt damit den Einsatz dazu, sich wieder nach innen zu wölben, dadurch entsteht die S-Form. Das ist nur eine von vielen Möglichkeiten, Taschen mit einem Einsatz zu versehen.

Die Tasche wird 125 mm breit und 165 mm hoch — ich habe extra kleine Maße gewählt. Zu Übungszwecken ist es gut mit einer reduzierten Version zu starten — dabei ist weniger Leder nötig, wodurch Sie Fehler weniger teuer zu stehen kommen und die Herstellung weniger lange dauert. Als Anfänger ist es unrealistisch zu erwarten, dass ein neues Projekt beim ersten Versuch klappt. Sobald Sie aber die benötigten Techniken gut beherrschen, passen Sie die Größe oder Form an Ihre Wünsche an und versuchen Sie es erneut. Das ist das Gute an der Arbeit mit Leder: Ihnen sind einzig durch Ihre Fantasie Grenzen gesetzt.

Wenn Sie einen Einsatz hinzufügen, kann Ihnen das viele Probleme bereiten, angefangen damit, die richtigen Maße zu finden.

Üblicherweise werden die Löcher in dem Teil, an dem wir den Einsatz anbringen wollen, vorgestochen und der Einsatz dann festgeklebt, eingepasst und mit einer Ahle vernäht.

1

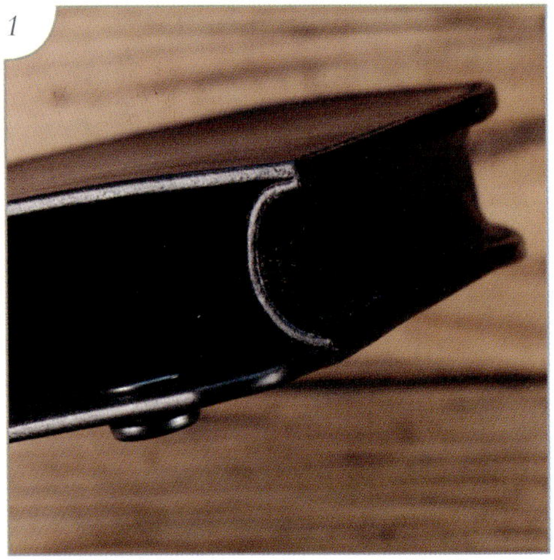

2

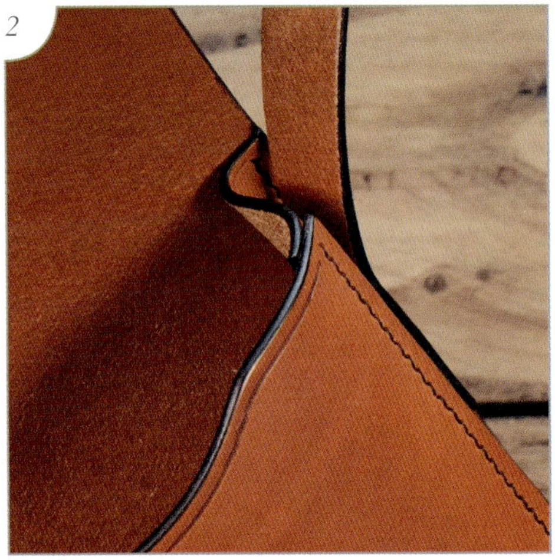

3

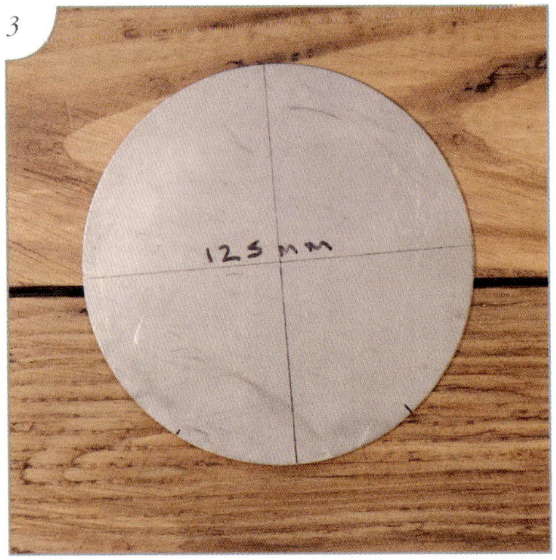

Diese Technik funktioniert gut und hat sich beim Herstellen von Taschen bewährt. Das Problem liegt in der Handhabung der Ahle.

Es dauert sehr lang, bis man das Nähen mit einer Ahle so gut beherrscht, dass die Naht sowohl auf der Vorder- als auch auf der Rückseite gut aussieht. Das kann sehr frustrierend sein.

Angesichts dessen stechen wir alle Löcher vor und zählen sie, um der Arbeit eine gewisse Präzision zu verleihen.

Wenn Sie nur eine Sache aus diesem Buch mitnehmen sollten, dann diese. Damit können Sie viele schwierige Stellen überwinden und die Qualität Ihrer Nähte sehr schnell verbessern.

Zuerst werden der Boden der Tasche und das Ende der Lasche rundiert. Ich verwende dazu eine 125-mm-Scheibe.

4 Wenn Sie etwas Entsprechendes haben, verwenden Sie das und passen die Maße entsprechend an. Wenn Sie etwa eine CD mit einem Durchmesser von 120 mm verwenden, dann hat die Tasche die Maße 120 x 165 mm — nutzen Sie, was Sie haben; die Größe ist hier unwichtig.

Die Maße von 125 x 165 mm gelten für das Vorderteil. Berechnen Sie nun die Größe der Rückseite.

Dazu müssen Sie zwei Dinge wissen: wie breit der Einsatz sein soll und wie weit der Deckel auf die Vorderseite der Tasche reichen soll.

Erst der Einsatz. Zu dessen Größe gibt es keine bindende Regel. In die Berechnung fließen das gewünschte Fassungsvermögen und die Größe der Tasche mit ein. Ich habe mich für 30 mm entschieden. Ich arbeite mit einer Nahtlinie von 4 mm und einer Zugabe von 1 mm, damit das Leder sich wölben kann — diese muss auf beiden Seiten des Lederstücks addiert werden —; die Maße sind also 4 mm + 1 mm + 30 mm + 1 mm + 4 mm = 40 mm.

Beim Deckel sind ein oder zwei Drittel der Taschenhöhe gute Optionen, es macht aber einen Unterschied, welchen Verschluss Sie benutzen.

Ich verwende eine Mischung aus Schlaufe und Verschlussriemen, die recht viel Platz einnimmt, und führe den Deckel daher bis zur Mitte, 82,5 mm — nehmen wir 82 mm.

Nach der Größe des Einsatzes bestimmen wir nun, wie viel Leder für den Bogen über die Oberseite der Tasche zugegeben werden muss.

Die Tiefe beträgt 30 mm. Das Leder läuft aber nicht in einem rechten Winkel nach vorne, sondern in einem sanften Bogen. Wie genau hängt sehr von der Steifigkeit des Leders ab, und manchmal müssen Sie am Leder selbst ausprobieren, wie es sich beim Biegen verhält. Für eine Tasche dieser Größe sollte aber ein Drittel der Taschentiefe ausreichen — 10 mm.

Anhand dieser Maße wissen wir nun, dass die Rückseite 125 x 287 mm betragen muss (siehe Abbildung rechts).

Wir kennen die Länge des Einsatzes noch nicht, aber der wird von der Anzahl Löcher bedingt. Wenn wir entlang der Außenkante des Vorderteils messen, wissen wir auch, wie lang dieser sein muss.

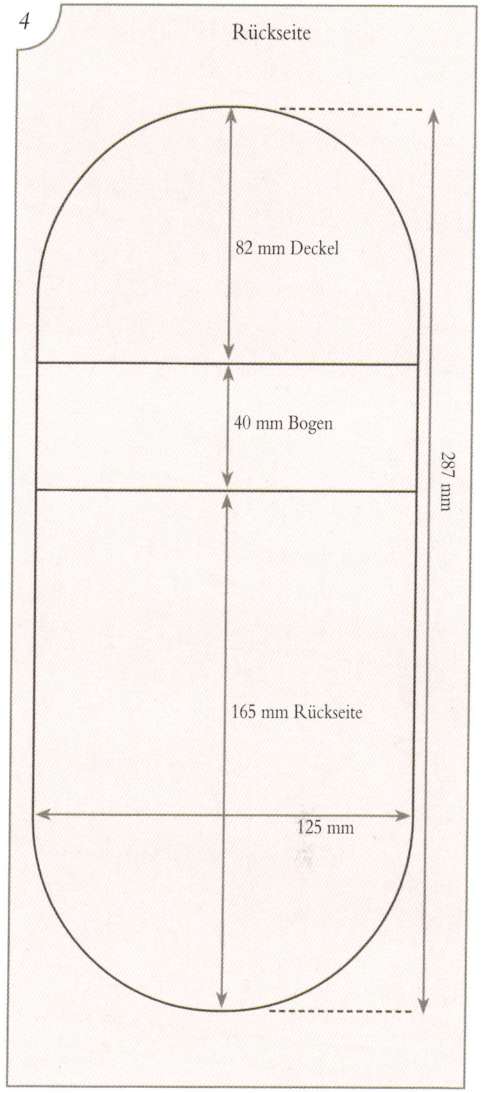

Schneiden Sie die Schablone aus und messen Sie mit einem Bandmaß die Außenkante ab.

Der Einsatz muss also mindestens 410 mm lang sein und kann nach dem Anbringen der Löcher eingepasst werden.

5 Als Letztes kommt der Verschluss aus Riemen und Schlaufe. Eine einfache und günstige Variante, die sich problemlos an die jeweilige Taschengröße anpassen lässt. Er besteht aus einer sich verjüngenden Lasche, die auf den Deckel genäht wird und am unteren Ende mit einer 20 mm breiten und 15 mm hohen Aussparung versehen ist.

Diese sitzt über einer Schlaufe, die auf der Vorderseite der Tasche aufgenäht ist. Durch diese wird ein 15-mm-Riemen geführt, der die Tasche so sauber verschließt.

Die Zeichnung (**5b**) enthält die Maße des Verschlusses aus Riemen und Schlaufe, die Positionierung erkläre ich später.

6 Nun ist es Zeit, die Schablonen zuzuschneiden. Die Schnittliste:

Rückseite:	125 x 287 mm an beiden Enden rundiert
Vorderseite:	125 x 165 mm unten rundiert
Lasche:	50 x 140 mm verjüngt auf 40 mm und rundiert
Einsatz:	40 x 100 mm

Es gibt noch weitere Teile, für die aber keine Schablone benötigt wird, und zwar

Kurzer Riemen:	15 x 128 mm an einem Ende rundiert
Schlaufe:	15 x 100 mm
Schulterriemen:	15 x 1.200 mm

Auf diese Angaben kommen wir noch zurück. Schneiden Sie vorerst alle Schablonen rechtwinklig, rundieren Sie noch nichts. Wir müssen noch ein paar Markierungen anbringen, das geht besser, wenn die Schablonen noch nicht zugeschnitten sind.

7 Wir müssen auf den Schablonen eine Reihe an Maßen ergänzen, damit alles gut zusammenpasst.

Markieren Sie auf der Schablone für die Rückseite eine Mittellinie. Bringen Sie dann 70 mm von einem Ende eine Linie an — an dieser Seite befindet sich der Deckel. Die Markierung zeigt, wo das obere Ende der Lasche sitzt.

Bringen Sie 165 mm vom anderen Ende eine weitere Linie an. Diese steht für die Position des Einsatzes.

Rundieren Sie jetzt beide Enden und bringen Sie eine 4-mm-Nahtlinie an.

8 Markieren Sie auch auf der Schablone der Vorderseite als Erstes eine Mittellinie. Ich versehe die Vorderseite außerdem mit einem Bogen. Dazu habe ich jeweils bei 30 mm von links und rechts gemessen die 125-mm-Scheibe angelegt und an dieser entlang einen Bogen gezeichnet.

9 Sie müssen von unten gemessen bei 45 mm, 52,5 mm und 60 mm je eine Linie anbringen — die obere Linie, die Nahtlinie und die untere Linie. Diese zeigen an, wo die Schlaufe für den Verschluss und die Aussparung auf der Lasche sitzen.

Stellen Sie dann das Streichmaß wieder auf 52,5 mm und ziehen Sie zwei weitere Linien von den Außenkanten der Schablone aus. Diese markieren die Außenkanten der Aussparung und die Stelle, an der Sie das Langlocheisen anbringen müssen, um jeweils einen Schlitz auf jeder Seite anzubringen.

Bringen Sie mit einem Langlocheisen oder mit einer Lochzange und einem Messer zwei Schlitze innerhalb der Linien auf beiden Seiten des kleinen Rechtecks an.

5a

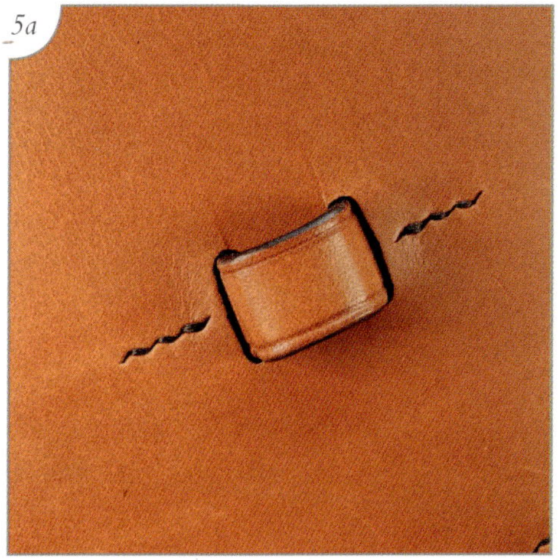

6

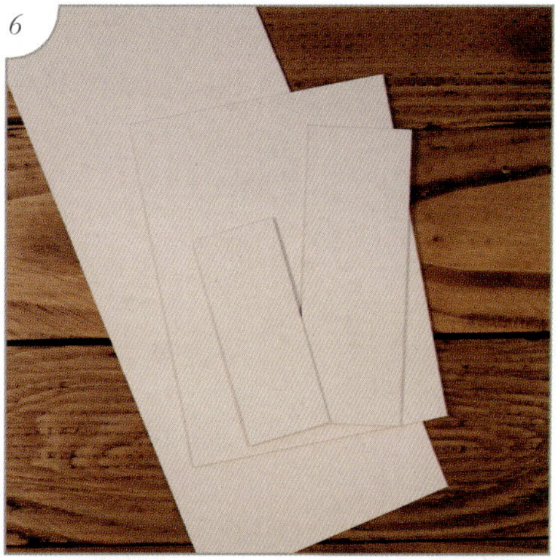

9

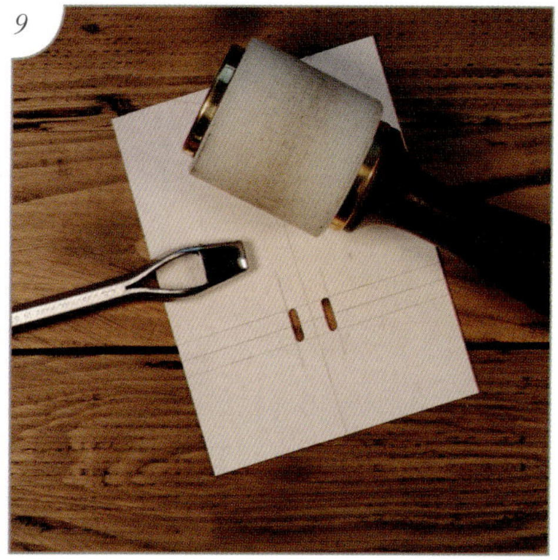

5b

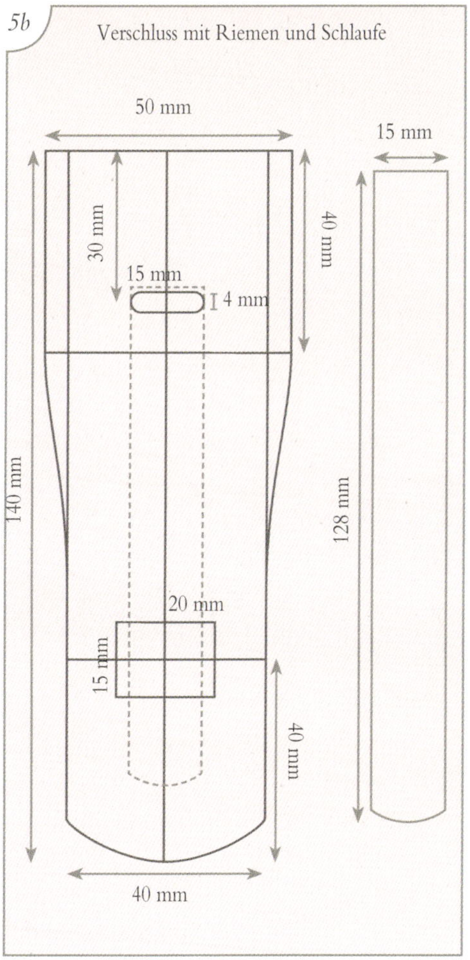
Verschluss mit Riemen und Schlaufe
50 mm
15 mm
30 mm
40 mm
15 mm
4 mm
140 mm
128 mm
20 mm
15 mm
40 mm
40 mm

7

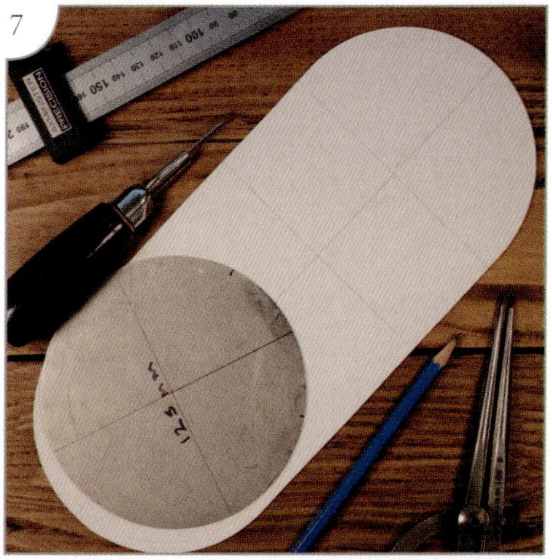

8

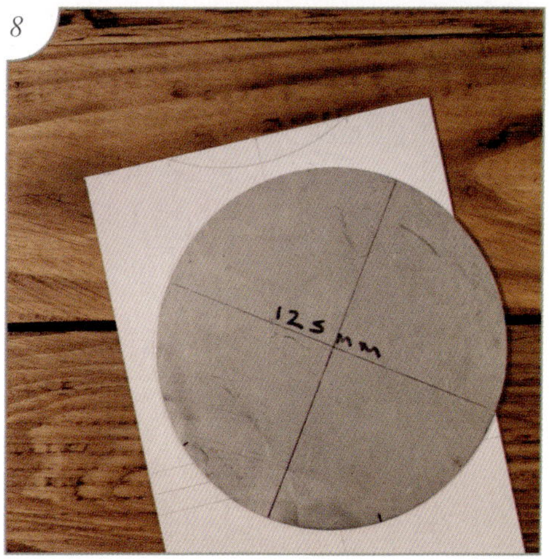
125 mm

10 Rundieren Sie abschließend den unteren Rand der Schablone und fügen Sie die Nahtlinie hinzu. Sie können die Nahtlöcher jetzt auf der Schablone anbringen. Beginnen Sie unten in der Mitte und arbeiten Sie sich auf beiden Seiten nach außen und oben. Zählen Sie die Löcher. Ich komme mit einem Vorstecheisen mit 7spi auf 99 Löcher.

Fügen Sie auch direkt die Löcher für die Schlaufe hinzu. Dabei handelt es sich um zwei kurze Nähte aus drei Stichen in der Mitte des Riemens. Bringen Sie jeweils eine Stichlänge von der Außenkante der kleinen Schlitze vier Löcher auf der mittleren Linie an.

11 Damit ist die Schablone der Vorderseite fertig.

12 Bringen Sie auf der Schablone der Lasche eine Mittellinie an und dann je eine Linie jeweils 40 mm von den Enden aus gemessen. Fügen Sie eine 5-mm-Linie auf beiden Seiten hinzu als Hilfslinie für die Verjüngung der Lasche, die von der oberen 40-mm-Markierung bis zur unteren 40-mm-Markierung verläuft.

Ziehen Sie je eine Linie bei 32,5 mm und eine bei 47,5 mm von unten gemessen als Markierung der Aussparung für die Schlaufe.

Fügen Sie von den beiden Kanten links und rechts eine 15-mm-Linie hinzu. Dies sind die rechten und linken Markierungen der Aussparung.

Ziehen Sie nun eine Linie 30 mm von oben gemessen. Hier wird der Schlitz angebracht, in dem der Riemen sitzt.

13 Schneiden Sie zuletzt die Verjüngung auf der Schablone zu und rundieren Sie den unteren Rand und die beiden oberen Ecken.

Bringen Sie oberhalb der 40-mm-Markierung oben eine Nahtlinie und darauf von der Mitte ausgehend die Löcher an. Legen Sie jetzt die Lasche auf der Schablone der Rückseite an der 70-mm-Linie ausgerichtet an. Achten Sie darauf, dass sie mittig liegt, und markieren Sie die Löcher der Lasche auf der Schablone der Rückseite.

14 Wir brauchen keine 1:1-Schablone des Einsatzes, nur eine für die Enden, um darauf die Nähte für den Schulterriemen zu markieren.

Die Nähte beginnen 25 mm vom Ende des Einsatzes und sind 35 mm lang. Die Nähte liegen 9 mm auseinander, bringen Sie also zwei 3-mm-Nahtlinien an.

Schneiden Sie ein Stück Karton auf eine Breite von 40 mm und eine Höhe von 100 mm zu und markieren Sie darauf die Linien und Löcher.

Zählen Sie die Löcher, da Sie die gleiche Anzahl auf dem Riemen anbringen müssen. Bei mir sind es zehn.

15 Damit sind alle Schablonen zugeschnitten.

16 Nun ist es Zeit, das Leder zuzuschneiden. Schneiden Sie anhand der Schablonen das Leder zu und bringen Sie alle Löcher im Leder entsprechend der Löcher auf den Schablonen an.

Für ein paar Teile haben wir keine Schablonen angefertigt.

Ich verwende für dieses Projekt 2,5 mm dickes Halsleder für alle Teile bis auf den Einsatz. Der besteht aus 1,5 mm dickem Leder.

Hier noch einmal die vollständige Schnittliste:

1. Rückseite	125 x 287 mm an beiden Enden rundiert
2. Vorderseite	125 x 165 mm unten rundiert
3. Lasche	50 x 140 mm

Bisher haben wir nur die Löcher für den Hauptteil auf der Vorderseite angebracht.

Sie können die Schablone der Vorderseite auch zum Markieren der Rückseite verwenden.

Markieren Sie die beiden oberen Löcher, das mittlere Loch und ein paar entlang des Bogens, als Anhaltspunkte, damit Sie nicht verrutschen.

Kurz gesagt, die Anzahl der Löcher auf der Schablone war neunundneunzig — bringen Sie diese Anzahl also auch auf Vorder- und Rückseite im Leder an.

10
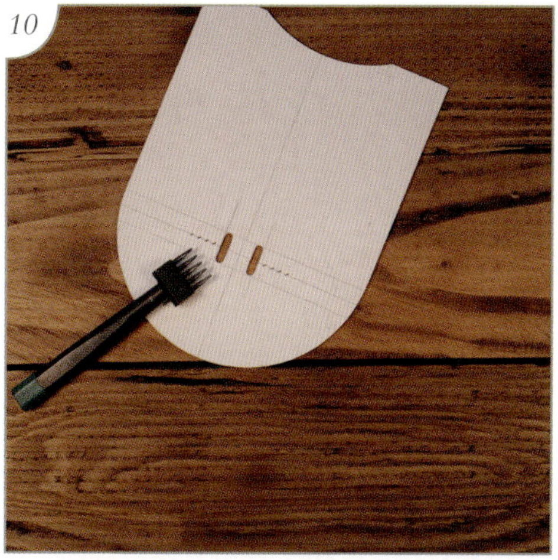

11
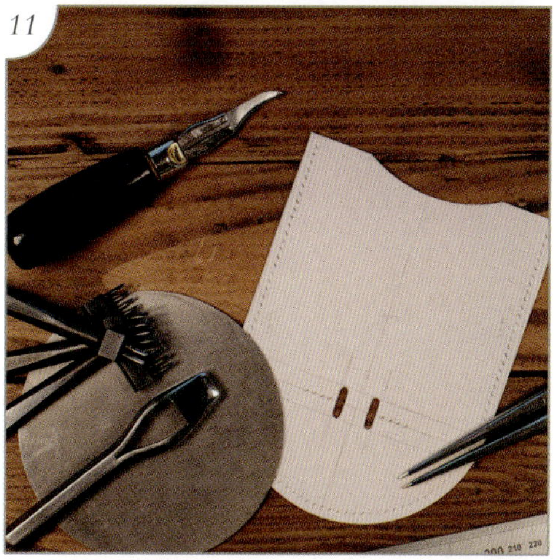

12
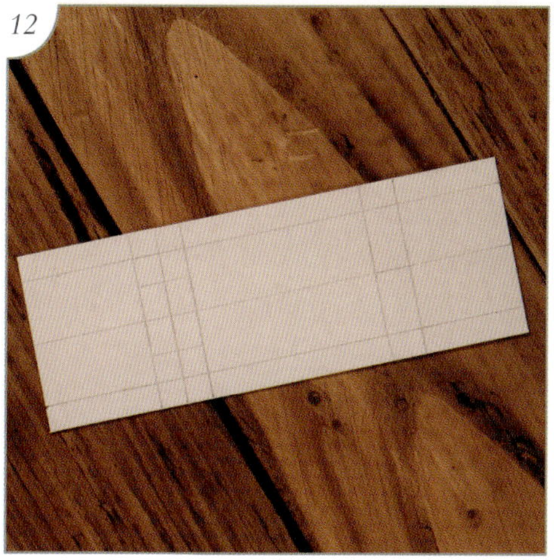

13
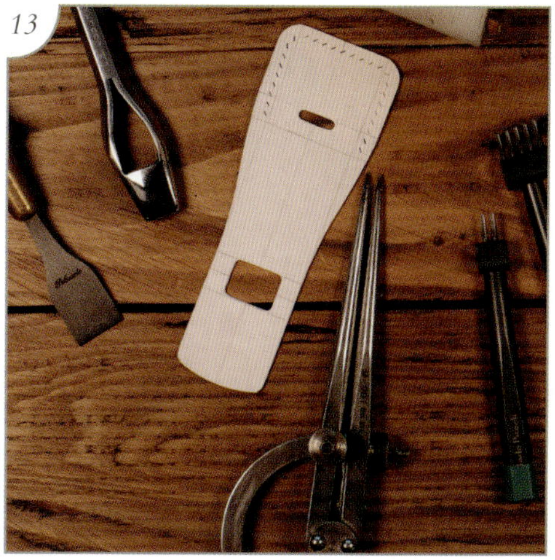

14
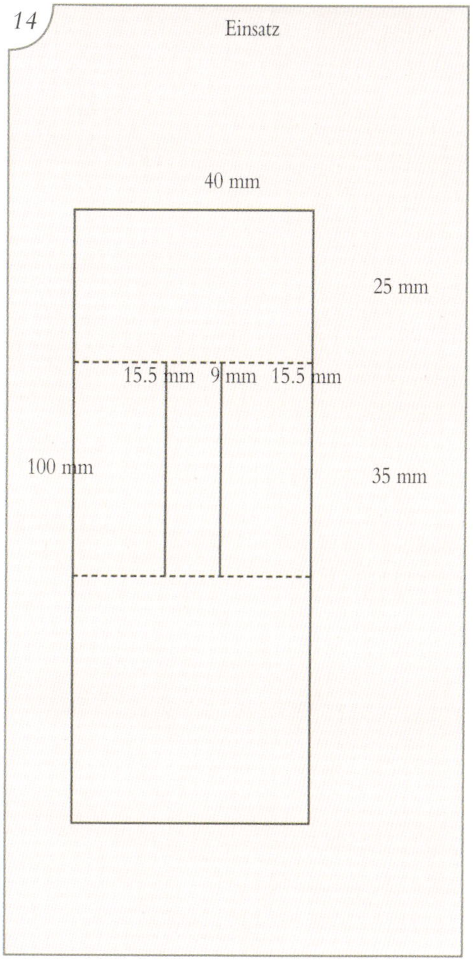

15
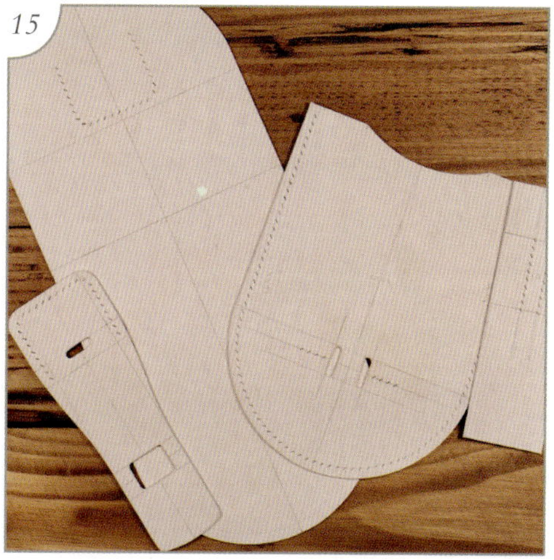

16
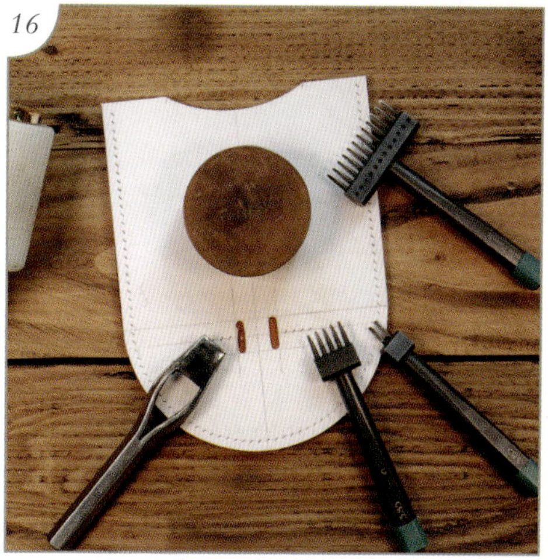

17 Auf die gleiche Art müssen wir auch die Löcher auf dem Einsatz anbringen. Dieser ist zurzeit noch etwas zu lang, aber das macht nichts.

Bringen Sie von einem Ende ausgehend auf beiden Seiten eine Nahtlinie von 4 mm an. Beginnen Sie damit eine Stichlänge vom Ende aus.

Bringen Sie neunundneunzig Löcher (oder die entsprechende Anzahl, die Sie gezählt haben) an und markieren Sie dann Loch Nr. 100 nur leicht.

Genau in diesem hundertsten Loch wird der Einsatz zugeschnitten. Jetzt geht es ans Schneiden.

18 Der Schulterriemen ist 15 mm breit — für eine so kleine Tasche kann er ruhig schmal sein. Mit diesem Maß können Sie auch experimentieren.

Fügen Sie ihm zwei Nähte mit jeweils zehn Löchern hinzu, wie auf der Schablone für den Einsatz.

Die beiden Nähte sind 9 mm auseinander, stellen Sie den Zirkel also auf 3 mm.

19 Nachdem nun alle Teile zugeschnitten und markiert und alle Löcher an den richtigen Stellen angebracht sind, müssen die Kanten bearbeitet werden, die nicht vernäht werden. Dies sind

- der Deckel und der Bogen der Rückseite
- alle Kanten der Vorderseite
- alle Kanten der Lasche
- alle Kanten des Verschlussriemens
- alle Kanten der Schlaufe
- alle Kanten des Schulterriemens
- eine Kante und beide Enden des Einsatzes

Wir bearbeiten eine der Kanten des Einsatzes, weil diese in der Tasche sichtbar sein wird und den überlappenden Saum bildet.

20 Bevor die Lasche auf den Deckel genäht werden kann, muss der Verschlussriemen auf der Lasche angebracht werden. Das flache Ende wird mit der Lasche zusammen aufgenäht, es muss also schön dünn ausgeschärft werden.

Dann kann es durch den Schlitz geschoben und festgeklebt werden.

Danach stechen Sie die Löcher oben an der Lasche nach, um sicherzugehen, dass sie auch durch das Ende des Verschlussriemen gehen.

Es kann sein, dass die Kante nachbearbeitet werden muss, wenn das Ende des Riemens sichtbar ist.

21 Platzieren Sie nun die Schlaufe so in den beiden Schlitzen auf dem Deckel, dass genug Platz ist, damit die Lasche darüber und der Verschlussriemen hindurch passt.

Zusammen sind diese beiden Teile 5 mm dick, daher muss die Schlaufe hoch genug sitzen.

Der Riemen, der durch die Lasche führen soll, ist 15 mm breit — also sollten Sie etwas verwenden, das 15 mm breit und 6 mm dick ist, etwa ein Stück Holz.

Legen Sie das Leder um das Holzstück herum und stecken Sie die Enden in die Schlitze. Sorgen Sie dann dafür, dass das Leder auf der Innenseite flach anliegt.

22 Markieren Sie dann die Position der Löcher auf der Lasche. Danach können Sie die Schlaufe wieder entfernen. Bringen Sie die Löcher mittig auf der Schlaufe an, schneiden Sie dann die Enden zu und schärfen Sie sie aus.

Jetzt ist alles fertig und Sie können mit dem Nähen beginnen.

23 Der schwierige Teil liegt hinter Ihnen, wenn es ans Nähen geht, ist bald das Ende des Projekts erreicht. Vorbereitung ist hierbei alles. Wer nicht vorbereitet, kann nur verlieren. Nach der zeitintensiven Vorbereitung kommt jetzt alles zusammen. Als Erstes die Lasche. Nähen Sie diese auf den Deckel.

24 Nähen Sie dann die Schlaufe auf dem Vorderteil fest.

25 Nun können Sie den Einsatz an die Vorderseite nähen. Legen Sie dazu die Vorderseite auf den Einsatz, dabei zeigt bei beiden Teilen die Narbenseite nach oben und der bearbeitete Rand wird unter dem Rand der Vorderseite platziert.

17
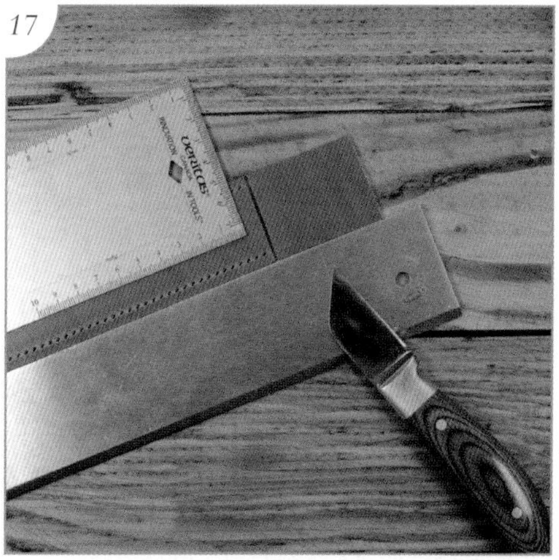

18
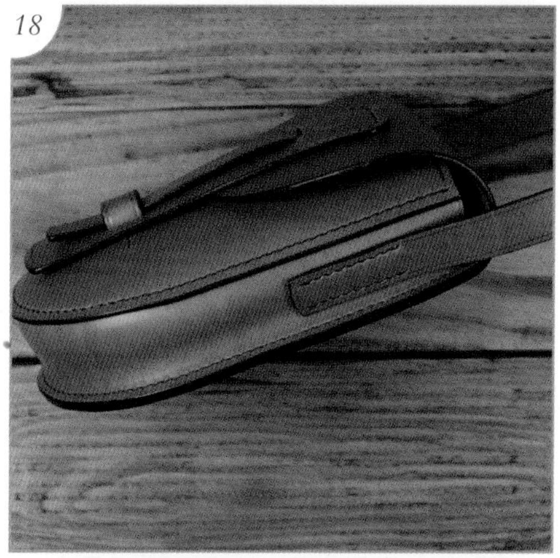

19
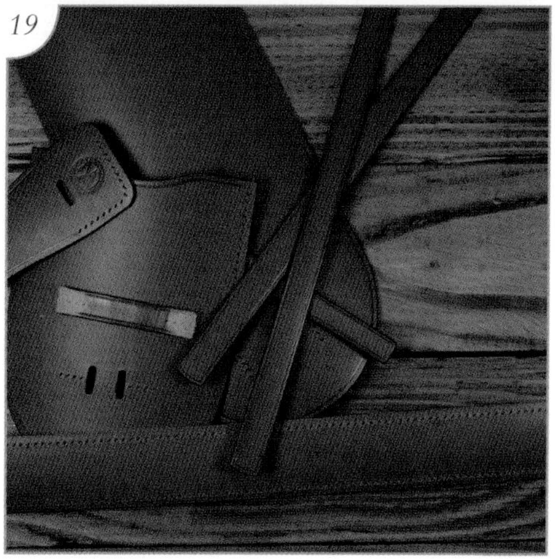

20
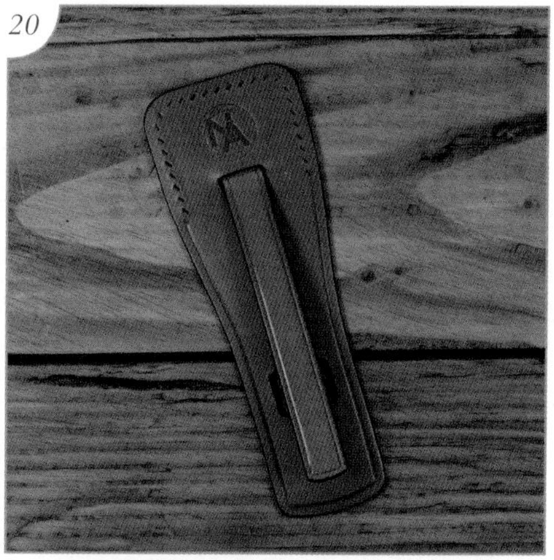

21
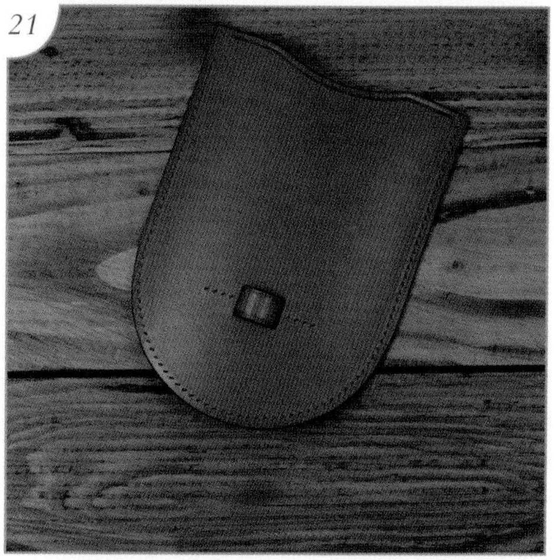

22
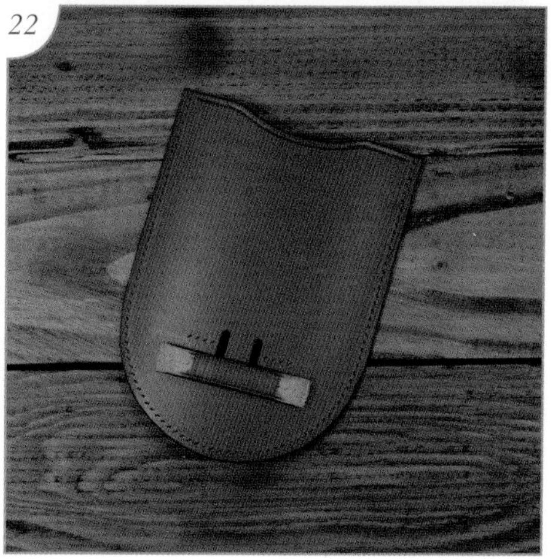

23
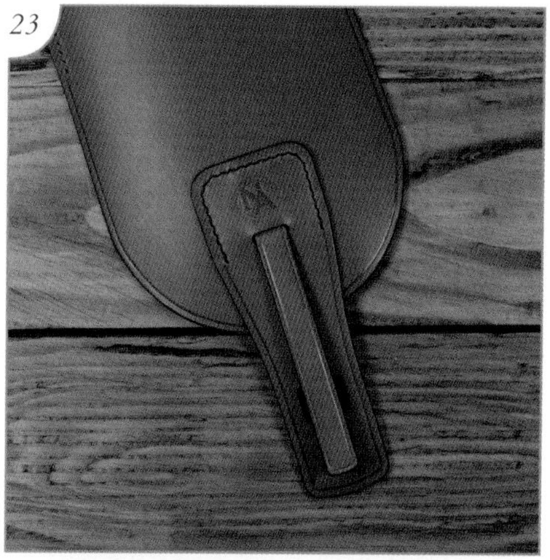

24
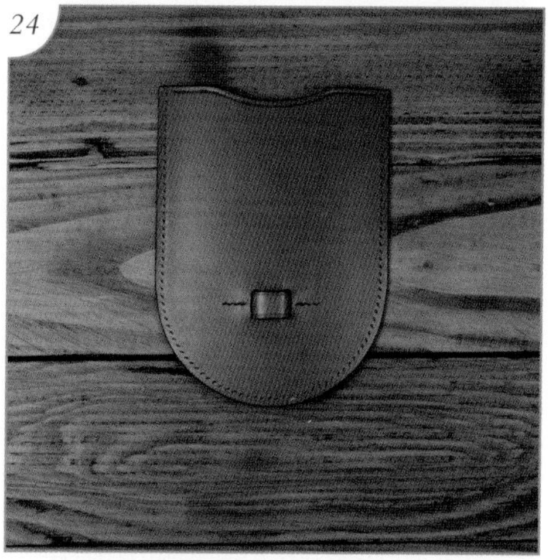

25
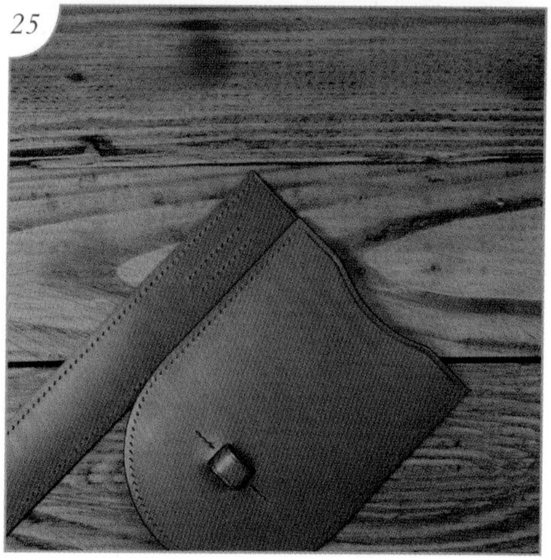

26 Es kann schwierig sein, die Teile zusammen im Nähkloben zu fixieren. Versuchen Sie, sie schräg einzusetzen, das kann helfen.

Wenn Sie nach den ersten Stichen den Bogen erreichen, fixieren Sie nur noch die Vorderseite im Nähkloben und lassen den Einsatz frei hängen. Dieser wird sich wölben wollen, und wenn er frei hängt, kann er das auch.

Wenn der Einsatz an der Vorderseite angebracht ist, ist der Schulterriemen dran. Jetzt ist ein guter Zeitpunkt, ihn anzubringen, weil der Einsatz jetzt noch gut zugänglich ist.

27 Die Vorderseite mit Einsatz und Riemen muss nun an die Rückseite genäht werden. Zu Beginn können Sie die Vorderseite und den Einsatz noch zusammen mit der Rückseite flach im Nähkloben fixieren.

28 Fixieren Sie auch hier, wenn Sie den Bogen erreichen, nur noch die Rückseite im Nähkloben und lassen Sie die Vorderseite mit Einsatz frei hängen. Nachdem das Ganze vernäht ist, kann die sichtbare Kante bearbeitet werden.

26
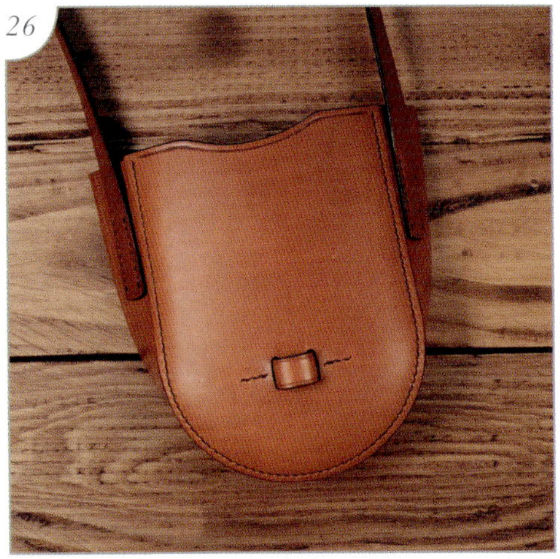

27
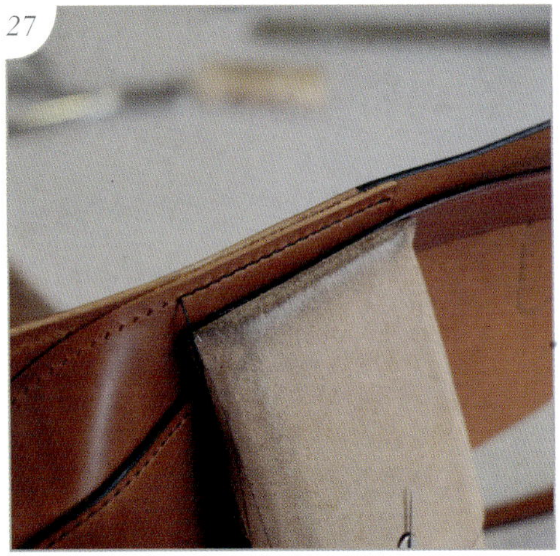

28
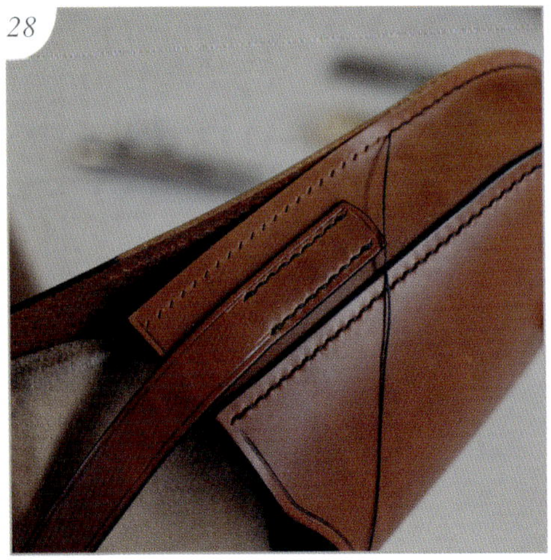

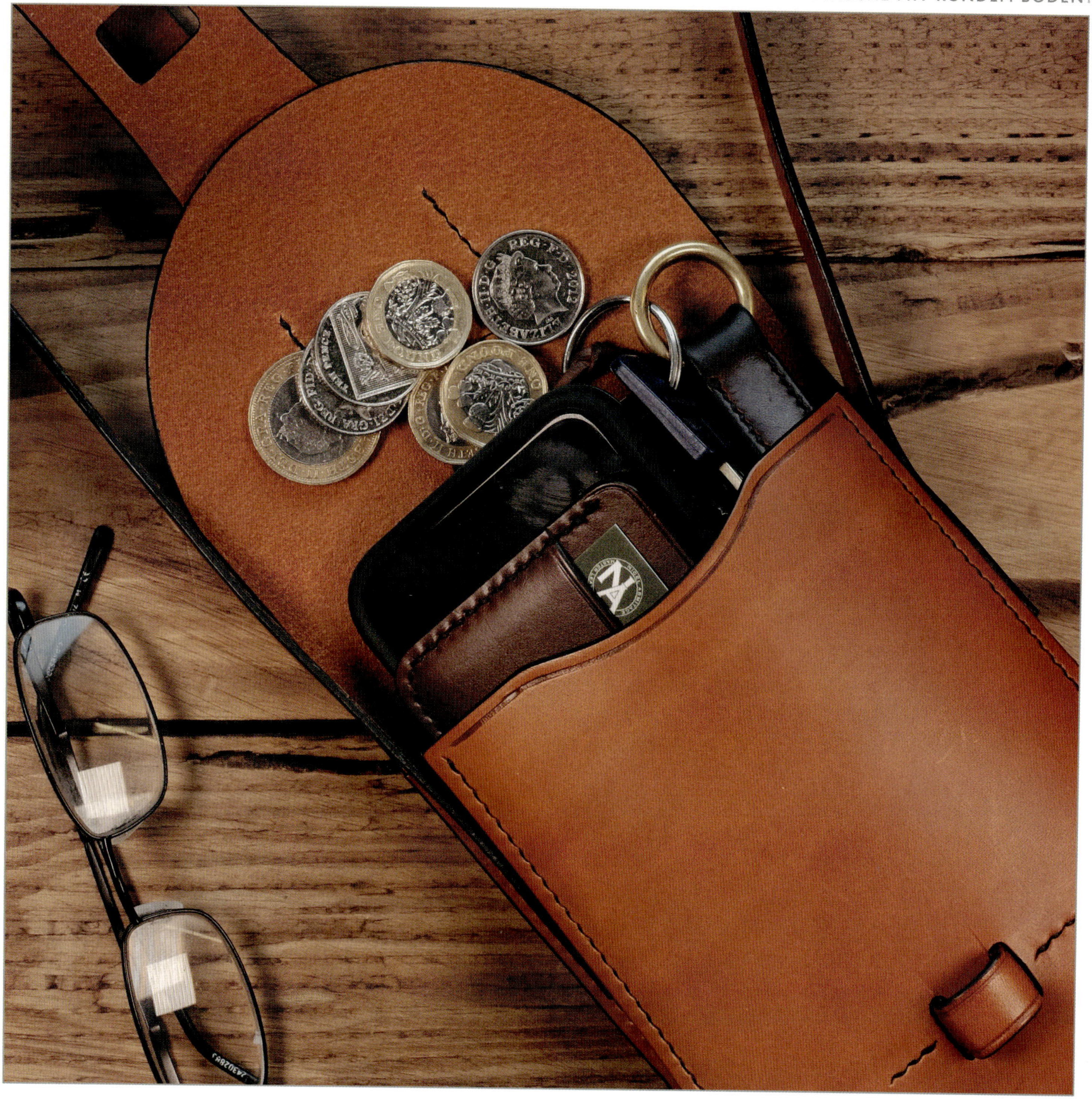

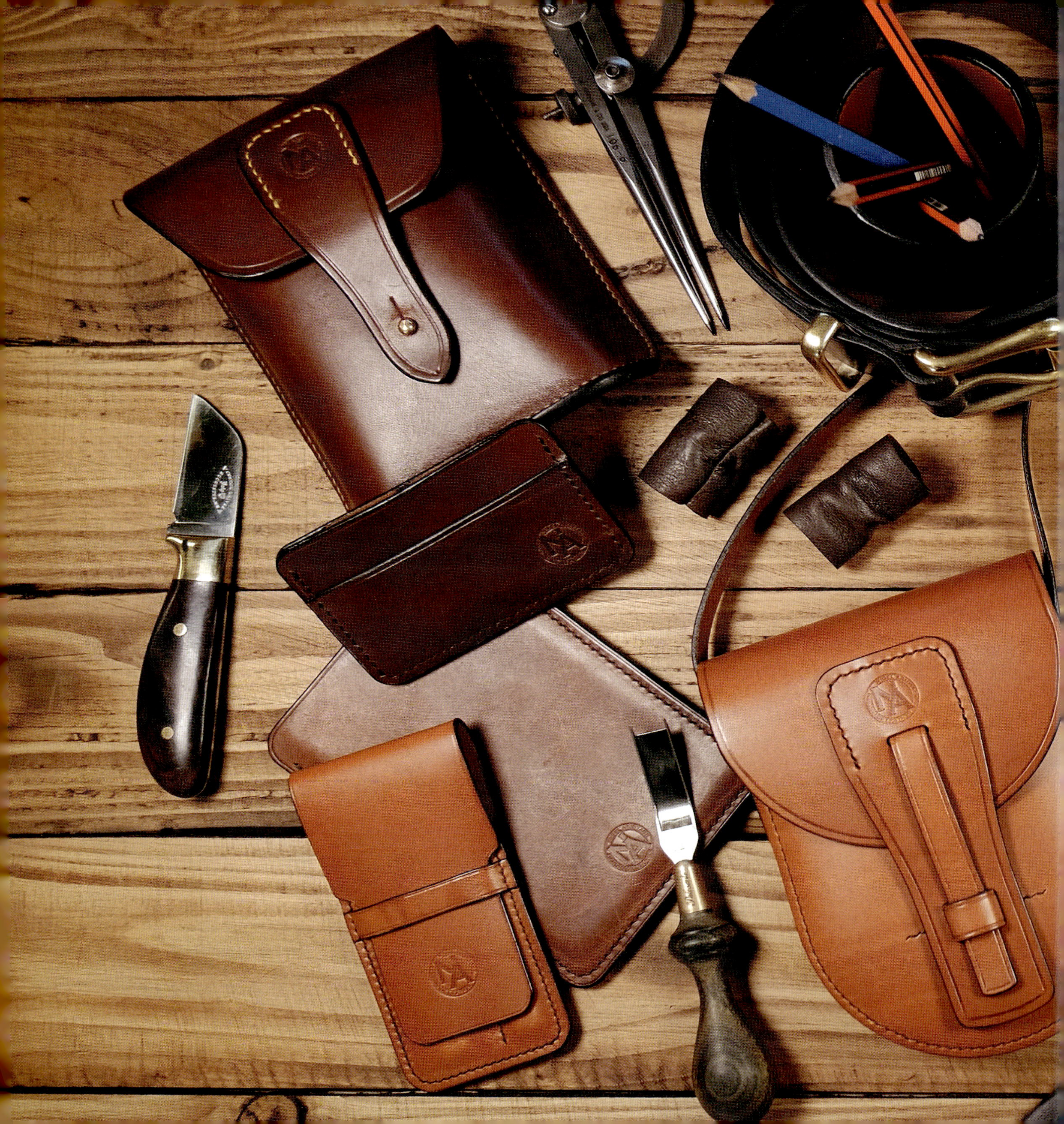

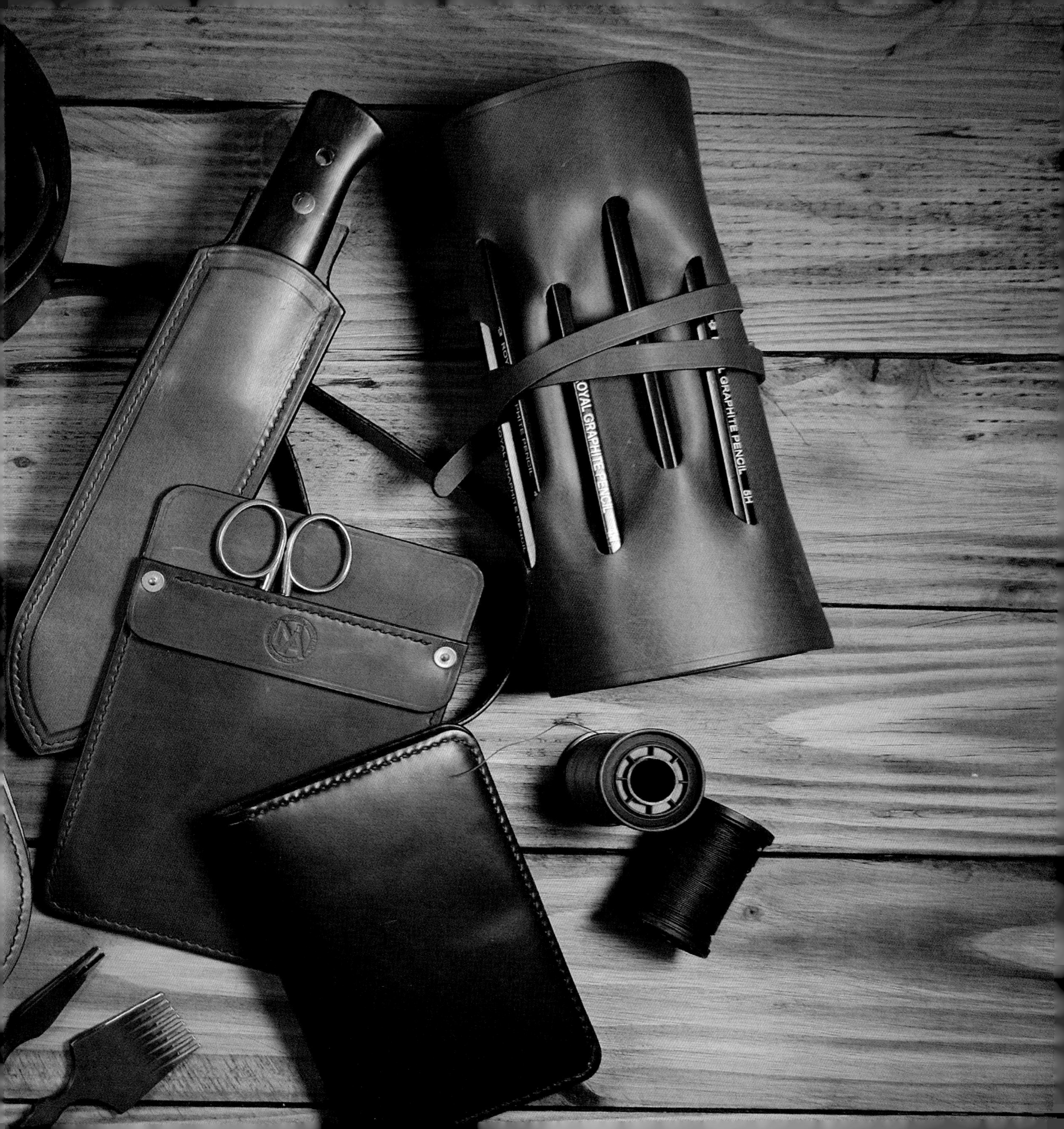
OYAL GRAPHITE PENCIL
L GRAPHITE PENCIL 8H

ZUBEHÖR

Die Schwierigkeit bei der Erstellung einer Lieferantenliste besteht darin, dass diese auf mich und meinen Standort bezogen ist.

Nutzen Sie auf jeden Fall alle unten aufgeführten Informationen, aber vergessen Sie nicht, auch vor Ort zu schauen. Ich kenne nicht jeden Anbieter, und man weiß nie, was es in Ihrer Nähe geben könnte. Alle Anbieter sind alphabetisch aufgelistet, nicht nach meinen Vorlieben. Ich beschreibe den Artikel und gebe die Website an; möglicherweise müssen Sie dann noch kurz suchen.

Wenn Sie mit den Anbietern sprechen, sagen Sie ihnen, dass ich Sie geschickt habe. Ich weiß zwar nicht, ob sie so einen Rabatt bekommen, aber man weiß ja nie – vielleicht bekomme ich einen . . .

LEDER

Ich arbeite bevorzugt mit Hals- und Crouponleder und habe dieses auch in den Projekten verwendet.

Lieferant	**Artikel**	**Leder**	**Webseite**
A&A Crack and Sons	Tasche mit rundem Boden Tasche für Vorstecheisen	Buttero Tan	www.aacrack.co.uk
Abbey England	Gürtel	Sedgwicks Bridle Butt, Dark Havana	www.abbeyengland.com
J & FJ Barkers	Messerscheide	Oak Bark Bridle Dunkel gegerbtes Halsleder	www.jfjbaker.co.uk
LePrevo	Würfelbecher	Matt Waxy durchgefärbtes Halsleder	www.leprevo.co.uk
Metropolitan Leather	Etui	Lyveden, Burnt Tan	www.metropolitanleather.com
	Taschenschutz	Lyveden, Burnt Tan	
	Kartenetui	Lamport, Dark Tan	
	Stiftrolle	Lyveden, Burnt Tan	
	Reisepasshülle	Lamport, Dark Brown	
	Tasche ohne Seiteneinsatz	Lyveden, Burnt Tan	
	Fingerschutz	Pitsford Pigskin	

EISENWAREN

Lieferant	**Artikel**	**Leder**	**Webseite**
Abbey England	West End Swelled Gürtelschnalle Roller Buckle	1½" (38 mm)	www.abbeyengland.com
	Sam Browne Niet	Klein	
	Niete	14 g	

WERKZEUG

Lieferant	Artikel	Größe	Webseite
Abbey England	Satttlerahle	1½"	www.abbeyengland.com
	Nähkloben	–	–
	Reifeleisen mit Stellschraube	–	
	Nietsetzer	14 g	
	Zirkel	6"	
	Langlocheisen	verschiedene	
	Falzbein	8"	
	Riemenendeisen	1½" (38 mm)	
	Riemenschneider		
Amy Roke	Eisen	8 spi, 3,38 mm	www.atelieramyroke.com
Axminster	Lineal	verschiedene	www.axminster.co.uk
	Streichmaß	–	
	Anschlagwinkel	150 mm	
	Detailschleifer	Viererpack	
	Schraubzwinge		
Barry King	Schonhammer	32 oz. rund	www.barrykingtools.com
Crimson Hide	Eisen	7 spi, Japanisch, 3,85 mm	www.crimsonhides.com
	Gewichte	–	
Direct Plastics	Runde Nylonformen	65 mm	www.directplastics.co.uk
George Barnsley	Messer	Klingenheft	www.georgebarnsleyandsons.co.uk
	Allzweckahle	–	
H Webber & Sons	Fadenschere	TC1	www.hwebber.co.uk
	Spaltmesser	84	
John James	Nadeln	No. 4 Saddlers Harness	www.jjneedles.com
Just Wood	Kantenpolierer	rund und flach	www.justwood.com
	Holzblock	verschiedene	
KS Blade Punch	Eisen	7 spi, 3,85 mm	www.ksbladepunch.com
	Lochzange	verschiedene	
Maun	Metalllineal	verschiedene	www.maunindustries.com
Palosanto	Kantenzieher	1 und 2	www.palosanto-factory.com
	Französischer Kantenzieher	12 mm	
Partwell	HY78 Schneidunterlage	25 mm	www.partwell.com
Terry Knipschield	Messer	Shark	www.knipknives.com/leather.php

WIDMUNG

Ich habe einige Zeit darüber nachgedacht, und die Wahrheit ist, dass dieses Buch ohne Sie keinen Sinn ergäbe. Daher widme ich dieses Buch Ihnen: dem Leser, dem Studenten, der Person mit Interesse an Lederarbeit.

Sie sind es, die sich meine Videos ansehen, die mir online folgen und zum Unterricht in die Werkstatt kommen.

Sie sind es, für die dieses Buch bestimmt ist. Wenn Sie keine Fragen hätten, müsste ich nichts erklären, also danke ich Ihnen: vielen Dank für Ihre Unterstützung, Ihre Fragen und Ihren Wunsch zu lernen.

DANKSAGUNGEN

Ich möchte diese Gelegenheit nutzen, um einigen Menschen zu danken, ohne die dieses Buch vielleicht nie in die Regale gekommen wäre.

Stevie Bea. Stevie ist meine Tochter und hatte die Ehre, das Titelbild und einige andere Bilder in diesem Buch aufnehmen zu dürfen. Sie hat ein gutes Auge für Details und kann ein Bild wunderbar zum Leben erwecken.

Shaun Bexley. Shaun hat das wunderbare Bild von mir beim Nähen gemacht, mit dem er außerdem einen Wettbewerb gewonnen hat.

Jennifer Roberts. Jenny war eine große Hilfe bei einigen der schwierigen Aufnahmen im Buch und hat auch den wunderbaren Drachen, der im Stiftrollen-Projekt zu sehen ist, gezeichnet.

Emma Francis. Ohne Emma wäre dieses Buch wahrscheinlich nie fertig geworden. Ihre Unterstützung und Beharrlichkeit waren die treibende Kraft hinter diesem Buch, als ich sie am meisten brauchte.

Emma hat auch viele der Fotos und Ideen für die Projekte beigesteuert.

Ich danke euch.